大名庭園の近代

小野芳朗 Ono Yoshiro
本康宏史 Motoyasu Hiroshi
三宅拓也 Miyake Takuya

思文閣出版

岡山後楽園・沢の池（昭和初期）
大日本勧業博覧会絵葉書（岡山県立記録資料館蔵）

大名庭園の近代◆目次

大名庭園の近代

緒論

小野芳朗

◆日本三名園＋栗林公園

本書は大名庭園の近代を論じている。多くの大名庭園に関する著述は、それが成立した江戸時代中期から後期の歴史を書く。大名庭園が近世の産物だから当然ではあるが、明治以降は等閑視されているといってよいだろう。近代には、廃藩置県による旧藩主家の事情などにより所有者の変遷が生じるため、庭園を巡りさまざまな現象が起こる。池がどうなる、建物がどうなったというフィジカルな面だけではなく、大名庭園とその周辺で起こる諸現象、それを近代の都市の成立、経営と絡めて編んでいくのが本書の目的である。

本書で扱うのは岡山後楽園、金沢兼六園、水戸偕楽園、高松栗林公園。いわゆる日本三名園＋《プラス》一である。いずれも一九二二（大正一一）年に名勝に指定されている。大名庭園として最初に顕彰されたものとして本書では取りあげた。各庭園について、近世の庭園の事蹟に若干触れたのち、軸を近代に置き、それぞれの都市が近代化していくプロセスのなかで、各庭園がどのような機能を持っていくのか、ステークホルダー（利害関係者）はどのような意図を持ってどのような行為をなすのか、名勝に指定されたことは何を意味しているのか、などの議論が展開される。

なぜ全国に数ある大名庭園（江戸上下屋敷と国元を単純に数えても約千）や京都に多数作庭された寺社の庭園を差し置いて岡山、金沢、水戸が三名園なのか。詳細は第二部「金沢兼六園」で本康宏史が触れているが、ここでも本書の導入としてそのことに触れておきたい。

結論からいえば、答えは明治天皇の行幸である。天皇のブランド力がこれらを三名園と称せしめた。庭園史家小沢圭次郎は「明治庭園記」のなかで三名園の呼称を俗称であると批判している。「畢竟《ひっきょう》日本三名園の題目は、一笑をも値せざる俗評」[1]であると。後楽園については「岡山公園は、元来幽邃《ゆうすい》の到に乏し園趣なるに、天覧後にて、清掃整潔、限界殊に瀟麗《しょうれい》なりしかば、益す其宏壮を覚え」とあり、天覧によって整備されたとある。一八八五（明治一八）年三月、明治天皇は山陽巡行の折に後楽園に行幸し、旧藩主池田章政侯爵が三日間饗応した[2]。このことが新聞紙上に報道され一躍全国的に有名になる。

同様に金沢兼六園（兼六公園）は、本康が明らかにしているように[3]、一八七八（明治一一）年の北陸巡行の際に明治天皇が行幸した。水戸偕楽園（常磐《ときわ》公園）は一八九〇（明治二三）年の明治天皇・皇后の水戸行幸啓の時に、皇后のみが偕楽園に行啓した。その後、本書中に明らかにしたが、日本三名園となったブランドを大正年間に学者らが再顕彰し、高松栗林公園を含めて一九二二（大正一一）年、史蹟名勝天然紀念物保存法（現在の文化財保護法）による「名勝」に指定されるにいたる。

日本三名園という呼称がいつごろから流布していたのかは明らかではないが、正岡子規が一八九一（明治二四）年八月後楽園来訪時に求めた絵葉書に自筆で「岡山後楽園　日本三公園ノ一　はつきりと垣根に近しあきの山[4]」と書いており、水戸偕楽園の行啓の直後には三名園のブランドができていたとわかる。むしろ金沢と岡山が明治天皇の行幸で著名になっていたが、「二名園」ではおさまりが悪い。そこへたまたま水戸への行啓があったので、行幸ではなくても合わせて「三名園」といい始めたのではないだろうか、というのが若干の想像を交えた筆者の解釈である。

◆公園としての大名庭園

さて大名庭園を「公園」と呼んでいることを訝しく思われる読者もあるかもしれない。事実「公園」が正式名称であった時期がある。日本で最初に法制化された「公園」は一八七三(明治六)年の太政官布達第一六号による、いわゆる太政官公園と呼ばれているものである。それは「三府ヲ始人民輻輳《ふくそう》ノ地ニシテ古来勝区名人ノ旧跡等是迄群集遊観ノ場所」であり、「従前高《たか》外除地《よけち》ニ属セル分」とされた。つまり年貢などを免除された土地である除地のうち、検地帳外の土地、高外除地を指し、具体的には明治四(一八七一)年の上地令によって官有地となった社寺境内地や藩主庭園、城内が各府県で公園に充てられた(5)。この時、官有地となっていた兼六園、偕楽園はそれぞれ兼六公園、常磐公園として登録された。だから「公」園なのである。岡山後楽園は一八八四(明治一七)年まで池田家の所有であったが、この年に岡山県に有償譲渡され「岡山公園」とも呼称される。

この日本の「公」園の目的は、西欧にあるPublic Parkという市民社会の権利としての良好な都市環境や運動する空間の享受を目的とした文明の施設を模しているのではあるが、一方で上地した土地の活用の意味もあった。それゆえ、公園指定は官有地に限られ、私有地は認められていない。むしろNational Parkと呼ぶにふさわしい(6)。大名庭園が官有地であるがために、そこでは官製の行事が執り行われるようになる。県会、招魂祭、陸軍演習の本営などに加えて、博覧会、共進会や各種公の団体主催の行事や展覧会などが行われる。催事のみを見ていると、近代の大名庭園は一種の市民広場的様相を呈している。転機が訪れるのは大正に入ってからである。

◆公園か文化財か

一九一九(大正八)年成立の都市計画法と史蹟名勝天然紀念物保存法は、大名庭園が都市計画上の公園なのか、名勝としての文化財なのか、という庭園の将来を左右する議論やそれにともなう諸現象を生み出した。そこに関係してくるのが、林学者や造園学者といったいわゆる学識経験者である。

そもそも庭園研究は近世を含めて実態把握が難しい。なぜなら庭園内の建物に関してはある程度の図面資料をもって再現できるのであるが、庭園の植生は変化するため、その原初的な姿の実証や再現が困難なのである。一体、何をもってオーセンティックな景観とするか、議論の余地がおおいにある。ここに学者という発言力の大きい職業人が出現することで、彼らの研究、彼らの発言が庭園の性格を左右するという現象が起こる。本書は大名庭園の近代を語るのではあるが、こうした学者を含む学識経験者による価値づけがどのように起こるのか、にも興味を抱いている。日本三名園は、大名庭園のなかでは日本で最初に名勝として顕彰されていく。むしろ日本三名園の名が最初の名勝指定をもたらした、といってもよい。

◆大名庭園の近代

本題の三名園＋栗林公園に入っていく前に、この四庭園に加えいくつかの大名庭園の事例を概観してみる。

岡山後楽園　創始者である池田綱政が御後園《ごこうえん》として利用を開始したのは元禄二(一六八九)年である。その後の歴代藩主の「好み」により御後園はさまざまに利用される。そのことは神原邦男の『大名庭園の利用の研究』(吉備人出版、二〇〇三年)に詳しいのでここでは割愛する。

近世にも参勤交代で藩主の留守の間に一部領民に見せたという記録があるが、明治四(一八七一)年には「後楽園」と名を改め、縦覧規則により入場を規制しながら公開した。翌年池田家が御城より移り住んで再び閉鎖される。そのため一八七三(明治六)年の太政官布達による「公園」にはならず、後楽園から眺望する操山《みさおやま》山系の南端、幣立《へいたて》山一帯を「偕楽園」と名づけて公園化する。一八八四(明治一七)年、後楽園は岡山県へ有償譲渡され、以後県の管理となる。翌一八八五年、明治天皇の行幸が新聞紙上で全国に報道されたことで後楽園は有名になる。園内では岡山県会が開催され、一方で最後の藩主章政を囲む士族会や藩祖光政を祀る閑谷《しずたに》神社の遥拝所が設置される。一九一〇(明治四三)年には陸軍特別大演習の大本営が置かれ、明治天皇が再び行幸した。

やがて大正時代に入り、造園学者田村剛の顕彰により名勝に金沢兼六園、水戸偕楽園、高松栗林公園とともに指定される。大正から昭和にかけては都市計画公園への編入が議論されるが、結果的に文化財として位置づけられ今日にいたっている。

金沢兼六園　金沢では五代藩主前田綱紀により、百間堀《ひゃっけんぼり》を隔てた御城の対面に「蓮池御殿《れんちごてん》」が作られる。現在の兼六園の低地部である。その庭園の後背地の高地部(千歳台)に一二代斉広が竹沢御殿を建てる。斉広没後、御殿は取り壊され、庭園化することで現在の兼六園の原型ができあがる。このことは岡山後楽園とほぼ同時期に作庭が始まりながら、プロセスはかなり異なる。

明治四(一八七一)年、「与楽園」の名で一般公開され、翌年には金沢理化学校ができる。前田家から石川県に譲渡され、そして一八七三(明治六)年の太政官布達による「公園」となり、翌年「兼六公園」として開放されることになる。その後、一八七八(明治一一)年の明治天皇行幸、一八八〇(明治一三)年の明治紀念標・日本武尊像の建立など天皇イメージが付着するが、「公園」として市民広場の機能も強い。明治二〇年代からは園内で招魂祭が開催されるようになる。この点、岡山では後楽園から臨む山塊・操山に太政官公園と招魂社を置き、機能を外部化しているところが異なるが、金沢でも兼六園の東北、卯辰山には招魂社や前田家所縁の観音院や八幡宮などの祭祀空間としての外部機能が存在していた。しかし兼六園が公園として位置づけられたため広場機能は岡山よりも濃厚である。

そして顕彰と価値づけが大正年間に始まる。それをなしたのは、保勝運動をなした加越能史談会と、東京帝大原熙《ひろし》、本多静六、田村剛など園芸学、林学、造園学の権威たちであった。同じく一九二二(大正一一)年に「金沢公園」として名勝となり、同二四年に「兼六園」と改め文化財となる。

水戸偕楽園　水戸偕楽園は、第九代藩主徳川斉昭によって天保一三(一八四二)年に築かれた。斉昭は藩内巡視の末に水戸城の西方約二・五キロ、千波湖《せんばこ》を望む景勝の地に自ら位置を定め、梅樹を植え、好文亭を建てて偕楽園を開いた。斉昭が『偕楽園記』に記したように、偕楽園は当初から士民の保養の場となることが意図されていた。後楽園や兼六園に比べると作庭時期は遅れをとるが、一定の制限はあったにせよ士民の入園が許された点は特筆されよう。なお、水戸藩の江戸上屋敷に築かれた庭園が、かの小石川後楽園である。藩祖・頼房が寛永六(一六二九)年に築庭して以来、江戸定府《じょうふ》だった水戸藩主の生活に密着した庭園として代々の藩主に愛でられた。

明治四(一八七一)年、廃藩にともなって偕楽園の地は県の管轄するところとなる。この頃、園内には第二代藩主徳川光圀と斉昭を祀る祠堂が置かれていたが、神社創建が認められて一八七三(明治六)年に常磐神社の号を受け、翌年には園の一角を拓いて社殿が造営された。この間に、偕楽園は太政官布達に基づいた「公園」となり(一八七三年一二月)、のちに「常磐公園」と称されるようになる。一八九〇(明治二三)年には水戸に行幸啓した明治天皇・皇后のうち、皇后(のち昭憲皇太后)が常磐公園に行啓した。一八九五年には管轄が水戸市に移っている。一九〇七(明治四〇)年の陸軍特別大演習の際には常磐公園が将校や在郷軍人会の園遊会場となった。梅の庭として全国に名が知られていく一方で、集会や運動の場として市民に広く利用されており、市民による普段使いの機能と観梅を中心とした観光機能が強い印象がある。やがて一九二〇(大正九)年に県に管理が戻ったのち、本多静六、田村剛などの学者によって顕彰され、一九二二年に名勝指定されるにいたる。一九三二(昭和七)年には「偕楽園」の旧称に復した。

第二次大戦では、好文亭が焼失するなど戦災被害を受けたが、偕楽園は文化財保護法に基づく史跡・名勝に指定されている(指定名称は「常磐公園」。好文亭はのちに復元された)。二〇一五(平成二七)年には、斉昭が設立した藩校・弘道館や光圀が『大日本史』編纂のために開設した彰考館跡などの水戸の関連施設や岡山の閑谷学校などとともに、「近世日本の教育遺産群」として「日本遺産」に認定された。

高松栗林公園　起源は、一六世紀後半、当地の豪族・佐藤氏の庭園にあるといわれる。のちに讃岐国を治めた生駒家の時代に築庭が進められ、寛永八（一六三一）年頃に栗林荘が築かれた。寛永一九（一六四二）年の生駒家転封によって讃岐国が分割されると、東讃地域には初代水戸藩主の子である松平頼重の入封によって高松藩が成立し、以後、高松松平家によって明治にいたるまで継続的に屋敷の建築と造園が営まれた。

明治維新後の版籍奉還により園地は官有となる。公園設置に関する太政官布達を受けて、当時の管轄主体である名東県は栗林荘の地を公園にすることとし、一八七五（明治八）年に「栗林公園」として一般に公開した。その後、一八八八（明治二一）年に香川県が設置されるまで県域が二転三転したことで行政管理がままならない時期もあったが、民間有志が組織した「甘棠社」が協力して公園を維持した。その甲斐もあって、明治中頃には送迎会や懇親会、あるいは戦勝記念祝賀会などの市民集会の場としても使用されていく。

一八九七（明治三〇）年には隣接する紫雲山を公園敷地に組み込み、園の中心部に博物館を新たに建設（一八九九年竣工）するなど公園整備が進み、一九〇三（明治三六）年には皇太子（のちの大正天皇）が行啓した。その後、宮内省技師・市川之雄らによる北庭改修が一九一三（大正二）年に完成したことで、栗林公園は、回遊式庭園を維持する近世的な南庭と、運動場などのレクリエーション施設を備えた近代的な北庭という二面性を持ち合わせることとなった。一九一四（大正三）年には皇太子（のちの昭和天皇）が淳宮《あつのみや》（秩父宮雍仁親王）と光宮《てるのみや》（高松宮宣仁親王）とともに行啓している。

栗林公園は一九二二（大正一一）年に史蹟名勝天然紀念物保存法に基づく名勝に指定され、一九五三（昭和二八）年には文化財保護法に基づく特別名勝となった。

広島縮景園　広島縮景園は広島藩初代浅野長晟《ながあきら》が上田宗箇に元和六（一六二〇）年から築造させた。本丸の西、京橋川のほとりにある。明治になって以降も浅野家が所有し（浅野泉邸）、日清戦争中大本営の副営として一八九四（明治二七）年、明治天皇の行幸を迎えた。浅野家は東北の二葉山に東照宮を勧請し、明治元（一八六八）年には名を饒津《にぎつ》神社と改め招魂祭が執り行われ、のちにその場は太政官公園となり、招魂神社が置かれる。

こうした慰霊空間との関係は第一部で述べる岡山と似ているのであるが、決定的に異なるのは縮景園が浅野家の所有であり続けたことである。最後の藩主浅野長勲《ながこと》は一九一三(大正二)年、園内に私立美術館、観古館を建てる。縮景園は一九四〇(昭和一五)年になって広島県に寄贈され、この年名勝に指定される。原爆で壊滅したが、その後復元された(7)。

熊本水前寺成趣園　ついで熊本水前寺《すいぜんじ》成趣園《じょうじゅえん》である。加藤清正の熊本城創建時に城の南側に御花畠が作られた。加藤氏に代わって入部した細川忠利は、寛永一三(一六三六)年から御花畠に常住する。藩主の在住は明治四(一八七一)年まで続く。成趣園は三代綱利が寛文一〇(一六七〇)年から翌年にかけて城外に造営した。明治四(一八七一)年、廃藩置県により官有となるが荒廃したので、旧藩士たちが払い下げを要望し、一八七八(明治一一)年、細川家代々の当主を祀る出水《いずみ》神社を園内につくり、その社地として払い下げられた。一九二五(大正一四)年、熊本県が出水神社より借り受け水前寺公園となり、一九二九(昭和四)年に「水前寺成趣園」として名勝、史蹟に指定される。その後、一九六六(昭和四一)年に再び出水神社に返還され今日にいたっている(8)。

彦根玄宮園　彦根藩四代井伊直興によって延宝五(一六七七)年から着工され、同七年に完成する。明治五(一八七二)年、玄宮園は民間に払い下げられる。隣接する楽々園は直弼の第一子に譲渡されていたが、一八八一(明治一四)年に井伊家より借り受けた業者が旅館「彦根楽々園」を開業する。一八八六(明治一九)年に井伊家は玄宮園を買い戻し、民間に貸し付けて料理旅館として建物を使用した。彦根市が玄宮園・楽々園を井伊家から取得するのは一九四七(昭和二二)年であり、その後一九五一年に名勝に指定される(9)。

このように見てくると、所有者が誰か、ということは大名庭園の近代の歴史を左右するかなり大きな要素であることがうかがえる。「公園」として開放されると市民広場の様相をみせる。旧大名家が近代以降も庭園を維持することは難しい。貸与したり、行政機関に買い取ってもらう。それらが名勝となるのは公のものとなってからである。そう考えると本書で扱う三名園＋一が早くに名勝に指定されていくのは、それが公的な空間となっていたから、つまり、公的な空間であることは名勝として顕彰されていくための必要条件であるといえる。さらにいうならば、本来の所有者である旧大名家が持っていた時には、歴史的記憶とともに大名庭園は生きていくが、所有が公的機関に移って名勝になっていく過程で、さまざまな知見による「価値づけ」が始まっていくのではないか。

緒論では、本書で描かれる大名庭園の近代の「現象」が何によるものか、ということを明らかにするためのキーワードを頭出しした。大名庭園の近代、とは大名庭園そのものの明治以後の単なる歴史事象を扱うのみではなく、大名庭園を通して近代とは何か、風景の近代化とはどういうプロセスかを読み解くこころみである。個人の誕生日をお祝いするのが近代のものであるように、また○○何百年祭という記念日が近代のものであるように、そもそも日本三名園という扱いが近代的である。なぜ日本「三」名園なのか、なぜ四名園とはならなかったのか、ということも本書中に書かれているが、ここに現れる三名園、学識経験者、価値づけ、名勝への顕彰などはすべて近代の現象であり、構造化されたものである、ということを冒頭に本書の予告として述べた。

（1） 小沢圭次郎「明治庭園記」（日本園芸研究会編『明治園芸史』日本園芸研究会、一九一五年）。
（2） 後楽園内の津田永忠遺蹟碑、一八九六年一〇月建立。「駕進みて岡山学校に幸し、後楽園に駐まること三日、茂樹嘉葩あり、怪巌奇石あり、鶴舞ひ魚躍れる庭園泉地の設は、最も天顔を怡ばす」。
（3） 第二部、本書一六〇頁以下、および一八四頁以下。

（4）『岡山後楽園史』資料編（岡山県郷土文化財団、二〇〇一年）。原資料は松山市立子規記念博物館蔵。
（5）丸山宏『近代日本公園史の研究』（思文閣出版、一九九四年）。
（6）のちの一九三一（昭和六）年国立公園法では、指定地すべてを国有に接収するのではなく、私有地の編入を認めたことから、国立公園とは指定を国がした、という限定的な national park であった。
（7）広島県教育委員会『縮景園史』（一九八三年）。
（8）北野修、黒田正巳、増田睦、川畑博「水前寺成趣園の歴史的研究」（『造園雑誌』四一（三）、一九七八年三月）。
（9）彦根市教育委員会『名勝玄宮楽々園整備基本計画報告書』（一九九七年）。

第一部

岡山後楽園

小野芳朗

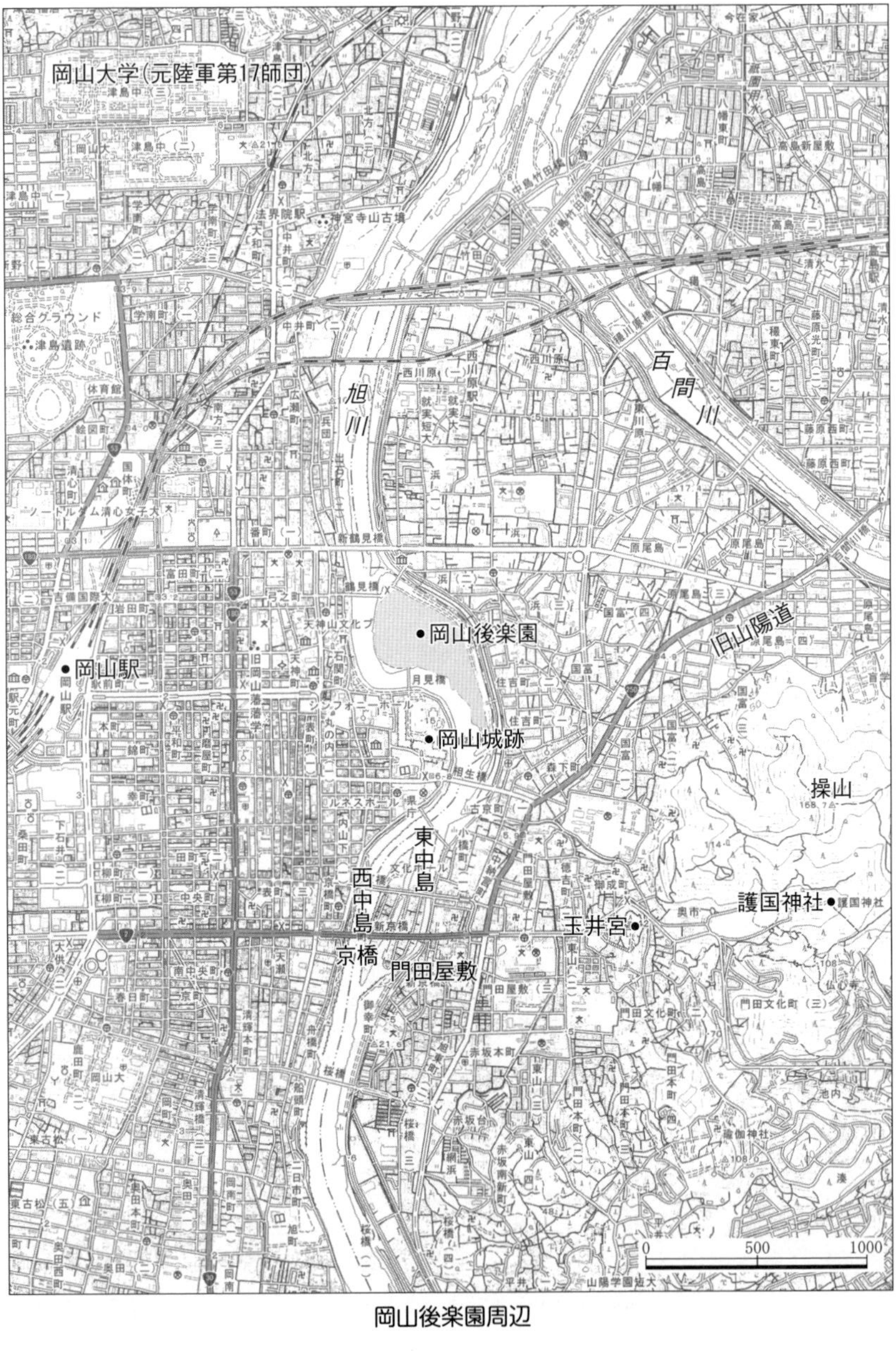
岡山大学(元陸軍第17師団)
旭川
百間川
岡山駅
岡山後楽園
旧山陽道
岡山城跡
操山
東中島
西中島
京橋
護国神社
玉井宮
門田屋敷
0
500
1000

岡山後楽園周辺

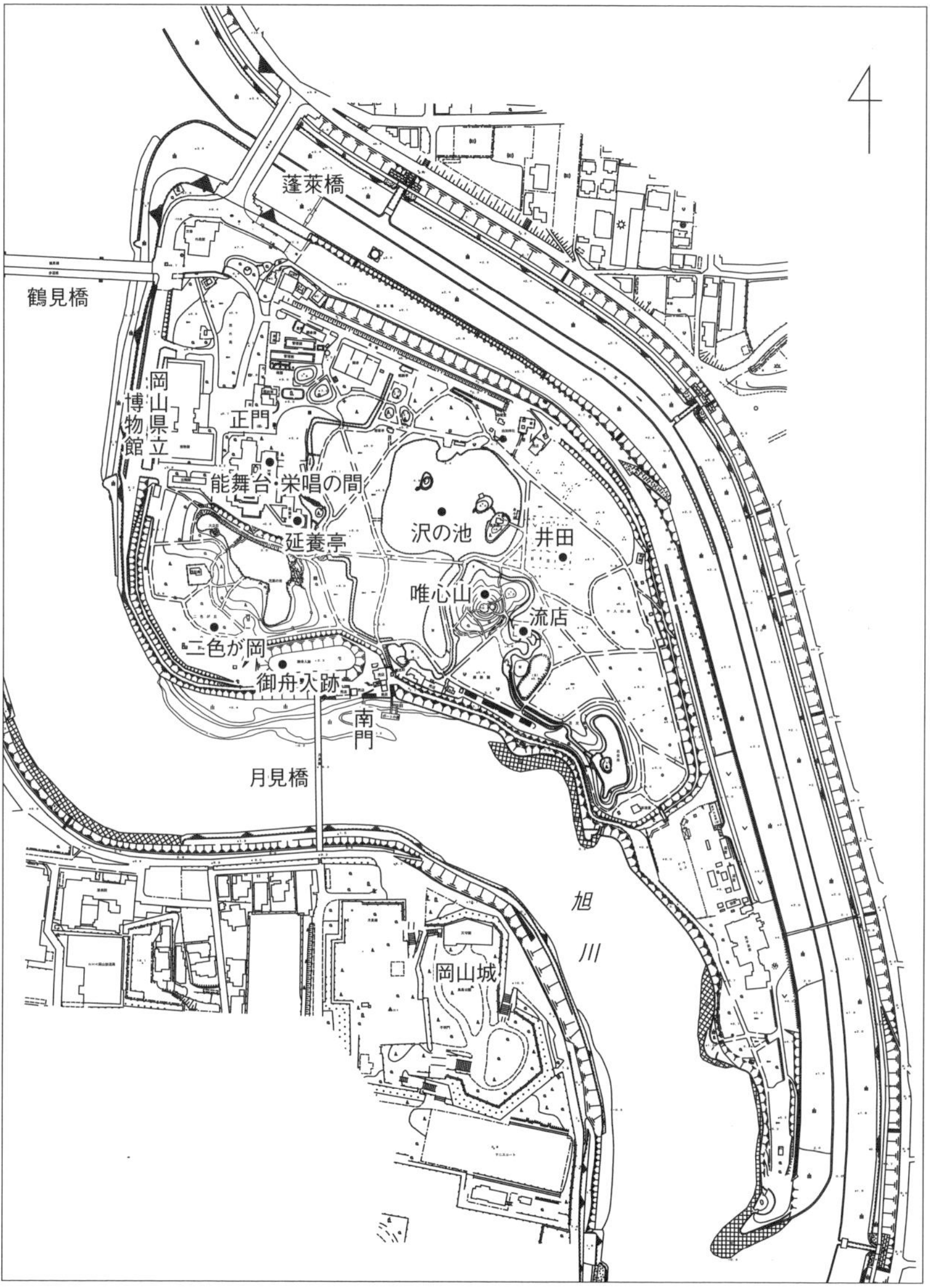

蓬萊橋
鶴見橋
岡山県立博物館
正門
能舞台
栄唱の間
延養亭
沢の池
井田
唯心山
流店
二色が岡
御舟入跡
南門
月見橋
旭川
岡山城

後楽園現況平面図

第一章　近世の御後園

第一節　大名庭園としての御後園

(1)　御後園の成立

近世の岡山は、宇喜多秀家滅亡ののち、小早川秀秋が入部し、旭川西部に「二十日濠」という南北の用水を開削し、都市部の骨格をつくったのが端緒である。その後の池田氏の治世下で、旭川右岸の岡山城とその西部を郭内と郭外に分ける町割りが構成された。近世岡山は池田光政(一六〇九～八二)時代にほぼ形をなしたとされる。

延宝期(一六七三～八一)になり、次代の綱政(一六三八～一七一四)年の治世になると、大きな土木工事による都市の構造の確定と、藩主の施政・居住空間の確保が目指される。[1] 図1-1に岡山城とその周辺の用水、ならびに後楽園(二〇〇八年時点)の図面を示した。近世の岡山の西部は、岡山城から西に向かって堀割を組み、山陽道が城内を南北に貫通し、武家町と町人町が交互に配されるサンドイッチ状の構成であった(図1-2)。[2] その近世都市の最西端が西川用水(二十日濠)であり、そこから西方は農村地帯が広がっていた。一方、旭川の左岸、上道郡は旭川の氾濫の多い地域であり、綱政時代に干拓による新田開発とともに、旭川の水量制御のためのバイパスとして百間川を開く。貞享三(一六八六)年、百間川の改修により上道郡の氾濫の制御が可能になったと考えられ、その地に「御後園」を藩主綱政が郡代津田永忠に命じて造らせたとされる。

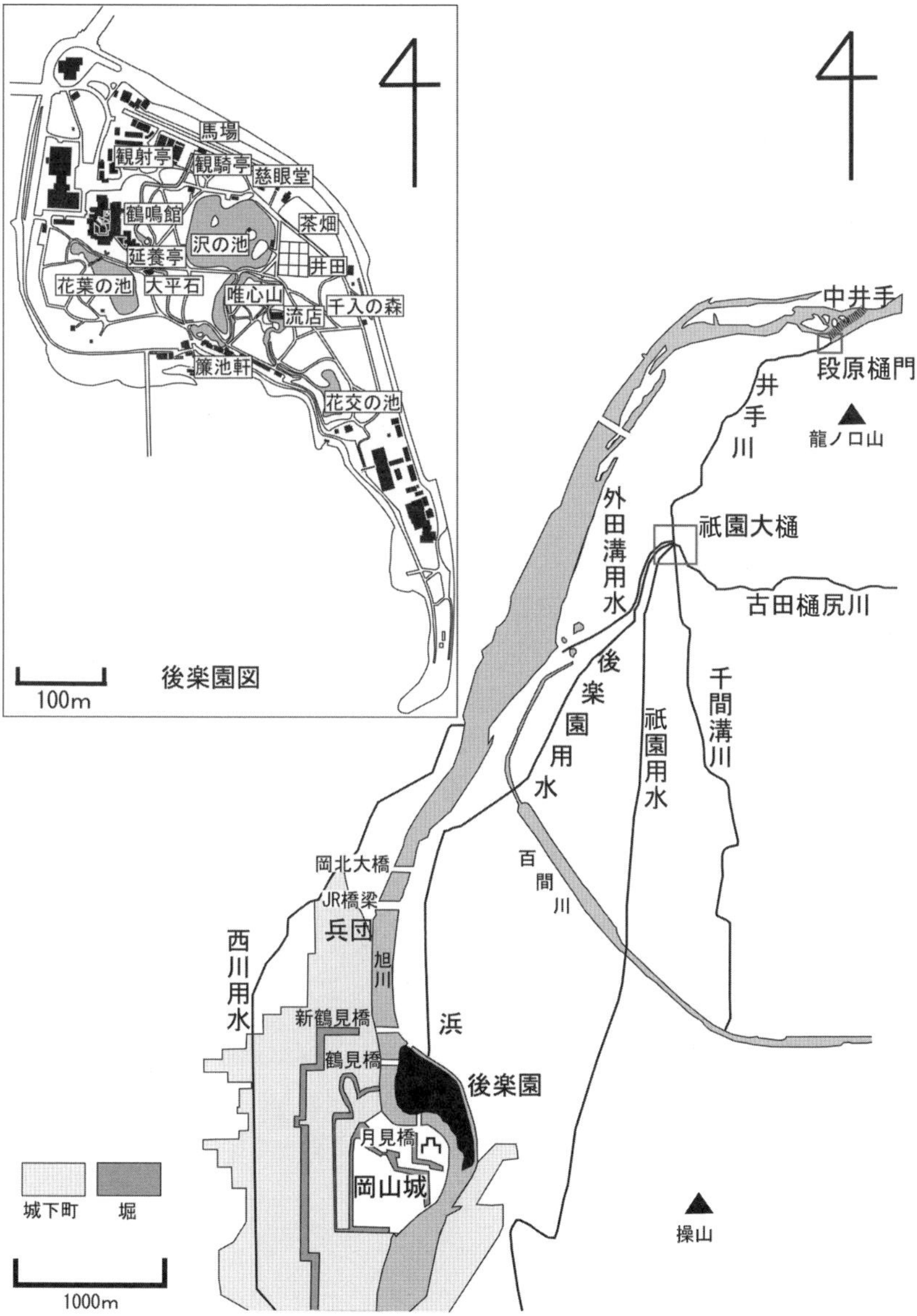

図1-1　近世岡山と周辺用水、2008年の後楽園図(左上)

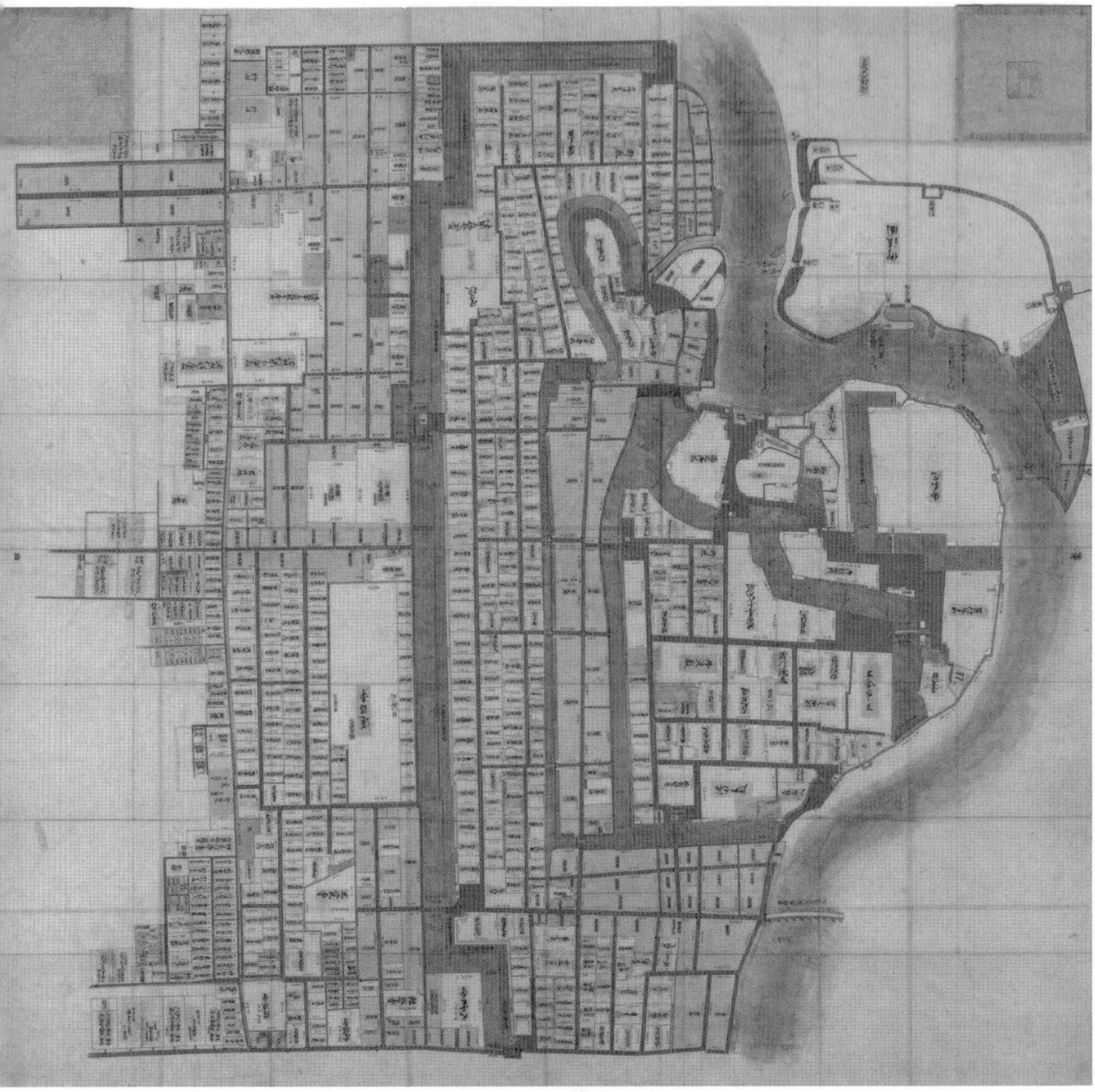

図1－2　「岡山内曲輪絵図」(宝永４年)

◆御後園の築庭

岡山後楽園は、岡山城東方の旭川対岸の川縁に築かれた城の「後園」である。現在の姿は、岡山城天守閣を背景にみる芝生の広がる広大な園地であり、曲水の流れる典型的な「回遊式庭園」とされる。

岡山藩の土木工事を語るときには決まって、池田光政から綱政の藩政時代にかけて郡奉行を務めた津田重次郎永忠の貢献があげられるが、彼の御後園の作庭の意図は史料的に裏づけされておらず、その役割を含めて不明の部分が多い。藩主池田綱政の命によったことがわかっているだけである。また綱政自身の意図も、それを直接伝えるものは残されていない。築庭に関わる記録として残されているのは、岡山後楽園の所蔵する『御茶屋御絵図』(3)（享保元年）の貼り紙に残された、寛政一二（一八〇〇）年閏四月の御後園奉行大澤市太夫による覚書である。これには、

一、一万七千七百三拾坪
　　貞享四丁卯年十二月十六日ゟ御普請始り
　　元禄二己巳年春御庭成

とあるので、貞享四（一六八七）年から工事が始まり、元禄二（一六八九）年に一応の完成をみて藩主の利用が始まったと考えられる。さらに、庭園面積の拡大と園内御茶屋建設をしたことも同覚書に書かれており、綱政時代の庭園内諸施設の完成は元禄一三（一七〇〇）年冬とある。

御後園の位置の築庭以前の風景は、貞享年間の「御城ヨリ川上マデ絵図」（図1-3）(4)でみると岡山城東側の旭川左岸には「小姓まち」「はま」などの農村が存在する。絵図で見る限り、旭川左岸には農村集落と田畑と思しき土地、そして竹藪がみえる。したがって、田野が広がっていたところを作事したと考えるべきである。

前述のように、この造園の目的を明確に語った史料は見つかっていない。

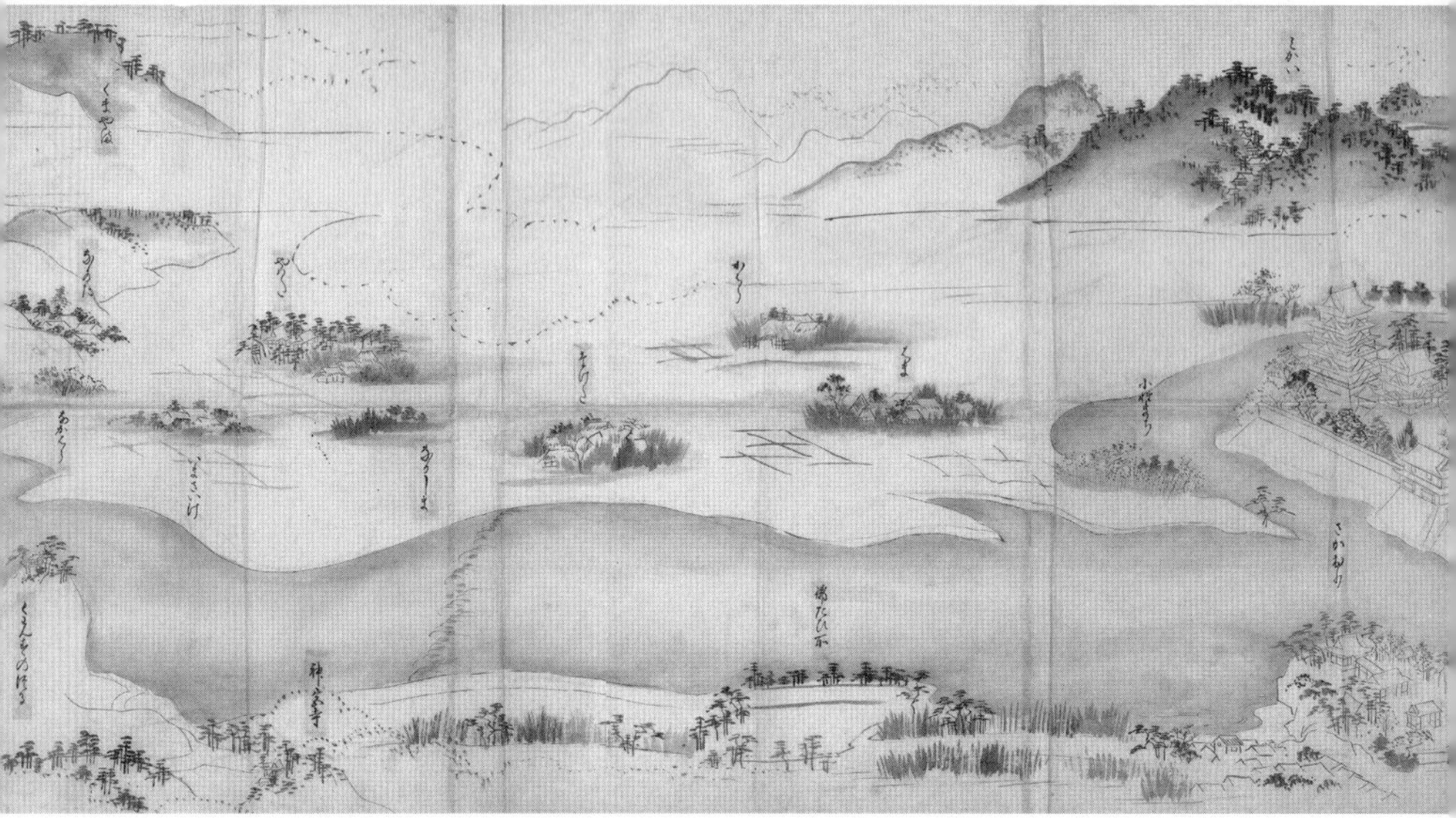

図1－3　「御城ヨリ川上マデ絵図」（部分・年代未詳）

◆池田綱政の築庭意図

二〇〇七（平成一九）年の夏、神原邦男によって発見され読み解かれた池田綱政自筆の歌集がある。それは岡山市の林原美術館に保存されていた。池田家の資料は公のものは岡山大学に寄贈されているが、藩主の個人的な記録は林原美術館にあるとされる。文書類の発掘によって綱政の意図が少し明らかにされた。これは綱政の歌集『竊吟集《せつぎんしゅう》』に描写された御後園の景観である。（5）

第二巻　元禄弐己巳年夏　其儘

常に住方の北に当りて、川を隔、別野をいとなみ、めくりに竹をうへわたし、田畑をむねとかたへには沢の水草茂あひて、をのつから外面におとす、小山の余りを斬込きやり水に流し、さゝやかなるくさふき一棟を二間三間にかこひて、畑をうかち田をすき苗うふる、おり立賤の業居なから見る、えならぬおもしろさになく打えまれて、いつも帰らんことを忘る、見わたす方の遠近に高くひきゝ木立茂く、又芝生の山いくへともなくつゝき、筆

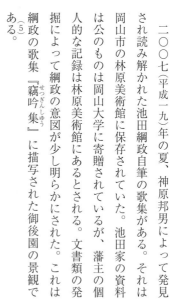

も限あれハ、うつすことも及へき物にハあらさりけらし、

御後園の最初の景観が設計者自らの筆で記述されている。綱政は城の本丸の北、川を隔てた田畑を、周囲に竹を植えて囲い、庭とし、草葺きの一棟（延養亭であると考えられる）から田畑を耕作する農民の姿を楽しんだ。見渡せば木立が高くあるいは低く、遠景に緑（芝生と表現）の山が幾重にも続く。ここから綱政の作庭の意図が田畑の耕作風景と遠景の山々を楽しむためであったと結論するには、御後園の作事は広範にすぎるように思われる。筆者の想像を多分に交えた推定の域ではあるが、京都御所の作庭が影響しているのではないだろうか。

池田家は貞享四（一六八七）年の百間川開削に先立ち、延宝三（一六七五）年にほぼ一年間をかけて禁裏御所の単独普請を命じられている。いわゆる延宝度の普請である。このとき、御所の東庭を築く（正確にいうと小堀遠州の寛永度の普請により能舞台空間となった東の庭を再現する）。それは、御学問所より庭の池を隔てて東山を望む。これに比すれば規模はかなり大きいが、御座所延養亭から沢の池を隔てて遠く操山《みさおやま》（瓶井山《にかいやま》、東山とも）を望んだのではないか。

第三巻元禄戊寅十一年正月

いつかハと廻りしなからたねうへて見うたてしさくらの十とせにたにたらても、はた千ほとにあまりしを見て、心永くうへてなかめんいつしかに千ほと《（千本）》にあまる庭のさくらを

こゝハまた山にハあらて見よしのゝちもとのさくら庭なから見ん

そして、庭には千本の桜を築庭当初に植えた。それがこの春で一〇年経ち花を咲かせるようになる。桜は山桜などであり、享保年間の御後園図[(6)]に書き込まれた記録から、山桜、普賢象、楊貴妃など本数は一一九九本であり、「千本《ちもと》」とは事実であった。また同じ享保の図には楓も相当数描かれており、御後園の当初の景観は、手前に水田と芝生、一部畑。沢の池を隔てアカマツ林の山々、低い真竹の垣の前に、春は山桜、秋は楓が愛でられた。ま

た夜は月の出を楽しんだようだ。(7)

ただ、綱政時代の藩主の『日記』『日次記』や、次代の継政(一七〇二〜七六)に始まる『御後園諸事留帳』をみる限り、そこは今日的な視線での庭園鑑賞の場というだけでなく、藩主の施政の場であり、城内では会うことのできない人々と非公式に会うなど、さまざまな用途に使われた場でもあった。大名庭園が利用される対象であったという事実は岡山後楽園に限ったことではない。

本章では、岡山後楽園の前身、近世の御後園の利用形態を検証していく。とくに、現在の芝生景観とはまったく異なる水田としての空間を史料的に明らかにし、その空間の近傍にある旭川に塩水が遡上し、それがゆえに庭園の用水をはるか北方より導水した理由を、実測と史料をもとに検証する。それは、岡山大学池田家文庫の絵図面と、塩水遡上の測定による淡水導水の検証と、『御後園諸事留帳』にみる田植えの史実より議論される。

(2) 御後園の利用

御後園は藩主がさまざまな人に会える場ではないか、とひとくくりに論じたが、実際に藩主は御後園をどのように利用していたのであろうか。このことについては、『御後園諸事留帳』を悉皆翻刻した神原邦男の著『大名庭園の利用の研究』に詳しい。(8)元禄二(一六八九)年の池田綱政による利用開始以後、田植え、月見、武芸、能など多くの催事があり、そのたびに御後園奉行、下奉行とともに家臣団、池田家の家族、御女中など多くの人が出入りする。

藩主は参勤交代のため、在国するのが一年ごととなる。四月(今日の五月)になると江戸を出立し、約二週間かけて東海道、山陽道を下ってくる。ある年の綱政の帰国を追ってみよう。

宝永二(一七〇五)年は三月二八日に江戸を出た。(9)その出立に先立ち、忍びの者に会っている。

一、忍之者藤村半七郎、道中御供御用ニ罷下候ニ付、於台苛之間御見得(10)、

道中の警護を申し付けている。これら忍びは綱政の身辺に常に居たと考えられる。次代継政の時には帰国後、御後園にて忍びに御目見している(11)ので、綱政も帰岡後に会っていたと考えられる。綱政の岡山帰国は四月一五日であり、

例年御帰城之節、御目見ニ罷出候町人共、小橋之東へ罷出群居(12)、

とあるので、岡山城下入り口の旭川の京橋小橋（図1-2右下の橋）に例年決まった町人が現れ、綱政を迎えた。綱政はその後城に入り、本丸の書院招雲閣で国元の親族や重臣とまず会う。このとき、御熨斗鮑《のしあわび》と生鯛が振る舞われる。

翌一六日は御後園にわたり、慈眼堂（観音堂）、弁財天を拝したのち、延養亭に着座し、側近（側室幸品の実家水原家の親族）、駿府の山伏などに会う(13)。城中では老中、番頭、物頭、寄合組に会うが、このように御後園は一種身分階層を超えて、人に会う空間であるといえる。この他、庭園で会った者には、出入りの町人、浄瑠璃師、農民、忍びなどがいる。

また池田綱政は能をよく演じたが、拙著『調と都市(14)』でも述べているが、綱政が藩主を次代の継政に譲り引退した宝永四（一七〇七）年、御後園延養亭の並びに能舞台を作り、その目的を(15)、

於御城拝見不仕者ニ御見せ可被成ため御後園ニ御舞台被仰付、

と記している。城中の招雲閣付近の能舞台では町人や農民に見せることができないので、御後園に作ったとある。実際神原によれば(16)、綱政が正徳四（一七一四）年一〇月二九日に没するまで七年間に一四五回の演能があり、綱政自らがしばしばシテ役を演じた。そして招かれた領民は男が約三万人、女が約四万五〇〇〇人の多きにわたった。この目的は何か。筆者は、翁舞で始まる一日の能はその劇の仏教的構成上も、また綱政が父光政の儒教政策とは

異なり、仏教信仰が篤かったことも鑑み、備前国の安寧と豊作を領民とともに祈念する装置であったと考えた。

第二節　水田と「御後園用水」

(1) 水田の変遷

◆築庭当初の水田

元禄時代の図面(図1-4)からは初期の御後園には「唯心山」が存在せず、多くが田畑であったことがうかがえる。[17] またその図から園内の水の流れを辿ることはできる。

享保年間以後、御後園の記録として整備された『御後園諸事留帳』(以下、『諸事留帳』と略す)で田植え行事がしばしば語られていることから推定すると、元禄の草創期から水田は存在したと思われる。御後園設立時の藩主綱政の日常を記録した『日次記《ひなみき》』[18]には、「御膳過、御菜園場江御越、午中刻御帰、御菜園場ニ而田うへ申、百姓共ニ鳥目十貫文被下」とあり、水田の存在が記されている。また当初の呼称が「御菜園場」[19]であることから、当初から水田や畑があったことは間違いない。むしろ先述したように田畑だった土地を囲んで庭園としたのである。

絵図面上で水田の記載を推定すると、まず創立当初の図面[20]には芝生地が茶色で塗られており、中央の沢の池までが芝生地で他は升目の上に十字路が描かれているだけである。これらの空間は、図1-4から二〇年ほどのちの正徳年間の絵図[21](図1-5)によると「山田」あるいは「畠」と書かれており、田畑であったことがわかる。同じく図1-5では水田空間であったと思われるところに畦道が切ってある。これが碁盤の目状でなく、斜めの形をしているのは、先の「山田」という記述と合わせて多少起伏があったからではないかと推定する。御後園創建からそれほど時を経ていない図1-5からは、最も高い土地が「二色が岡」であり、その高さから二尺、四尺、五

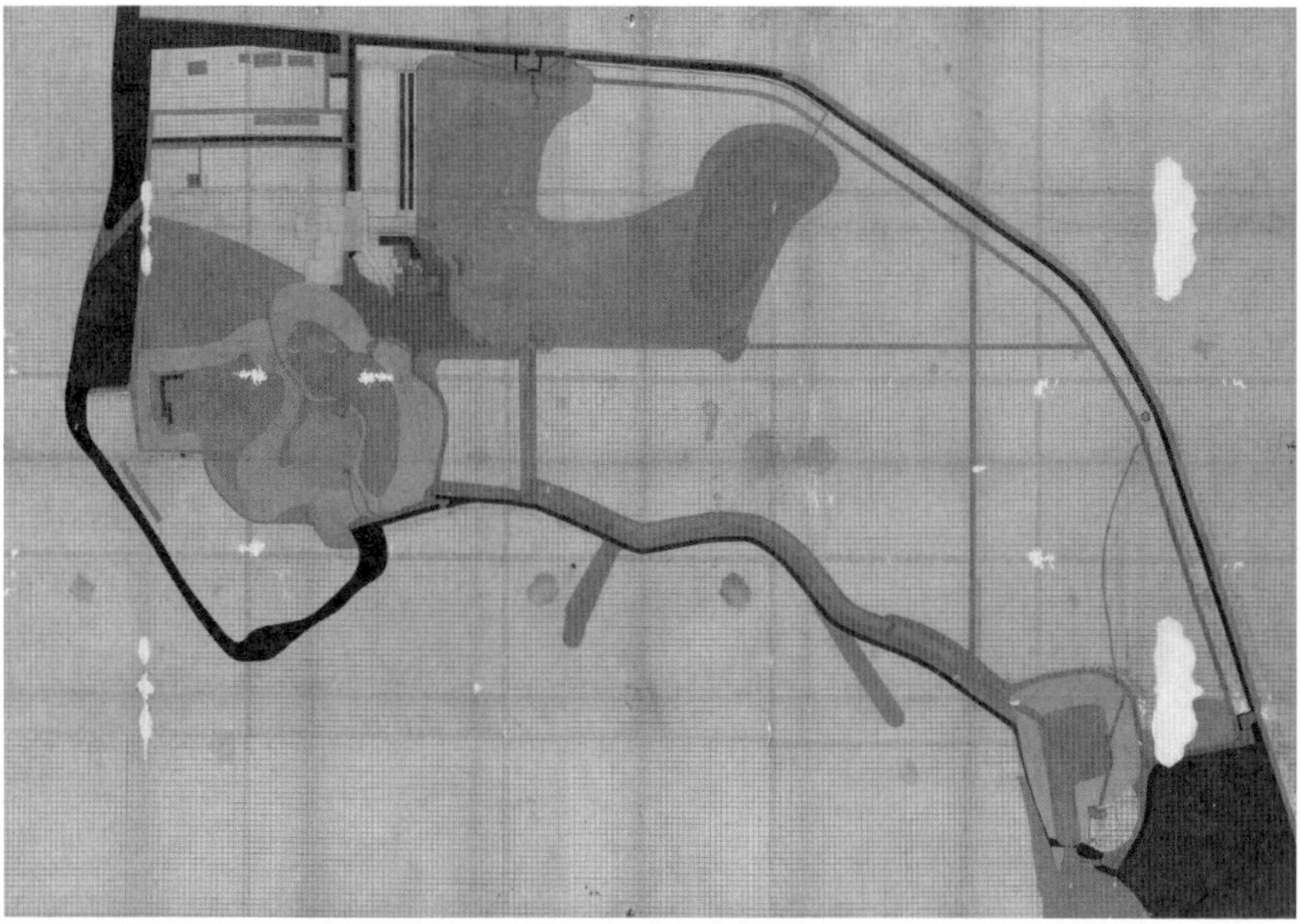

図１-４　御後園の初期の設計図（元禄２年）

尺、七八尺とそれぞれ低い土地が存在したことがわかる。綱政の時はなだらかな起伏の田園があったと考えられる。

設計者であった池田綱政の意図を正確に知ることは難しいが、もともと稲田の広がっていた空間に自らの御茶屋を作り、田園とともに楽しむという設計思想があったと推定する。なぜなら元禄期の綱政の祐筆を務めた山田定経の記録に「園は旧《ふる》きに依りて稲畛《とうしん》を置き、亭は在るに随《まか》せて以て茅簷《ぼうえん》を須《もち》ふ、苟《いやしく》も田舎野店之状を模して　華軒藻井之観《みもの》を屑《いさぎよ》しとせず（庭園は古くからあったように稲田を配し、亭舎はどこにでもあるような茅葺のもので、田舎の農村の風景や家を模して華やかで贅沢な御殿はよしとしない——意訳筆者）」とあり、綱政の当初設計に水田の風景が織り込まれていたと考えることができる。(22)

継政は田畑のなかに唯心山という丘を築き、平らな庭園に縦方向のリズムをつけた。ただ「好み」というだけでなく、前節で述べたように庭園の利用目的は城中では会えない人々に会うための空間であっ

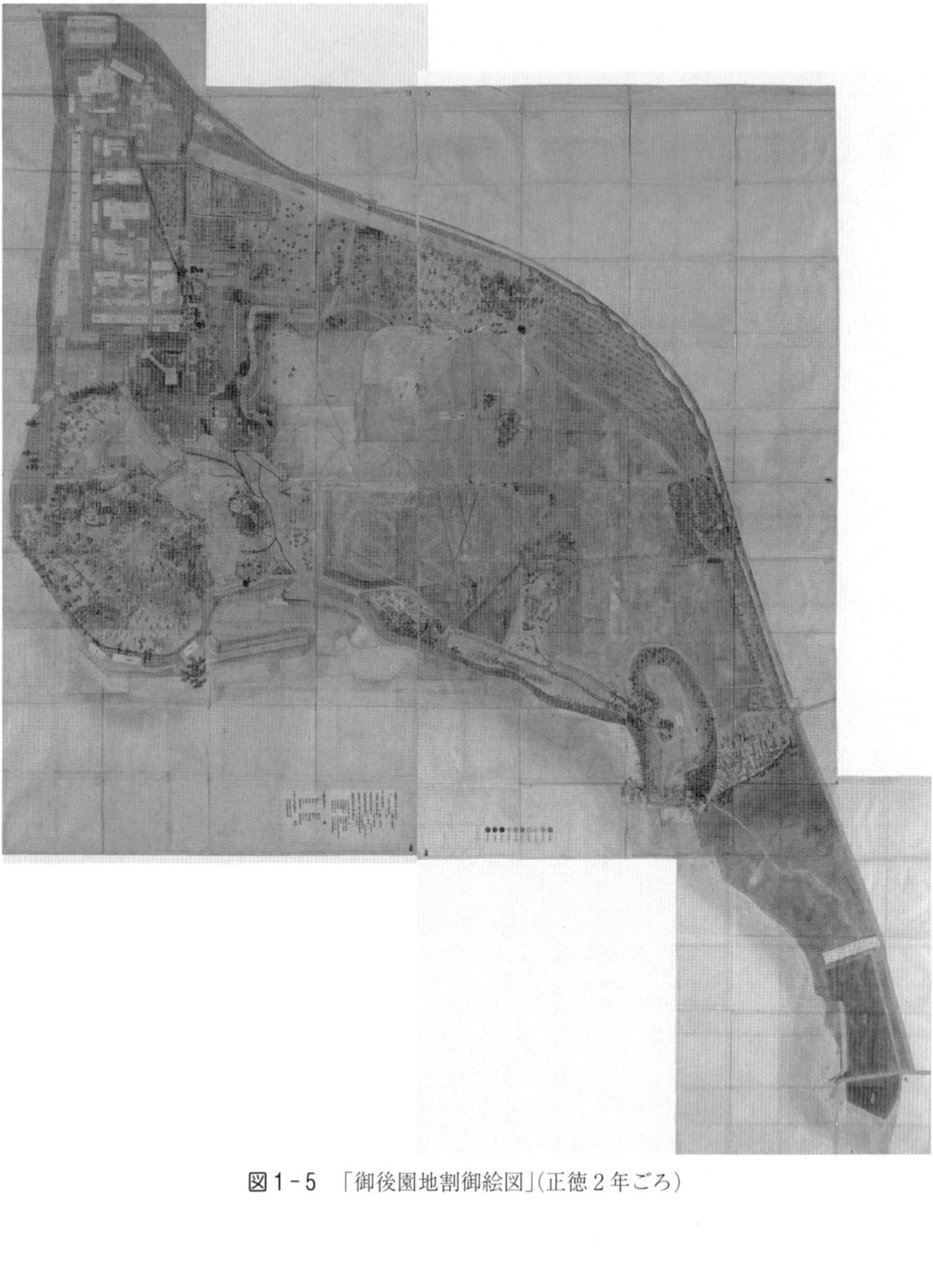

図1-5　「御後園地割御絵図」(正徳2年ごろ)

たことに鑑みれば、そして能舞台に多数の領民を招き、備前国の安寧を祈念したとすることなども考えれば、この田園風景にもある目的性がみえてくる。

御後園は藩財政から独立していて、田畑の耕作も藩が農民を雇用して営んでいた。それが綱政の田園趣味にとどまらず、藩の農村経営の試行地であったとみる向きもある。筆者は田畑は能舞台と同じ機能を有していたのではないかと考えている。藩主が参勤交代から帰国した翌月五月に御後園で田植祭が催される。在郷の村の代表である早乙女一五人、男(歌い手)五人。いずれも村を代表しての踊り上手、歌上手であったろう。田植祭は備前国の五穀豊穣を祈るためであり、藩主が村々に出向いてみることができない踊りを御後園で直接見て、声をかけ、褒美を与えた。御後園は藩主が田植祭という農民の祈りに参加する装置であった。

◆水田の消長

さて、その水田は時代とともに面積を変える。ここでは岡山大学附属図書館池田家文庫に築庭後の図面が残されている正徳年間(一七一一~一六、正徳二年頃とされる/図1-5)、明和八(一七七一)年、文久三(一八六三)年、一八八三(明治一六)年について、そこに描かれている水田を現代の図面上に起こし、その推移を比較してみる。ただし、各図面は正確な測量で描かれたものではなく、たとえば文久のものは新藩主(茂政《もちまさ》、一橋慶喜の実弟)が水戸から岡山入りするにあたって、あらかじめ描かせた見取り図のような性格のものである。そこで図面中で各時代に共通している箇所をいくつか決めて、そこを基点に水田面積の広がりを推測して現代の地図上に落とした。共通する基点とは、御茶屋の「延養亭《えんようてい》」、「廉池軒《れんちけん》」(およびその池)、「流店《りゅうてん》」で、これらは正徳期から存在して現在にいたってもその位置は変わらない。また、「大平石」、「沢の池」、「お茶畑」、「千入《ちしお》の森」も位置は変わっていないと考えられる。これらの周辺に広がる水田を描き込んでいった。面積的には正確さには欠けると思われるが、四つの時代の水田面積にはそれぞれ大きな変化があるため、その消長を議論するためのものとしては有効であろう。

水田の消長を概観すると、御後園成立当初は延養亭前庭を除いて全域に広がっていたが、明和年間には一度耕作が休止され、その後再開した時には庭の東側に限られ、時期は特定できないが「井田《せいでん》」の模型が現れた。明治になってから岡山県に譲渡される頃までも水田は残存していたが縮小され、やがて「井田」模型を残して消滅する。水田の消えた跡は芝生地になり、現代のような芝生の広がる景観ができた。

正徳年間　図1-6は池田家文庫の正徳年間に描かれた図面(23)（図1-5）より起こしたもので、現在の後楽園の図面上にハッチでその面積を示した。図面左側にいくつかの建築物があり、庭に面してつきだした位置にあるのが「延養亭」(24)である。そこは藩主の御座であり、東向きで庭園・沢の池を臨み、かつ操山の峰々と、そこに上がる月を眺める場であったとされる。図面中央にある池が「沢の池」であり、山の南東麓に「流店」(25)という二階建ての御茶屋で一階部分は吹き抜けで庭園内の曲水を引き込んだ建築物がある。水田は沢の池南部分（水田に面して御茶屋「廉池軒」(26)と池がある）と園の東部分全面であることがわかる。

明和年間　図1-7は明和八年の図面(27)より起こしたものであるが、水田は記されていない。宝暦一四（一七六四）年に藩主になった治政の時代、御後園財政の倹約が進められており、同年の田植祭には早乙女は呼ばれず、役人のみで行い(28)、明和六（一七六九）年には奉行澤田小吉、岸本文右衛門に倹約法を考え提案するよう命じている。水田経営については、

一、御田植之事、御小人拾人程充、日数二日請取植えさせ申候得共、此已後別段ニ請取申義相止、日々出入之
　内ニ而、日数延相済せ候様可被仰付哉(29)、

とあり、田作業の縮減が示されている。さらに、明和八年九月二八日、御作方の古長柄幸助が御役御免となる(30)。こうして水田は耕作されず放置された結果、本図面中では田畑は消え「芝地」となる。

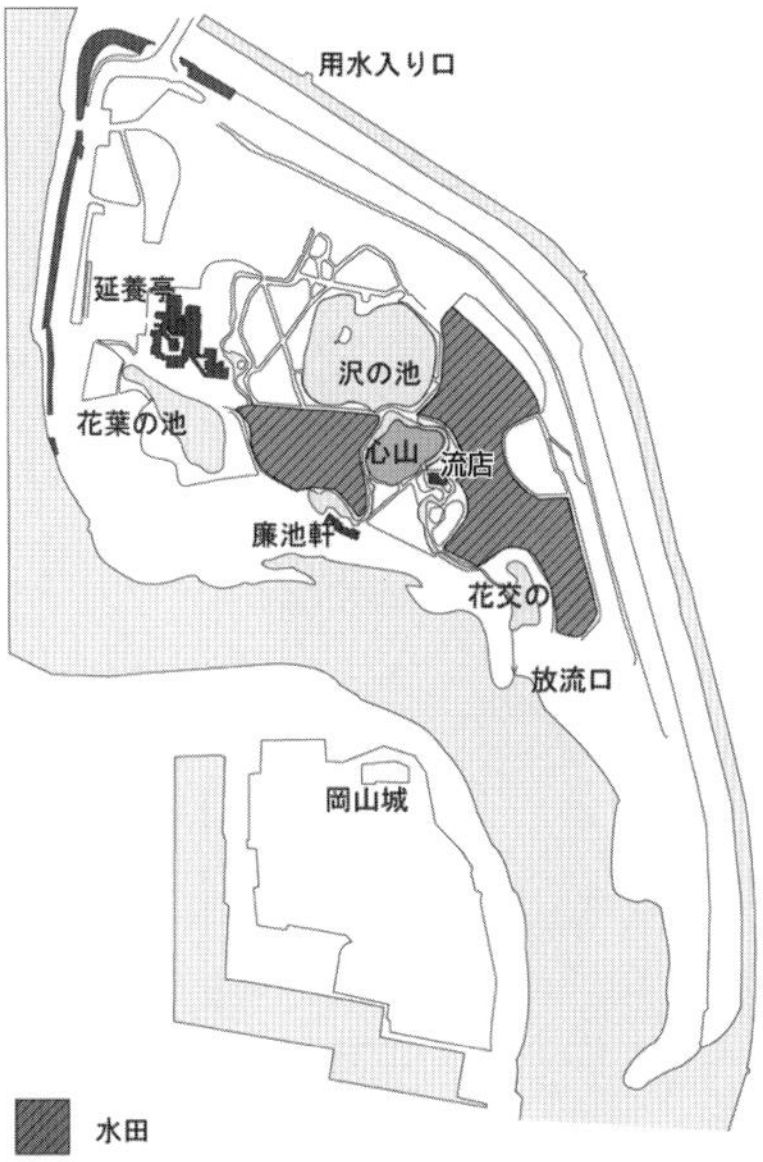

図１－６　正徳年間(1711-16)の水田面積

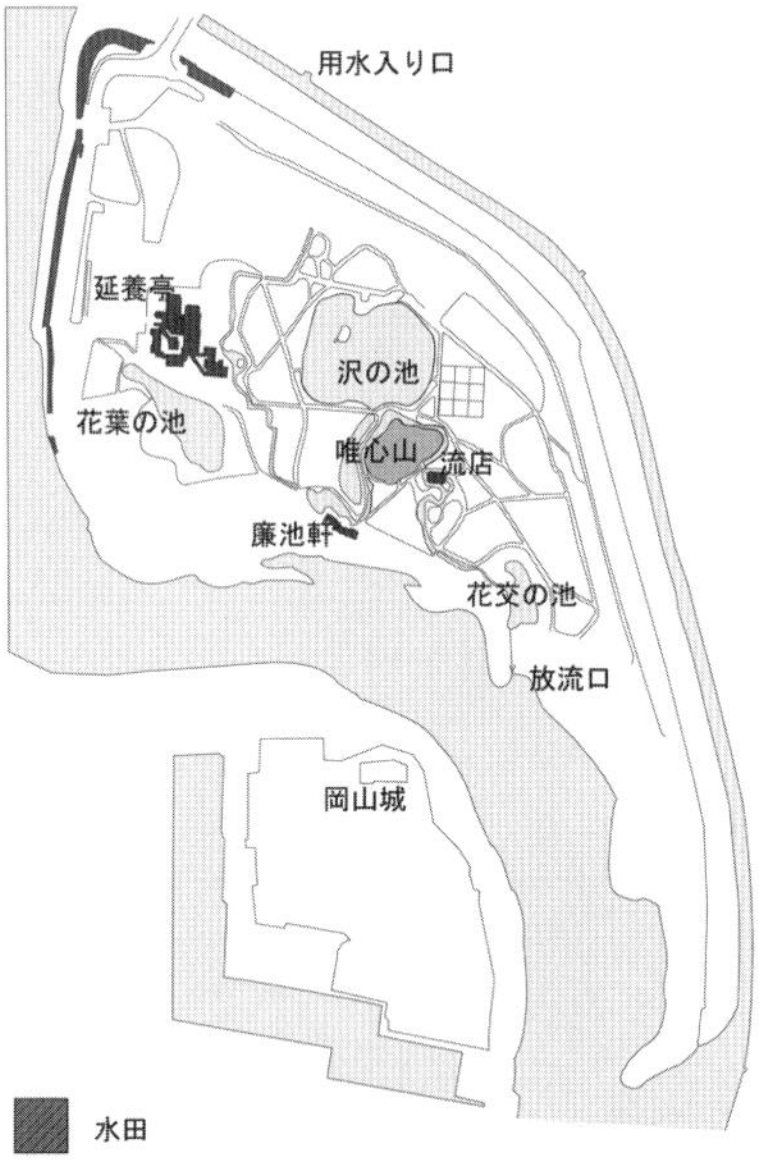

図１－７　明和８(1771)年の水田面積

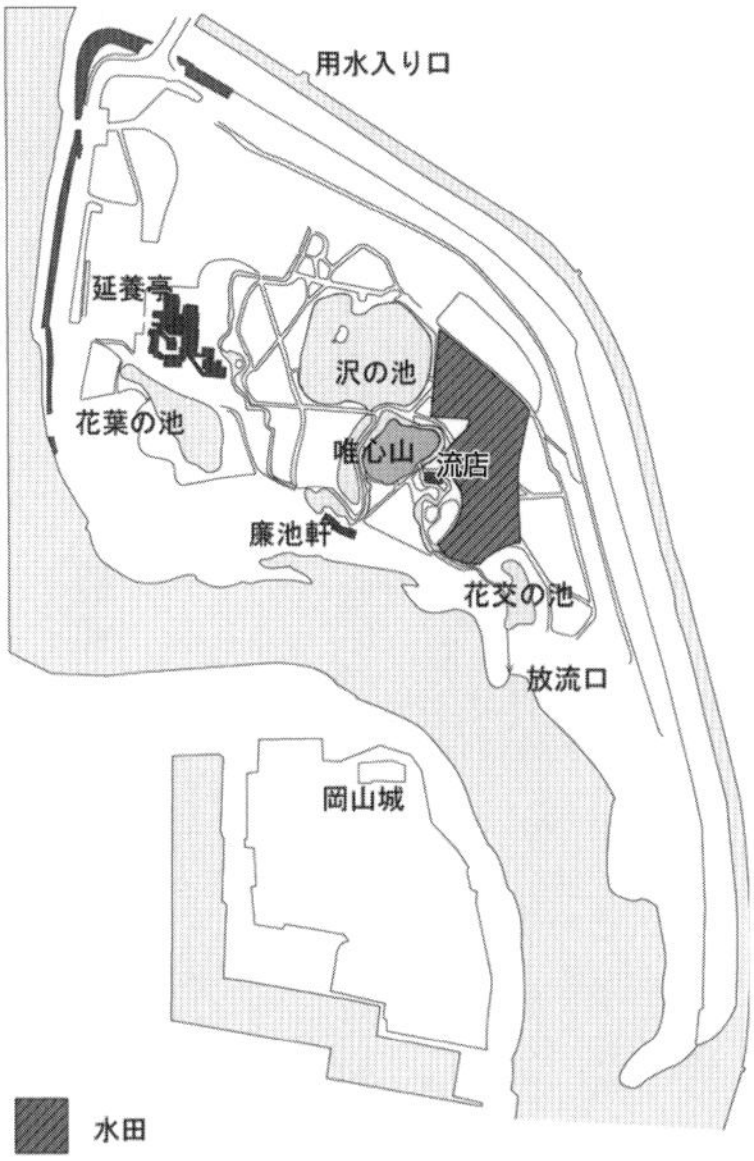

図１－８　文久３(1863)年の水田面積

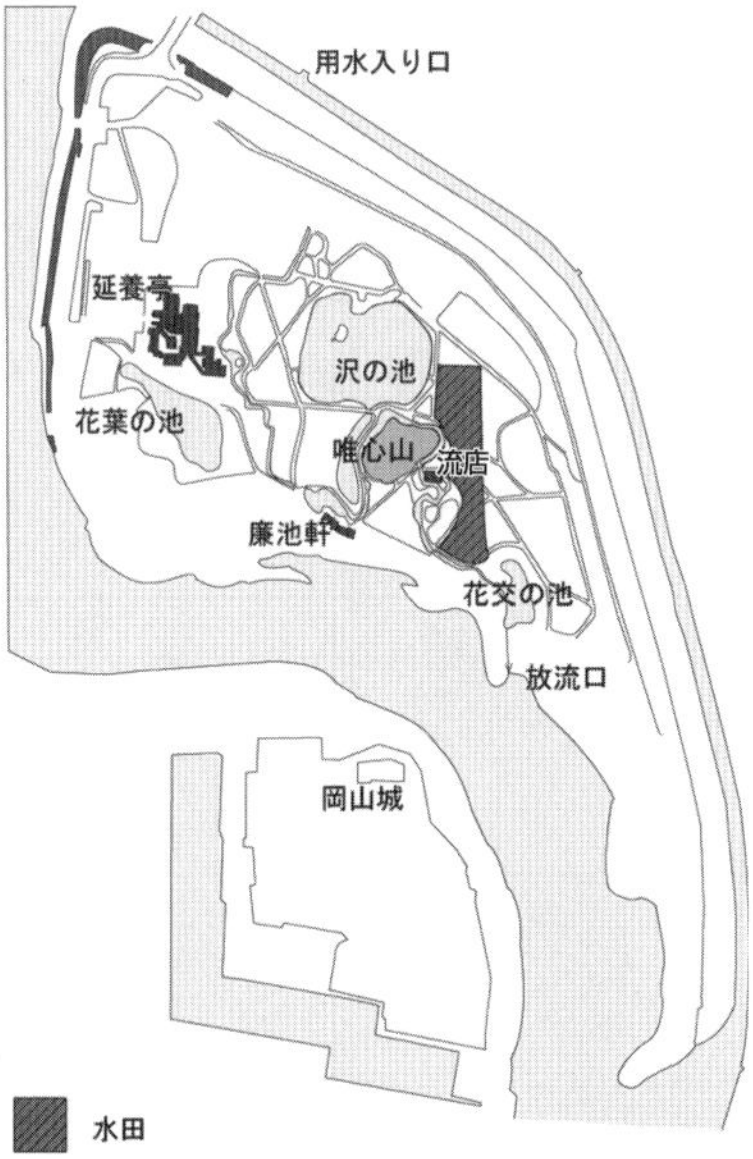

図１－９　1883(明治16)年の水田面積

ところが二年後の安永二(一七七三)年八月には、「御庭内東ノ手、一両年引ならし相成居申候御菜園地、草多ク生出候ニ付、已前之通相応■■(虫食い、以下同)可被仰付哉儀」[31]とある。唯心山東側の水田は二年間の耕作停止の後、雑草が生えていたが、従前のとおりにせよとの命により水田が復活する。なぜなのかについての記録は見つかっていない。芝生、もしくは草が生えている状態のほうが管理しにくく、水田に戻したのではないかとも考えられるが、確証はない。このように財政的な事情から、水田の維持管理費(右の引用史料によれば、おそらく雇用していた農民の人件費)を倹約するために耕作を一時停止したことが、沢の池南にあった水田が芝生に変わるきっかけとなった。また東側の水田も縮小し、芝生面積が拡がることになった。

文久年間　幕末の文久三年の図面[32]図1-8には園の東に水田の記載がある。また「井田」の十分の一の模型が描きこまれている。「井田」は池田光政が和気郡友延村と難田村の境に造らせたもので、現在も跡が残存している。この園内の模型がいつ造られたものか記録がないのでわからないが、図面上は文久の図面に初めて描かれていることから、明和八年から文久の間に造られたといえる。

明治初年　明治二(一八六九)年の版籍奉還で岡山城は国に接収されたが、御後園は翌明治三(一八七〇)年岡山藩に返還される。明治四(一八七一)年二月七日、名称を「後楽園」と改め、同年七月の廃藩置県以後は池田家の隠居所として機能する。その維持管理が池田家に所属した最後の頃の図面が図1-9であり、水田面積の縮小がさらに進んでいることがわかる。[33]この後、一八八三(明治一六)年一二月に当主池田章政《あきまさ》は、岡山県令高崎五六に宛てて「所有地上地願」を提出し、一八八四年一月に岡山県所管となり(明治一七年一月一五日付告示第七号)、「公園」となる。小作に出された水田がいつ消滅するのか史料上定かではないが、県に有償移譲された後、井田以外はすべて芝生地となり、「流店」から東は桜林となった。図1-1に示した現代の後楽園には、「井田」として九枚の水田が描かれる。前述のように井田は岡山藩に実在し、そのミニチュアモデルが庭園に作られたのだが、文久の図面で初めて現れ、誰が何のために作ったのかはわかっていない。現代のそれは田植え行事として県内の田楽保存会が七月になると田植祭を再現する観光用の水田となっている。

(2)　水田としての利用——田植祭

田作業は御後園が農民を雇用し実施していた。田作業の日常を記す記録はないが、参勤交代で藩主が御国入りした翌月の五月、田植祭が御後園で行われた。その記録が『諸事留帳』に残っている。いくつかの例を以下に示す。

継政期　最初は御後園をつくった綱政の継嗣、池田継政の記録である。この継政治世の享保年間より御後園の記録は『諸事留帳』の形で整理される(34)。

　元文四（一七三九）年五月二三日

一、来る廿三日、御後園ニ而《て》御座候、早苗乙女拾五人、男五人、しろかき壱人、名主壱人罷出候様、御郡代
　中被仰■■候、

一、廿三日、田植、四時揃、四半時植懸ル、厚木平弥召連、罷出ル、九前ニ植仕廻《しまい》、流店之下ニ而《て》洗足仕ル、
　延養亭東前出シ、北へ寄踊申事、十廻り程■相済、並居、御祝儀ニ鳥目為㆓持出㆒、平弥相渡ス、

田植祭に参加する早乙女は一五人、城下近郊の在方の村から選ばれたと考えられる。後年の記録には、数カ所の村から一人ないし二人の女が選ばれていて実名も掲載されている。男五人とは各村選抜の歌を唄う者たちである。在方の「代表団」である者たちは、午前九時から田植えを始め、正午頃に終了。二階建ての御茶屋「流店」の吹き抜け一階を流れる水で足を洗う。場所は「流店之下《しも》」とあり、おそらく流れが流店の真下を通過し外へ出た所であろう。そして「延養亭」前に出て、御座にある藩主の前で踊った。図1-10に「流店」の写真を示す(35)。

図1-10 「流店」と洗足の光景

その一階吹き抜けの構造は、正徳年間の図面(図1-11)をみる限り一〇畳と四畳の畳敷きであったことがわかり、したがって流れを挟んで何らかの事を大名たちがなしていたと推定できる。しかし、そのすぐ下流は農民の田作業後の足洗場として機能していたことがこうした「流店ニテ洗足」の記録から考えられる。

同じ継政治世時の田植えの記録を以下に示す[36]。

延享元(一七四四)年五月一三日

殿様、四半比《ごろ》被レ遊二御入一、延養亭ニ而《て》御膳召上、田植並早乙女おとり御覧、御意ニ而、延養亭真東ノ上ニ而、間近ク半時余おとる、(中略) 殿様久振ニ御見物被レ遊、益御機嫌宜、八半時御立、右御祝儀ノ御吸物可レ被二召上一旨、先達而被二仰出一、御吸物ノ鯛みそ断置、越しみそ、御熨斗少胡麻塩付、白餅米、御赤飯、御酒御田植候者へ、男女共先格之通、御用所ヨリ拵、赤飯・御酒遣ス、仕廻《しまい》ニおとり候事如レ例、両奉行、下奉行御用所四カ所ニ而《て》おとる、

藩主継政の様子や、その際の食事の内容、周囲の役人や出演者への褒美などが記録されている。両奉行とは御後園奉行二人のことであり、その部下の下奉行ともども御酒を下され、農民とともに踊ったという記事である。

宗政期 次は、次代の池田宗政の時の田植祭である。(37)

宝暦三(一七五三)年五月二七日

一、九ツ時、殿様被レ為レ入《いりなされ》、御膳廻ル、御田植被レ遊二御覧一、御入早速御田植はしめ、九ツ半比《ごろ》、田植済、延養亭東南ノ方へ寄、芝ノ上早乙女とも、おとり候事ニ廻り程、(後略)

一、早乙女とも御田植済、前々之通流店ニて洗足致ス、夫ヨリ踊ノ場所へ罷出ル、(後略)

一、御田植之節、和田次郎太夫、御田ノ南西角之御みちニ羽織ニ而《て》い申、奉行斉藤覚右衛門ハ、(ママ)蓮池軒前之道ニ羽織ニ而い申、以後流店ノ田植候方江両人廻ル、早乙女踊候節、両人上下ニ而したれ桜ノ辺りへ罷出い申、

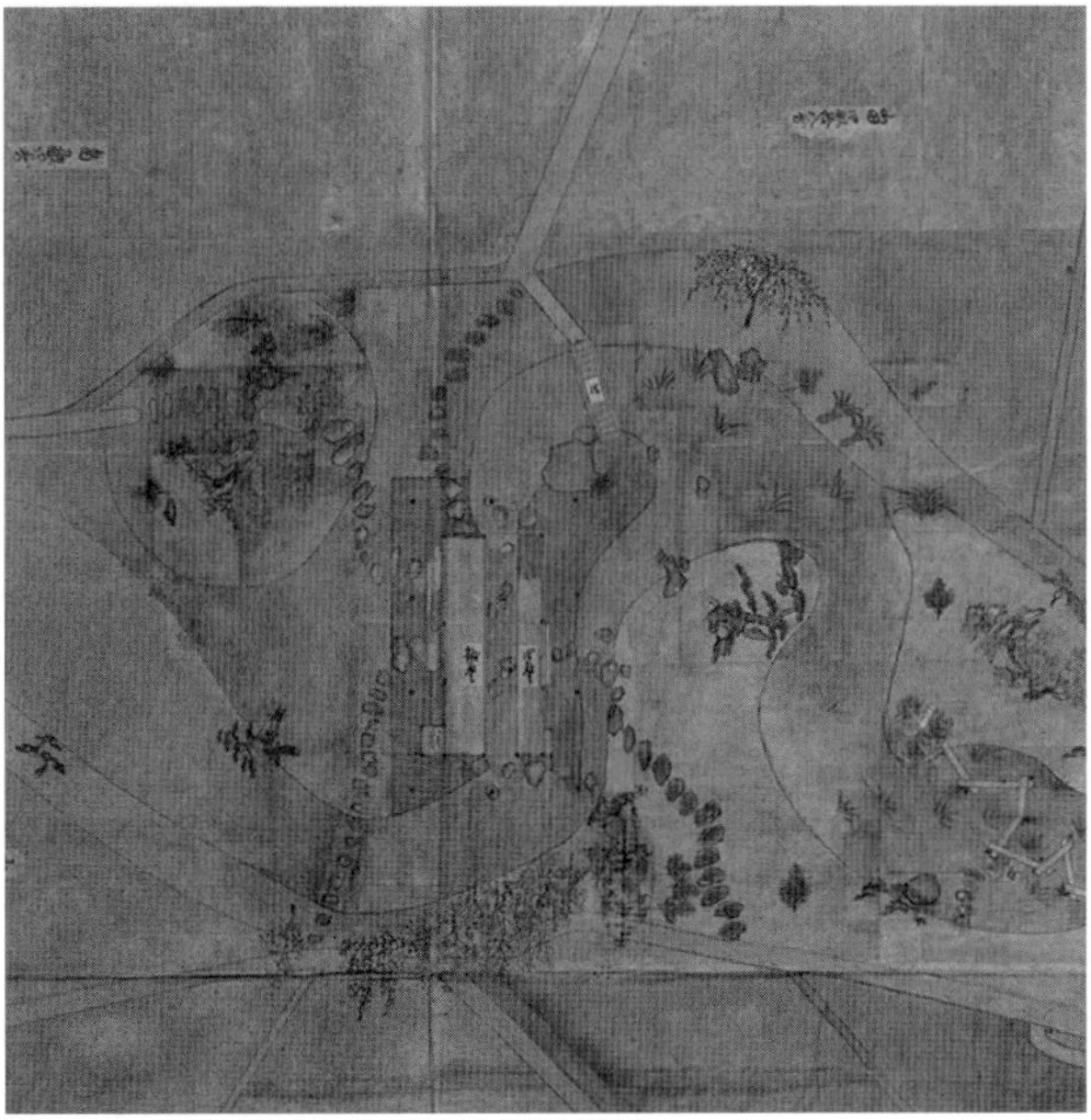

図1-11 「流店」平面図(図1-5の部分)
流れを挟んで画面左側が10畳、右側が4畳の畳敷

この記事では御後園の南、廉池軒の周囲の水田の角に奉行の二人が羽織姿にて立ち、田植えをリードした様子が記されている。またやはり田植え後、「流店」にて足を洗っている。この洗足の記事は他にも、「流店之外流ニ而、早乙女并役人共足を洗」(宝暦八年五月一九日)、「流店脇植仕廻、同所之流れニ而、早乙女足ヲ洗ひ」(宝暦一〇年五月一一日)、「御田植仕廻、流店之流ニ而、早乙女手足ヲ洗ひ候節」(宝暦一二年五月五日)とある。[38] 宝暦八年は「流店之外流ニ而《そとのながれにて》」と読めるので、田植えのあとの洗足はやはり「流店」の流れのすぐ下手であったことがわかる。田植え時だけでなく日常の田作業後の洗足もそこであったと推察する。

このように田植祭は藩主が江戸から帰り御国入りした直後に催されている。それは原則として毎度ではあるが、年によっては藩主の都合(病気)により藩主不在のままの場合や、親族の訃報による中止などもある。また明和年間に水田が縮小されると、それ以後藩主の見物する席が「延養亭」から「流店」の二階にかわる。「延養亭」周囲の水田が芝生になり、田植は東側に残った水田で実施されたからである。

(3)「後楽園用水」の意図

現在の後楽園では園の北側より地下水をポンプで汲み上げ園内の用水源としている。昭和三〇年代に、それまで用いられていた用水に工場排水が混入し、庭園用水の水質を保てなくなったため、一九六四(昭和三九)年より伏流水の汲み上げが開始された。

それ以前に用いられていた御後園へ導水される用水を、便宜的に「後楽園用水」とここでは呼ぶ(図1-1参照)。それらは貞享年間の建設当初より、はるか六キロ北の祇園にある龍ノ口山裾の旭川上流より導水された。現在の用水そのものの機能はJR山陽本線と交わるまでの上流部ではいまだに農業用水であり、水辺に降りて、水そのものを洗濯や洗浄に利用していた家の造りがみられる。これは貞享四(一六八七)年頃と推定される御後園の図面で導水部に「竹田用水」と書き込まれていることからも(39)、北方龍ノ口山から竹田村を通過する用水を延伸したものと推定できる。引き込まれた旭川の水は竹田村から旭川東部の上道郡の灌漑用水として機能していた。前記「御城ヨリ川上マデ絵図」(40)（図1-3）にも竹田用水の存在が描かれている。それが南下し「後楽園用水（御後園用水）」と祇園用水に分岐していった。

さて、なぜ御後園は旭川川縁に位置しながらその近辺から用水を引かず、わざわざ六キロも離れた地点から導水したのか。それには旭川から導水できない水質上の理由があった。水質とは「塩分」である。

塩分が海より満潮時に川を遡上する現象を塩水楔《えんすいくさび》という。当時この塩分楔がどこまで遡上していたのかは明らかではない。しかしながら旭川河口の汐《しお》の存在は近世から知られていたようである。『吉備前秘録』には、河口の潮時の時刻が毎日秘伝として書かれている(41)。汐は月の満ち欠けと連動する。したがって月の暦ならば、日が決まれば汐が決まる。

> 門口の汐は、内海より入込み、前には児島或は新田高島等差し覆ふ故、沖の汐とは餘程違ひ有り。故に出入の舟能く心得されは遅速大きに損益有り。

近世には岡山城周辺まで船が上がって運搬していた。実際の汐は城下まで遡上する。

筆者らは現代の旭川において遡上を観測した。実施は二〇〇七年四月二〇日と二七日、五月一六日と一〇月二六日。汐の上ってくる時刻を見計らい、月見橋、鶴見橋と新鶴見橋、岡北大橋で測定した結果を図1-12に示す。その結果、塩分濃度は最大で二四‰（海水が三〇～五〇‰）と高濃度の塩水を観測した。また河床から一メートルの地点が最も濃度の高い「楔」状に塩水が侵入してくることも観測できた。また同図に示すように塩水層が直線的に貫入してくると仮定して、河床の高さにプロットしてみると塩水楔の終点は、図1-1で示すところの現在地名「兵団」からJRの旭川橋梁付近であることが推測された。

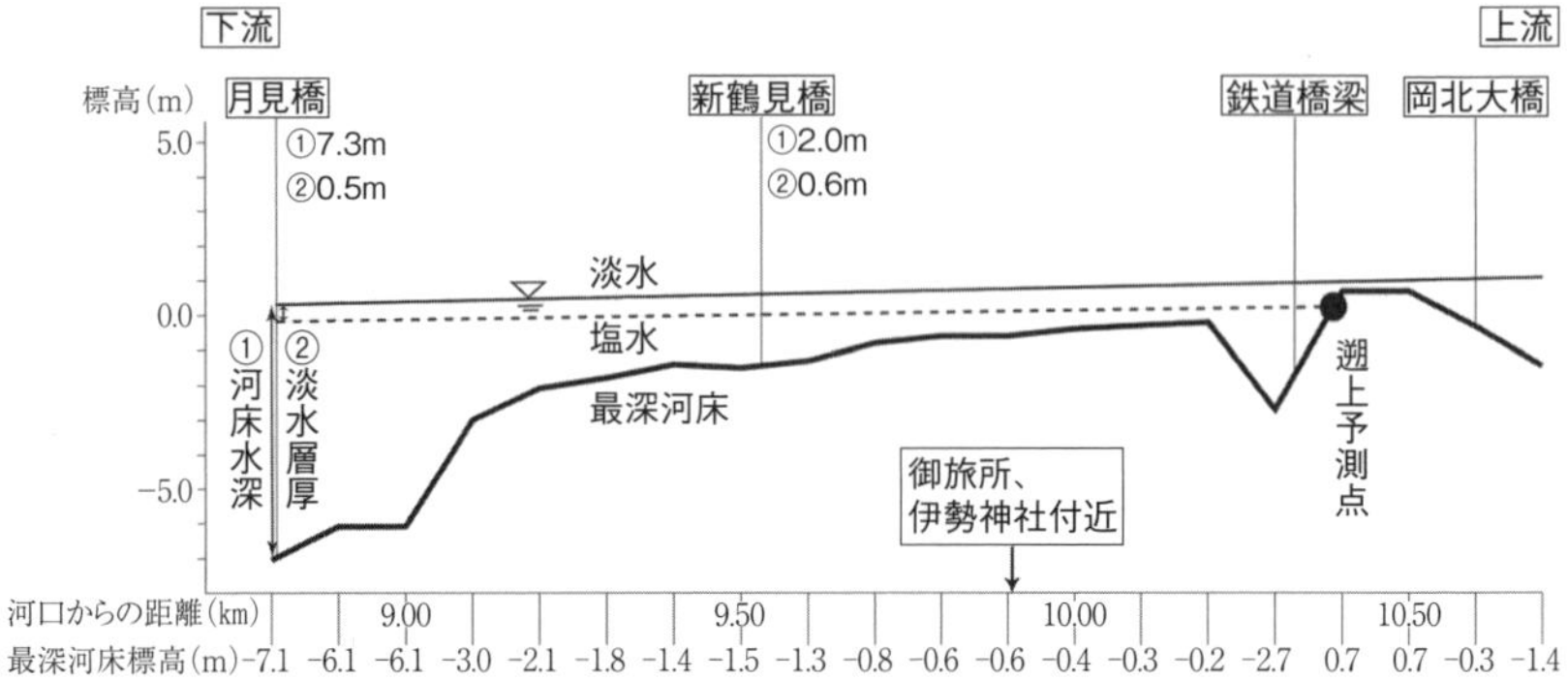

図1-12　後楽園周辺の旭川の塩水遡上

この「兵団」には正保元（一六四四）年に池田光政が勧請した東照宮の御旅所が鎮座していた。東照宮祭礼は近世には四月か九月の一七日に行われ、行列が岡山城東の操山にある東照宮から山陽道を通り、城内（山陽道沿いの町人町）を通過し、北方の御旅所に遷座した(42)。藩主は御後園から船に乗って御旅所に行ったが、この日が河川逆流の大潮に近いことと、この塩水遡上の到達点が御旅所付近であることから、塩水遡上と祭礼の関係を考えると興味深い。

藩主は当日早朝、東照宮（操山山麓幣立山にある）に参詣し、その後帰城して、東照宮からの行列が旭川の御旅所に着いたころ、御後園の暫軒《ざんけん》から船で御旅所に「逆流」して航行した。大潮の日の汐に乗って御旅所に向かったということになろう。

そしてこの結果から、御後園周囲の旭川の塩分濃度は相当高くなったことが推定できる。したがって御後園周辺から用水を取ったのでは塩水により稲に塩害が出ることが想定できる。はるか北方の龍ノ口山山麓から淡水を導入したのは御後園内の用水に塩水の入ることを嫌ったためである。換言すれば、当初から稲という水に依拠した作物を作る意図があったから「後楽園用水」を導水したといえる。「後楽園用水」の成立を示す資料も見つかっていないが、元禄二（一六八九）年にすでに田植えの記事が見られること、また前述のように建設が始まった貞享四年頃の絵図面には導水部に「竹田用水」の記述があることから、御後園成立当初から用水は存在し、東岸の田園地帯の灌漑用水である竹田用水の延伸だと推定できる。つまり御後園は水田や畑をその庭園機能の一部として保有することが当初より企図されたと考えてよい。

導水された用水は、掛樋により御後園の土手をくぐり園内へひきいれられた。掛樋は一八七五（明治八）年の工事時に記録されたもので、総長四八間（約八六メートル）である。この掛樋は園内側が園外より五〇センチ高くなっており（二〇〇八年一月九日、筆者らの測量による）、また用水の河床は掛樋末端より最大で六・六メートル高いことが測量によって明らかにされている(43)。

文久三（一八六三）年の御後園の図面上(44)には祇園用水の終着点、掛樋の入り口に格子状の絵が描かれている。掛樋に水が導かれる箇所に夾雑物の流入を防ぐスクリーンが設置されていたことをあらわすものである。

まとめ

岡山後楽園「御後園」は大名庭園として藩主やその家族が庭園を鑑賞する場であったばかりではなく、水田や畑という生産の現場であり、それゆえ用水を導水し、旭川の岸辺に耕作地と御茶屋を配した築庭をなし、その水を八六メートルの木製掛樋で導水した。いわば極めて精巧につくられた土木的構築物であった。本章ではその築庭意図に迫るため、水田経営を当初より企図して設計されたことの実証に焦点をあててきた。

むろん、綱政の御後園築庭の意図が水田だけにあったというわけではなく、大名の施政・生活の空間を囲繞した施設が水田であり、そこを経営し、鑑賞し、藩内の五穀豊穰を祈願したと考えられる。

第二章　近代の後楽園

第一節　後楽園と東山開発

（1）神社と公園

明治以降、神社を軸とする公園が数多く創られた。それは単に神社の歴史や、公園の歴史としてみるのではなく、神社という装置を使った都市空間創出の契機ととらえるべきである。岡山では、後楽園とは別に東山が神社をともなう公園として整備された。本節ではこの東山の空間の創出を後楽園と対比しつつ検討する。

◆太政官公園の登場

神社の創建と公園の関係については以下の研究事例がある。一八七三（明治六）年の太政官布達正院第一六号による府県への公園設置は広く知られているところである（以下これによる公園を「太政官公園」と略記）。それは神社や寺院の境内地を指定することが多かった。一八八九（明治二二）年に東京市区改正委員会による計画案が公示された東京の市区改正においては、公園設置の目的に「衛生」の要素があったとしても、実際には計画の大半を神社境内地が占めたことを野崎政和は指摘している[45]。そして東京府からの公園への財政支出は、公園化によって神社境内地を保存し、国家神道の祭祀を担わせ社会的地位を付与する一方で、上地により財政難に苦しむ神社の保存対策であったという。

柳五郎は、(46)この市区改正には「風致的資質」は見出せず、近代になって新たに創られたいわゆる創建神社の境域に風致を求めることが展開されてきたとし、岡山招魂社の地に太政官公園が開設された例や、熊本八代宮附属地公園の例をあげる。また旧都市計画法第一〇条第二項の「風致又ハ風紀ノ維持ノ為」の条項の具現が橿原神宮の県立畝傍公園や明治神宮内苑・外苑、桃山御陵や武蔵多摩陵の周囲にあるとするが、都市計画法の適用との関連については実証していない。

◆象徴的空間としての公園

公園が国家の象徴的空間として演出された例に、小野良平は(47)東京上野公園をあげる。幕藩時代には京都に倣い、江戸鎮護の山として東叡山に寛永寺と徳川家霊廟が置かれていた。そこへ明治天皇が一八七六(明治九)年の上野公園開園時に訪れ、また高台から東京を眺める「国見」をした。上野公園は天皇の「可視化装置」の機能を果たしたという。

一方、神社地を公園とするのは、そこが人民輻輳《ふくそう》の地であるということのみならず、「天皇制の清浄な空間」として整備されていたことに由来すると高木博志は指摘する。(48)岩倉具視の主張により、荒廃していた京都御所と公家町は一八七八(明治一一)年より三年をかけて整備され、石垣で囲まれた平安京大内裏をイメージする御苑ができあがる。それはやがて一八八六(明治一九)年からの伊勢神宮に始まる近代の「神苑」の形成につながり、その延長に橿原神宮、熱田神宮、明治神宮の神苑造園があり、そして札幌神社、さらに村々の神社へと全国に広がっていくという。

中嶋節子は、(49)京都の神社の「神苑」創出の社会的背景として、①上地による境内の荒廃回復、②神社としての尊厳の創造、③参拝者のための施設の充実をあげる。神社を中心とした国民の教化、統制、ナショナリズムに基づく郷土風景の保全、都市公園としての存在価値の高揚など、市民と神社をつなぐ装置としての「神苑」が創出されたという。

◆城の近代

神社が旧城郭のなかに置かれ、公園化する例も多い。大阪城本丸について能川泰治は、[50] 陸軍第四師団との相関を指摘する。一九二二（大正一一）年七月から九月にかけて大阪市協和聯合会（池上四郎市長が会長）が仁徳天皇を祭神とする浪速神宮の造営計画をもちだす。聯合会は本丸内にあった師団司令部敷地の譲渡を求めるが、師団側の建物新築移転の条件により計画は頓挫する。それと同じ構図が一九三一（昭和六）年の昭和御大典を記念して作られた大阪城天守閣を軸とする大阪城公園建設時にもみられる。

神社と公園の問題は、近世の地方支配の象徴である城郭空間に及んだ時に、近代の陸軍駐留との相関性が浮き出てくる。近世の歴史性を強調する例もある。羽賀祥二は、[51] 犬山城本丸が明治に稲置公園となり、元白山社である針綱神社が城内に移転され、犬山の歴史が集約される場として創出されることや、領主成瀬氏の霊と戊辰戦争戦没者の霊を祀る犬山神社が一八八三（明治一六）年に創建され、その集約が高まっていくことを記している。

◆招魂社の創建

こうした戦没者慰霊の招魂社の創建は仙台においても城郭内になされる。佐藤雅也は[52] 仙台における招魂祭が藩祖伊達政宗にちなむ青葉神社祭礼と合体し、軍官民合同の招魂祭となり、やがて一九〇二（明治三五）年の仙台城本丸内における昭忠標の建設と、一九〇四年の招魂社の創建につながっていくという。招魂社の立地は慰霊の地にできるケースが多く、東京招魂社は大村益次郎が明治二（一八六九）年に九段坂の上に設置し、京都では平安京以来の東山の霊地・霊山《りょうぜん》にでき、大阪鎮台招魂社は当初真田山陸軍墓地に併設される。

金沢では本康宏史が、[53] 慰霊空間と表現するように「場所性」や地域民衆の「精神性」を求める立地がなされる。すなわち兼六園から望む卯辰山は前田家の所縁の観音院や八幡宮のある祭祀空間であった。そこに一八七〇（明治三)年に卯辰山招魂社ができる。また一八八〇(明治一三)年には兼六園内に前田家が天皇家の藩屏たる象徴として日本武尊を模った明治紀念之標が建立される。そして招魂祭は一八八七(明治二〇)年より兼六園(兼六公園)内で執行された。

◆公園の設計者

こうした神社と関連しあって現出する公園あるいは神苑の設計者が存在する。朝鮮神宮神苑の設計は東京帝大の本多静六とその弟子の田村剛であった。京都における神社の「神苑」設計の場合、松尾大社は野間守人京都府技師(のち名古屋市の公園事業に携わる)、伏見稲荷大社は京都府技師寺崎良策であった(54)。寺崎は明治神宮造営局技師を務めた人物で、京都府立植物園も設計する。こうした専門的技術を有する技師たちはまた宮内省内苑寮に集中していたことが明らかにされている。なかでも著名なのは、新宿御苑を学術研究の場として利用した福羽逸人や出雲大社神苑などを設計した市川之雄、明治神宮造営局技手でのちに内匠寮庭園課長の中島卯三郎などである(55)。こうした技師たちの教育の場として新宿御苑が使われたという(56)。佐藤昌はその著で(57)、福羽の系列に市川や折下吉延、林旅、椎原兵市、そして明治神宮内外苑の設計をした原熙をあげている。

さて、岡山県は「太政官公園」としては後楽園ではなく東山と呼ばれる場を「偕楽園」として指定した。そこは近世には池田藩にとって徳川の家臣松平家であることを象徴する東照宮の鎮座する空間であり、明治以後旧藩主が藩知事として執行した招魂祭が招魂社社殿となって形を現し、それゆえに太政官公園に指定され、その後護国神社として今日まで慰霊空間として継続している。池田家から岡山県へと所有権が変わる後楽園からの眺望の地であったのが東山である。その地に公園を設置し、かつての徳川家家臣から天皇の藩屏となる池田侯爵家を象徴する空間の整備が本節のテーマである。それは後楽園と対《つい》をなすとでもいえる空間であり、また近世、近代とも池田家の立場を空間的に象徴する場であった。

本節に関わる史料としては「岡山市東山公園設計平面図」などが京都工芸繊維大学美術工芸資料館で発見された。そこでこれを基礎とし、それらを裏付けていく形で岡山市側の公園選定と招魂社移築に関する資料を用いる。公園設置と招魂社移築は岡山市の事業である。しかしその当時の市会議事録は存在せず、市会の議事を抜粋要約した『岡山市会史』も多くを『山陽新報』の市会記事に依拠しているため、本論では主としてこれら双方を採用しながら論を進める。

(2) 東山慰霊空間

水戸家から養子に入った茂政に代わる池田家本流の血筋であった章政《あきまさ》は、松平家から池田侯爵家への変換を象徴する空間を後楽園ではなく、東山の太政官公園・偕楽園に現出させた。金沢兼六園、水戸偕楽園は近代になり園内に天皇家、あるいは尊王の象徴としての像をつくる（第三部で詳述するとおり水戸は計画のみ）。しかし岡山はその象徴を後楽園から望む東山偕楽園につくりあげていく。

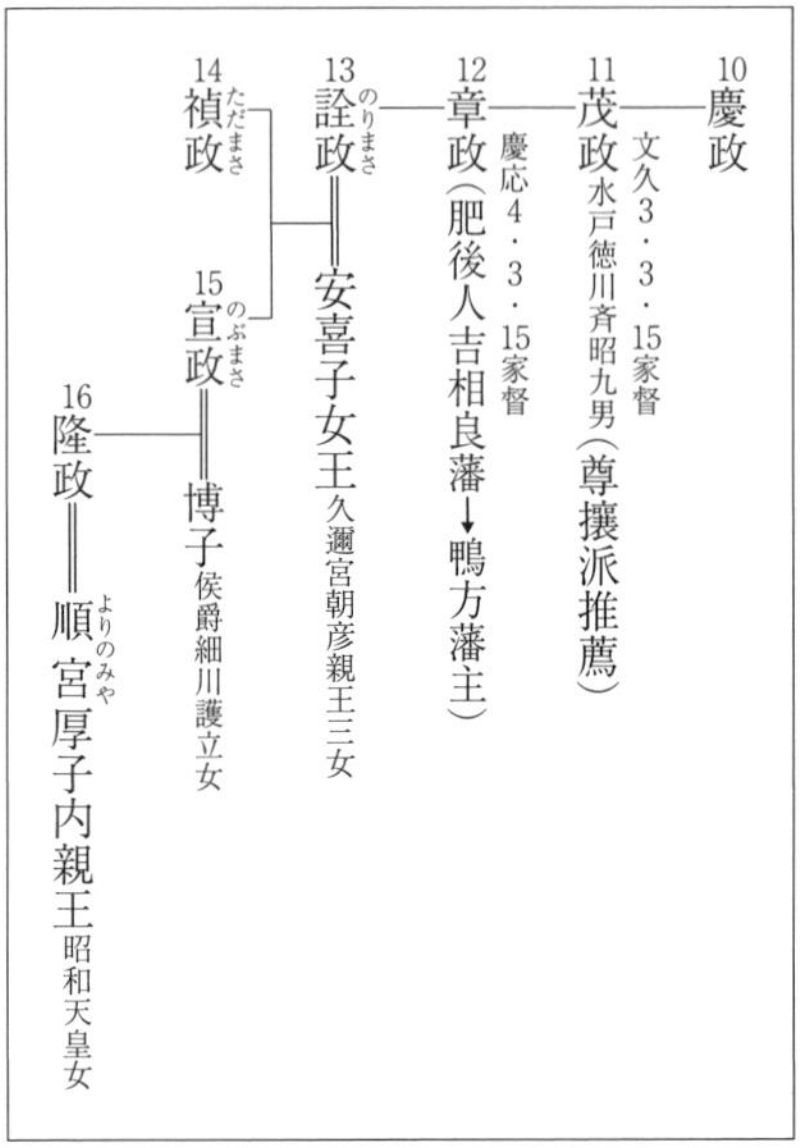

図1-13　池田家系図

東山地域は岡山東部の操山連山の端にあたる。中世より幣立山南頂にある玉井宮の北の頂に正保元（一六四四）年、当時の藩主池田光政が全国に先駆けて東照宮を勧請した。その社僧の住む利光院と愛宕宮《あたごのみや》が山麓にあった。光政の正妻勝姫が天樹院千姫の娘であったことにより、池田家は徳川家の姻戚松平家として江戸

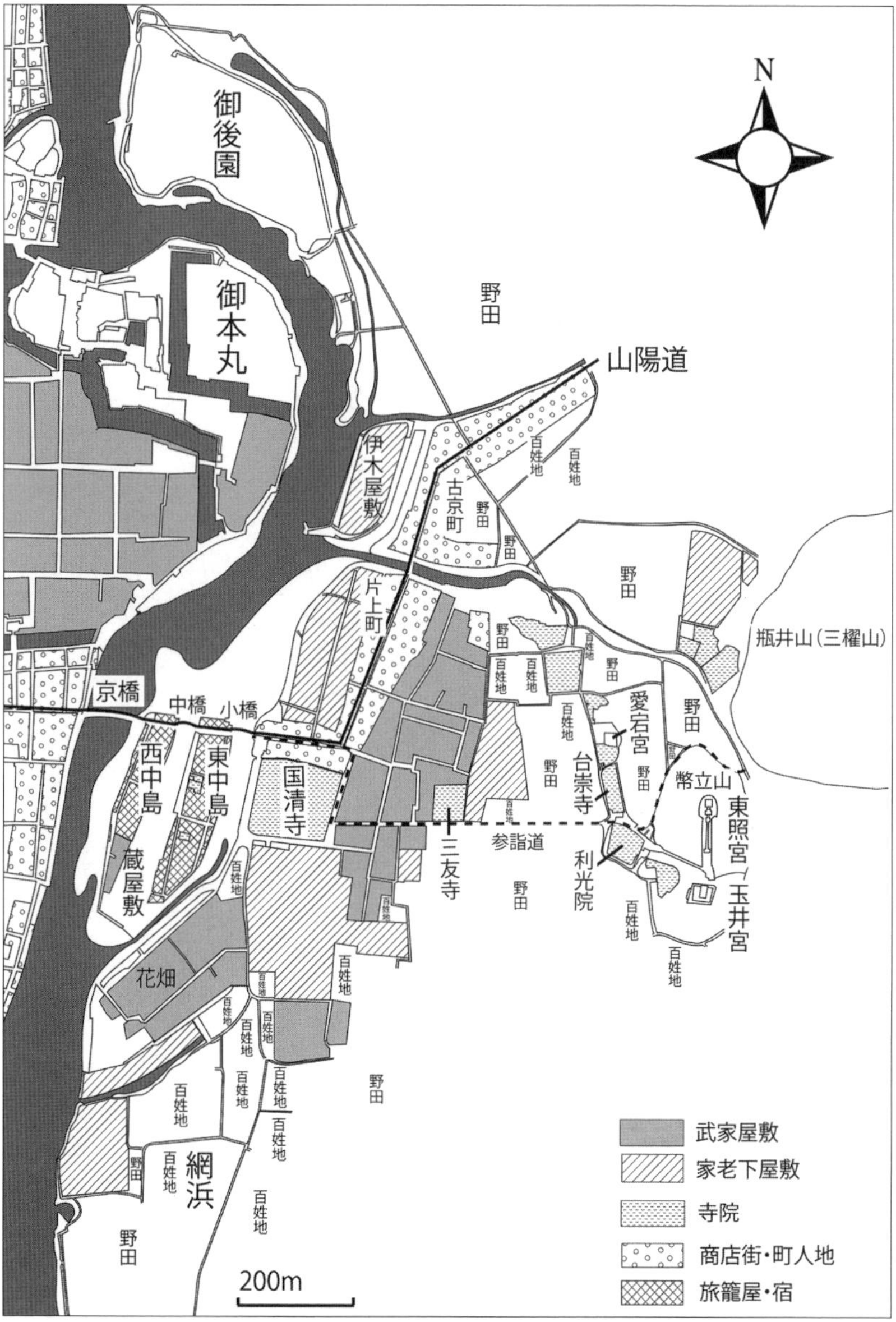

図１-14ａ　岡山市東山地区の近世における諸施設

図1-14b　岡山市東山地区の近代における諸施設（年号は成立年）

時代の家格を継いだ。明治維新直前、岡山藩は藩内を尊王攘夷派が主導し、藩主に水戸徳川斉昭の九男茂政《もちまさ》を迎えた。茂政は一五代将軍慶喜の実弟であったために鳥羽伏見の開戦にあたり藩は茂政を引退させた。代わって藩主に迎えられるのが藩祖光政の血統である章政で、岡山藩は朝廷側に立ち維新を迎えた。

その章政は操山《みさおやま》山頂に明治元(一八六八)年三勲《みさお》神社を創建し、備前出身で朝廷を援けた人物として知られる和気清麻呂、児島高徳、これに加えて自身の先祖と称する楠木正行を祀る。徳川家由来の東照宮に替わり、朝臣としての池田家を象徴する建築物を建てたのである。その後一八七四(明治七)年に東照宮宮司の佐々木亀次郎らの名で教部省に次のように申請している(58)。

当県下第六区操山偕楽園之地ニ於テ、和気清麿卿、楠正行、児島高徳之社宇造営之儀、昨七年二月中奉願、同三月中許可ニ相成、今般右社宇建営仕候付、社号之儀三勲《ミサヲ》神社ト相称申度候間、何卒至急御■潟被置下度此相奉願候也、

明治八年一月　佐々木亀次郎
野崎武吉郎
和気辰包

図1-14に江戸期と明治期の東山地域の図を示す。近世からつづく東照宮は、維新後は郷社に落とされ一応存続してはいたが、一八八一(明治一四)年宮司佐々木玄孫は氏子と合議のうえ、玉井宮に合祀し、東照宮が鎮座していた北頂へ玉井宮が遷座した。この年の段階での合祀は、東照宮の氏子組織に士族が多く賛同が得られやすかったからだと『玉井宮東照宮誌』は説明している(59)。明治期には、空間的にも東山(地域名は門田屋敷)に石井十次の岡山孤児院(60)ができるなど武家屋敷は

表1-1　東山地域の世帯数

町名	平民	士族
花畑町	140	24
古京町	174	18
小橋町	232	62
東中島町	251	13
網浜町	319	52
門田屋敷	377	152

注：東照宮氏子名簿より(明治20年代後半から30年代か)

消えていくが、実際にはどれくらいの士族がこの地域に残存していたのだろうか。東照宮に部分的に保存されている明治三〇年前後と推察される氏子名簿(61)には表1-1のような平民と士族の世帯数が数えられる。

この表から東照宮の鎮座した幣立山山麓の門田屋敷や小橋町、網浜町など旧武家町にはなお多くの士族の世帯があり、とくに門田屋敷では世帯の半数弱を士族が占めていたことがわかる。東照宮合祀に氏子の意思が働き、その多くに士族の意識が入っていたとする『玉井宮東照宮誌』の言説を裏づけるには資料的に限界があるが、山麓地域に存在した士族が比較的多かったことは確かめられた。

(3) 太政官公園・偕楽園と池田家の後楽園

全国に公園の設置を求めた太政官布達正院第一六号により、岡山県は東山界隈を公園・偕楽園に指定した(62)。

当管内御野郡岡山城東操山ノ儀、池田家ノ時、東照宮ヲ祭祀シ、士民群楽遊観ノ場所ニシテ、従前高外除地ニ属セル分ニ御座候、其景況北ニ熊嶽、龍口ノ諸山聳エ、南ニ児島ノ常山峨々タルアリ。西旭水ノ清流ヲ帯ビ、花晨月夕此境ニ遊ブ者、心ヲ嬉シクシ、意ヲ慰ムルノミナラズ、熊岳、常山ヲ望ミタル忠臣烈士ノ跡ヲ想像シ、自然欣慕ノ感ヲ興スニ依リ、池田家其ノ麓ニ於テ、戊辰ノ役、奥羽戦没ノ士卒ヲ祭祀シ、招魂ノ所ト為セリ。今般御達ニ依リ、永ク万人偕楽ノ公園ト被相定度、則地所巨細取調図面相添へ奉伺候也。

明治六年三月十七日　岡山県権参事　石部誠中

岡山県権令　新庄厚信

(指令)書面操山之儀、従前高外除地ニ候上ハ、中立之通リ、自今公園地ニ相定候条、後来境界紛乱無之様取締方見込相立、実測絵図相添尚可申出事。

明治元年三月三十一日　租税頭　陸奥宗光

右の岡山県が政府（太政官）へ提出した申請書にみるように、岡山・偕楽園は高外除地（免税地）で名勝地であり、三勲神社の神体や招魂社があるから公園にふさわしいという。東山の地は太政官布達に沿った地を選択したが、社寺境内地の官有地編入の太政官の意図のなかで、この地が池田家の直轄地であったことが公園指定の理由になったと考えられる。

この文中にあるように公園指定に先立つ明治二（一八六九）年六月に利光院跡地に招魂社が建立される。招魂祭は廃藩置県にともない官祭になり（県に移管）、一八八三（明治一六）年には招魂社が愛宕宮跡地（図1-14b参照）へ移設される。東照宮は近世には徳川家の姻戚という政治的シンボルであったし、池田藩の最も重要な祭礼は隔年四月一七日・九月一七日の東照宮祭礼であった。明治期にはその城下のシンボルであったエリアが太政官公園となり、それと同じ空間内に池田家の忠臣を顕彰する招魂社が建立された。それは皇室の藩屛たる池田侯爵家への転身とともに、招魂祭の官祭化と同じく国家のための戦争における岡山県出身の戦没者を祀る靖国神社の系列へと入っていく。また池田家の天皇家への接近を宣言した三勲神社は、やがて池田家が皇族と姻戚となる（一八九〇年章政嫡男詮政《のりまさ》が久邇宮朝彦親王三女安喜子女王と結婚）とともに尊重され、皇室を象徴する空間となる。

〈明治・大正期の後楽園〉

一八六九（明治　二）年　版籍奉還により章政知藩事。
招魂祭の実施。

一八七一（明治　四）年　「後楽園」へ改称。二月一六日、公開・縦覧規則により入場制限。
廃藩置県で章政東京へ。

一八七二（明治　五）年　五月～八月、池田家一族の居住。公開中止。

一八七三（明治　六）年　一月一五日、太政官正院達第一六号。「公園」設置→偕楽公園（第三種）。後楽園は第二種県庁附属地。

一八七九（明治一二）年　民立博覧会（岡山城）で園内特別公開。

一八八〇（明治一三）年　五月、閑谷神社遥拝所、計画変更し偕楽公園→後楽園に造営。

一八八二（明治一五）年　永島良幸事件。同人への融資焦付き返済のため後楽園上地案浮上。

一八八四（明治一七）年　一月二八日、県へ有償譲渡。

三月八日、園内の鶴鳴館《かくめいかん》で県会開催（県会は明治一七年から四二年まで後楽園）。

一八八五（明治一八）年　八月、明治天皇行幸（山陽巡幸。犬島→三蟠港）。

一八八八（明治二一）年　七月二六日、章政帰岡。延養亭で旧家臣と面会。

一八九〇（明治二三）年　二月一〇日、章政、県知事あて後楽園の地所・建物払い戻し申請。県会で否決。

一八九八（明治三一）年　五月一五日、章政と旧家臣・大庄屋・御用商人の宴会。

一八九九（明治三二）年　五月より士族会・温故会の会場となる（「温故会開宴書類・明治三二年」岡山大学附属図書館池田家文庫）。

池田茂政没。

一九〇三（明治三六）年　池田章政没。

一九〇七（明治四〇）年　閑谷神社遥拝所の岡山城内廟跡へ移転。

一九〇九（明治四三）年　池田詮政没。

一九一三（大正　二）年　三月二一日、延養亭で池田輝政生誕三〇〇年祭。

一九一九（大正　八）年　池田家が遥拝所跡と暫軒跡を岡山県に譲渡。一五八二坪八分六勺四を八〇〇〇円。

後楽園は完全に岡山県管掌（「大正七年八年稟議書」岡山大学附属図書館池田家文庫）。

四月一〇日、岡山県物産共進会第二会場が暫軒跡で開催。

（4）後楽園の変遷

一方の御後園（後楽園）は版籍奉還により岡山城を県に明け渡した池田家一族が居住空間として使っていた。ここは廃藩置県で池田章政が東京に召還されたのちも池田家が所有していた。明治四（一八七一）年、後楽園と名称を変え、一般県民の観覧を許可するものの、日程を男女別にし、雨天時は中止など限定的な開放にとどまっていた。また翌年には池田家一族の後楽園鶴鳴館などへの移転により再び閉園となる。一八八四（明治一七）年、融資焦付き事件により池田家はその弁済のため後楽園を岡山県に有償譲渡した。これにより管轄が岡山県地方課となり、一八九〇（明治二三）年に池田家が返還を要求するが県会はこれを受け入れず、以後今日まで岡山県の所有物となっている。

一八八五（明治一八）年八月、山陽巡幸の際に明治天皇が後楽園を訪れ、池田章政がその接遇をした。この出来ごとが報道で取りあげられ、岡山後楽園の名が全国区となった。そして同様に行幸のあった金沢兼六園と行啓のあった水戸偕楽園をして「日本三名園」とした、というのが諸説の一致しているところである[63]。県に移管後、明治年間を通して後楽園では鶴鳴館において岡山県会や各種総会が行われ、また一八八八（明治二一）年より章政の帰岡にあわせ旧藩士の園遊会（のちに温故会）が開催された[64]。

◆士族の存在感

明治以降の岡山県を指導したのは士族であった。県の職員録[65]からは、一八八四年の職員で、岡山県三六七人中、士族二二二人、うち岡山県士族一七〇人。岡山区（郡区町村編成法）三四人中士族三一人となり、県市（区）レベルの多くは士族が占めていた。また池田家出資の第二十二銀行や、市会議長、市長などの要職も県士族で占めている。

主要な人物をあげてみよう。

村上長毅……中隊長、二十二銀行頭取のち市参事会員、市会議長
花房端連……藩蔵屋敷詰、二十二銀行頭取、岡山紡績、山陽鉄道、商法会議所、初代市長（一八八九〜九〇）
新庄厚信……藩外交掛、二十二銀行頭取、市参事会員、第二代市長（一八九〇〜九四）
杉山岩三郎…精鋭隊士、岡山紡績発起人、商法会議所頭取、二十二銀行、岡山電灯、中国鉄道、岡山瓦斯
阿部守衛……剣術師範、岡山区長
池田長準……家老、二十二銀行頭取
小田安正……県会議員、市会議長、第三代市長（一八九四〜一九〇二）
岡田　磐……士族、警察署長、第四代市長（一九〇二〜一八）
桑原越太郎…藩周旋方、池田家岡山事務所家扶、明治三二年より士族会温故会主宰

こうしてみると、少なくとも明治時代は旧藩主と旧家臣の交流や、結束、池田家の岡山県への援助、その支配を旧家臣団がなすという状況で、江戸時代の延長にあったとみることができる。

◆藩主の残像

さて、太政官公園・偕楽園に比して後楽園は明治天皇の行幸という出来事を除けば一般公開するものの「公園」イメージよりもむしろ池田家の残像が濃い。岡山で開催されたいくつかの博覧会（一八七九〈明治一二〉年岡山民立博覧会、一九一九〈大正八〉年岡山県物産共進会）も、後楽園内は会場とならない。また、一八七八（明治一一）年、当初東山偕楽園内に計画された閑谷神社遥拝所は曲折の末、一八八〇年に後楽園北隅に造営され[66]、毎年四月一八日を祭日とする。

明治十一年六月四日、池田家へ遥拝所設立園地拝借願面左

閑谷神社之儀、追々士族平民ニ至ル迄崇信ノ者多分御座候処、遠障之儀故参拝等不仕心、何卒便宜之地へ遥拝所御造建相成度肯続々申出候、既ニ去四月脩身社中於、偕楽園遥拝文武会相催候節モ、多人数参集仕候ハ、全ク衆庶之望ニ相適候儀ト被存申候処、偕楽園ハ便宜之為遥拝所建築仕度撰択仕候処、偕楽園ハ便宜ニハ候得共、当時官有地、殊ニ東北鬱蒼百物雑踏隘テ取締不宣、其他可然土地一向無御座候、就右何卒後楽園内何レニテモ良之方、眺望之地拝借仕、遥拝所造営仕度奉願候

明治十一年六月　山田貞須・小堀明根

桑原越太郎殿（池田章政代理――筆者注）

閑谷神社は藩祖池田光政を祀る和気郡木谷村閑谷学校にあり、遥拝所は池田家とその藩士たちの精神的中心として後楽園に残る。一九〇七（明治四〇）年にそれは岡山城本丸西に遷るが、跡地は池田家の所有として残された。こうした池田家の残像が後楽園から事実上消滅するのは、茂政一八九九（明治三二）年、章政一九〇三（明治三六）年、詮政一九〇九（明治四二）年と幕末から明治にかけての池田家当主が他界し、ようやく岡山からその記憶が薄らいでいく頃であり、一九一九（大正八）年に閑谷神社遥拝所跡地も岡山県の所有に移った。

大正期の後楽園と偕楽園（この頃には東山公園の名称となる）を比較した観光案内記によると、

観光の旅者この公園に入れるも、尚ほその公園たるを悟らずして、更に東山公園の所在を尋ぬるもの少なからずと云ふ。然れどもこの公園の風趣は、その自然の秀美を以て勝れるものにして、岡山の地人工的光景園としては既に後楽園あり。[67]

東山公園あり、一に偕楽園と称し園域甚だ広く、天然の風致を主としたるより、後楽園の人工美に対して偕楽園は自然の景致を賞すべし。[68]

とある。この東山公園（偕楽園）は自然景観で、後楽園は人工景観という論調は昭和の観光案内にも引継がれ、

東山公園、一に偕楽園とも云ひ地域高燥、山あり谷あり、松翠欝蒼、而かも展望広調、人工の美は後楽園に及ばないが天然の風致に優つてゐる。(69)

このように一九一九(大正八)年前後には太政官公園から自然公園となっていく東山公園(偕楽園)と、池田家が居なくなった、それゆえ歴史的庭園として記憶された人工美後楽園の二極が岡山に公園として存在していた。(70)

(5) 東山公園の再編

◆都市インフラ整備と師団

岡山市が近代的インフラを整備し、都市が成長してくるのは一九〇七(明治四〇)年前後とみてよい。ひとつは全国八番目の近代水道が旭川上流の三野《みの》を水源地として一九〇五(明治三八)年開設された。三野は近世岡山の城下およびその西部の田園地帯に用水を供給していた西川用水幹線の取水口の直下流にあたる。(71)そこに浄水場が建設され、北向背地の半田《はんだ》山内に配水池が設けられ市内給水がなされた。この岡山市水道を設計したのは陸軍省技師の吉村長策である。吉村は給水を自然流下にすること、すなわち配水池を高地に設けてその圧力で配水すること、そして田圃灌漑用水の水利権を重視し、取水口をその直下流の三挺樋に設けて引水することを決めた。(72)

もうひとつは一九〇六(明治三九)年の山陽鉄道の国有化により、その株主たちが代金を資本として設立する電気鉄道群のひとつであり、神戸資本(岸本豊太郎ら)と岡山資本(杉山岩三郎ら)によって一九一二(明治四五)年五月五日に開通する岡山電気軌道である。軌道は城の外濠を埋立て、道路を拡幅した上に敷かれた。その設立主旨のひとつには一九〇七(明治四〇)年設置の陸軍第一七師団の輸送があげられた。(73)第一七師団は津島の田畑を買収し、用地北東にある既設の半田山配水池から軍用水道を引き込んだ。その設置理由のひとつが水道施設にあったことは、「岡山市ニハ既設ノ水道アリテ、各部隊ニ分用セハ衛生防火上ハ勿論、大ニ至便ノ儀ニ付」という書類でわ

かる。(74)

さらに中国鉄道（津山線）の法界院《ほうかいいん》駅を設け、線路を師団に引き込み人資を輸送した。陸軍の設置は水道インフラや、鉄道の国有化、それによって派生した市内電気鉄道の開設とリンクしている。電気鉄道の電源は水力電気の創設による。都市郊外にダムを造り、水力電気は当初岡山市営が検討されるが、一九〇六（明治三九）年から京都帝国大学土木工学科の大井清一や田辺朔郎により調査が始められ、一九〇八（明治四一）年に水利使用許可願書がだされた。(75)このように水力電気、道路拡幅をともなう市街電車と水道敷設など都市インフラの基本が整備され、近代都市としての体裁を整えてくるようになった明治四〇年代に、第一七師団の設営がなされた。

後楽園は人工的景美、東山公園は自然的景観という棲み分けが観光案内には記されたが、一方で後楽園は陸軍特別大演習の大本営の性格も有し、東山公園内には戦没兵士の霊を祀る招魂社が存在した。

都市インフラの整備と陸軍師団設置は、公園の形態に変容をもたらす。後楽園は師団設置後の一九一〇（明治四三）年に陸軍特別大演習の大本営となり、園内の元藩主の御座所延養亭は天皇の行在所となった。明治天皇は一八八五（明治一八）年の山陽巡幸に次いで来岡する。ちなみに後楽園は、のち昭和五（一九三〇）年にも昭和天皇が再び陸軍特別大演習の大本営に選ぶ。

◆招魂社の移転案

さて一方の東山公園には拡張案が浮上する。その理由は公園内の招魂社境内が陸軍師団兵士の参拝には手狭である、との理由であった。

一九〇七（明治四〇）年に招魂社神職佐々木玄孫(76)と有志総代名で岡山県知事宛に願書がだされる。(77)

官祭招魂社移転敷地下附願

岡山市字門田幣立山所在

官有地第三種東山公園面積拾壱町七反六畝壱歩ノ内面積壱千六百坪
当県岡山市大字門田字幣立山鎮座官祭招魂社ハ、戊辰己巳東征ニ殉難シタル当県下出身五十五名ノ霊魂ヲ官費祭祀相成、且ツ丁丑西南及明治二十七八年、三十三年幷三十七八年戦役ニ従事ノ戦病死者中一千九百二十名ノ霊魂ヲモ私費合祀ノ所ニ有之、然ルニ漸次合祀者増加スルニ従ヒ遺族ノ数モ亦夥多ト為リ、現境内ヲ以テ毎年執行ノ例祭ハ勿論、如上ノ遺族ヲシテ参拝セシメ難キ状態ニ相成無已。今回有志者相謀リ前記ノ地ヲ譲受ケ移転致度候間、無代価ヲ以テ御下附被成下度別紙神社明細帳、写図面、移転工事設計書、相添此段相願候也。

明治四十年　月　日(月日の控えを欠く)

官祭招魂社受持神職　佐々木玄孫

同有志総代　香川真一[78]

谷川達海

中西厚道

この時点では移転理由は現境内が狭いことで、その移転先の希望は同じ岡山県の所有する(管理は岡山市)幣立山の東山公園内としている。この東山公園内での移転案は神社側が旧境内に隣接した土地を求めたが、そこも狭いとの理由で許可がおりていない。なお、偕楽園(東山公園)は文中にあるように官有地第三種の太政官公園であった(後楽園は第二種指定の県庁附属地)。

◆奥市への移転案

師団設置後の東山における招魂祭の状況が報道されている。[79] 祝砲と花火があがり例大祭が始まる。師範学校、工業高校など各種学校の生徒の参拝は午前七時より順次済ませ、正午頃になると市民が押しかけ、午後一時頃には「大道筋には群集の為め歩行容易ならず近年視ざる雑沓たりし」とあり、祭典の参加者は二千余人、その他一般参拝者は万を数えた。余興には角力、撃剣等があり「附近は非常なる雑沓を極めたり」とある。たしかに敷地の手狭さを指摘する報道がある[80]。

この頃になって東山公園内ではなく、その東方の操山裏手の奥市《おくいち》に新たに敷地を求める案が浮上してくる。奥市へ移転し拡張することによって遊園地(東山公園)も拡張されれば、「一方各師団各部隊の将卒が一時に参拝することありとするも別に差支も生せさるべし」とある。

この時「調査委員会」一〇名がその委員長である岡田磐市長とともに東山に赴き調査した。東山公園の東方、奥市は操山山麓に位置し、岡山市内から見ると右手から東照宮のある幣立山、そして操山、東山連山と続くが、奥市は操山の裏にあたる。奥市への移転・拡張案はその後、市会で具体化されていくようである。一九一〇(明治四三)年三月二九日の市会において、東山公園の整備の件、奥市に市の公園を整備する件が承認される[81]。一九一二(明治四五)年二月には「来る五月の招魂祭に関し十七師団幹部の意向として」、津島の師団練兵場における招魂社建設案(後述)を全廃し、東山官祭招魂社において挙行することを決めたと報じられた。また明年度予算の「公園拡張費六十餘圓」が通過したことも報じられた[82]。なお、この六〇円は誤報であり『岡山市会史』によれば[83]、東山公園拡張費四〇〇〇円について大幅な減額案が提出されたが否決、原案通り執行となっている。

陸軍も東山招魂社敷地の手狭さを問題にしていた。そこで右で触れたように練兵場内に招魂社建設を目論むが、二カ所の招魂社は無用の経費と便宜の悪さがあるとの県市当局者の立場にも鑑み断念にいたる。ただし、これが東山から奥市への移転・拡張を促し、予算化が実現した側面もあろう。

◆招魂社移転の推進

東山公園拡張設計とは招魂社の移転・拡大とその跡地利用であった。「東山公園設備委員会」は一九一三(大正二)年度中に奥市公園を整備し、次年度に招魂社を誘致し、周辺に桜・楓樹を植え付けることを決めている。(84)この時期にいたって岡山市側より招魂社側へ奥市誘致の照会をだしている。(85)

照会　　大正二年一月九日　　　　　　　　　　　　岡山市長　岡田　磐

官祭招魂社神官　佐々木玄孫殿

市内東山官祭招魂社境内幷之ニ接続スル東山公園ハ、其地域何レモ狭隘ナルガ為メ、祭典挙行に際シ其不便実ニ云フベカラザルモノアルニ依リ、有志間ニ於テ移転又ハ拡張ヲ唱導スルコト久シト雖モ未タ機運此ニ至ラス。折柄本市ハ字奥市ニ約弐町歩ノ公園ヲ新設シ且ツ該社ヲ此地ニ移転シ、永遠ニ遺族幷軍隊其他ノ参拝又ハ余興施設等ニ遺憾ナキヲ期セントスルノ目的ヲ以テ、現ニ着々工事進行中有之候条、旁《かたがた》以テ貴職ニ在リテモ此趣旨ニ賛同ノ上、速ニ移転ノ手続等ヲ取計相成候様希望ニ不堪。就テハ至急何分ノ意見承リ度此段及御照会候。

三日後の一月一二日、佐々木玄孫が岡田市長宛に「社殿ノ改築且境内ノ模様設計等先決ノ必要性有之」としながらも承諾の旨を提出している。

ここで社殿の移転案が岡山市側より招魂社維持会に提出され、経費一万円が計上される。(86)また玉井宮より三勲神社、奥市にいたる道路(幅三間ないし四間)の改修による連絡道の予算が委員会で検討され、委員のひとり菱川吉衛(87)が一〇〇〇円の寄付を申し出る。(88)

ところで、東山公園の土地所有者は招魂社が官祭招魂社として置かれた明治四(一八七一)年から岡山県であったが、その管理は岡山市に委託されていた。この管理権の永久付与を市側が県内務部長に求め、県が応諾したことで、岡山市の東山公園改修についても推進されることとなる。(89)また奥市への招魂社移転については一部国有林払下を求めることとなった。(90)この国有林払下については市より大阪大林区署へ通達した結果、当初二一町の希望を一一町に減じて許可されたのが一九一五(大正四)年一〇月である。[91]

招魂社維持会は社殿の設計を岡山県技師桑邱茂に担当させることとした。桑邱は上京し一九一四(大正三)年に靖国神社型に則った建築とすることが決められる。[92] この決定は社殿に関することのみで、その周辺に桜樹、杉木の植樹などが議論されている。[93] 社殿の移転改築については佐々木玄孫と維持会代表の香川真一両名の連署で岡山県知事湯浅倉平宛願書がでており、移転の理由として「祭典挙行ノ当日ハ遺族及各学校生徒有志者等ノ参拝者其数ヲ増加シタルノミナラズ、第十七師団設置以来軍隊ノ参拝アリテ、其実況昔日ノ比ニアラス」とあり、[94] 第一七師団設置が境内の狭隘さを増し、この移転にいたったと明記している。

一九二三(大正一三)年の改築時の棟札の写しによれば、当初の造営計画者技師は桑邱茂、その他大工棟梁に千野佐喜造ほか五名、その費用一万五〇〇〇円は岡山市川崎町住塚本芳五郎の奉納によるとある。本殿は靖国神社の様式にならい神明造三間社、屋根は檜皮葺、拝殿は入母屋造屋根檜皮葺であった。

幣立山より奥市への招魂社遷座式は一九一五年(大正四)四月二八日に執行され、神官佐々木玄孫の祝詞のもと、県知事代理の理事官が衣冠束帯で手水の儀を行った。翌二九日の臨時大祭には陸軍師団代表の衛戍司令官長谷部輜重兵中佐、岡山県警部長、維持会代表香川真一、市長、桑邱技師などが列席した。

◆市川之雄の公園整備

この社殿周辺の整備(奥市公園)と移転した東山公園の跡地整備は、宮内省内苑寮技師市川之雄に委託される。[95] 市川は一九一一(明治四四)年、栗林公園北園や、一九一五(大正四)年の大礼記念の京都御苑などの設計の業績があり、岡山東山公園もその設計はかねてより専門技師に委ねる意向が岡山市側にあった。[96] 市川の調査のための来岡は一九一六(大正五)年五月二六日であったが、同日に岡山市は一九一〇年陸軍特別大演習の際の明治天皇行在所に建て増しした「御便殿」(御湯殿、御衣替所)を県より譲り受け、奥市公園山頂(操山)に移築し、先帝行幸を記念することを市会で決定する。[97]

市川之雄の調査により奥市・東山公園（偕楽園）整備の基本方針が示される。[98] その設計部分のみを引用した。

◇奥市方面―大グラウンドの新設―　現在招魂社の位置は土地が低けれども今更移転すること不可能なれば現状の儘とし、杉松等の樹木を植ゑ付け森厳ならしめ、之を主景として此方面の設備を為すにあり、招魂社内の周囲は総て公園にて設備し、広場に大グラウンドを設くること、北側に於ける墓地を移転し其跡に三勲神社に通ずる通路を設くること、尚階段は設けグラウンドの見物を容易ならしむること、其他に招魂社参道を新設すること、該道路は緩勾配とし貯水池堤防に階段を設け徒歩参拝者は之に依らしむること、該貯水池は御手洗池と命名すること、

◇偕楽園附近―広場には児童の遊戯場―　玉井宮を主景として設備するものにして、下手の広場に貯水池を新設して滝を下し下方の池に注がしむ、旧招魂社跡には三勲神社の遥拝所を設置し、児童の参拝の便に供ふること、南方の広場に児童の遊戯場を造ること、

◇三勲神社附近　同神社を他に移転せんとの説あるも、同神社附近は眺望極めて佳良なるを以て移転せしむる必要なし、参道を改造して参拝者の便を図ること、尚同神社附近は一般遊覧者の展望場として総ての設備を為すこと、

◇奥市南山附近　眺望其他佳ならざるを以て桜楓樹を植付け、下方より眺め得る様施設すること、

◇幣立山方面　特徴なき山なれば別に施設する必要なく、老人児童の小高き遊び場所たらしむべし、

◇後楽園連絡道路　後楽園より五百羅漢（少林寺――筆者注）、東山新公園方面に通ずる道路を改造すること（目下予定線三線に就き実測中）尚東山新公園に通ずる道路を改造すること（予定三線あり目下実測中）而して道路の改修墓地移転は予算三万円内外なりと云ふ、

また東山公園の招魂社跡に三勲神社を移築する案が存在したようだが、市川案では三勲神社は現在の位置（操山山頂）が敬神の念を起こしむるとともに一面風致上適当の所なれば、跡地に遥拝所を設ける案を示した。[99] この公園設計案の図を描いたのが市川の部下であった椎原兵市である。椎原は一九〇七（明治四〇）年に京都高等工芸学校図案科を卒業後、一九〇九年に武田五一の紹介で宮内省内苑寮に入り、先述の栗林公園や京都御苑の設計にも参画し、その設計図を描いた。椎原が東山・奥市公園設計に関わったことは『椎原兵市氏の作品と業績』[100] 中「公園並遊園地」の項に「大正五年　岡山東公園設計参画」（東山公園の誤記）とあることで確認できる。また京都工芸繊維大学美術工芸資料館蔵の椎原作品の一部に「岡山市東山公園設計平面図」「偕楽園方面設計解説図」と題された図面が保存されている。[101] それをトレースして図1-15、1-16に示す。

図1-15左手の奥市公園では招魂社付近は杉松の荘厳な背景のもと、外苑広場をグラウンドとして改造し、貯水池に階段を設け御手洗池となすこととしている。また公園北側より三勲神社の参道を作る。図1-16に詳述された東山公園は権現山、すなわち玉井宮東照宮の麓に勾玉型の噴水池を作り、三勲神社遥拝所を旧招魂社跡地に設け参拝路は桜と松を交植する計画である。さらに児童公園と滝の落ちる菖蒲池を作る。そして眺望の良き三勲神社へのアクセス道と後楽園への連結道路を作るというものであった。[102]

この公園拡張計画が一九一五（大正四）年の大正天皇即位の大礼に関与したという記事は見つからない。したがって陸軍師団設置にともなう招魂社敷地拡大の意図による移転・改修と考えるのが妥当である。しかしながら、招魂社、三勲神社、玉井宮東照宮など慰霊空間の宮内省内苑寮技師による設計主題は天皇家と池田侯爵家、そしてその臣民たちの慰霊である。近世以来の慰霊空間東山は、明治期に引き続いて、陸軍により慰霊空間の強化・拡張が行われたとみてよい。

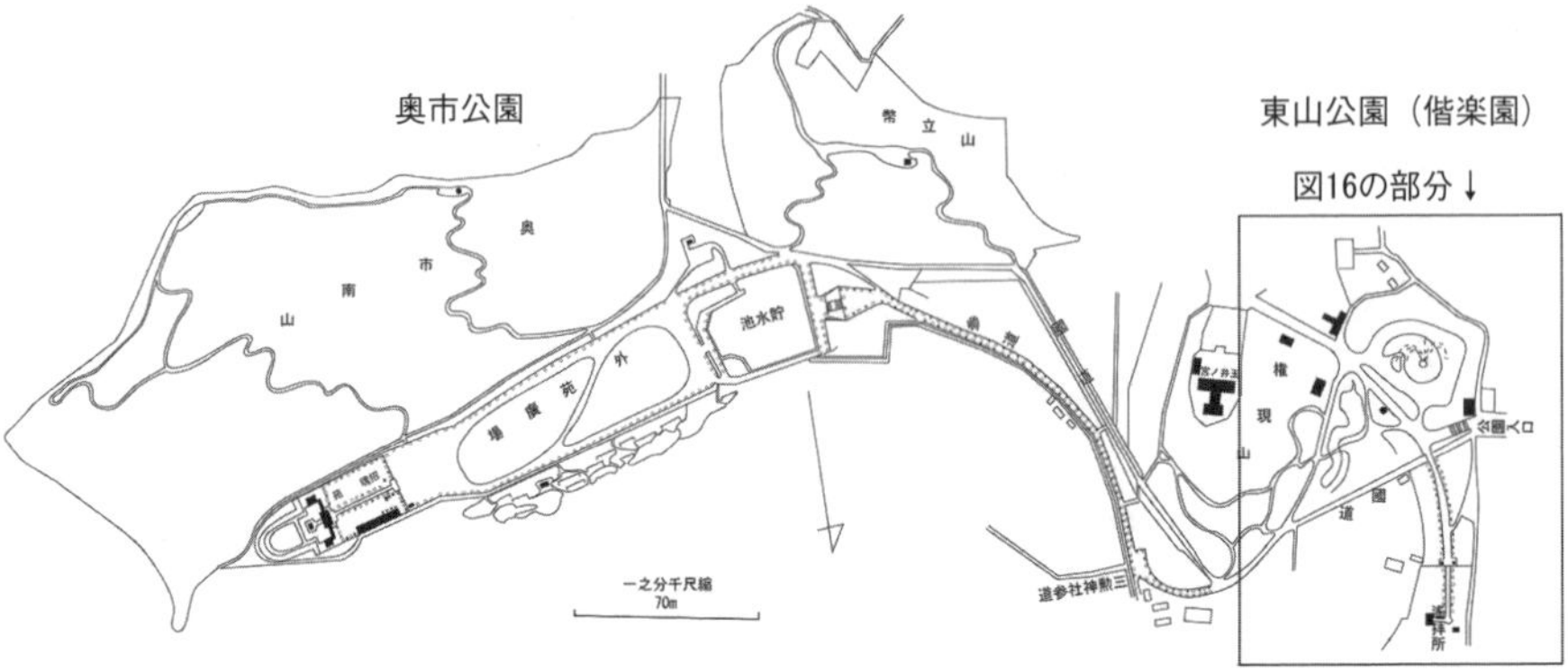

図１-15　市川・椎原設計「岡山市東山公園設計平面図」

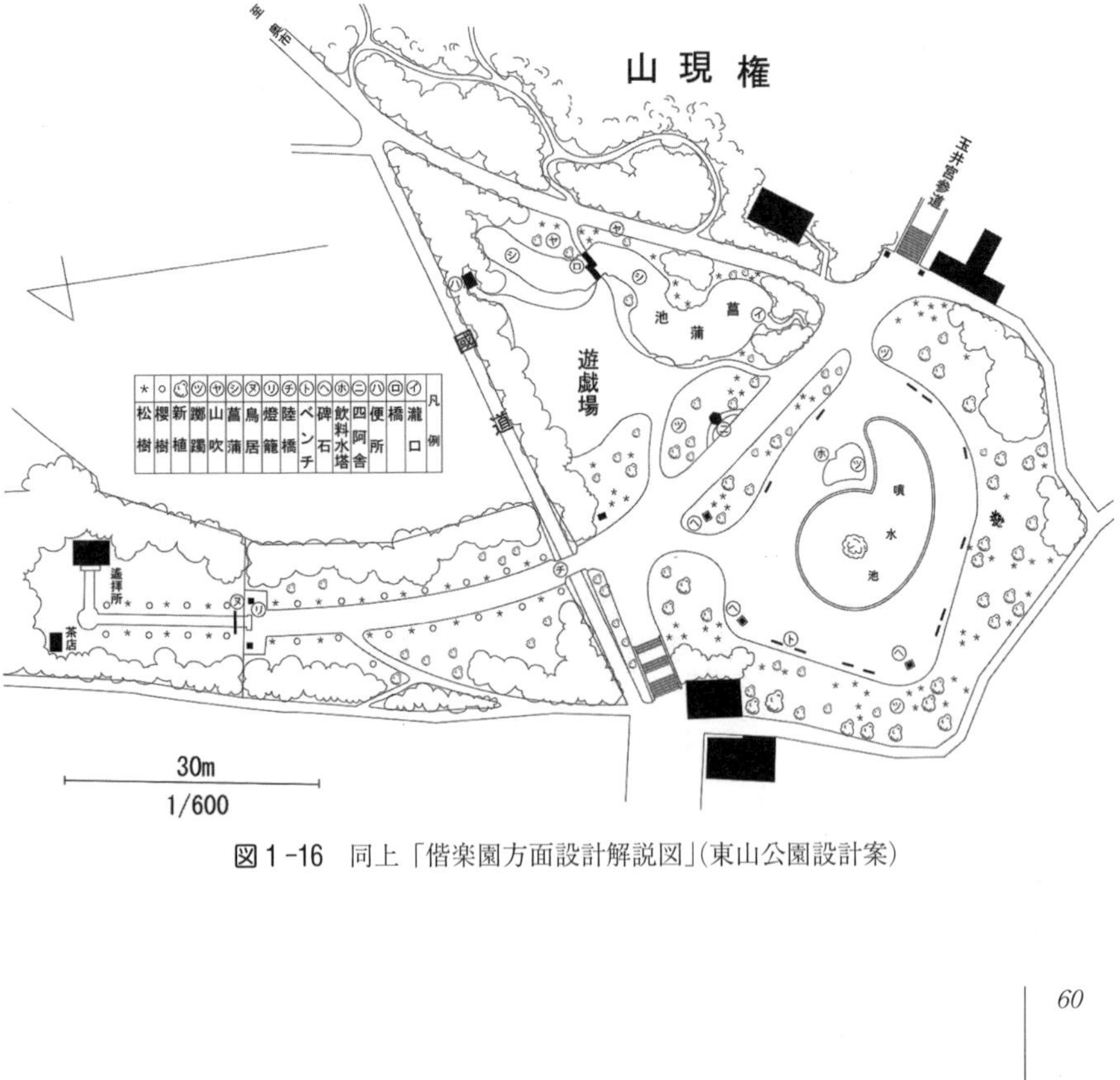

図１-16　同上「偕楽園方面設計解説図」(東山公園設計案)

◆実際の整備状況

しかし、この市川・椎原案の実現は奥市公園の新招魂社付近の整備のみで図1-16の東山公園は菖蒲池以外は実現していない。実現したのは基本方針中、奥市公園の植樹、グラウンド、御手洗池、三勲神社の参道、東山公園菖蒲池であり、主として新招魂社を中心とする神苑部のみであった。

岡山市会では東山公園内の招魂社跡地と池田家所有の後楽園内の閑谷神社遥拝所跡地（遥拝所は一九〇七年に岡山城本丸内へ移動）を交換する案が一九一五（大正四）年より起こっている[103]。同年一〇月一九日の市会では旧招魂社敷地についての池田家と県市の交渉が不調になったことが記されている[104]。この交換の意図は記事には書かれていないが、池田家が交換に応じることで岡山城内にある閑谷神社遥拝所を東山公園内に移転させる目論見だったと推測できる（当初池田家は閑谷神社遥拝所を東山にと企図していたが、玉井宮東照宮に加えて招魂社ができ百物雑沓のためにこれをやめ、一八八〇年後楽園内に建設した経緯がある）。閑谷神社も池田家の祖霊ではあるが、これを移転させると後楽園内に残存する土地をすべて手放すことになるため池田家は抵抗し、結局この案も実現しない[105]。

勾玉型の池も実現した形跡はなく新聞報道より東山公園改修の記事はなくなる。

一九二八（昭和三）年、昭和大典記念大日本勧業博覧会の第二会場が東山公園の入口付近、旧招魂社跡地の下で開催されるが、その時の記念絵葉書に当時の東山公園の写真（図1-17）がある[106]。東照宮の石段の下より撮影したもので、椎原の図面では勾玉型の噴水池が予定された地である。実態は芝生の広場となって

図1-17　1928年ごろの東山公園

いたことがわかる。

さて、市川・椎原案は東山公園では実現せず、一九一九(大正八)年四月に玉井宮参道と旧招魂社跡地をつなぐ陸橋の南側に現存する直径五間の円形の噴水池ができる[107]。

以上、一九一六(大正五)年の東山公園拡張設計によって実現したのは、奥市公園における招魂社を中心とする新たな慰霊空間、いわば神苑であり、それは桜楓、松杉の植樹、さらに健康促進を目的としたグラウンド、遥拝のための御手洗池、そして天皇家の藩屏たちを祀る三勲神社への参道であった。招魂社は下って一九三九(昭和一四)年に岡山県護国神社となる。東山拡張計画はそれが靖国の空間として機能していくための整備であった。

(6) 小括

後楽園の近代の機能の一部を東山偕楽園とその周辺が担った。近代岡山で起きた慰霊空間の整備、機能の分担とは、当初は御後園の御旅所(旭川河原)で執行されていた招魂祭の東山への移転、太政官公園としての東山の公園開設、東照宮の縮小、閑谷神社遥拝所の後楽園への移転、藩の先祖を祀る創建神社・三勲神社の操山山頂への設置、明治天皇行幸による後楽園の三名園入り、陸軍特別演習の大本営としての後楽園などである。

このように、後楽園と偕楽園は、天皇の藩屏となった池田家の象徴空間としての機能を示す。それは近世の藩主と家臣団の結束、岡山支配の場であるとともに、天皇と陸軍をも併せて表象している。近代とは空間を記号化して表すといってもよい。つまり、大名庭園・後楽園は、近世の藩主の好みによりさまざまに利用された空間、さまざまな人々と藩主の接触の場から、国家(天皇と近代陸軍)を表す空間へ変貌したといえる。

次節に書くように、幕末からの旧藩主たちが相次いで他界し、閑谷神社遥拝所も後楽園から移転(一九一九(大正八)年)し、池田家のイメージが後楽園から消える大正時代、造園学者・田村剛が後楽園に現れる(一九二一年)。

そして新たな文化財としての価値づけが始まり、後楽園は次のステージを迎えるのである。

第二節　都市計画公園と後楽園

（1）公園の定義

◆都市計画公園の登場

一八七三（明治六）年の太政官布達による公園設置ののち、各都市は博覧会や大典の記念公園、あるいは創建神社にともなう神苑などを設置していく。こうした「公園」群は一九一九（大正八）年に都市計画法が適用されると、「都市計画公園」として編入されていくものもあった。都市計画法以前の公園設置については収用により土地が確保されていったことが明らかにされており、その動向を官報および公文雑纂を基に丸山宏がまとめている。[108]

大正期においては都市計画法公布により公園の管轄が問題となる。同年公布の史蹟名勝天然紀念物保存法との関連から内務省地理課が加わり、これに新設の都市計画課、そして従来所轄の衛生局の連名の通達で「公園私園ニ関スル件」（一九二一〈大正一〇〉年八月二九日付内務省発都第三九号）として公園の定義を伝達すべく「公園私園調査票」の項目が通達されている。[109] また一九二七（昭和二）年四月には「土地区画整理審査標準」により区画整理施工面積の三％を公園とすることが決められていく。[110]

こうした内務省標準の地方における適用例として鹿児島市の公園計画が報告されている。[111] 一九三〇（昭和五）年時には都市計画鹿児島地方委員会で小公園中心の公園計画が作られ、一九三三（昭和八）年の「内務省公園計画標準」（同年七月二〇日付内務省発都第一五号「都市計画調査資料及計画標準ニ関スル件」中「公園計画標準」）以前ではあるが、公園種別に応じた計画標準を有していたことが報告されている。

都市計画法の適用が内務省による標準的な計画であり、また前記のように公園計画標準を定めてきたとしても、各都市にはそれ以前に近世の神社仏閣境内地や大名庭園を基とした公園計画や、周縁部山地の植林計画などが存在した。都市計画法による公園や緑地は、これらを包含するケースもあれば、計画を別途とするケースもある。しかしながら一九二四（大正一三）年の第一回都市計画主任官会議で提示された内務省の「公園計画基本案」や、

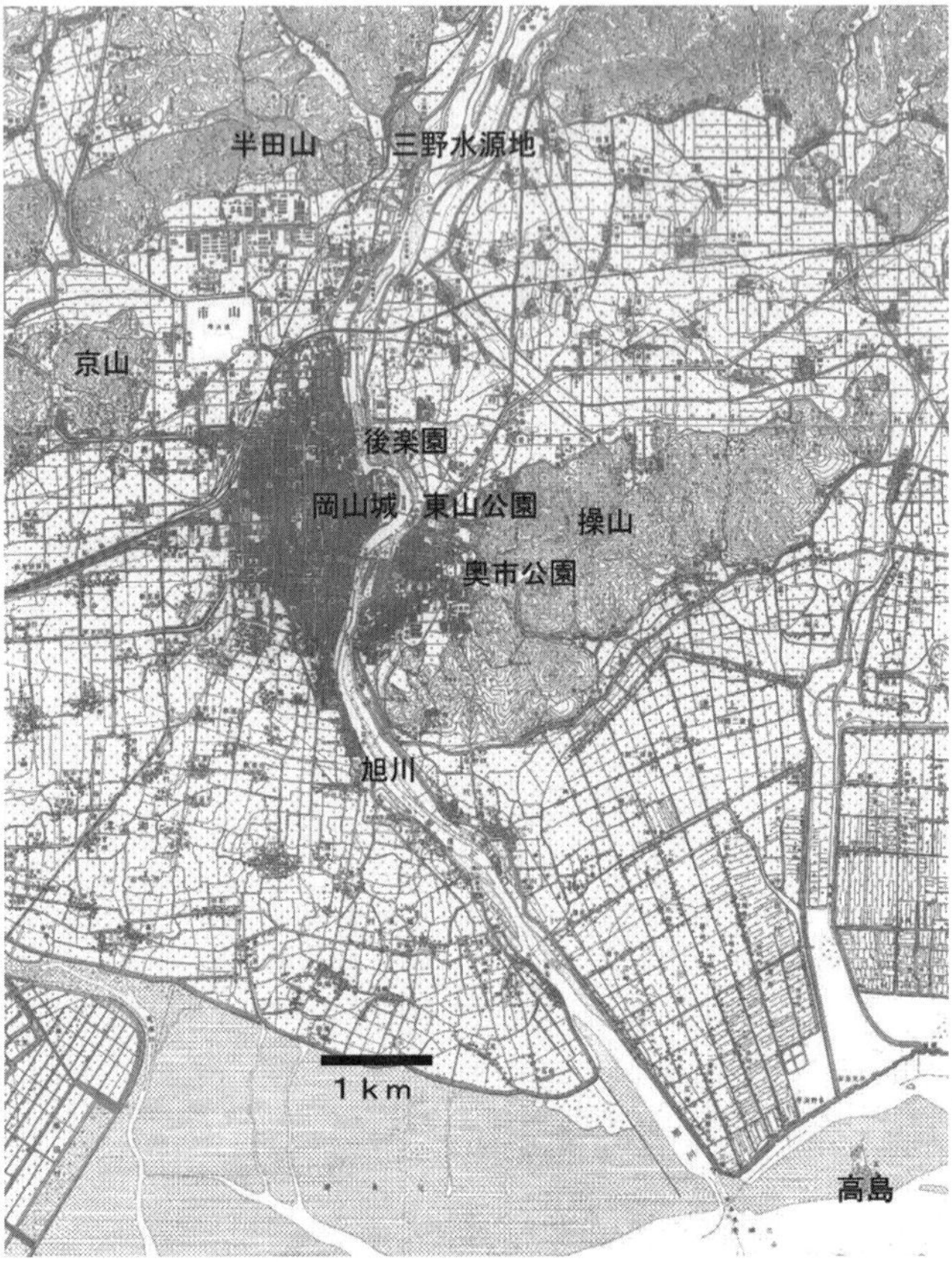

図1-18　岡山市地図（1926年）

一九二七（昭和二）年の第二回同会議で示された「土地区画整理審査標準」、さらに一九三三（昭和八）年の「内務省公園計画標準」にみる公園の面積標準をめぐる指示は、各都市における公園設置をめぐり、大名庭園や太政官公園以来の記念公園、さらには都市計画法適用により新設される区画整理公園などの設定に影響を及ぼしたと考えられる。

本節で扱う対象は岡山市である。全国の公園計画の諸元については浅野純一郎により国立公文書館資料を使って網羅的にまとめられており、(112)その調査によれば戦前期の岡山市に公園計画は存在していない。それは一九四八（昭和二三）年五月一五日認可とおそい。ではなぜ岡山市では旧都市計画法のなかで公園計画が成立しなかったのか。本節ではその解のひとつを後楽園の存在と内務省の公園面積標準に求めていく。前節に述べたように、岡山には後楽園があり、太政官公園として偕楽園（東山公園）が、これに加えて一九一五（大正四）年に東山公園からの招魂社移転にともない神苑として設置された奥市公園があった（図1-18）。これら既存の施設が都市計画法適用により公園計画のなかでどのように扱われたのか。内務省の標準にあわせた都市計画公園編入と、歴史的文化財としての後楽園保存の主張の相克が本節の主題である。

◆文化財か、公園か

一九一五（大正四）年三月一一日から一九二七（昭和一二）年八月九日まで岡山県地方課吏員として後楽園主幹を務めた南為吾の顕彰碑建立に際して発刊された追悼集（一九四四年刊）に以下の記述がある。(113)

後楽園が天下の名庭園であるので、これを利用せうとする意見は度々出た。要するに大開放をせうといふので、他の一般の公園と庭園式公園とを混同した考へ方であつて、その意見出所などは若い役人が転任して来るとよくそんな事を考へた。

この文中には当時の後楽園を巡る二つの問題が指摘されている。ひとつは後楽園は「一般の公園」のように開

である。

放されるべきものではないこと、もうひとつはその公園としての開放を求める「転任してくる若い役人」の存在

このように開放された公園か、保存すべき文化財かの議論が大名庭園を巡ってなされる。これは前述のとおり大正期の終わりから始まる都市計画公園の設置にともなうものであったが、議論が対立したのは、ひとつは「公園」の定義があいまいで、面積標準しか公園を規定するものがなかったからである。また公園の利用のされ方が市民の利用という視点でも十分説明できたからであろう。近代の後楽園は、一種、市民広場のように各種団体の集会が不断に開催されていたのである。左に『岡山後楽園史』資料編(岡山県郷土文化財団、二〇〇一年)にまとめられた明治期の後楽園の利用に限って列挙してみた。

〈明治期の後楽園の利用〉


一八七九(明治一二)年　岡山民立博覧会にともない後楽園公開。

一八八四(明治一七)年　岡山県会開催。三つの茶店出店許可。

一八八五(明治一八)年　第一回私立岡山県教育会総会。以後、総会が多数。

一八八六(明治一九)年　勧業諮問会。畳表営業人の集会。以後、同業者集会多数。

一八八八(明治二一)年　岡山県尋常師範学校附属小学校運動会。以後、運動会多数。

一八八九(明治二二)年　岡山市制移行の公民親睦会。

一八九五(明治二八)年　新年官民祝賀会。岡山県物産陳列場開場式。

一八九八(明治三一)年　関西新聞雑誌記者懇親会。

一八九九(明治三二)年　岡山県米外十二種共進会。岡山県農会。元寇歴史油絵展覧会。

一九〇一(明治三四)年　日本美術院岡山絵画展覧会。政友会岡山支部発会式。

一九〇二（明治三五）年　岡山書画会創立十か年大会。
一九〇三（明治三六）年　電話開通式祝賀会。
一九〇四（明治三七）年　赤十字社篤志看護婦人会バザー。
一九〇五（明治三八）年　岡山市上水道開通式。
一九〇六（明治三九）年　岡山能楽保存会能会。日本美術院岡山絵画展覧会。
一九〇七（明治四〇）年　愛国婦人会岡山支部総会。第一七師団設置による招魂祭。
一九一〇（明治四三）年　洋食屋浩養軒開店。関西美術会展覧会。陸軍特別大演習。
一九一一（明治四四）年　岡山県立商業学校長距離競争会。

こうしてみると、岡山県の管轄である後楽園は県関連の催事が多いものの、市民の用に役立っている「公園」であるとの議論がでてきてもおかしくはない。実際、祝祭空間でもあったことがわかる。

さて、公園か文化財かの議論は、都市計画系の吏員と山林系の吏員の間で対立し、そこに学者が登場して展開する。ここで使用した資料は、都市計画関係は国立公文書館資料と都市計画岡山地方委員会議事速記録、これに加えて地元の動きは、本節でも『岡山市会史』（一九八六年）の記事を供給している『山陽新報』記事をみることとした。

(2)　田村剛の岡山訪問

前項で述べてきたように後楽園は一般開放された公園とは異なり、明治二（一八六九）年より池田家一族が居住し、県会が開かれていた。一八八〇（明治一三）年には園の一隅に藩祖池田光政を祀る閑谷神社（閑谷学校の東に鎮座）の遥拝所が設けられ、旧岡山藩の藩主と士族にとっての精神的中心としても機能していた。それが一八八四

(明治一七)年、遥拝所敷地をのぞいて池田家より岡山県に有償譲渡される。さらに幕末から明治の池田家当主、池田茂政、章政、詮政が相次いで他界し、一九一〇(明治四三)年の陸軍特別大演習に際しては大本営として後楽園が使用された後、一九一九(大正八)年に池田家は遥拝所敷地も岡山県に譲渡し、園敷地は完全に岡山県のものとなった。池田家の記憶が後楽園から消えていったのと入れ替わりに現れるのが、いわゆる学識経験者であった。造園学者・田村剛の登場である。

◆「史蹟名勝の保存」という価値づけ

昭和初期に国立公園設置の中心的存在となる田村剛は一九二〇(大正九)年に内務省衛生局嘱託となる。その田村が史蹟名勝天然紀念物の調査と、前記した都市計画法適用による公園管轄の主体をめぐる調査のため岡山を訪れるのは一九二一(大正一〇)年一月二二日である。田村は後楽園を江戸時代の典型的大名庭園、彼の言葉をもって表現すれば「一見して江戸初期の伝統即ち遠州(小堀——筆者注)の流派であると言ふ事が解る」と称賛する講演を翌二三日午後七時半の岡山県会議事堂で行った[114]。そしてこの調査により岡山後楽園は一九二二(大正一一)年三月八日に「名勝」に指定された。大名庭園・後楽園はこれをもって明治期の池田家の残像のある庭園から、歴史的文化財としての道を歩みだしたことになっている[115]。前記した南為吾が当時の後楽園主幹であった。その追悼集にあったように岡山では後楽園は「一般の公園」ではなく、「庭園式公園」と捉えられていたのである。

さて田村の一九二一(大正一〇)年の岡山来訪には後楽園以外にも目的があった。田村来訪を企画したのは岡山県内務部長日比重雅であった。日比は前年に静岡県から転任し、翌年には宮崎県に転出する吏員である。一九二一年一月五日、日比は部下の池田(名前不明、地方課長)、久郷(梅松、山林課長)とともに東山周辺の操山国有林(森林法による風致保安林)を視察し、京都嵐山に倣い、その借入と公園化の計画を打ち出す[116]。

恰度京都の嵐山も一部国有林を借入れて公園地域としてゐるが、事実は払下げも無料、使用も全く同一であるから近く大阪大林区署に借受けの手続を行はうと思つてゐる、尤も公園の設計に就ては近く内務省衛生局係官の実地調査を願ふことにしてゐるから其の上でなくては判らぬ、尚同時に後楽園の新計画及び之れと操山との連絡道路等に就いても其の際研究を請ふ考である。

内務省衛生局係官とは田村剛のことである。田村は後楽園、それを含めた操山を視野に入れた公園計画のために来訪した。操山は当時後楽園の遠景の風致(借景)として認識されていた。

田村は後楽園はまったく開放せず保存し、新たに都市計画公園として操山を森林公園とする案を提案する。(117) 一方、岡山市における都市計画法の適用にともない、岡山県は都市計画第一事業として後楽園の改造、東山公園の整備、さらに岡山城を中央公園とし、これらと連絡道路を設けて操山に一大公園を建設する内容を以下のように示している。(118)

後楽園は史蹟名勝保存の意味で半開放即ち現在の儘とし現在の後楽園入口より旭川に添へる散歩道を拡張し之れと天守閣との聯絡は無料渡船と為し別に橋梁を架せぬ意である。(以下、注118に引用)

重要なのは後楽園の位置づけを「史蹟名勝」の保存としていることである。そのうえで都市計画実施のなかで操山に公園を作ることと、東山公園(偕楽園)と後楽園を連絡する道路を作ることについて言及した。

◆岡山県の思惑

一九二一(大正一〇)年三月一三日に田村は再び来岡し、同日後楽園「旧物産館跡地」に目下施設工事中の外園を視察している。また翌一四日は操山を視察調査した。岡山県は東山の公園施設については田村の意見を求め計画する予定であった。(119) この二度の視察調査により、田村に委嘱していた操山の公園計画は、全国にも稀な一大森林公園の設計となって同年六月一一日に完成した。(120)『山陽新報』はこれを岡山市の都市計画実施と関連して計画したものとしている。

田村は翌一九二二年一一月五日にも来岡し後楽園外園施設について調査し、六日は東山公園並びに操山の視察調査をする。[121] そして翌年六月、岡山市の都市計画法適用が目前にせまるなか(一九二三年七月一日適用)、財政上困難であるといわれていた操山森林公園計画が実現する可能性があることを『山陽新報』は報じている。[122] 操山一帯を田村とともに視察調査した山林課長久郷梅松は都市計画と公園の施設について以下のように語り、操山森林公園の必要性を強調している。[123]

都市計画実施について最も慎重に調査研究せねばならぬのは編入地区である自分の希望する処は上道郡に属する横(操)山一体(帯)を先づ市に編入して貰ひたい、而して散歩道、休憩所落島飼養等の設備をなして森林公園とし市民の保健衛生上に資して貰ひたい。また第一中学を他へ移転しお城を中心にしてあの地方一体を中央公園として施設したならば、岡山市の公園設備は先づ完成されたとも謂へやう。

岡山県山林課が市計画の公園として希望する場所は操山公園と岡山城であった。そのために操山一帯の都市計画区域への編入を希望した。そして後楽園は公園地の候補にあげていないことが注目すべき点である。

(3) 都市計画法における公園計画

◆岡山市の動き

岡山県による後楽園の名勝指定、操山の公園計画進行は岡山市における都市計画法適用の動きに時間的に併行したものであった。岡山市では一九二二(大正一一)年一月には都市計画調査委員会規定を市会に提出する予定があった。[124] 同年九月一二日の内務省「都市計画状況」の報告を求める通牒により[125]「都市計画調査のため委員会を設置」することが求められ、同年一二月一八日に市参事会で都市計画調査委員会規定が承認された。[126] この委員は参事会より二名、市会議員より七名、これに加えて学識経験者という構成であった。ところが翌一九二三年三月八日の市会において、これらの委員では都市計画事業に専門性がなく、具体的な調査が進められないという意見が出、同年四月二一日開会の委員会では岡山県内務部長と土木課長に調査を委嘱することになった[127]。このような背景のなかで岡山市は調査委員会に代わる「資料提供其他種々研究調査すべき」都市計画部の新設を考える[128]。

一九二三(大正一二)年七月一日に第二次指定二〇都市として岡山市は都市計画法の適用をうけることになるが、官制による都市計画岡山地方委員会が設置されても、市長の諮問機関としての都市計画調査委員会は存置すべきとの意見もあった。しかし内務省の訓令により従来の市の委員会は廃止になる[129]。岡山市では決議機関である都市計画地方委員会に建議する執行機関として都市計画課の設置を考える。窪谷逸次郎市長は次のようにいう[130]。

都市計画地方委員会は単なる決議機關にすぎないから、何れ県に於て都市計画調査課とか何とかの名称の執務機関が出来ると思ふ、従つて市でも内務大臣の諮問に応ずる、又は委員会に建議する――積極、消極方面乃至は実際の仕事をする専門の都市計画課を設けたい、そしてその部長なりには例令《たとえ》行政的に無経験であつても都市建築に勝れた人を据ゑたいと思つて目下之に要する経費人撰等について考究中である。

岡山市都市計画課は一九二三(大正一二)年一二月(参事会可決日不明)に技師一名、技手二名、書記二名で新設された[131]。

◆都市計画岡山地方委員会の顔ぶれ

都市計画岡山地方委員会は、一九二四(大正一三)年四月一一日に官制により内務省から認可をうけた委員が任命される。その議事速記録(一九二四〈大正一三〉年から一九三九〈昭和一四〉年[132])と断片的に残されている岡山県職員録(一九二六〈大正一五〉年、一九三二、三三〈昭和七、八〉年[133])から地方委員会の都市計画事業へ「建議」をなしたと考えられる技師を抜き出してみよう。

一九二三(大正一二)年から一九二五年にかけては岡山県土木課長楠宗道、岡山市都市計画課長本島正輔、都市計画岡山地方委員会技師武居高四郎（一九二三年）、同技師伊藤夓（一九二四年）である。その後、一九二六（大正一五）年からは三つのポジションにはそれぞれ、調所武光、児玉静雄、神尾守次が就いている。その後、一九三九（昭和一四）年まで岡山県土木課長四名、市都市計画課課長四名、都市計画岡山地方委員会技師二名が着任した。

一方、岡山市都市計画課の初代課長本島正輔は一九二三（大正一二）年一二月から一九二五年末まで務め、翌年一月から三月九日まで課長不在、三月一〇日付で児玉静雄が熊本県庁から赴任している。岡山市の都市計画は彼ら都市計画岡山地方委員会の委員と岡山市都市計画課の吏員を中心に作成されたと考えられる。

◆岡山市の公園案

都市計画課の設置以前、岡山市では公園を所轄するのは土木課であった。土木課は、一九二〇（大正九）年一一月に都市計画事業の岡山市「私案」として内務省に提出された文書のなかで、公園に関しては「遊楽区」として、「後楽園」「東山公園」「旧天城屋敷西川沿方面西遊楽地」「大雲寺方面南遊楽地」「内山下旧城跡中央公園」をあげている[134]。当初の「都市計画公園」には一九二〇（大正九）年の名勝指定以前の後楽園を含む既存の公園をあげていたことがわかる。ただし、後楽園は岡山県地方課、旧本丸内は池田家の所有、西川や大雲寺方面も私有地であった。

一九二二（大正一一）年九月一二日に内務省より先述した「都市計画状況」についての報告通牒が岡山市に届く。この七項目が「公園の現状及将来の企劃」であった[135]。同年一二月二一日の内務省への岡山市の答申のなかには、都市計画調査委員会設置の回答とともに「公園」の項目があり、「後楽園、東山公園、奥市公園、内山下遊園地」が現況であり、将来施設として「中央公園（岡山城）、三野公園、別所遊園地、上伊福遊園地、津島公園、大元公園」の六カ所があげられている[136]。当初岡山市の意図していた都市計画事業では「公園」計画は東山、奥市を含む操山一帯と後楽園とをセットにして大公園地域とみなしていた。

一九二三（大正一二）年一一月に岡山市は公園面積の比較検討をしている（土木課主体か）。それによると、先進都市における公園面積は都市面積の一〇分の一であるのに比し、岡山は後楽園、東山公園、奥市公園、内山下遊園地の合計でも全市面積の二〇六分の一、〇・四九％でしかない。これに将来、三野公園、内山下公園（中央公園）、別所公園（京山）、上伊福遊園地、津島公園、大元公園を足しても一六〇分の一、〇・八六％で貧弱であるという。[137]

◆内務省標準の登場

さて、一九二四（大正一三）年四月一五～一九日の内務省における二九都市の各府県地方委員会、各市の主任者を招集した都市計画主任官会議の場で、都市計画区域の原案等九項目の指示が示され、そのうち「公園系統計画の根本調査」において「公園統計調査票」を作成するよう指示が出た。公園計画について内務省都市計画局第二技術部は私案として「公園計画基本案」を示し、公園の種類、有効範囲、計画区域の範囲、公園面積の標準などを示した（後掲表1-4参照）。このなかで公園面積は一五〇〇人当たり一ヘクタール、つまり一人当たり二坪という標準が示された。これを基礎として各都市は公園計画を作ったと考えられる。[138]

岡山市では一九二四（大正一三）年一一月一七日の都市計画岡山地方委員会第一回の資料中の「岡山都市計画参考資料」第壱輯[139]に、現状の「国県市町村有地竝ニ公共用地物一覧表」を掲げ、その「公園其他之部」には表1-2[140]のような記載がある。おそらく市の都市計画課が準備した当初案の公園は、名勝後楽園、太政官公園の東山公園（一八七三〈明治六〉年設置）、玉井宮東照宮幣立山（ここでの「操山公園」は田村設計のものではない）、招魂社神苑奥市公園（一九一五〈大正四〉年設置）、のち一九四〇（昭和一五）年に神武天皇聖蹟高島宮に指定される高島公園（藤田組所有、岡山市管理）が主であり、各々歴史性を備えた空間であった。

この表中の公園面積は一五九、二〇〇坪となっている。この値から新設予定の小橋町、大道通、内山下の各遊園地、三野水源地を除き、かつ都市計画区域外の百間川河口に浮かぶ藤田組所有の高島公園、玉井宮東照宮鎮座

表1-2　1924(大正13)年岡山市公園案

公園地(所有者)	坪数	備考
後楽園(県)	34,656	池田家御後園、名勝
同藪地(県)	900	
東山公園(県、市管理)	35,778	東照宮社寺地、太政官公園
操山公園地幣立山(国)	4,857	玉井宮、東照宮鎮座地
奥市公園(市)	43,176	招魂社鎮座地
高島公園(私、市管理)	17,000	神武天皇吉備高島宮伝説
小橋町遊園地(私)	236	以下、新設予定
大道通遊園地(私)	100	
内山下遊園地(私)	2,199	
三野水源地(市)	20,298	
計	159,200	

注：都市計画岡山地方委員会参考資料。

地の操山公園幣立山を除いた一一四、五一〇坪を、同資料中に示されている一九二三(大正一二)年末の岡山市都市計画区域の人口一一四、二四九人で除すると、一人当たりの公園面積はほぼ一坪と算定されることがわかる。これでは内務省の「公園計画基本案」の一人二坪にはとても及ばない状況であった。

◆岡山市都市計画課案

その後、一九二五(大正一四)年九月一八日になって、岡山市都市計画課は単独で公園計画を発表する。表1-3に示したように、それは後楽園などの歴史性を持つ現況公園と、懸案中の操山国有林散策道(田村設計の操山公園は懸案中ゆえ面積は示されていない)を含む自然公園、運動・嬉戯公園、そして道路沿いの小公園群であった[141]。公園面積二二七、二〇五坪を右の一九二三年の人口で除すると一人当たり一・九九坪となる。この案中、小公園に関しては見直しが図られ、一九二六(大正一五)年七月一〇日に追加が提案される[142]。公園種別にみられる自然、児童・運動、道路公園の分類は内務省案に即したものとなっている。そして同年改正案の二三〇、五〇五坪は一人当たり二・〇二坪と内務省「公園計画基本案」をクリアすることがわかる。これらの公園の諸元をまとめて表1-4に、一九二四(大正一三)年の内務省「公園計画基本案」とともに示す。

しかし、名勝後楽園の扱いには都市計画岡山地方委員会内部よりも異論がでてくる。岡山市の一九二五(大正一四)年当初案の発表された後の一九二六(大正一五)年三月に、某都計技師の匿名で『山陽新報』に掲載された意

表1-3　岡山市都市計画課の公園計画案

	1925年9月18日	坪数		1926年7月10日	坪数		1939年区画整理	坪数
現況公園	後楽園	34,654	現況公園	後楽園	34,654	現況公園		
	東山公園	35,778		東山公園	35,778			
	奥市公園	41,678		奥市公園	41,678			
	内山下遊園地	3,101		内山下遊園地	3,101			
	高島公園	17,000		高島公園	17,000			
	小計	132,211		小計	132,211			
自然公園	三野水源地	10,898	自然公園	三野水源地	10,898	自然公園	三野公園(新設)	17,000
	京山尾針神社	40,000		京山尾針神社	40,000		京山公園(戦後)	
	城内中央公園	23,000		城内中央公園	23,000		烏城公園(戦後)	
	操山国有林散策路	未定		操山国有林散策路	未定		実現せず	827,000
	小計	73,898		小計	73,898			
運動・嬉戯	小橋町図書館裏	236	児童・運動	小橋町図書館裏	236	児童・運動		
	門田大道通	100		門田大道通	100			
	瓦町	200		瓦町	200			
	片瀬町河岸	73		片瀬町河岸	73			
	小計	609		小計	609			
道路沿い	春日	1,000	道路公園	春日	1,000	区画整理公園		
	内田(大元駅)	900		内田	900		⑰大元駅前　2カ所	2,500
	西古松	900		西古松	900			
	鹿田	900		鹿田	900			
	内田(大学病院)	900		大供	600		⑨大供第1　1カ所	1,007
	天瀬	1,086		天瀬	1,086		⑩大供第2　2カ所	1,347
	網濱	900		網濱	900			
	小橋	900		小橋	900			
	東山	重複						
	内山下(現存)	2,101		内山下	2,101			
	中山下	900		中山下	900			
	出石	1,000		出石	1,000			
	島田	900		島田	900		⑦島田第1　2カ所	1,000
	岡山	900		石関	900		⑧島田第2　1カ所	713
	西川	900		西川	900		⑮下石井第1　1カ所	500
	巌井	900		巌井	900		①巌井第1　2カ所	930
	下伊福	900		下伊福	900		②巌井第2　5カ所	1,918
	森下	900		森下	900			
	番町	900		番町	900			
	上伊福	900		上伊福	900		③上伊福第1　2カ所	1,200
	別所	京山					④上伊福第2　既設	
	三門	900		三門	900			
	西河岸	900		西河岸	未詳			
				岡南	900			
				津島	900			
				神宮寺山	900		⑥御野第2　3カ所	2,700
				北方	900			
				三野	900		⑤御野第1　3カ所	2,700
				原尾島	未詳			
	小計	20,407		小計	23,787		⑬福島第1　1カ所	570
							⑭国富第1　1カ所	600
	合計	227,205			230,505		区画整理公園のみ	17,685

注：それぞれ注(141)(142)(152)の文献による。

⑪内田第一、⑫内田第2、⑯万成第一はこの年には設置されず。

表1-4　内務省標準と岡山市公園案

	内務省 公園計画基本案 1924.4.15	岡山市原案 1925.9.18	岡山市改正案 1926.7.10	土地区画整理 審査標準 1927.4.11	内務省公園 計画標準 1933.7.20
種別	児童　2/3km 近隣　1km 運動　2km 自然　4km 都市　2km 道路　1/3km	児童・運動 609坪 自然　73,898坪 道路　20,407坪 現況　132,211坪	児童・運動 609坪 自然　73,898坪 道路　23,787坪 現況　132,211坪	児童・幼児。近隣	児童0.6-0.8ha など 近隣2-5ha 運動 自然 普通
総面積		227,205坪	230,505坪		
有効範囲	上記km内	2里円	半径4丁に1つ		近隣1.5km、普通2km、運動30分、自然1hr
一人当面積	1,500人当1ha	区域1.99坪	区域2.02坪		指摘なし
区域面積		7,116千坪	7,116千坪		
面積比				施工面積の3％	区画整理施行面積の3%

見は次のようなものであった。

これも地方委員会に諮問して今後の決定を見るのであるが、現在の後楽園は公園といふよりも寧ろ庭園に属するもので市民の公園としては適当のものと言ひ得ないのみならず、後楽園は日本三公園の中でも規模も大きく日本建築史料としても小堀温州《ママ》の流儀が斯くも明瞭に現れて居るものは少い（遠州自身の作ではない――筆者注）。従つて之は成べく原型を損せぬやう保存すべきもので、公開すべき性質のものではない[143]。

当年時の都市計画岡山地方委員会技師は神尾守次である[144]。神尾は岡山市都市計画課の進める都市計画公園に対して、非公式な見解を述べたと考えられる。しかしながら岡山市では都市計画課長に新たに児玉静雄をむかえて、内務省が示した面積標準一人二坪を達成しようとしたとみられる。表1-3中に示すように一九二六（大正一五）年七月の改正案では後楽園は公園地から除外されず、道路公園を拡充する計画で二坪が達成される。もし後楽園をこれら「都市計画公園」より除外すると、大正一四年案で一人当たり一・六九坪、一五年改正案でも一・七一坪となり内務省標準を満たせないことがわかる。岡山市都市計画課が後楽園の「公園」編入を保持した理由は、この内務省の一人当たり二坪という標準の遵守にあったと推察できる。

(4)　名勝後楽園の保存と都市計画公園

岡山市都市計画課において、内務省「公園計画基本案」の面積標準を遵守するために一人当たり二坪を満たす都市計画公園が議論されている間、後楽園を所有する岡山県はコメントを一切発表していない。一九二五(大正一四)年の市都市計画課発表後の翌年七月一日、後楽園の管轄が県の地方課から山林課に代わる。後楽園事務所長は山林課長の兼職となった。その所長兼課長が久郷梅松である。

◆久郷梅松と名勝後楽園

久郷は一八七八(明治一一)年九月富山市生まれ。東京帝大林学実科を卒業後、一九〇三(明治三六)年岡山県に来任し、一貫して山林行政にあった。遅くとも一九二一(大正一〇)年一月には山林課長であり、一九三八(昭和一三)年に没するまでその職にあった。[145] 田村剛の一九二一年の来岡時には彼に帯同して後楽園や操山を視察し、後楽園外園の植木調達を担当した。その後、後楽園事務所長の他、岡山県史蹟名勝天然紀念物調査会委員、岡山県国立公園協会常務理事を兼任した。田村の一二年上の東京帝大林学の同門にあたる。

田村の設計した操山公園計画を支持していた久郷は県の山林課長としてしばしばこの計画に関する意見を新聞紙上に発表する。操山公園については、市都市計画課の都市計画公園案のなかには一九二五(大正一四)年当初計画で「操山国有林散策路」と表現され、面積提示はなかった。一九二六(大正一五)年、岡山市都市計画課(児玉課長)の描く都市計画公園の改正案が示されたが、それとは別に、県山林課長が「操山森林公園」と岡山城址「中央公園」の計画を近く発表すると報道される。[146] すなわち、同年九月一四日、久郷が『山陽新報』紙上で発表した

「操山公園計画」がそれである。[147]

近代都市には公園を必要とする。後楽園は其の目的に供せられない。現に東山公園はあつても餘りに偏位して市内にも公園が要る。市内に公園がないと、市民の娯楽運動衛生と云ふ方面に恵まれないことになる。さて岡山市として斯様な意味の公園は何処に求むべきであらうか、将来に属することであるが。岡山県第一中学校がもし他に移転されるとしたら、彼の濠で囲まれたお城の地区一帯こそ中央公園として最もふさわしいものではあるまいか。

注目すべきは、久郷がその事務所長として後楽園を都市計画公園とすることはできない、といっていることだ。その代替として岡山城本丸にある岡山中学を移転させ、そこを中央公園とすることを提案する。そして後楽園と操山を結ぶ散歩道を「岡山ライン」と名づけて旭川沿岸に作り、森林公園への誘導を図った。この日から数日にわたり久郷の操山公園計画の記事が掲載されるが、それは一九二一(大正一〇)年時に田村が設計したものである。久郷は岡山市都市計画課の進める後楽園の公園化に抗して、名勝として保護しようとした。岡山県として所有する後楽園には人の出入りを制限したかった。代替にやはり岡山城を公園としてあげたが、それだけでは公園面積標準を満たせない。またそこは池田家の私有地であった。操山森林公園計画はその補塡であったと考えることができる。それは、一九二七(昭和二)年の以下の記事でも推察できる。[148]

岡山市の都市計画事業完成の附随的事業として保健・衛生・風景等の点より森林公園設置説が再燃してゐることは既報の如くであるが、それは天下の名園として誇り来つた後楽園が佐上知事に依つて史蹟名勝園の類に取扱はれ全く公園としての総ての機能をもぎ取られたためと、後楽園は規模が小さくて到底十数万市民の自然欲を満足させることが出来ないとの見地より、そのはけ口を求めるため操山森林園公《（ママ）》を設くべしとするものである、そして再び田村の操山公園計画が新聞紙上に八日間にわたって掲載されたのである。このように操山公園計画は後楽園の都市計画公園への編入と名勝としての保存計画との相克のなかで浮上したものであった。後楽園は都市計画からはずし、その背景地、風致の操山を公園地とするのが岡山県山林課長兼後楽園事務所長の回答であった。

◆岡山市公園計画のその後

この一九二七(昭和二)年の岡山県山林課による後楽園の開放(公園化)拒否と操山代替案発表ののち、岡山市の都市計画において公園計画が語られた痕跡は見当たらない。公園計画の成案が戦前にはなかった、というその理由、物的証拠を求めるのは困難であるが、状況的には公園論議は変質したといえよう。

まず都市計画岡山地方委員会では、この後一九三九(昭和一四)年の第一六回まで公園に関する議題は一切ない。少なくとも岡山市都市計画課が描いた歴史的庭園を含む公園構想は都市計画課の構想でしかなく、岡山県も当事者である地方委員会においても後楽園を含む公園構想には消極的であったと推察する。

また内務省の求めた面積標準にも変化がみられた。一九二七(昭和二)年四月一一日の第二回都市計画主任官会議[149]で示される「土地区画整理審査標準」中、「公園敷地面積として施行地面積の三%以上を留保」という形で土地区画整理施行区域の面積に対して適用されることになった。都市計画区域における人口当たりの公園面積という、いわば各都市にとってはそれぞれの事情により必ずしも遵守できない標準[150]は、区画整理施行区域を対象としたものに変わる。

表1-3中で道路沿いの公園として計画された小公園群は、その後「区画整理公園」として実現していく。岡山市の区画整理事業は一九二七(昭和二)年に調査が始まり、翌年から一九三五(昭和一〇)年にかけて一六組・合計八〇万九〇〇〇余坪が認可されていく。[151]一九二六(大正一五)年に二六カ所であった道路沿い公園の計画は、区画

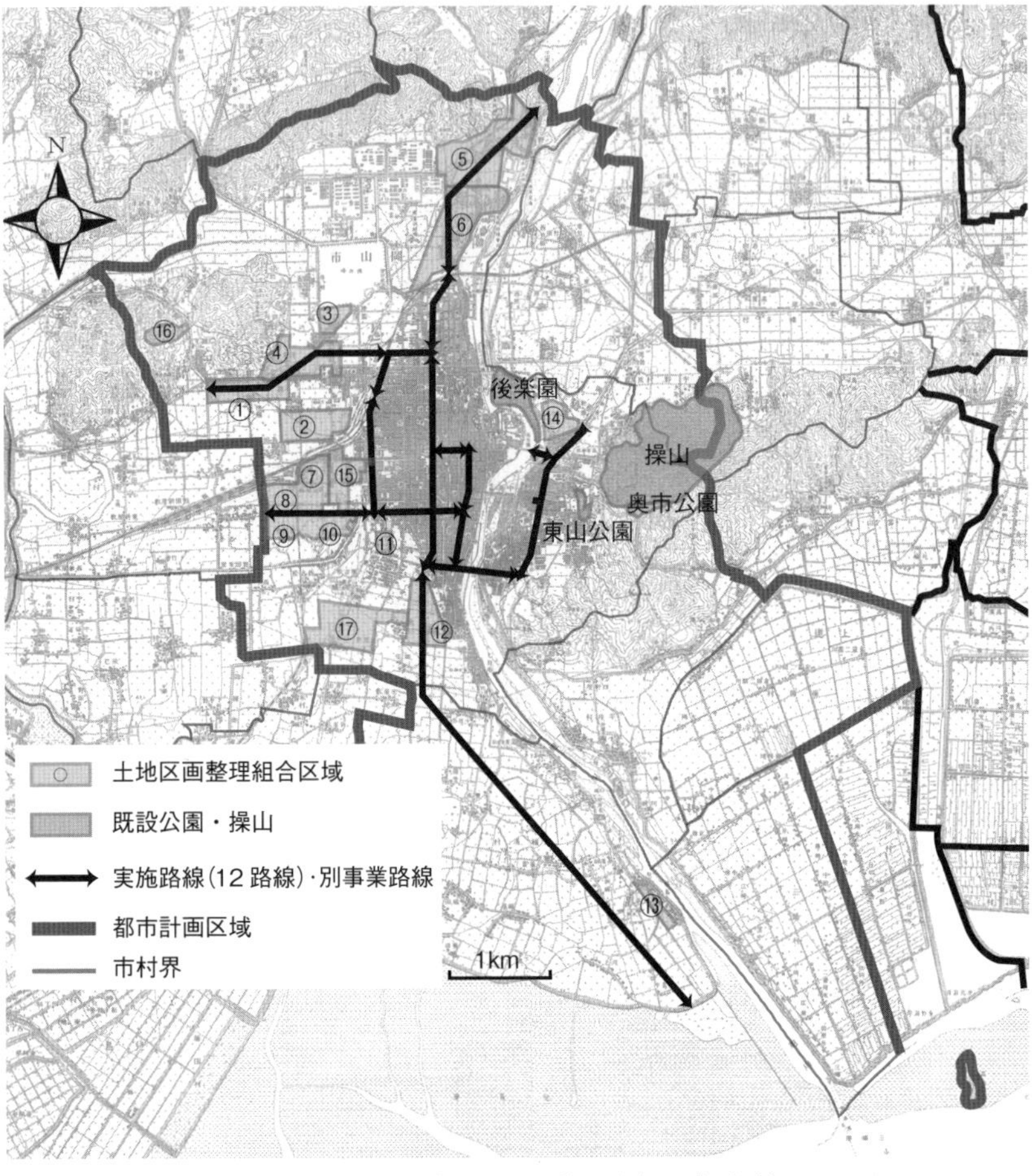

図1-19　岡山市土地区画整理地(1939年時点)

整理公園二九カ所一八、九〇〇坪余の設置として実現した[152]。

表1-3には、一九三九（昭和一四）年の区画整理区域を示した図1-19[153]と対応して公園の設置された区画整理組合の名を示してある（丸付数字）。これによれば公園面積は施行面積の二・三三％となり、この時点では内務省の面積標準三％には達していない（図中の数字は表1-3中の区画整理公園欄の丸付数字と対応する。また表1-3では計画された道路沿い公園〈道路公園〉であげられた地名と区画整理地区を対応させてある）。

さらに市の都市計画課は都市公園の全体計画ではなく、こののち風致地区の指定にとりかかり、一九三六（昭和一一）年五月二二日には候補として東山（操山）、半田山（岡山市北方）、京山（西方）をあげたが[154]、それは都市計画地方委員会を経て、一九四〇（昭和一五）年一二月三日に岡山城と後楽園、それらからの遠景である操山との間の地区の指定として成立する。岡山城と後楽園はこうして「公園」ではなく、「風致地区」として都市計画上に位置づけられることになる[155]。

岡山市は一九三六年以降、市所有の公園地のみについて扱っていく。その主体は、本来公園を管轄していた土木課である。岡山市の予算・決算書[156]にみる公園費は一般会計の土木費に分類されており、都市計画特別会計の枠内にはない。

最後に岡山市所有の公園でのいくつかの動きについて触れておきたい。

一九二七（昭和二）年以降、市の土木課は新設の三野公園をめぐって土地取得に関する係争を続け、一九三二（昭和七）年にいたって開設する[157]。その当時の土木課長坪田嘉平次は都市計画課長を兼任している。他方で、一九三八（昭和一三）年に文部省によってはじまる神武天皇聖跡調査において、市所有の高島公園は県内四カ所の候補地のなかから「吉備高島宮」として認定される[158]。また風致地区に指定された岡山城中央公園は、岡山城が当時池田家の所有（一八八九〈明治二二〉年に県より返還）で、本丸内に岡山中学が存在していた。それは一九四八（昭和二三）年になり岡山中学の移転、岡山市への売却を経て「烏城公園」として整備される。公園への編入は、その後一九五六（昭和三一）年まで待たねばならない。

さらに、県の山林課長久郷梅松や田村剛らの提唱した国有林を借入れて操山公園を整備する案も、そこが都市計画区域内に入るものの、結局戦前には実現しない。久郷の関心は、「自然公園」という分類で新たにこの時期注目された国立公園の設置へと向けられた。久郷は一九二七（昭和二）年末に発起される国立公園協会の動きに応じて、備讃瀬戸を国立公園に編入すべく、岡山県国立公園協会常務理事を兼務する。そして国立公園候補地選定の中心にいた田村剛とともに瀬戸内海国立公園の実現へ向かうのである。(159)

このように都市計画法が適用される岡山市では、新設の市の都市計画課主体の都市公園計画は、後楽園編入をめぐってその所有者である県山林課の反対に遭い、都市計画事業のなかでは成立しない。内務省の面積標準が人口当たりから区画整理施行区域当たりになったことを受けて、それぞれの主体は目標を変えていく。全体計画が成立するのは都市計画事業の主体が岡山市となる戦後、一九四八（昭和二三）年五月であり、公園事業の予算化がその後実現する。(160) そして一九五六（昭和三一）年、都市公園法の成立をみて、岡山城、後楽園は「都市公園」に編入される。

(5) 小括

本節で示した岡山市への都市計画法適用に関わる公園設置の経緯に関しては、その計画の主体、所有者、決定権者が絡み合う構造をみることができた。戦前の都市計画事業は、県庁内に設置された都市計画地方委員会で議論されたが、その認可権は内務省にあった。地方委員会における計画の立案を実際になしたのは、委員会に幹事として参画する技師たちである。岡山市の場合、地方委員会に先立つ市の都市計画調査委員会が実務的に機能しなかったため市に都市計画課を設置し、そこで計画の実態を描いたと考えられる。以下にまとめとして都市計画公園をめぐる動きを時間軸で表す。（　）内はその時の主体である。

一九二一（大正一〇）年　一月二一日、田村剛、後楽園と操山調査（県山林課）
一九二二（大正一一）年　三月八日、後楽園名勝指定
一一月五日、田村、操山調査（県山林課）
一九二三（大正一二）年　六月一五日、操山と岡山城の公園化希望（県山林課）
一二月、岡山市都市計画課設置（岡山市）
一九二四（大正一三）年　四月一二日、都市計画岡山地方委員会設置（内務省、県土木課、市都市計画課）
四月一五日、内務省「公園計画基本案」一人二坪提示（内務省）
一一月一七日、岡山市公園計画案一人一坪（市都市計画課）
一九二五（大正一四）年　九月一八日、岡山市都市計画公園案一人一・九九坪（市都市計画課）
一九二六（大正一五）年　三月一九日、後楽園の公園編入に非公式に反対（都市計画地方委員会）
七月一日、後楽園が県山林課管轄に（県山林課）
七月一〇日、岡山市公園計画改正案一人二・〇二坪（市都市計画課）
九月一九日、後楽園の編入拒否と操山・中央公園案（県山林課）
一九二七（昭和　二）年　四月一一日、「土地区画整理審査標準」施行面積の三％（内務省）

岡山市内の公園と目された空間は、多くは大名庭園をはじめとする歴史的空間であり、その所有者は、市、県、国、私有地とそれぞれ存在した。これらを一括して都市計画公園にカウントして、新設の公園を含めて設計したのが市の都市計画課であった。「転任してくる若い役人」とは後楽園を開放して公園にしよう、という彼ら都市

計画課の吏員である。時期的に特定するならば、本島正輔と児玉静雄両課長時代の吏員であろう。その設計論拠は、内務省「公園計画基本案」にある一人当たり二坪の面積標準であり、岡山市はそれを遵守する計画を呈示したといえる。

しかし名勝後楽園の編入はその管轄である岡山県山林課より反発を受ける。すでに名勝指定の頃から保全という方向に傾きつつあった岡山県は、市の都市計画課が都市計画公園のなかに後楽園を編入する案を発表したのち、その所轄となった山林課長が編入拒否の意思をみせ、代替案として国有林を借入れて操山森林公園を整備する案を掲げる。三五年にわたって県山林課の職にあった久郷梅松は後楽園名勝指定、操山公園計画にあたって行政サイドから発言し、東京帝大同門の後輩、田村剛を招き、田村はシナリオを描いた。この市都市計画課と県山林課・後楽園事務所の見解の相違が都市計画地方委員会に公園計画が上程されず、結局、戦前の岡山市において公園計画が成立しなかった原因のひとつとなったと考えられる。その後は岡山市土木課は市所有の公園地の管理と三野公園の新設に当たり、市の都市計画課は担当する土地区画整理地に公園を作り、風致地区の指定をなす。また岡山県は県所有の後楽園管理とともに、県庁内で国立公園事務を主導する。

都市計画法適用の時代には「公園」とは何か、という定義が曖昧で、またその設計思想もいまだ熟しておらず、内務省の提示に沿って、面積標準のような数値目標に依拠して設定されたと考えることができる(161)。当事者たちは大名庭園や太政官布達の公園、招魂社神苑なども公園扱いしなければその標準は達成できないと考えた。岡山市の場合はその標準に忠実であろうとして、所有・管轄の異なる空間を計画案に入れたがゆえに、かえって都市計画公園の成案を逃すことになったとみることもできる。

第三節　借景と風致

(1) 山林保存と名勝

我が国の都市近郊部の山林の多くは、一九世紀末の乱伐によりその荒廃が極みに達し、洪水や土砂崩れなどの被害が頻出する。とくに尾張、京都・奈良、瀬戸内海沿岸にかけての荒廃が著しく、「日本三大禿山地帯」とよばれるようになった。太田猛彦によれば[162]、一二〇年ほど前に最も甚だしく禿山の様相を示していた日本の山林は、その後の施業により樹種を変えながらも復興し、今日その蓄積量がピークに達し更新の時期に差しかかっているという。

近世日本の都市近郊林の多くはアカマツ林であった。乱伐は明治以降に顕著になり、都市からの山容景観は禿山化していった。一八九七(明治三〇)年公布の森林法は、国有林と民有林(公有林、社寺林、私有林)のうち保安林に指定した地域を禁伐として保護することが目的であった。保護の理由には水源地涵養や土砂流出防止などに加えて、都市近郊の名所旧蹟を含めた風致の保全も掲げられていた。

風致の定義は時代を経るに従いさまざまに変容するが、都市からの山々の遠景、史蹟名勝の地を眺望することなどが初期にはあげられている。荒廃した山林への施業と、一方で都市からの山々への視線のなかで、近郊山林を都市の風景に取込むことが明治以降議論されていく。

さて、前節では、岡山市への旧都市計画法の適用(一九二三〈大正一二〉年)にともない、内務省の「公園計画基本案」をめぐって生じた、岡山市都市計画課の推進する後楽園の都市公園への編入と、県山林課の主張する後楽園名勝保存との相克を論じた。名勝保存の中心にいた県山林課は、市の都市計画課による後楽園の都市計画公園編入への代替案として、国有林の操山を森林公園とする提案をしたが、結果的に市の都市計画課の考えた都市公園計画は戦前には成らず、操山森林公園もできなかった。東京帝大林学科出身の内務省衛生局嘱託田村剛の調査により、後楽園は名勝指定を果たしたわけだが、その田村に働きかけ都市計画公園化を阻んだ主体は、同じく東京帝大林学実科卒の県山林課長久郷梅松であった。なお、一九四〇（昭和一五）年、都市計画法による風致地区指定で、操山そのものは指定されなかった。ただし、後楽園・岡山城と、それらと操山の中間域が指定された。

本節では後楽園からの近代的な視線を議論する。そもそも後楽園（御後園）からの視線は、第一章で論じたように、水田の広がる園内の向こう側に、桜と楓の林があり、そして真竹の低い生垣で囲われ、その遠景にアカマツ林の瓶井山《にかい》（操山）を見ていた。御後園の創始者である池田綱政の視線は、赤っぽい木と常緑の松の葉を昼間に、そして夜には「月出之図」(163)に見るように、瓶井山など東の山に昇る月を見ていたことが想像できる。御後園延養亭からの視線がとらえたものは、東照宮の鎮座する操山山系東端の幣立山から続くアカマツ林と、そして月であった。

本節で述べたいのは、こうした近世の視線が近代になってどのような価値、コンセプトをつけられたのか、それはどういう主体によって何を根拠に創られていったのかであり、それを大名庭園を舞台に議論する。大名庭園・後楽園は、徳川から天皇に移行する象徴空間たる東山公園（偕楽園）の対比として捉えられ、また公園か文化財かの議論を経て名勝に指定されていく。その価値の変遷のなかで、庭園からの視線にも近代の価値が加えられていく。その価値とは、何か。

（2）風致保安林への対応

◆「風致」というキー・ターム

近代以降、風景をめぐる価値づけのなかで多用されるタームが「風致」である。

風致とは、風景や景観が議論になる以前に、森林荒廃に対する保護を目的として始まった山林行政によって定められた。香川隆英[164]は保安林制度にみる風致施業についてまとめている。その起源は一八七六（明治九）年の「官林調査仮条例」中「上地ノ風致ヲ装飾スルモノ又名所旧跡アルモノハ保護培養スベシ」として社寺上地林（官林）を禁伐としたことに始まる。

一八九七（明治三〇）年公布の森林法にはその対象について、国有・民有林の区別なく、第八条「森林ニシテ左ニ列記スル箇所ニ在ルモノハ保安林ニ編入スルコトヲ得」とあり、その第九項に「社寺、名所又ハ旧跡ノ風致ニ必要ナル箇所」とある。[165]この項目以外は、（一）土砂流出防備、（二）飛砂防備、（三）水害風害潮害防備、（四）頽雪墜石防止、（五）水源涵養、（六）魚附、（七）航行目標、（八）公衆衛生があげられている。これら保安林は、第三条により荒廃のおそれあるときは営林の方法を主務大臣（農商務大臣）が指定できること、第四条により指定の方法に背き伐木した者へは停止と造林を命じられることなどが定められ、法令の目的は森林の保護にあることがわかる。風致保安林は、森林の用途が「風致」なのであり、荒廃した森林を保護するという目的にかわりはない。

この森林保護と風致の問題は、一九三四（昭和九）年に柳下鋼造（農林省山林局嘱託）のまとめた「都市林に関する一考察」で整理されている。[166]柳下によれば森林は、森林法（一八九七〈明治三〇〉年四月三〇日公布、一九〇七年四月二二日改正）における風致保安林①と、史蹟名勝天然紀念物保存法（一九一九〈大正八〉年四月九日公布）の名勝地②、都市計画法（一九一九年四月四日公布）の風致地区③、そして山林局長通達（一九一五〈大正四〉年六月九日林第一四四四号）による国有林中の保護林規定④、さらに森林法第七条但書（一九三一〈昭和六〉年九月二一日農林省令第二四号）による森林法を適用しうる公園⑤に区分できる。その仕分けを表1-5にまとめる。

表にみるように風致については複数の法令が関わっているが、都市計画法風致地区への編入地域③の多くは、それ以前に森林法風致保安林①に指定されている。また山林局長通達による国有林の保護林④が、京都の嵐

表1-5　柳下鋼造による都市林の仕分け(1934年現在)

昭和9年現在	①風致保安林	②名勝地	③風致地区	④保護林	⑤森林公園
千葉市稲毛海岸	○				
長野市大峰山	○				
敦賀町気比松原		○			
大津市長等公園	○				
京都市嵐山	○		○	○	
京都市東山	○		○	○	
神戸市箕面公園	○				
八幡市帆柱山				○	
奈良市春日山		○			
岡山市操山	○				
宇品町森林公園				○	
高松市石清尾	○	○	○		
熊本市本妙寺山			○	○	
大阿蘇県立公園					○
佐渡島					○

注：注(166)柳下論文より。

山・東山、熊本の本妙寺山、宇品町森林公園、八幡市帆柱山で、うち前二者は風致地区に編入されている。

　以上のように都市計画法による風致地区へは、それ以前に風致保安林や、保護林へ編入された場所が指定されていく。それらが風致保安林や保護林に指定された理由は、荒廃した森林の回復であったが、その動機は実のところ各都市林の履歴によるところが大きかったと考えられる。

　たとえば熊本本妙寺山は近世以来の加藤清正に縁のある史蹟が存在する名所地で、熊本市街からの遠景であった。それらが保護林となり、風致地区に編入された。安原加津枝らによれば[167]一九八九(平成元)年再編以前の一九一五(大正四)年からの保護林台帳中、「風致保護林」の対象は寺社周辺、滝周辺や湖畔、道路沿線、峠から眺望されるそれぞれの森林、背景となる山などである。

◆京都の場合

　京都の都市計画と都市周縁山地については中嶋節子が詳しく述べている[168]。京都の東山は山麓にある社寺によって所有されていたが、明治四(一八七一)年の社寺上地令が乱伐のきっかけとなり、上地される前に慌てて所有林を伐採したり、社寺の経済逼迫により残る境内地の木材伐採が進んだりしたことが禿地を作る原因となった。禿地にはアカマツ林が拡大していくが、一八九七〈明治三〇〉年公布の森林法により東山国有林全体を保安林として禁伐策がとられた。この禁伐によりアカマツ林にシイが侵入してくることになる。

一方、京都府の名勝地の公園化策は円山公園、嵐山中之島公園、亀山公園など都市周縁の山地を公園としていったが、都市計画法による「京都都市計画」〈一九二二〈大正一〇〉年〉は山と山に近い平地を「遊覧都市」として公園化の実現を図るものであった。一九三〇〈昭和五〉年には、東山、北山、西山の山麓約一五〇〇ヘクタールが風致地区として面的に保護され、公園に準じるものとして位置づけられた。京都においては周縁山地は社寺林から国有林に移行し、その移行期に荒廃するものの、そもそも有していた名勝地としての性格を近代にも引継ぎ、それらを風致の「公園」とすることで保全が図られたといえる。

岩田京子[169]は京都の場合、風致整備は森林法に基づく風致保安林と、史蹟名勝天然紀念物保存法に基づく史蹟や名勝、古社寺保存法〈一八九七〈明治三〇〉年公布〉に基づく特別保護建造物など、都市計画法公布以前から風致保全の役割を果たしてきた先行法令を下敷きにしていたという。また、清水裕子ら[170]は嵐山風致林〈一九一六〈大正五〉年指定〉が禁伐となっていたものの、昭和初期の「美的森林」の保全への関心の高まりにより、一九三一〈昭和六〉年の施業計画のなかで綿密な生態的調査に基づきアカマツの劃伐作業が行われたことを特筆している。そしてこの「風致的施業」は、あくまで名所旧蹟の森林景観の維持のためであったと、中嶋と同様の見解を指摘している。

◆保存すべきは何か

黒田乃生らによると[171]、一九一九〈大正八〉年の史蹟名勝天然紀念物法制定に先立ち、一九一五〈大正四〉年一二月から「保存要目」に関する検討が行われ、名勝の一番目が「風景ヲ眺メ得ル地点」となり、その最後の項目に

「名勝ハ成ル可ク天然ノ風景ヲ保存シ濫リニ人為的変化ヲ加ヘテ所在ノ風景ノ俗化セザルヤウ注意ヲ要ス」との但し書きがあった。それが一九二〇（大正九）年に制定された同要目中ではこの但し書きは削除され、「風景ヲ眺メ得ル特殊ノ地点」は一一番目となる。つまり「風景」を保存するのではなく、それを眺める「視点場」を保存するのが保存法の要諦となる。

また原泰之ら[172]は都市計画法における風致地区制度に言及して、それは昭和初期の「郷土保護思想」と相俟って史蹟名勝天然紀念物や歴史的価値を保存することを目的としており、それらと相互補完的制度であったという。

◆「森林美」をめぐる議論

さて、東京帝大林学博士本多静六門下の上原敬二と田村剛は「森林美」の概念をめぐって大正期に対立する。[173] 上原は一九一五（大正四）年の明治神宮神苑造成に関わり、生態学的視点によるドイツ造林学の適用を考えた。一方、田村は翌年「林業芸術論」を著し、経済林ではなく造園的森林美について説き、これに対して上原が翌六年「林業非芸術論」で功利と美学の調和を主張した。経済重視の上原に対して、森林の有する美（風致や保健）を重視する田村は、一九二一（大正一〇）年「明日の林業と林学」で森林の文化的間接利用を主張した。また翌二二年「森林の「第三利用」に就て」では、生産、保安と並立する第三の利用法は保健・レクレーションなどの風致的利用という。つまり田村は森林法の保安林の概念を破ろうとして発言したと考えられる。なお、一九三〇（昭和五）年の「保安林に対する私見[174]」では、森林法の保安林中第六項以下の魚附林、航行目標林、公衆衛生林、風致林の除外の議論に反対している。

しかしながら、保安林の本来の目的が保護・現状維持にあるのに対して、田村は公衆衛生林などには各種造園的施設を加え、野外休養地や娯楽、運動に使用できる「保健林」とすること、風致林も積極的な施業により風景の改善と更新を図り、人工的施設を加える、つまり開発主体の考えを示している。

その田村は一九二六（大正一五）年に「日本にこの種のもの（森林公園――筆者注）が少ないのは何故であらうか。東京にも名古屋にも大阪にもそれがない。たゞ京都には東山と嵐山がある」[175]と都市周縁の山を彼のいう森林美を備えたレクレーション空間とすべしとする発言を、風致地区指定前の京都や他都市に対してなす。また同じ文中で「地方の都市では著るしく利用せられてゐるものを見ないが、中都市としては随所にその適地を見出し得るのである」といっている。

翌年の一九二七（昭和二）年、都市計画事業に関連して内務省は指示を出し、風致地区については市街地化の見込みのない風致景勝地、地方古来の四季行楽遊観地、風致景勝地のうち宅地化する見込みのある地、そして歴史的な価値のある地を指定の基準とする[176]。

この時期、田村は一九二三（大正一二）年に国立公園の視察のためにアメリカを訪問し、それ以降は内務省衛生局で国立公園設置運動の中心にいて（一九二七〈昭和二〉年国立公園協会設置）、彼のいう森林美、すなわち保健・レクレーションを含めた風致の空間は国立公園として実現させていくことになる[177]。こうした田村の思考のベクトルが保健的な風致の美へ傾く様子は彼の論説から読み取れることではあるが、これには田村が内務省衛生局嘱託としてその衛生（すなわち保健）の行政思考の間近に存在したことが関係していると考えられる。彼の日本の国立公園指定の発想は単に自然の保護だけではなく、施設設置や交通網整備をともなう開発であり、造林を是とする保護主体の保安林の概念とは対立するものであった。

さて前節でみたように、都市計画事業準備中の岡山市にあっては一九二一（大正一〇）年に田村の案により、大名庭園後楽園からの遠景・操山を森林公園とする計画が提示される[178]。その操山についての一九三〇年代の様子が柳下鋼造により報告されている[179]。

京都市の嵐山、東山、神戸市郊外の国有林、岡山市の操山等の如きは従来の消極的な保護のみによつて生じたる現生樹種の衰頽に対して遠く名勝地としての沿革的調査を為し、最も細心なる方法を以て森林美の維持助長を目的とする風致的施業計画を樹て、既に実行の緒に就いて居る。

田村の弟子である柳下がいうのも、田村の主張した積極的な施業による森林美形成であった。その「都市附近の国有林景勝地調」のなかで報告される「都市」岡山と「名勝地」操山は、一九三四(昭和九)年現在で総面積三五〇町歩、うち国有林面積二六〇町歩、現況はアカマツ林七〇～八〇年生、後楽園の背景、社寺垣内に接す、保管材多し、森林公園、その森林施業は風致的な劃伐作業、岡山市直面の部分は禁伐とある。操山は後楽園の背景であるとともに、その山麓にある近世以来の玉井宮東照宮、奥市招魂社、山頂の三勲神社などの社寺境内地に接していた。

(3) 借景の操山

近年の後楽園に関する記述をみると、「小堀遠州」の大名庭園様式の典型として借景を特徴とする言説が散見する。後楽園事務所長を一九二七(昭和二)年から一九二九(昭和四)年に務めた宗定克則[180]は、小堀遠州が慶長五(一六〇〇)年から元和元(一六一五)年まで備中松山城(高梁市)の城番をし、その時頼久寺の造園がなされたことをもって、彼の作風が後楽園(御後園)の作庭に影響したという[181]。そして「借景がこの後楽園でのかなめ」となり、それは藩主の御座所「延養亭」からの唯一の眺望であるとしている(図1-20)。

窓をひらけば、池をこして、その東に茶畑がひかえ、その上に竹藪が覆っているがその優雅な土堤の上に、遠く備前富士といわれる、標高二三五メートルの芥子山《けしごやま》が遥曳し、近くそれに接して、東山である松みどりなる操山、それが右側に、繁茂した林相の上に大きく地歩を占め、中腹に塔が見られる[182]。

同じく後楽園事務所長を務めた山本利幸の著では、「対比的景観の構成」と、東に望む操山を「借景」とし、

「奥深く雄大に見せている事、中腹の多宝塔が園の茂みに見え隠れして一幅の絵画」を見ているようだという。[183]
操山を借景として設計したという指摘は造園学においてなされる庭園の見方の典型であり、進士五十八は後楽園内の鶴鳴館を視点場に操山、多宝塔、芥子山への視線を分析している。それによれば借景は江戸初期に「時代的閉塞感を打ち破るべく外界との結合が目指される」ものとして設定されたという。[184]

近世の操山の植生はアカマツの山であった。貞享四(一六八七)年作事の御後園の設計は、時の藩主池田綱政によってなされた。東の山々や園内の風景など創建当初の実態については、残されたひとつの絵と、御後園(後楽

図１-20　後楽園延養亭を視点場とした操山遠景

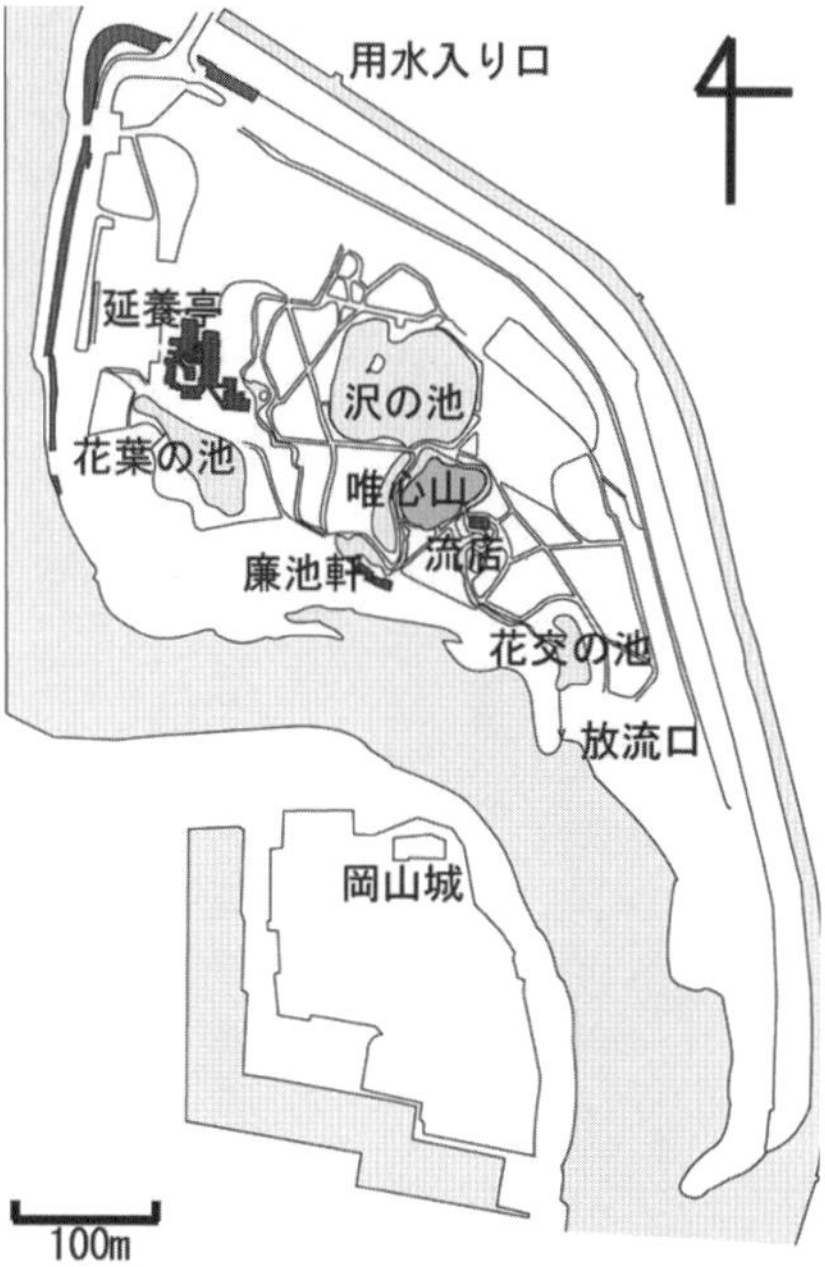

図１-21　後楽園内略図

園）の日記、そして設計者である池田綱政の直筆の歌集『竊吟集』から読み取ることができる。「月出之図(185)」は瓶《にか》井《い》山（操山）、芥子山など御後園東に連なる連山から出る月の位置を計測した図である。描かれた操山連山の植生は松（アカマツ）である。それは、『御後園諸事留帳』安政六（一八五九）年九月二七日の記述に「一　松茸櫂山之分拾八本上リ(186)」とあり、櫂山《かいやま》（瓶井《にかい》山→二櫂《にかい》山→三櫂《みかい》山→三櫂《みさお》山→操山）すなわち操山は松茸の採れるアカマツ林であったことがわかる。その山容の手前の御後園の垣は低い真竹である(187)。

また、延宝七（一六七九）年から没年の正徳四（一七一四）年の間の綱政の歌集(188)より、操山を遠望した歌に、

貞享四丁卯八月十四日停月亭にて向の松山を出る月をなかめて

雲のはにそれと見るより松やまの木の間さやかにいつる月影

とあるように、松の山にのぼる月を見ている。

明治になり家史の編集を行った池田藩旧家臣木畑道夫の『後楽園誌(189)』中には、遠景に対応する表現として「東ハ最モ開豁以テ園外ノ峯ヲ望ムヘシ。是目今形勝ノ概ナリ」とあり、東の山々、操山連山の眺望の佳さが記されている。

上原敬二(190)は、「我国の庭造法が特に借景を以て世界造園史上に特筆されて居る」と表すように、借景、とくに森林をともなう山岳景の弧峰に注目している。ちなみに、上原は大名庭園では栗林公園の紫雲山を典型にあげている。先にも示したように「史蹟名勝天然紀念物保存要目の内名勝の部第十一項には「著名ナル風景ヲ眺メ得ル特殊ノ地点」の保護を指定して居る」とされるように(191)、「借景」の視点場の保護を求める根拠は史蹟名勝天然紀念物保存法の考え方にあったと考えることができる。

◆田村剛の視線

この史蹟名勝天然紀念物の調査に関連して田村剛が後楽園に現れたことは前節にも述べた。『岡山県史蹟名

勝天然紀念物調査報告』における同委員黒崎勝男によると、それは「江戸初期ニ於ケル遠州派代表的ノ作トシテ、田村林学博士及ヒ原農学博士ノ感歎措ク能ハサル所デアツタ」とあり[192]、田村剛、原熙の賞賛と、なかでも小堀遠州の影響であるとの田村の指摘を踏まえた記述が並ぶ。操山の景観に関しては、延養亭に関する説明で、「本亭ハ園中最モ勝景ノ地点ニ在ル。東側ノ椽ニ立テバ、前方ハ近ク園ノ中心タルニ唯心山並沢池ヲ望ミ、園ノ前景タル操山ノ翠緑、瓶井山ノ塔、芥子山ノ黛青等悉ク双眸ニ入リ」と書かれ、「借景」の文字はないが、操山、芥子山を最も佳い景観としている。

その後、一九二六（大正一五）年五月に皇太子の行啓を記念して発刊された岡山県の『後楽園誌[193]』でも田村の言説を踏襲した表現がなされている。すなわち「後楽園は江戸初期の伝統を継承した遠州の流派である」から始まり「入口の暗い森から明るい池に出る」対比の構図を表現している[194]。山々は、「東は最も開けて唯心山に相対し沢池を控江て園中諸勝の奇なるもの皆此の亭前に集り、操、罌粟《けし》山其の他の諸山前面に展開し、緑濃やかに嵐気人を襲はんとする」と、操山、芥子《けしご》山の遠景を描いており、名勝後楽園はその風景のなかに操山を取り込んでいることがわかる。

以上のように、後楽園に関する記述は、田村の出現以降、田村の言説を使うことが多くなる。操山は創建当初より園の遠景、松の山として意識されていたが、今日いう「借景」の表現がなされる視線は、名勝指定のあった大正年間に形成された可能性がある。なかでも田村の視線が、後楽園を「対比の構図」による風景として捉えたことで、操山が借景として位置づけられたと考えられる。

(4)　風致の操山

それでは一九二一（大正一〇）年に田村が見た後楽園の「借景」操山とは当時どのような林相であったろうか。

近世には操山は藩主の直轄地で御禁制の山であり、社寺が集い群集が参拝した場所であった。すなわち東山の山桜、瓶井山（操山）の千手千眼大菩薩、東岳山（操山連山の東端、幣立山）の東照宮であり、山々はこうした社寺の付属地であった。[195]それではいつからこの操山が後楽園の遠景として保存の対象となったのだろうか。

◆国による施業案

内務省による一九〇一（明治三四）年の「岡山事業区施業案説明書」[196]には以下のような記述がある。

今山鉄ニ乗シ身ヲ車窓ニテ熟々《つらつら》両側ノ山相ヲ視ルニ、眼光映シ来ルモノハ禿裸赫タル荒山ナリ。（中略）維新ノ乱伐ハ独リ岡山藩ニ於テ其ノ伴侶ヲ脱スルノ理ナク、乱伐ニ乱伐ヲ重子《かさね》、僅ニ国有林ノ一部ヲ除キテハ又タ直幹肥大ノ老木ヲ眼ニスル能ハザルニ至レリ。（中略）当事業区ノ主脳トモ称スベキ操山、半田山、竜ノ口ノ三山ハ何レモ市ニ接近シ互ニ相挨《ママ》ツテ岡山ノ風致ヲナセリ。目今日本三公園ノ一トシテ世人ノ賞揚セル岡山後楽園ノ如キ、三山共々其景中ニ刻ミ込マレ山中ノ一枝一木ト雖トモ忽ニスベカラザルモノアリ。之レ等ニ対シ更ニ何等ニモ考慮スルナク伐採造林ヲ事トセンカ、岡山ノ風色、後楽園ノ雅景ハ泡沫ト化シ去ルベシ。之レ吾人ノ仮施業案ヲモ托セサル所以（中略）其目的主トシテ市街ノ風致ヲ添ヘ、多少ノ用材ヲ得ルニアルヲ以テ当事業区施業ノ主目的ニ非ザレバ、（中略）岡山市ニ面シ風致ノ関係大ナル部分ハ風致ニ対シテ適当ナルモノヲ多数ニ保残スベシ。

山鉄（山陽鉄道）で東より鉄道に乗って車窓から南を望むと、山並みが続き、芥子山があり、その連山の端が操山となる。これらの林相が禿地となり荒廃していた。この原因が明治以降の乱伐にあったことが指摘されている。またこの事業の主題が東方の操山、北方八キロの段原用水の入口（後楽園用水水源）にあたる竜ノ口山、市域北方の半田山（一九〇八〈明治四一〉年に陸軍第一七師団が駐屯、戦後は第六高等学校から新制岡山大学敷地が山麓にできる）の「風致」にあることが明記され、なかでも当時「日本三公園ノ一」と称されていた岡山後楽園からの「其景中ニ刻ミ込マレ」ていること、「後楽園ノ雅景」を守ることが目的として明記されている。森林法の規定に沿って、操山は名勝後楽園の風致とされていた。

また、当時の樹種はほとんど松（アカマツ）であることが以下よりわかる。

殆ンド全山松類ニ変化シ、諸樹種ニ比較セバ唯ニ九牛ノ一毛ニモ過ギザルベシ。去レバ当事業区ニ於ケル樹種ハ松ノ一樹種ナリト云フモ過言ニアラザレバナリ。

江戸時代には「御林」として伐採は禁じられ、地上に落ちた枝葉のみを地元の領民に拾わせたが、明治以後の乱伐は「三年間一日トシテ斧鉞ノ音ヲ耳ニセザルコトナカリシト云フ」有り様であった。また乱伐に加えて多くはないが盗伐の事実も指摘されている。

◆植林計画の推移

右の「岡山事業区施業案説明書」ではその植林計画について、樹種は「大略旧来ノ儘トナシ」、しかし荒廃の甚だしい所および海風に直接接する所はクロマツとすることとしている。また現存しているスギ、カシワ、モミなどは伐期にいたるまで放置し伐採後はアカマツとすること、竹林はそのままとすることが決められている。これら「保残林」は、「其目的主トシテ市街ノ風致ヲ添ヘ、多少ノ用材ヲ得ルニアルヲ以テ当事業区施業ノ主目的ニ非ザレバ」とあり、さらに「岡山市ニ面シ風致ノ関係大ナル部分ハ風致ニ対シテ適当ナルモノヲ多数ニ保残スベシ」とある。

こうして一九〇一年時の施業案により操山のアカマツは岡山市の風致、とりわけ後楽園からの風致を目的として禁伐、造林、さらに藩政時代に許されていた落葉下草の採取も厳禁とすることが提案されている。しかし一方で、この案を書いた内務省の管林技師宇都宮寛の意見は「将来の森林改良」としてマツの造林を選択すべきだが、落葉下草の市民の採取を禁止することは難しく、マツ保残林の維持が経済的に困難となることから、漸次クヌギ林に変更し、風致の美を装飾するクヌギとマツの林とすることが得策だとしている。

その約一〇年後の一九一〇（明治四三）年、「第一次検討[197]」として施業案の見直しが図られる。まず先の懸念どおり操山国有林においては落葉盗採が頻繁でその取締りに苦労し、立木の盗伐も一五一件あった。一九一〇（明治四三）年度に操山に植えられた苗はアカマツ、スギが主体で第一回床替でアカマツ一二一、六〇〇本（一九一一年三月実行）、第二回床替でアカマツ二〇、五二〇本、スギ三四、六一〇本、クロマツ一、八〇〇本、クスノキ二、七〇〇本（同月実行）である。

維新後に許された落葉採取が荒廃の原因になっていた。落葉採取の禁止は当初施業案でうたわれたものの、提案のみで実現はしなかった。そのことを「優柔不断ノ為スナキニ非ラサルナキ哉ヲ疑ヒ」、それを万難を排して禁止した結果、「遂ニ四十二年度ヨリ之レカ採取ヲ禁止シ得ルニ至レルハ実ニ痛快極リナシ。数百年来ノ因襲モ茲ニ於テ之レヲ打破シ、吾カ林業経営ノ曙先モ始メテ認メラルニ至ル」とある。

一九二〇（大正九）年度の「第二次検討[198]」では操山・半田山・竜ノ口山の風致保存のため準施業制限地で原則禁伐林とするが、択伐作業をとることとしている。また操山の東山麓に一九一五（大正四）年に作られた奥市公園の招魂社の造営のため、一部国有林が分割売却されたが、その部分は操山と同様禁伐林として風致を守ることがあげられている。操山風致林四九町の指定事項は、後楽園の背景となる大字国富字操山については禁伐、その他の大字門田字操山は一部択伐とした。

ところが一九二二（大正一一）年の「施業案[199]」ではこの択伐が行き過ぎて林相が変質していることが懸念されている。「七十％ニモ達セリト見ラル、程ノ極端ナル疎開ヲ行ヘル為メ林相ヲ悪化セシメタルモノアリ。コレガ為メカ前案ニ於テハ指定ヲ変更シテ禁伐林トナセリ」。さらに一九三二（昭和七）年の「第三次検討[200]」ではこの禁伐・択伐に関して抜本的見直しが図られる。

禁伐林トシテ単ニ天然ノ儘放置スルコトガ風致上効果アルモノニアラズ。却テ林相ヲ悪化スルコト、ナル。然レトモ前々施業期ニ行ヘルガ如ク、単ニ更新ソレ自体ノミヲ考ヘテ無謀ノ択伐ヲナスハ尚更景観ヲ損スルコト甚シキモノアリ。

操山はこの時期アカマツの稚樹が増えつつある時期にさしかかっているにすぎない。極端に疎開された区域では、「下層ニアカマツノ稚樹幼樹発生シ漸次林相ノ回復ニ向ハントシツ、アリ」とある。逆に弱度の疎開の部分は林木が生長しつつあること、その中間にある相では下層にネザサ、コナラ、タカノツメなどの小灌木が増え陽光を遮るため、これら不良木を伐採しアカマツ稚樹の成長を促すことを提案している。また現在まったく手を入れていない林は現状では景観上問題ないが、そこでは稚樹は発生しておらず、将来老木となるにいたれば漸次操山固有のアカマツは消えて常緑樹林に変化する可能性を指摘している。

以上の一九〇一(明治三四)年から一九三二(昭和七)年の岡山施業区における操山施業に関する記録から、まず、藩政時代の「御林」は明治になってからの乱伐により禿山となっていたことがわかる。そして市内から、とりわけ後楽園からの風致回復のための施業が企画された。その方法は落葉下草の禁採や、植林と禁伐・択伐の施業の試行錯誤だったと資料からは読み取れる。田村剛が一九二一(大正一〇)年、後楽園より臨んだ操山はこれらの記録から推定して、未だ裸地と稚樹幼樹のまばらな山容を呈していたと考えられる。

◆保護と森林美のすれちがい

操山は保安林として保護されていた。その目的は「風致」であった。保安林第九項「風致保安林」で、「社寺、名所又は旧跡ノ風致ニ必要ナル箇所」と規定され、後楽園からの遠景であり、京都嵐山と同様、それが有する名勝(東照宮、招魂社、祖霊神社)を評価しての指定であったと考えることができる。

この操山国有林中の保安林に関しては、森林法第一一条により地方森林会がその編入・解除を決議し、地方長官（府県知事）によって伐採停止、開墾、土石、切芝、樹根、草根、埋木の採取禁止が規定されている。[201] 地方森林会は議長（会長）が府県知事、議員に府県高等官一名、土木監督署高等官一名、鉱山監督署高等官一名、大林区高等官一名、名誉職府県参事会員二名、府県常置委員二名、森林事業に経験ある者若干名、治水土木および鉱山事業に経験ある者若干名で構成された。以上は農商務大臣の選定であり、知事の指揮により幹事一名（府県高等官）、書記若干名（判任官）を充てた。[202] 岡山地方森林会の議員はこの当時の職員録がほぼ残っていないため、経時的な人事がわからないが、一九二六（大正一五）年の岡山県職員録からは、会長佐上信一（知事）、議員は書記官下村充郎、土木課長調所武光（地方技師）、鉱山監督局技師奥田武二郎、内務技師植原勇、営林署技師吉江汪ほか八名に、県参事会員二名、そして幹事が山林課長久郷梅松（地方技師）となっている。つまり、操山国有林の保安林管理に関しては岡山地方森林会、実質的には岡山県山林課が幹事として機能していたことが推察される。

岡山地方山林会幹事は山林課長の兼職のため、久郷が山林課長に就いた一九二一（大正一〇）年七月一日からその地位にあったといってよい。前節に書いたように、久郷は後楽園の都市計画公園編入を阻止し名勝として保存することを推し進めた。後楽園事務所長（一九二六〈大正一五〉年七月一日〜）、またそれに関連して岡山県史蹟名勝天然紀念物調査委員、さらに瀬戸内海国立公園誘致事務局[203]の岡山県国立公園協会常務理事（一九二七〈昭和二〉年〜）を兼ねる。官林管理の掌握を中心に、名勝後楽園の管理、そして国立公園誘致を計画した。東京帝大林学の後輩である田村剛の一九二一（大正一〇）年の岡山訪問時には後楽園と操山視察に同行し、後楽園の都市計画公園化を主張する岡山市に、代替案として田村の操山森林公園計画を提案した。

久郷は自身で著したものがほとんど残されておらず、彼の意図はわかりにくいが、残された文章を見る限り民有林（公有林、社寺林、私有林）の荒廃に関して、その面積が狭い場合は官行管理として国に委託し、原則的には森林組合（改正森林法に規定、社団法人）を設け、合同して管理経営を行うことを提案している。久郷は森林の保護を

優先する立場にあり、官(国)有林、民有林の荒廃からの回復が彼の主題であると自認していたとみることができる。(204)

さて田村は操山を後楽園の借景として賞揚した人物として当時から取りあげられていたのではあるが、田村からすれば、そのことは岡山大林区の施業案で既定のことであり、そもそも操山施業は後楽園の遠景保持、風致をめざして継続中の事業であった。それよりも田村は前述した一九一六(大正五)年以来の「森林美」の提案、つまり保健・レクレーションの空間としての森林利用について、この時期発言を繰り返していることに注目すべきであり(文化的間接利用、第三利用)、操山森林公園設置の発言もこのラインにあるとみるのが自然である。事実、田村はこの設計案(一九二一〈大正一〇〉年)のなかで、

現在の操山の樹林は松、椿其他無造作に繁茂して居るが之れ等を整理して場所を定めて同一種類のものを植栽する計画である。尚公園内に適当なる箇所に林間学校、林間運動場、野外劇場、鳥林、天然植物園、亭園、展望所、果樹園、家畜園、花卉園、公会堂、社寺、喫茶店、料理店、便所等を建設する計画である。(205)

とあり、風致保安林としての造林や保護よりも、造園的森林の開発を目指しているとみてよい。田村の目指すものは前述の「保安林に対する私見」でもみたように、従来の保護すべき森林よりも、開発され、レクレーションに利用される森林美であった。一方の久郷が、その職責により森林法の保安林を保護する立場にあるのとは実は相容れない。実際、操山は大正末の時点では久郷の立場から見ればその造林は十分ではないことが施業報告書よりも明らかである。

久郷が操山の公園化にも反対していたとの確証はない。だが、状況からの推測の域を出ないが、そう思わせる節が実はある。操山森林公園に関する議論は、後楽園の都市公園編入問題が浮上する一九二五(大正一四)、一九二六年以降は、編入問題とともに消滅してしまう。後楽園の編入を阻止しえたことで代替案を取り下げたことも

考えられる。またこの操山公園化案を主導しえたのは県山林課のみであった。つまり久郷の意図により田村案が新聞に掲載され、久郷自身の意見も掲載された。久郷はしかし県山林課長・地方森林会幹事として造林の未熟な操山保安林を開発して公園化することに、それも国有林を借入する必要まである事業には積極的ではなかったとみることもできる。彼は一九二七(昭和二)年より瀬戸内海国立公園設置に従事する。[206] 田村は操山に関する発言はすでになさず、自身の「森林美」学を実現できる国立公園設置運動に向かう。これを、後楽園の都市公園を阻止した久郷が、用済みとなった田村の目先を瀬戸内海国立公園に移したと、みることはできないか。

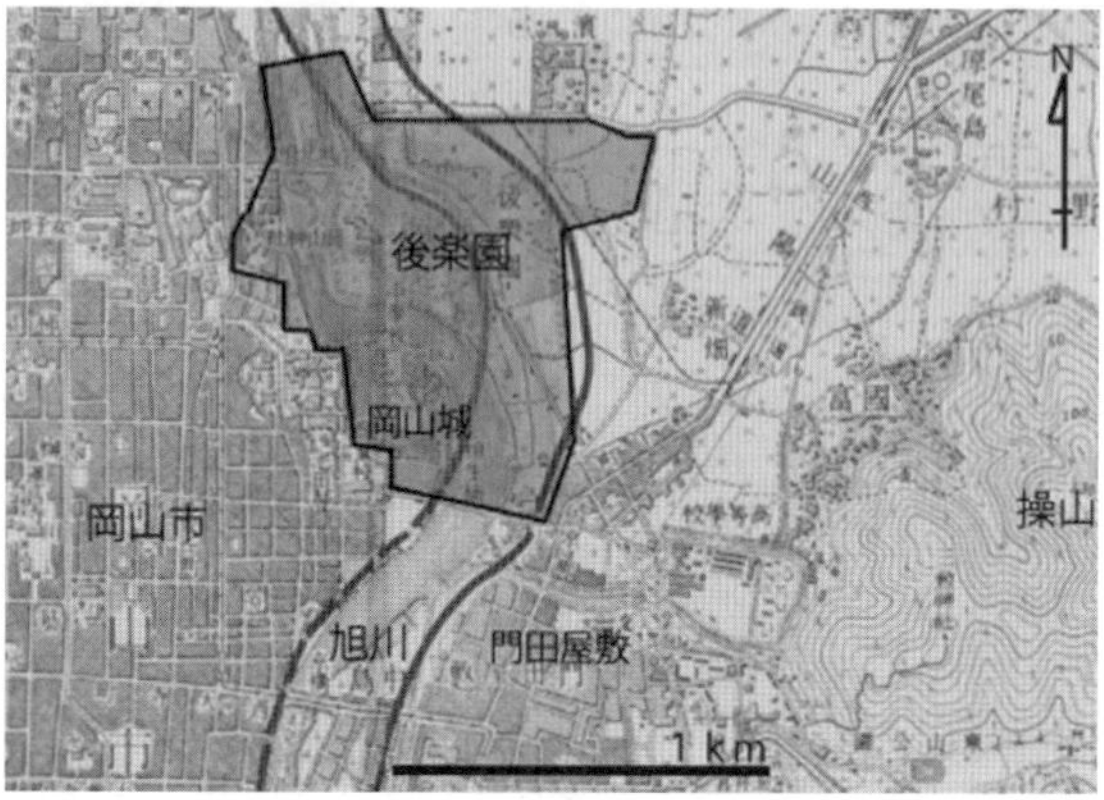

図1-22　1940年指定の岡山市風致地区

日本の国立公園は田村の視察したアメリカとは異なり、その敷地は国有とならない。国はエリアを指定し、施設や交通を設営する。[207] 風景の開発、それはまさに田村の目指した森林の第三利用であり、彼の視線は操山を離れ、瀬戸内海の多島海を眺望する山の頂きに向かう。田村を師とする柳下鋼造が都市林の原稿を書くのも一九三四(昭和九)年、国立公園指定の年であり、その言説は消極的保護を脱し、森林美といっている。それは田村の言説をなぞったものと考えられる。

◆進まない操山の施行

一方、操山は施業計画による林相にはなかなかならない。一九三四(昭和九)年九月二一日の室戸台風は後楽園を水没させ、操山の木を倒した。さらに一九三七(昭和一二)年には山火事が起こる。

天下三名園の一後楽園の背山となり名園に一層の風格を添へてゐる操山は、昭和十二年の山火事でその主要部分が焼けまた各所に禿を残してゐるので、岡山一帯二百八十町歩に多数の赤松を植え元の緑を取り返す。一方点々と桜、楓など鑑賞木をちりばめて行楽人を呼ぶこととしてゐる。[208]

岡山市都市計画課は一九三六（昭和一一）年に東山（操山）、半田山、京山の三カ所を風致地区として申請するため調査を始めたが、[209]この案は成らない。風致の対象である操山の木々が焼失したことが原因と考えられる。岡山では結局一九四〇（昭和一五）年一一月二二日付で風致地区が指定される。しかし前節で述べたように、その地区に操山は編入されていない（図1-22）。都市計画法施行令第一三条「風致維持ノ為指定スル地区内ニ於ケル工作物ノ新築改築増築」の禁止または制限を適用し、後楽園と岡山城本丸と、それらと操山との間にある地区を指定した。[210]一九四〇年、岡山営林署の記事として、木材の高騰と燃料不足による山林景気が県内の山林を荒廃させ、「裸になる山」と報道している。[211]操山はいまだ禿地が多かったため、風致地区編入から漏れたと考えられる。なお久郷梅松はその職にあるまま、一九三八（昭和一三）年九月に没している。

(5) 小括

本節では岡山後楽園の借景とされる操山を事例に、林相の実態と施業、そしてそれを巡る地方技師と学者の役割を絡めて、都市からの風景としての風致と山容の問題を議論した。

戦後も施業は継続され、現代の操山は山頂の三勲神社跡（明治元年池田章政による創建）の北側のみアカマツ林が残り、後楽園側から見る西側斜面は「その他広葉樹（ブナ、クヌギ、クリ以外）」の植生となっている。[212]かつてのアカマツ林は広葉樹林と化した。この状況を図1-23に示す。現在のアカマツ林は、操山の西と南にわずかに残る。

アカマツ林は明治から昭和初期の施業案報告書をみても、その成長が遅々とし広葉樹が先行したり、台風、山火事の被害があり戦後は松喰い虫などで壊滅し、結局植生がまったく変わってしまった。一九〇一（明治三四）年

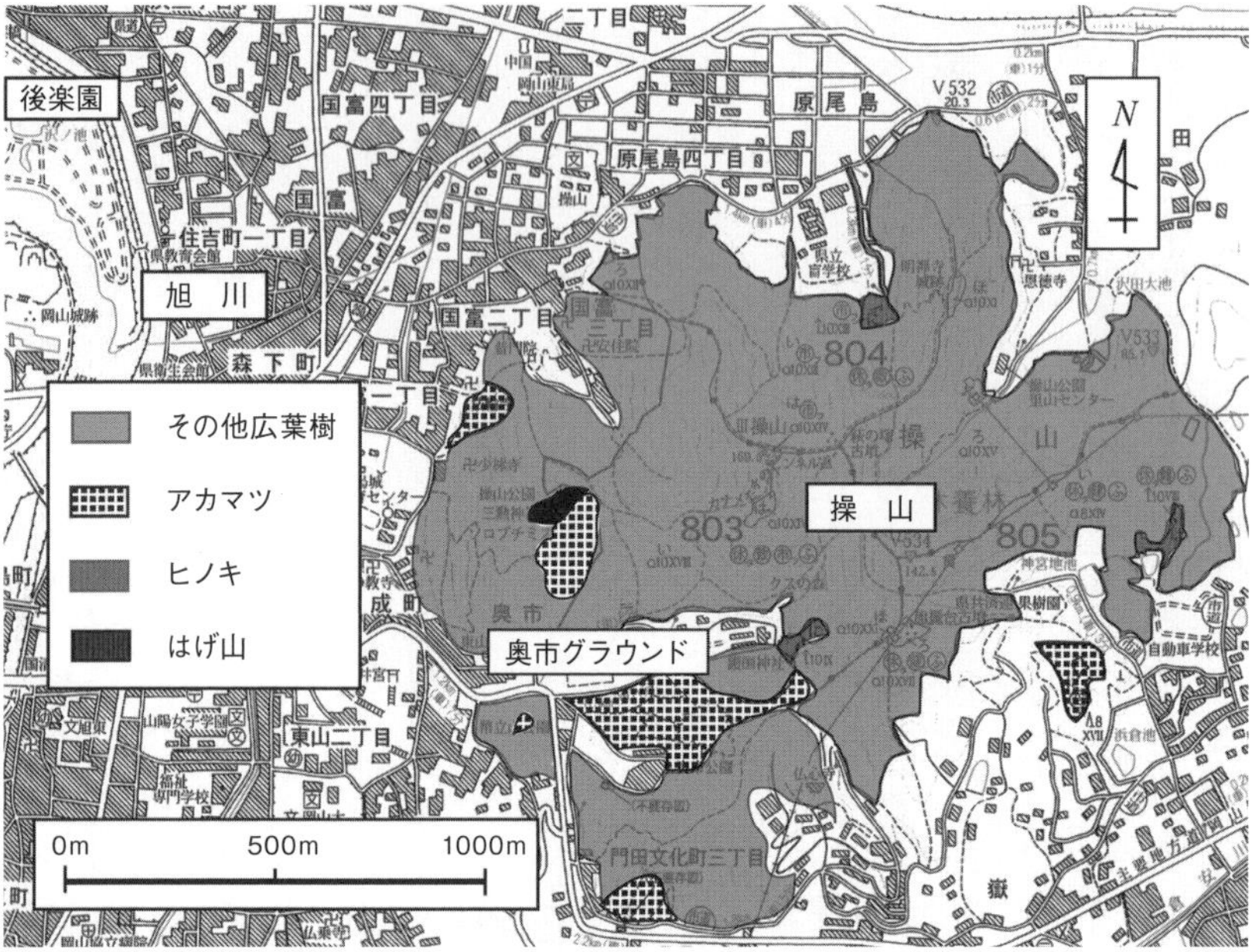

図1-23　操山現況

の岡山大林区施業案にみた後楽園からの風致の目的と比較すると、現況は禿山からの回復は達したものの常緑の松林から、大半は紅葉、落葉のある広葉樹林へ変化した。景観としては劇的な変化といってもよい。

本節で明らかにしたように、「風致」とは名所旧蹟の空間の維持に目的があり、施業による森林保全はいわば近世的な空間、風景の再現を意図してなされているといってよい。しかし、内務省嘱託田村剛の理念と行動は、そうした近世の視線の殻を破り、造園的に開発して新しい森林美を形成するという近代的なまなざしであった。岡山後楽園は彼の好みである小堀遠州の作風に従うものと顕彰し、操山は借景として位置づけられることになる。一方で彼は、後楽園の西外園を開発し、そこに西洋風の音楽堂や食堂、茶店、駐車場を設置する。[213] その時同時に設計された操山森林公園は、大正末期の田村の森林利用論の一対象とされた。彼は森林に交通施設やレクリエーション施設を設置して積極的に利用することを主張した。やがて昭和初期に形を見る国立公園設置運動のなかで、田村の開発された森林の理念は全国的に国立公園として具現化されていく。

久郷梅松は、田村の言説により後楽園の名勝指定を果たすと、その管理を県山林課に移管し、自ら事務所長として保存に力を注ぐ。都市計画事業においては、市の都市計画課による後楽園の都市公園編入案に反対し、代案として田村設計の操山森林公園案を呈示した。しかしながら久郷は岡山地方森林会幹事として操山保安林を保護する職にもあった。その目的は同じく彼が管轄する後楽園からの「風致」である。いまだ施業途次の操山を開発し、公園化することは施業、保安の目的に鑑みて推進し難かったと考えることができる。後楽園の公園化案が消失するとともに、操山森林公園案も棚上げされる。一九二七(昭和二)年以降、田村の森林開発のターゲットは国立公園の設計となり、岡山県では久郷がその事務局として備讃瀬戸沿岸域を指定していく。当時の沿岸域の山々も例外なく禿山で花崗岩の白い地肌が顕わになっていたが、その山頂からの多島海の眺望を田村は「大観」といい、彼の視点が編入の理由となった(214)。禿山であることは一面、眺望がよい視点場であることであった。

本節で論じた後楽園からの遠景、操山をめぐる風致と施業の議論では、久郷と田村というともに林学出身の、しかしながら理念と立場を異にした二人の間で、その扱いの同調と微妙なすれ違いの様相をみてきた。久郷という技師の主題である山林回復という技術的課題と、田村という学者の主題である森林美という開発主体の理念が、後楽園からの操山への視線を変えていった。つまり、禿山に緑を取り戻すという実態的風景の上に、森林美という価値が加えられていった。田村は後楽園を遠州流と論じたが、どこまで本気で小堀遠州の影響があったと確信していたのかはわからない。というのは、栗林公園でも遠州流という発言をしているからである(215)。しかしながら、後楽園に価値を付け、名勝指定に誘導した田村は、そこからの遠景を「公園化」の構想のなかで価値づけていったのである。

結　章

第一部では岡山後楽園の近代についての議論をいくつかの視点から展開してきた。いわゆる近代の後楽園で起こった事実だけに着目するのではない手法をとったのは、後楽園には岡山郷土文化財団が編んだ『岡山後楽園史』という大部の叙述と資料編、絵図編があるためである。近世から近代にかけての後楽園自体の事績、ならびに現象はそれを読めばほぼ網羅できる。また後楽園（御後園）の創立から近世にかけては岡山大学附属図書館に保存されている池田家文庫の『御後園諸事留帳』を悉皆調査した神原邦男の『大名庭園の利用の研究』にも詳しい。さらに神原はその後、自費出版で『岡山藩主池田綱政の日記』を逐次刊行しており、これらの研究から御後園の近世の実態が明らかとなってきている。緒論に述べたように、田村剛以来少しずつ曲げられてきた後楽園への「イメージ」は修正されるべき時期にある。

本論における後楽園の近代は単なる庭園の歴史ではない。神原が近世の御後園をその空間内のフィジカルなものの歴史としてみるのではなく、大名とその周辺の人々のさまざまな意図によって編み出された近世城下町岡山という都市のなかでとらえ、あるいはそれが幕藩体制下での備前岡山藩の有り様を空間的に体現していたと提言しているように、本論では近代になってからの後楽園の存在を、近代岡山市という都市空間の一部として、また近代都市を意味づける重要な空間として捉えた。

◆価値づけの時代

風景が顕彰され、価値づけられて観光の資源となっていく傾向が昭和の初期には顕著になる。たとえば、いまや世界の観光都市となった京都では昭和初期は市是を工業都市と遊覧都市と定め、観光による市の振興をも目指す。このことはひとり歴史的な資源の豊富な京都だけではない。京都市の南にある伏見においても明治天皇陵治定の地、関白秀吉の地という歴史的価値を見つけ顕彰する[216]。これはさらに全国的にも展開する。風景や史蹟に歴史的価値を見出し、コミュニティーで共有し、それを顕彰して日本史のなかに郷土を位置づけていく。郷土宣揚の時代、それが昭和初期である。

そのピークとなる事象が国立公園設置運動で、中心にいたのが件の田村剛である。国立公園の最初の指定に岡山県と香川県に囲まれる備讃瀬戸の空間が選ばれ、瀬戸内海国立公園となるのであるが、どのサイトを国立公園に編入するのかでは地元の保勝会が熱心な活動を繰り広げた。保勝会は地元の町長・村長、商工会の代表、郵便局長などいわゆる名士、支配層で構成された。そして本論にも登場した久郷梅松のような吏員、つまり役人が設置をリードする。それに田村のような学者が価値をつける。学者と役人と地元、この主体が風景の価値づけとその資源としての保証を実現した。その背景には観光資源獲得というだけでなく、郷土宣揚という一種のムーブメントがあったといえる[217]。

こうした方法はこの時代に顕著となって、今日も文化庁の重要文化的景観の選定など文化財の顕彰に用いられる方法である。学識経験者と行政と市民で構成される委員会で価値づけがなされ、報告書には空間の歴史的、現代的資源が顕彰される。異なる利害関係者が円卓に座り、ややもすると利害対立になりがちだが、目標の向こうに世界遺産をかかげると円卓はそろって動き出す。

さて、こうした風景の価値づけの最初の事例が大名庭園に、とくに本書で取りあげた日本三名園＋一にあったのではないか、と筆者は考えている。日本中で名勝指定など風景の顕彰が展開するのは、史蹟名勝天然紀念物保存法が一九二七〈昭和二〉年に文部省に移管してからである。それは一九四〇〈昭和一五〉年の神武天皇聖蹟顕彰でピークを迎えるのであるが、大正期に内務省にその法の所管があった時期、内務省の嘱託として岡山後楽園に調査に現れたのが田村剛であった。つまり、田村は国立公園を本格的に手掛ける前に岡山後楽園を顕彰するのである。史蹟名勝天然紀念物保存法という法的保証ができていたことが、すでに三名園として名前が全国に通っていた後楽園に作用したのである。そしてそのステークホルダーは、田村という学識経験者、久郷という行政の役人、そして池田家の残像は薄れていくものの岡山県会という地元の代表者たちである。

史料的には確認はできないのであるが、後楽園を手掛けた田村の心中はどのようなものであったろうか。下級とはいえ、岡山藩の藩士出身の田村にとって後楽園はかつての主君の庭園である。元禄以来の歴史をもち、かつつい最近まで旧藩主や旧藩士が実態として存在した、まさに岡山藩士にとっては至上の空間である。同時代的には明治天皇の行幸により、三名園という全国的な格を与えられた庭園でもある。それを田村一人が顕彰する。独占的に、である。田村のいささか興奮気味に語ったであろう、「小堀遠州流」というタームはそうした背景を想像すると興味深い。歴史的事実は別にして、この興奮が「別の後楽園像」〈コラム1〉への序章となっていくのである。

そのうえ、田村は後楽園に価値を付与する学者の立場であり、換言すると後楽園は日本三名園という「格」ばかりではなく、史蹟名勝天然紀念物保存法上の「名勝」というお墨付きを付与されたのであった。

時系列的に第一部を復習する。

◆近世――大名の「好み」

近世の御後園は大名の「好み」の場であった。「好み」であるからコミュニティーで共有できる「価値」など作る必要はない。創建者の池田綱政の好みで岡山城本丸川向こうの水田を真竹の生垣で囲い、御座所から耕作風景を楽しみ、月の出を愛で、歌を詠んだ。真ん中に池を穿ち、遠くに東照宮の峰にも連なる操山山群を配した。それは直前に造営普請を担った京都御所の庭の配置に似るが、その影響を受けているという確証は見つかっていない。綱政は御後園で能を領民に見せた。城では会えない人々に会うための装置、それが御後園ではなかったか。

次代の継政は、鷹狩のときには御後園から出立する。そして帰ってくると獲物の分配を庭園内で行った。水田の真ん中に丘を築き唯心山とよんだ。水田は殿様が在岡の時は五月に田植えが執り行われ、領民代表の見目麗しかったであろう早乙女たちと声の良かったであろう男衆が庭園にやってきて延養亭の殿様の前で輪になって踊り、御後園の奉行も興に乗って踊った。水田は御後園の財政事情により縮小されいったんは消滅して芝生の庭になる。しかし、芝生の管理が大変だったためか、一部に水田が復活し、今度は田植踊りを「流店」の二階から眺めるようになった。やがて水田はすべて消え、芝生の広がる広大な大名庭園として明治を迎える。

◆明治期――天皇と「三名園」という価値づけ

岡山後楽園が他の大名庭園と多少異なる歴史を辿るのは、一八七三（明治六）年の太政官布達の「公園」とならなかったためである。池田家の家族が居住していたことで「公園」から逃れることになる。かわって東照宮のあった幣立山周辺が偕楽園と名づけられ「公園」となった。本論では後楽園の一種の対の空間として偕楽園を位置づけた。

徳川家の連枝として西国の大大名であり、徳川将軍家の仮想敵、毛利家の東上を鳥取池田家とともに阻む戦略上の重要な国、それゆえ全国に先駆け東照宮の勧請が認められ設置された空間、それが近世の幣立山である。その空間は近代になると、備前藩の戦死士族を祀る招魂社となり、天皇家を支えた備前の歴史上の人物や、池田家の祖先（と僭称する）楠木正行（ゆえに楠木正成が先祖）を祀る天皇の空間に変貌する。

後楽園は一八八四（明治一七）年の岡山県への有償譲渡という事件を経て、岡山県会の場など公の空間に変わっていく。種々の催事が園内で執行され、一種市民広場的空間となっていく。一方で、岡山県、岡山市を政治的に支配したのは旧岡山藩士であり、そのシンボルとしての旧藩主は資金面でも精神面でも後楽園という空間に存在した。藩祖池田光政を祀る閑谷神社は閑谷学校、孔子廟とともに儒教的空間である。それを仏教的信仰に傾倒した（ゆえに能を深く嗜んだ）息子綱政のつくった後楽園から遥拝する空間は近代に入っても当初は残された。

後楽園と対の偕楽園では、徳川から天皇へという価値の転換が行われた。後楽園には一八八五（明治一八）年に明治天皇が行幸し、これが日本三名園になるきっかけとなる。一九一〇（明治四三）年には明治天皇を迎えて、後楽園延養亭を大本営とした陸軍特別大演習が執行される。こうした天皇のイメージ、池田家の残像は大正になって幕末の当主たちが他界し、さらに後楽園から閑谷神社遥拝所が撤退して全空間を岡山県が所有するという状況になると消滅していく。

◆大正・昭和期――公園か、文化財か

そこに現れたのが田村剛であった。前記のとおり田村は新たな価値を付与し、市民広場的イメージとはまったく異なる文化財としての後楽園を演出する。この一九二二（大正一一）年の名勝指定前後の後楽園は、いまひとつの価値の付与、都市計画法による公園指定との対立を経験する。こちらは市民広場としての機能を増強しようとする動きである。

近代の大名庭園は庭園史だけでは語れない。このように都市の生成、都市の改造とリンクしていくのが近代の大名庭園の特質ではないか。都市計画法には公園の定義がなかったために、その価値は至極単純なものになった。面積を満たすこと、である。内務省が公園面積に一人二坪の確保を非公式ではあるが求めたことで、岡山市都市計画課はきまじめにもさまざまな空間を公園に編入して面積標準を満たそうとする。後楽園はその最大の寄与空間とみなされた。

庭園か、公園か。文化財か、都市施設か。この対立議論の決着は、岡山県山林課長久郷梅松の暗躍(?-)により決着する。久郷は東京帝大の後輩にして権威ある学者となっていた田村剛を呼び、後楽園をして「小堀遠州流」と県会で演説させ、『山陽新報』に掲載させる。こうして新たな価値、文化財として国が顕彰した庭園であることを喧伝した。それは明治天皇が行幸した栄誉ある空間としての記憶を定着させるばかりでなく、歴史的にも日本の財産であるという価値の付与であった。こうして学者、役人、地元の主体の登場と、価値づけ行為が本格化していく。

久郷は市の都市計画課の視線を後楽園から遠ざけるため、自ら山林課長として施業中の後楽園からの借景、操山に公園を造るよう、自身も新聞に書き、田村にも公園計画を立てさせる。しかし、田村はこの時期、日本の国立公園をアメリカのそれのように、土地を国有化した自然保護の空間ではなく、設置の速度を上げるために、私有地も編入し、道路、電車、休憩施設、旅館など自然を開発した空間とすることを目指し、森林も適宜樹種を変えて植林していく「森林美」の構想を持っていた。久郷が山林課長に赴任して以来、アカマツ林の禿山だった操山の施業は遅々として進まない。田村の思い描いた操山公園はある意味、久郷の施業と正反対の方向であった。やがて久郷は田村を瀬戸内海、鷲羽山《わしゅうざん》に導き、そこからの眺望に感激した田村はそれを「大観」とよび、瀬戸内海国立公園の設置に向けて動き出す[218]。

結局、操山は久郷の施業計画とともまったく異なった植生になってしまった。多くの西日本の山々がアカマツ林から広葉樹林の植生に変貌していったように、操山も新緑と紅葉の美しい山になった。戦後、いくつかの学者の言説によって後楽園の姿に誤解が与えられたことはコラムに述べる。価値づけとは、慎重にしなければフィクションや歴史的に誤った風景を定着させることになる。近世の御後園の姿が神原邦男の研究によってかなり明確になったことで、オーセンティックな後楽園についての議論ができるようになったことは喜ばしいことではある。

本論で述べた近代という時代の特質である歴史への価値づけという行為が後楽園で起こったという事実、それはこれからも起こりうるということを最後に指摘して第一部を終える。

(1) 神原邦男「後楽園と池田綱政」(『川崎医療福祉学会ニュース』川崎医療福祉学会第三二回研究集会、二〇〇七年六月一三日)。
(2) 「岡山内曲輪絵図」、宝永四(一七〇七)年、岡山大学附属図書館蔵池田家文庫、T六-一〇。
(3) 「御茶屋御絵図」、享保元年(『岡山後楽園史』絵図編、岡山郷土文化財団、二〇〇一年)。
(4) 「御城ヨリ川上マデ絵図」年代未詳、岡山大学附属図書館蔵池田家文庫、T八-七〇-一。
(5) 神原邦男翻刻『竊吟集』(『林原美術館紀要』年報三号、林原美術館、二〇〇八年三月)。岡山池田藩主池田綱政の自筆歌集。
(6) 注(3)参照。
(7) 月出之図、『岡山後楽園史』資料編(岡山県郷土文化財団、二〇〇一年)。
(8) 神原邦男『大名庭園の利用の研究――岡山後楽園と藩主の利用』(吉備人出版、二〇〇三年)一〇三頁。
(9) 神原邦男編『岡山藩主池田綱政の日記』宝永二年(二〇一二年)一〇二頁。
(10) 同前、一〇〇頁。
(11) 『日記』、享保四年五月二三日、岡山大学附属図書館蔵池田家文庫。「御帰国御礼御請被ニ候遊一者共、左記之。伊木将監、土倉左膳、招雲閣。」とあり、以下の記述のある者たちは、「巳之中刻御後園江御越、申之上刻御帰」とあるので御後園で順に会った。それは「御番頭、物頭」に始まり、終わりの方で「忍、御絵師、御扶持町人、町年寄」と忍びが出てくる。
(12) 同前、一二〇頁。
(13) 同前、一二一頁。
(14) 小野芳朗『調と都市――能の物語と近代化』(臨川書店、二〇一〇年)。

(15) 神原邦男編『岡山藩主池田綱政の日記』(二〇〇九年)宝永四年九月九日。
(16) 注(9)『大名庭園の利用の研究』、一七五頁。
(17)「後楽園図」元禄二年、岡山大学附属図書館蔵池田家文庫、T七-一五六-一、二。
(18)『日次記』元禄二(一六八九)年七月九日、岡山大学附属図書館蔵池田家文庫。
(19)「御後園地割御絵図」正徳二年頃、岡山大学附属図書館蔵池田家文庫、T七-一二一-一、二。
(20) 注(17)参照。
(21) 注(19)参照。
(22) 元禄一七(一七〇四)年の山田定経の詩『延養亭瑞鶴賦』、岡山大学附属図書館蔵池田家文庫。
(23) 注(19)参照。
(24)「延養亭」。築堤当初より存在する御茶屋で藩主の御座所がある。御後園へ藩主が渡ったときの生活の場がここで、御茶室「臨漪軒」や能舞台が増設され芸能の場ともなる。
(25)「流店」。築堤当初より存在する一階吹抜の二階建て茶屋。一階部分に庭園内の水を引き込み、三河の八橋の見立ても当初から図面上に見える。
(26)「廉池軒」。庭園南に当初より建設された御茶屋。亭前に池を有し、その前は当初は「山田」と記されているので水田のなかにあった御茶屋である。田植祭はこの御茶屋の前で行われている記事がある。
(27)「御後園絵図」明和八年、岡山大学附属図書館蔵池田家文庫、T七-一二四。
(28) 神原邦男編『御後園諸事留帳』翻刻版上巻(吉備人出版、一九九九年)宝暦一四年五月二六日。
(29) 同前、明和六年六月朔日。
(30) 同前、明和八年九月二八日。
(31) 同前、安永二年八月八日。
(32)「御後園絵図」文久三年、岡山大学附属図書館蔵池田家文庫、T七-一二三。
(33)「備前国岡山後楽園真景図」明治一六年、岡山大学附属図書館蔵池田家文庫、T七-一二二。
(34) 注(28)『御後園諸事留帳』元文四年五月二三日。

(35)「流店御絵図」、年代未詳、岡山大学附属図書館蔵池田家文庫、T七-一五一。
(36)注(28)『御後園諸事留帳』延享元年五月一三日。
(37)同前、宝暦三年五月二七日。
(38)同前、宝暦八年五月一九日、宝暦一〇年五月一一日、宝暦一二年五月五日。
(39)「御成御門筋絵図」貞享四年頃、岡山大学附属図書館蔵池田家文庫。
(40)注(5)参照。
(41)「朝日川汐時の秘事」吉備前秘録巻之下(吉備群書集成刊行会編『吉備群書集成第一輯』歴史図書社、一九七〇年)。
(42)「東照宮御祭聞伝大概」『吉備温故秘録』巻之六十八、大澤惟定輯録。
(43)岡山市調査管理課「幹線水路調査」三　後楽園用水、昭和五七年度、岡山市経済局農業施設課蔵。
(44)注(32)参照。
(45)野崎政和「近代公園の成立過程における国民統合政策の影響」(『ランドスケープ研究』五八(五)、一九九五年、二五～二八頁)。
(46)柳五郎「風致地区に与えた創建神社の影響」(『造園雑誌』五三(五)、一九九〇年、四九～五四頁)。
(47)小野良平『公園の誕生』(吉川弘文館、二〇〇三年)。
(48)高木博志『近代天皇制と古都』(岩波書店、二〇〇六年)。
(49)中嶋節子「近代京都における「神苑」の創出」(『日本建築学会計画系論文集』四九三、一九九七年、二三七～二四三頁)。
(50)能川泰治「大阪城天守閣復興前史」(『大阪の歴史』七三、二〇〇九年、三～一一六頁)。
(51)羽賀祥二「城郭公園のなかの神社」(『史学(名古屋大学文学部研究論集)』四二、一九九六年、二三一～二四一頁)。
(52)佐藤雅也「近代仙台の慰霊と招魂――戦死者祭祀の変遷」(『調査報告書』二七、仙台市教育委員会、二〇〇九年)。
(53)本康宏史『軍都の慰霊空間』(吉川弘文館、二〇〇二年)。本書第二部も参照。
(54)注(48)参照。
(55)鈴木博之監修『皇室建築　内匠寮の人と作品』(建築画報社、二〇〇五年)。

(56) 若泉誠ほか「福羽逸人が園芸・造園界に与えた影響」(『ランドスケープ研究』七一(五)、二〇〇八年、四六九～四七四頁)。
(57) 佐藤昌『日本公園緑地発達史』下巻(都市計画研究所、一九七七年)。
(58) 岡山大学附属図書館蔵池田家文庫、三勲神社創立書類、一八八四(明治一七)年、YPA-〇一一。
(59) 『玉井宮東照宮誌』(玉井宮東照宮発行、一九八三年)。
(60) 石井十次は岡山医学校を卒業後、一八九一(明治二四)年、東山の三友寺を本拠に岡山孤児院を開設した。基督教会で石井と同じく洗礼を受けた大原孫三郎の支援を受ける。
(61) 東照宮氏子名簿、明治三〇年代、岡山玉井宮東照宮蔵。
(62) 岡山市『岡山市史』第五(一九三七年)、第四章史蹟名勝。太政官布達では「人民輻輳ノ地、古来ノ勝区、群集遊覧、従前高外除地」とあり、申請書に対応している。なお丸山宏『近代日本公園史の研究』(思文閣出版、一九九四年)によれば岡山操山(東山)は地目では「藩主東照宮」となっており、除地ではあるが池田家の支配下にあり官有地に編入しやすかったと考えられる。
(63) 小沢圭次郎は「明治庭園記」のなかで「畢竟日本三名園の題目は一笑をも値せざる俗評」といい、「岡山公園は、元来幽邃の致に乏し園趣なるに天覧後にて、清掃整潔」と一八八五(明治一八)年八月の天皇行幸が機という。「三公園」の呼称は、本書「緒論」および第二部一五七頁以下参照。
(64) 注(7)『岡山後楽園史』叙述編。
(65) 『岡山県職員録』。
(66) 岡山大学附属図書館蔵池田家文庫、閑谷神社遥拝所必要書類、YMC-〇〇三。
(67) 岡山県内務部『岡山県名勝誌』(一九一五年、復刻版、一九七四年)。
(68) 『岡山市遊覧案内』(一九一三年)。
(69) 岡山商工会『岡山名勝と名物』(一九二八年)。
(70) ただし、後楽園も設立当初の元禄二年時には岡山城川向こうの田畑を低い竹垣で囲った地に川の水を堰き止めて池とした自然景観であり、そこで田作業をなす農民の姿を藩主池田綱政が楽しんだことが自筆歌集『竊吟集』(注5参照)よりわかっている。田畑はその後、御後園の財政事情逼迫のため埋められて芝生になった。
(71) 小野芳朗「水路都市岡山の近世――西川用水前史」(『土木史研究論文集』二八、二〇〇九年六月、五一～五八頁)。
(72) 岡山市水道局『岡山市水道百年史』(二〇〇一年)。
(73) 岡山電気軌道株式会社『おかでん七十年のあゆみ』(一九八〇年)。
(74) アジア歴史資料センター ref C07041858300、一九〇八(明治四一)年一月参大日記、防衛省防衛研究所。
(75) 岡山市役所『岡山市史』(一九五八年)。一九一三(大正二)年、中国水力電気会社に売却。
(76) 玉井宮東照宮宮司、三勲神社宮司を兼ねる。佐々木家は池田光政が東照宮勧請の正保元(一六四四)年に大坂生魂神社の佐々木家から連れてきたとされる。
(77) 岡山県護国神社『岡山県護国神社百年史』(一九七六年)。
(78) 旧岡山藩士、一八七九(明治一二)年に大分県令を退き、岡山殖産協会会頭、岡山商業会議所会頭などを歴任。
(79) 『山陽新報』一九〇八(明治四一)年五月七日。
(80) 『山陽新報』一九〇九(明治四二)年三月一四日。
(81) 岡山市議会『岡山市会史』第一巻(一九八六年)。
(82) 『山陽新報』一九一二(明治四五)年二月七日。
(83) 注(81)『岡山市会史』第一巻、一九一二(明治四五)年二月二六日記事。
(84) 『山陽新報』一九一二(大正元)年一一月一四日。
(85) 注(77)『岡山県護国神社百年史』。
(86) 『山陽新報』一九一三(大正二)年二月一八日。
(87) 常道郡国富村(操山山麓)の名主の家に生まれ、大坂の大倉喜右衛門に師事。維新後、県御用達となり、一八七九(明治一二)年の県庁舎や官公庁、学校、東山の外国人居留館の建設を手がけた。山陽鉄道ほか鉄道工事も請負っている。岡山市会議員、岡山電気軌道社長(『岡山県歴史人物辞典』山陽新聞社、一九九四年)。
(88) 『山陽新報』一九一三(大正二)年六月二四日。
(89) 『山陽新報』一九一三(大正二)年七月三日。

(90) 『山陽新報』一九一三(大正二)年一〇月二日。
(91) 一九一五(大正四)年六月一九日第三十三議案。
備前国岡山市大字門田字操山森林、台帳面積二町九反四畝十三歩　五十七町七反五畝十歩の内
一　実測面積十一町八反六畝一歩、松一万千三百十九本、杉六十七本、雑木二百九本、江南竹三百二十五本　此代
金二千円
理由　門田東山公園拡張に関し市会の議決を経、操山国有林二十一町九反六畝十五歩譲与方出願の処、本年六月三日付岡山小林区署より詮議相成らざるも、右出願区域内国有林の一部を売却すべき旨照会ありしによるもの
(『岡山市会史』より)
(92) 『山陽新報』一九一四(大正三)年二月二八日。
(93) 『山陽新報』一九一四(大正三)年三月二日。
(94) 注(77)『岡山県護国神社百年史』。
(95) 『山陽新報』一九一六(大正五)年五月七日。
(96) 『山陽新報』一九一三(大正二)年九月七日。
(97) 『山陽新報』一九一六(大正五)年五月二六日、五月三一日。
(98) 『山陽新報』一九一六(大正五)年九月五日。
(99) 『山陽新報』一九一六(大正五)年八月二四日。
(100) 椎原兵市出版会『椎原兵市氏の作品と業績』(一九六六年)。
(101) 注(97)参照。
(102) 操山は主体のアカマツ林相であったが、明治期の乱伐により禿山と化し、一九〇一(明治三四)年の「岡山事業区施業按説明書」(国立公文書館蔵)により植林が始まっていたものの、この大正初期は未だ幼木も多く、したがって山頂からの眺望はよかったと考えられる。
(103) 注(81)『岡山市会史』第一巻、一九一五(大正四)年九月一五日。
(104) 注(81)『岡山市会史』第一巻、一九一五(大正四)年一〇月一九日。

(105)『山陽新報』一九一七(大正六)年九月二九日。
(106)「大日本勧業博覧会絵葉書」のうち「岡山市東山公園」。岡山県立記録資料館蔵。
(107)『山陽新報』一九一九(大正八)年四月一三日。
(108)丸山宏「公園と土地収用」(『造園雑誌』五〇(五)、一九八七年五月、四二〜四七頁)。
(109)丸山宏「大正期における内務省の公園調査」(『造園雑誌』四九(五)、一九八六年、一九〜二四頁)。
(110)丸山宏「土地区画整理事業における公園問題」(『造園雑誌』五五(五)、一九九二年、六七〜七二頁)。全国都市計画主任官会議、土地区画整理審査標準、第二 設計標準、五 緑地(『都市公論』一〇巻五号、一九二七年)。「イ 公園敷地として施行地面積の三パーセント以上を留保すること」による。
(111)布田修作・木方十根「旧都市計画法下・鹿児島公園計画の計画手法について」(『日本建築学会計画系論文集』六四四、二〇〇九年、二二六五〜二二七二頁)。
(112)浅野純一郎『戦前期の地方都市における近代都市計画の動向と展開』(中央公論美術出版、二〇〇八年)。
(113)渡邊頼母編纂『夢香翁を語る』(南夢香翁追慕会、一九四四年)。
(114)田村剛「庭園の見方と後楽園」(『山陽新聞』一九二一(大正一〇)年一月二六、二七、二八日)。
(115)注(7)『岡山後楽園史』叙述編、第三章、万城あき執筆。
(116)『山陽新報』一九二一(大正一〇)年一月五日。森林法(明治三〇年公布)による風致保安林で、操山は後楽園からの遠景を風致とされた。
(117)『山陽新報』一九二一(大正一〇)年一月二五日。
(118)『山陽新報』一九二一(大正一〇)年一月二六日。
操山は天然的の公園とするので第一に自然的の放鳥設備をなし、更に何等かの神社を移して宗教的の設備を整へ或は青年の各種講習に要する会場、宿舎、小料理亭の施設をもなすべく、次いでは後楽園より東山公園に通ずる六間巾の大道路を設け両者の聯絡を保つ様に仕度い。此の第一次計画には多大の経費も要せざれば、岡山市都市計画実施と共に直ちに実現せしめたく、此等事務に当らせる為め近く公園専門の技手を任命することにしてゐる。
(119)『山陽新報』一九二二(大正一一)年三月一四日。

(120)『山陽新報』一九二一(大正一〇)年六月一二日。
建設すべき操山森林公園の総面積は二百八十町歩で周囲は約二里に及びこの公園を囲繞する廻道路は国富、奥市、峠、池田、円山、沢田、右立石を経由して一周するもので三間以上四間幅の自転車道とするものである。(中略)尚現在の操山の樹林は松、椿其他無造作に繁茂して居るが、之れ等を整理して場所を定めて同一種類のものを植栽する計画である。尚公園内に適当なる箇所に林間学校、林間運動場、野外劇場、鳥林、天然植物園、亭園、展望所、果樹園、家畜園、花卉園、公会堂、社寺、喫茶店、料理店、便所等を建設する計画である。

(121)『山陽新報』一九二一(大正一〇)年一一月六日。
(122)『山陽新報』一九二三(大正一二)年六月五日。
(123)『山陽新報』一九二三(大正一二)年六月一五日。
(124)『山陽新報』一九二二(大正一一)年一月一一日。すでに一九〇七(明治四〇)年三月道路拡張を目的とする市区改正計画が進んでいたが、内務省に許可されず、次に市区域拡張をめざす市区拡張委員会が一九一七(大正六)年三月より動き出していたが、これも増税問題で頓挫していた。これらの委員会の一部を引き継ぐ形で都市計画調査委員会は始まった。
(125)『山陽新報』一九二二(大正一一)年九月一三日。
(126)『山陽新報』一九二二(大正一一)年一二月一九日。
(127)『山陽新報』一九二三(大正一二)年四月二二日。
(128)『山陽新報』一九二三(大正一二)年四月二八日。
(129)『山陽新報』一九二三(大正一二)年六月一七日。
(130)『山陽新報』一九二三(大正一二)年六月二六日。
(131)『山陽新報』一九二三(大正一二)年一〇月一〇日記事。岡山市役所『岡山市史』第六(一九三八年)第五章第二節都市計画。
(132)「都市計画岡山地方委員会議事速記録」第一回(一九二四年)から第一六回(一九三九年)。
(133)岡山県職員録。一九二六(大正一五)年、昭和七年、八年。岡山県立図書館蔵。
(134)『山陽新報』一九二〇(大正九)年一一月四日、五日。

(135) 『山陽新報』一九二二(大正一一)年九月一三日。
(136) 『山陽新報』一九二二(大正一一)年一二月二二日、二三日。
(137) 『山陽新報』一九二三(大正一二)年一一月二四日。
(138) 『都市公論』七巻七号、一九二三(大正一二)年。都市計画会議は、いわゆる第一回都市計画主任官会議と呼称される。ここで交わされるのは内務省の都市計画の設計に関する指示と、各府県の意見、それに対しての内務省の回答であり、公園については「公園計画基本案」として内務省都市計画局第二技術課私案の形で示され、公園の種類、有効範囲、計画区域の範囲、公園面積標準が提示された。
(139) 都市計画岡山地方委員会『岡山都市計画参考資料』第壱輯、一九二四年。
(140) 同前。
(141) 『山陽新報』一九二五(大正一四)年九月一八日。
(142) 『山陽新報』一九二六(大正一五)年七月一〇日。
(143) 『山陽新報』一九二六(大正一五)年三月九日。
(144) 都市計画岡山地方委員会「都市計画岡山地方委員会議事速記録」(第二回)、一九二六(大正一五)年一二月三日。
(145) 久郷梅松顕彰碑は一九五九(昭和三四)年に岡山後楽園内に建立、文は日本林業協会会長、元内務大臣の大村清一。
(146) 『山陽新報』一九二六(大正一五)年九月一一日。
(147) 『山陽新報』一九二六(大正一五)年九月一四日。
(148) 『山陽新報』一九二七(昭和二)年四月二三日。
(149) 注(110)『都市公論』一〇巻五号参照。
(150) 第一回都市計画主任官会議で示された「公園基本計画案」に対し、大阪府は「一人一坪」で「河川堤防」の編入を意見し、京都府は「寺院墓地」や「区域内外の天然林野」の編入を意見している。岡山県からはとくに回答はない。公園面積や種類の問題は内務省案に必ずしも従ったというわけではないことが示唆される。
(151) 豊城亨二「岡山市と区画整理」(『区画整理』三巻一一号、一九三七年七月)。
(152) 松田義元「岡山市の公園と区画整理」(『区画整理』五巻五号、一九四〇年一〇月)。

(153) 岡山市都市計画課『岡山県土地区劃整理概況』(一九三九年五月)。

(154) 『山陽新報』一九三六(昭和一一)年五月二二日。

(155) 「岡山市都市計画風致地区指定ノ件」一九四〇(昭和一五)年一一月二九日、国立公文書館蔵。

(156) 岡山市議会『岡山市会史』第三巻(一九八七年三月)。

(157) 『山陽新報』一九二七(昭和二)年一二月一六日「郊外公園　三野妙見山に公園施設をする」。以後、用地取得に関する報道が続き、一九三三(昭和八)年一一月七日の記事で解決したことが伝えられる。第一期の開設が一九三二(昭和七)年。

(158) 文部省『神武天皇聖蹟調査報告』(一九四二年)。『合同新聞』一九四〇(昭和一五)年五月四日。

(159) 小野芳朗「瀬戸内海国立公園・下津井と牛窓の風景準備」(『ランドスケープ研究』七三(五)、二〇一〇年五月、三八一～三八四頁)。同「風景の「近代化」――瀬戸内海風景の発見と創建」(中川理編『近代日本の空間編成史』思文閣出版、二〇一七年)。

(160) 一九四六(昭和二一)年三月六日の市会において岡山市の都市計画事業の主体は県ではなく市と確認された。その担当土木課長は初期の岡山市都市計画の測量を実施した武居高四郎(当時京都大学土木・都市計画講座教授、岡山一宮出身)の門下である福永栄二(一九三三〈昭和八〉年卒)であった(注156『岡山市会史』第三巻、一九四六(昭和二一年)三月市会)。公園計画は一九四八(昭和二三)年五月一五日成案とされるが(注112浅野純一郎著書)、同年一〇月市会においては一部予算化される。第一三二号議案復興事業特別会計中児童公園造成費、公共空地整備事業(国庫補助)(『岡山市議会史』第一巻、一九四八〈昭和二三〉年一〇月市議会)。市庁舎後方の小公園や大公園、烏城公園、南方公園、大供公園(同、一九四九〈昭和二四〉年三月市議会)、復興事業費公園等公共空地整備事業費(同、一九五〇〈昭和二五〉年三月市議会)など。

(161) 小野良平『公園の誕生』(吉川弘文館、二〇〇三年)は、北村徳太郎が「都市の公園計画一応の理論」(『都市公論』一五巻二号、一九四二年)をもとに出した「一人あたり」の計算が、ベルリン市建築局マルチン・ワグネルの理論をベースにした方法で、公園の配置と面積に対する何らかの指標を探し求め、結果的に「一人あたり面積」を私見として示したとする。この「北村理論」は一九五六(昭和三一)年の都市公園法にも生きており、一人当たり六平方メートルという基準となった。

(162) 太田猛彦「森林の機能について」(今後の治水対策のあり方に関する有識者会議資料、第六回、林野庁、二〇一〇年)。

(163) 注(7)参照。
(164) 香川隆英・田中伸彦「我が国の保安林制度にみる風致施策の展開」(『ランドスケープ研究』五八(五)、一九九五年、二〇一～二〇四頁)。
(165) 法律第四六号　森林法、一八九七(明治三〇)年四月二〇日、国立公文書館蔵。
(166) 柳下鋼造「都市林に関する一考察」(『都市問題』一九(五)、一九三四年)。
(167) 安原加津枝ほか三名「保護林制度にみる森林保護管理の変遷」(『造園雑誌』五六(五)、一九九三年、一八七～一九二頁)。保護林制度は国有林の内部規制で、天然林保護、名所旧蹟の風致保護、鳥獣繁殖地の保護等の八つの目的をもち、一九八九(平成元)年の再編拡充まで変化しなかった。しかし、法的に裏付けられたものではなく、実際の運用は各営林(支)局で年単位で行った。
(168) 中嶋節子「明治初期から中期にかけての京都の森林管理と景観保全」(『日本建築学会計画系論文集』四八一、一九九六年、二一三～二二二頁)。同「昭和初期における京都の景観保全思想と森林施業」(『日本建築学会計画系論文集』四五九、一九九四年、一八五～一九三頁)。同「管理された東山——近代の景観意識と森林施業」(『東山／京都風景論』昭和堂、二〇〇六年)。
(169) 岩田京子「風致整備政策の成立過程」(『Core Ethics』六、二〇一〇年、五一九～五二八頁)。
(170) 清水裕子ほか二名「戦前における「森林美学」から「風致施業」への展開」(『ランドスケープ研究』六九(五)、二〇〇六年、三九七～四〇〇頁)。
(171) 黒田乃生・小野良平「明治末から昭和初期における史蹟名勝天然紀念物保存にみる「風景」の位置づけの変遷」(『ランドスケープ研究』六七(五)、二〇〇四年、五九七～六〇〇頁)。
(172) 原泰之・小野良平ほか「戦前期における風致地区制度の位置付けに関する歴史的考察」(『ランドスケープ研究』六九(五)、二〇〇六年、八一三～八一六頁)。
(173) 上原敬二「風致的施業法」(『造園学雑誌』二(四)、一九二六年、三〇一～三〇九頁)には「一、経済林業、二、保安林業、三、風致林業の三者とすべきであつて勿論是等の間には各々関聯する」とあり、田村剛の一九二二年の風致に傾く議論に比較すると経済とのバランスを主張する上原独自の説となっている。そのほか、上原には、「林業非芸術論」(『大日本山林会報』四一一、一九一七年、一四~二〇頁)がある。一方の保健の森林美を説く田村の言説は、「林業芸術論」(『大日本山林会報』四〇二、一九一六年、六~一一頁)。同「明日の林業と林学」(『大日本山林会報』四六八、一九二一年、一~六頁)。同「森林の「第三利用」に就て」(『大日本山林会報』四七〇、一九二一年、七~一一頁)参照。

(174) 田村剛「保安林に対する私見」(『林学会雑誌』一二(一)、一九三〇年、六五~六七頁)。

(175) 田村剛「公園問題に関する一考察」(『都市問題』二巻六号、一九二六年)。

(176) 「全国都市計画主任官会議」(『都市公論』一〇(五)、一九二七年)。都市計画区域調査資料中、第七 風致景勝地図。

(177) 田村剛『森林風景計画』(成美堂書店、一九二九年)は田村の森林美学を国立公園設置運動へと昇華したもの。

(178) 『山陽新報』一九二一(大正一〇)年一月二三日「操山森林公園計画」。

(179) 注(166)参照。

(180) 宗定克則・杉鮫太郎『岡山後楽園』(日本文教出版、一九六九年)。

(181) 藩主綱政の初めての使用は、御田植式が催された元禄二(一六八九)年とされる。この元禄二年は、小堀遠州の没後四二年経過している。また作庭当初は田畑を真竹の垣で囲い、中央に池を造作したもので、周囲に桜などを植えたことがわかっており、遠州が影響したということを文献的に確認することはできない。

(182) この塔は安住院多宝塔で「瓶井の塔」と呼ばれ、後楽園からの操山借景中の点景といわれるが、建設されたのは創建時の綱政の元禄期ではなく、次代継政の寛延六(一七五六)年であった。

(183) 山本利幸『後楽園』(山陽新聞社、一九九一年)。

(184) 進士五十八「「借景」に関する研究」(『造園雑誌』五〇(二)、一九八六年、七七~八八頁)。なぜ視点場を藩主御座所延養亭ではなく、御後園奉行以下の役人の居住する鶴鳴館としたのかは不明。借景設定の根拠については書かれていない。

(185) 注(7)参照。

(186) 注(28)『御後園諸事留帳』安政六年九月二七日。

(187) 「御後園地割御絵図」(岡山大学附属図書館蔵池田家文庫)より創建当初の御後園には平坦な田畑が広がっていたことがわかっている。

(188) 池田綱政『竊吟集』(注3参照)。
(189) 木畑道夫『後楽園誌』(森博文堂、一八九〇年)。
(190) 上原敬二「借景とヴィスタ」(『造園学雑誌』二(一)、一九二六年、一二一～一二七頁)。
(191) 小栗忠七「土地区劃整理施行地区及び区」(『都市公論』一六(三)、一九三三年、五二～六八頁)。
(192) 岡山県史蹟名勝天然紀念物調査会『岡山県史蹟名勝天然紀念物調査報告』第二冊(一九二二年)。
(193) 岡山県『後楽園誌』(一九二六年)。
(194) 同前。

一面明い芝生であるかと思へば、点々暗い松林などを造ることで、之れは明暗の対比である。又静寂の森から賑やかな小川に出るなども静動の形式である。寒さうな森から明い芝生に出るなども寒暖の形式である。

(195) 了頓『金山詣』吉備文庫第一輯(山陽新報社、一九二九年)。了頓は備前国少林寺の僧で、享保九(一七二四)年に金山寺に詣でるべく、東山の山裾から京橋を渡り、岡山城下へ入る。その時の見聞録に記録されている操山界隈の状況。小野芳朗「地方城下町・岡山における景観形成と空間構造に関する研究」(『景観・デザイン研究論文集』七、二〇〇九年、六五～七四頁)。
(196) 平一九農水二〇七七六「岡山事業区施業按説明書」明治三四年、国立公文書館蔵。
(197) 平一九農水二〇七六八「岡山事業区施業按沿革史」明治四三、四四年度、国立公文書館蔵。

国主池田侯開拓地移民奨励策トシテ、(落葉柴草操山地被物)ノ無償採取権利ヲ与ヘ、尚地元部落ニモ森林保護ノ為メ同様ノ権利ヲ附与シ、明治五六年ニ至ル間無償採取ヲ持続シ、以降四十一年度ニ至ル。依然本恩恵的採取ヲ承継シ僅少ノ価格ヲ以テ払下ケ許容シツ、アリタルニ因リ、本林ノ荒廃ハ其極ニ達シ今ヤ是レカ改善ヲ計ラサルニ於テハ本林ノ生命ヲ失ヒ公安上ノ危害ハ今ヤ機ヲ得テ生セントスルノ状態ニアリ。豈寒心セサルベケンヤ。本事業区ノ施業案ハ去ル三十四年ニ於テ編成セラレ、林地ノ整理ト森林改良ハ其主目的ニシテ所謂柝伐《たくばつ》利用ノ如キハ第二ノ問題トセリ。其一節ニ曰ク、落葉柴草ノ採取ヲ厳禁セス、此処ノ採取ヲ継続スル如クニハ如何ニ完全ナル施業案、如何ニ工妙ナル実行者モ亦正ニ何ヲカ為サン。寧ロ町村委託林トシ其保護営林総テ町村ヲシテ其任ニ当ラシムルノ得策ナルニ如カスト。此ノ言小ナリト雖モ、誰カ正鵠ヲ得サルモノト謂フモノアラン。本施行然ルニ案ハ実施以来八星霜ヲ経ルト雖モ未タ嘗テ是ヲ禁止ヲ為サヽルハ森林行政上ノ熟慮ヲ要スヘキ問題ノ存スルモノアリトハ謂ヘ、一ハ優柔不断ノ為スナキニ非ラサルナキ哉ヲ疑ヒ、万難ヲ排シ之レカ改善ヲ尽取セル結果、遂ニ四十二年度ヨリ之レカ採取ヲ禁止シ得ルニ至レルハ実ニ痛快極ヲナシ、数百年来ノ因襲モ茲ニ於テ之レヲ打破シ、吾カ林業経営ノ曙光モ始メテ認メラルヽニ至ル。

(198) 平一九農水二〇七七三「岡山事業区第二次検討施業按説明書」国立公文書館蔵。

(199) 平一九農水二〇八一九「岡山事業区施業沿革史」一九二二(大正一一)〜一九三〇(昭和五)年、国立公文書館蔵。

(200) 平一九農水二〇七八〇「第三次検討岡山事業区施業按説明書」国立公文書館蔵。

(201) 森林法、一八九七(明治三〇)年四月三〇日法律第四六号の第一一条が地方森林会の設置。同改正法、明治四〇年四月二二日法律第四三号では第一八条、国立公文書館蔵。

(202) 地方森林会規則、一八九七(明治三〇)年一二月勅令第四四〇号、改正規則、一九〇七(明治四〇)年一二月二五日勅令三四七号、国立公文書館蔵。のちの都市計画地方委員会官制にもこうした国の高等官が入り、知事が議長として関係高等官と市会県会の議員を加えたものであった。戦前の地方行政機構の一典型として森林行政が存在していたことがわかる。

(203) 注(159)小野「瀬戸内海国立公園・下津井と牛窓の風景準備」参照。

(204) 久郷梅松「民有林野の官行管理に就て」(『林学会雑誌』一〇(九)、一九二八年、四六五〜四七六頁)。

(205) 『山陽新報』一九二一年六月一二日。

(206) 注(159)小野「瀬戸内海国立公園・下津井と牛窓の風景準備」参照。

(207) 村串仁三郎『国立公園成立史の研究』(法政大学出版局、二〇〇五年)には、国立公園設置の考え方に田村剛の積極的開発政策が織り込まれており、森林を傷つけずに保存するのではなく、車道やホテル、山小屋、キャンプ場などの施設を作る考えが示されている。また日本の国立公園は経費を安くし、設置を早めるために土地所有に関係なく私有地も含めたことで自然・風景の保護を困難にする原因を作ったという。

(208) 『山陽新報』一九四〇年三月一〇日。

(209) 『山陽新報』一九三六年五月二二日。

(210) 内務省、建設院、建設省：「都市計画及び都市計画事業の決定書類等・岡山県」内「岡山県・資料(告示番号なし)」、一九二七年、請求番号：本館-三C-〇四六-〇〇・昭五三建設九一一〇〇〇一〇、「番号二七　岡山都市計画風致地区指定ノ件」の項、国立公文書館蔵。南北の二線は原図には凡例がないが、ほぼ旭川河堤に沿っている。しかし、本図中の範囲では東に蛇行し後楽園を覆っているので、一九三四(昭和九)年の室戸台風時の氾濫の痕を表しているとも考えられる。

(211) 『山陽新報』一九四〇年三月二八日。

(212) 岡山県農林水産部林政課「森林簿」二〇〇五年三月三一日。

(213) 「西外園の整備計画」注(7)『岡山後楽園史』叙述編(二〇〇一年)。

(214) 注(159)小野「瀬戸内海国立公園・下津井と牛窓の風景準備」参照。

(215) 田村剛「栗林公園」(『教育画法』年代不詳、昭和初期か)に栗林公園は、桂式(稀代の天才小堀遠州が創設にかかる様式)と書いている。遠州流にしても桂式にしても庭園様式の世界にこのような定義はない。

(216) 小野芳朗編著『水系都市京都――水インフラと都市拡張』(思文閣出版、二〇一五年、第二部)。

(217) 注(159)小野「風景の近代化――瀬戸内海風景の発見と創設」。

(218) 小野芳朗「帝国の風景序説――城下町岡山における田村剛の風景利用」(高木博志編『近代日本の歴史都市――古都と城下町』思文閣出版、二〇一三年)。

*コラム1

大名庭園の価値づけ――後楽園の水を巡る言説

学識経験者が大名庭園の価値づけに多大の影響を与えるということを岡山後楽園を事例に論じてきた。ここでは、その価値づけの方向性が変わるとどういう事象が起こるのかを記しておきたい。

◆後楽園研究の進展

筆者は岡山市に一九九六年から二〇〇八年まで居住したのであるが、その時は岡山後楽園を芝生の広大な空間である、くらいの認識で眺め暮らしていた。そうしたところ、白幡洋三郎『大名庭園』が講談社選書メチエから出版された(一九九七年)。この著は大名庭園を体系的に扱った著作としては初めてのものである。とくに「近代の庭園観」の批判、つまり視覚や造形のみに着目する、見るだけの庭園史観を批判し、「使う」庭、その機能にこそ着目すべきだ、という主張は同意すべきものがあった。

ただ、何に使ったのかという点で大名自身や家臣の慰楽、饗応という「遊」の部分に重きが置かれており、そこに若干の偏重があるのではないかという感想をもった。

そのほか、後楽園は、武士が農民から出てきたその出自を忘れぬために田畑を配した「田園趣味」である、との主張が印象に残っている。御後園(後楽園)の創設期に田畑が存在したとの認識は筆者が本書で述べてきたことと通じるものである。

その一方で、この著作では次のようなくだりがある。芝生の広がりから受ける大らかな印象という点では、(後楽園は――筆者注)大名庭園中の白眉といえる。また芝生の中を縫う園路のゆったりした曲線

とともに周囲のなだらかな丘、山を取り入れた借景(後略)

(同書二二八頁)

この視覚的記述は後述する近現代の造園学者たちに共通する表現法なのかもしれない。庭園は創設期の姿から時代とともに変化していき、現代の姿になる。その現代の姿と創設期が共存して記述されることにより読者が庭園のイメージを誤解する可能性があるのではないか。いずれにせよ、これは大名庭園の実態の考証が必要だと当時考えた。そう考えたものの、岡山大学附属図書館に岡山藩主池田家の行政に関わる公文書が所蔵されていることは知っていたが、手を付けられずにいた。

ところがこの白幡の著書刊行から二年後、大変な研究書が出版された。神原邦男の『御後園諸事留帳』全三巻(吉備人出版、一九九九年)である。神原は岡山大学の池田家文庫にある御後園(後楽園)の奉行が記した記録を悉皆読んで翻刻し、その一部を刊行した。この膨大な記録には、池田綱政が利用を開始した元禄二(一六八九)年から四三年たった享保一七(一七三二)年から明治五(一八七二)年までの御後園(後楽園)の実態が記されていた。神原は山陽新聞社主催の講座でこの『諸事留帳』の解題を行い、そこでは後楽園の当初の姿について多くの非常に興味深い事実が示された。

なかでも、御後園のデザインは藩主池田綱政のものであることは第一章で述べたとおりである。御後園(後楽園)を造ったと世間で知られている郡奉行・津田永忠はその指示に従った現場監督にすぎず、庭園設計のコンセプトは綱政のものであることが強調された。園内に存在する観音堂(慈眼堂)、綱政自らが演じ領民に見せた能舞台など、父親の光政の儒教的価値観とは異なり、仏教的世界に詳しい綱政の設計が随所に表れている。

◆幻の曲水の宴

さらにその講義で神原は、御後園では水田のために用水が引かれたが、それを使って曲水の宴が「流店《りゅうてん》」で行われたという言説が存在すると述べた。流店とはいくつかある園内の御茶屋のひとつであり、二階建て木造で、一階の中央を一条の水の流れが引き込まれている、建築的にも興味深い建物である（図1-10参照）。現在は観光客が板の間に腰かけて、足を流れにつけて涼んでいるが、そもそもここは畳の間であったことが成立直後の正徳年間（一七一一～一六）の図面からわかっている。第一部で述べたとおり、五月に行われた田植祭では、早乙女たちが田植えの後、流店の下《しも》の流れにて足を洗い、殿様の前に出て五穀豊穣を祈念し田植踊りを踊った。

神原は曲水の宴の存在は明確に否定した。なぜなら、執行したという史料がみつかっていないからである。『諸事留帳』に記載がないのである。また当時、公家・武家の間で曲水の宴が行われた記録がない。唯一、『有徳院殿御実記』巻三五にあり、徳川吉宗の享保一七（一七三二）年四月七日、江戸城にての記録がある。そもそも曲水の宴は上巳の節句、三月三日に行われるものだが、この日は御後園は午後休みであり、奉行たちは城へあがって節句のお祝いに参列しているため、曲水の宴など執行されるはずがない。

◆曲水の宴言説はいつ生まれたか

それでは、どうしてありもしない曲水の宴が流店で行われたという言説が流布したのであろうか。誰が発言したのか、新しいところから検証してみる。

まず、元岡山県立博物館副館長だった臼井洋輔が『山陽新聞』二〇〇八年三月一九日に寄稿した記事である。

> 水と戯れる曲水の宴を執行する場所として流店が設けられているが、この建物は二階建てで、柱は細く壁も無いのに倒れない構造になっている。津田永忠ならではの不思議な仕掛けが忍ばされているので、是非ノックして彼と対話して納得して欲しい。
>
> また曲水宴というのは、小川の左右に座する人が上手から流れて来る酒杯を手にするにせよ、短歌や連歌の上の句を謳った短冊が下流のいずれかの岸で拾われて次の行為が続くにせよ、本来は川の屈曲による流水のうねりでこそ興じられるものである。

ところがここでの川は一直線である。手なずけた水は石を川に配することで、うねらせるという粋な計らいである。

(「後楽園の曲水の宴を執り行う場所は○○」というクイズが掲載された)

この記事は断定的に曲水の宴があったと書かれている。また同じく臼井はこの流れについて、『岡山の文化財』(吉備人出版、二〇〇四年)のなかで、

> ここの曲水は「流店」に導かれ、一筋の直線でありながら、亭舎の中心を水が右へ左へ渦巻く不思議な流れの仕組みになっている。水路には京都の加茂川から運んだといわれる赤、青、紫の六奇石が配置され、左右に対坐し、盃を流し詩を詠み、流れ行くはかなき人生に竿を差し、また喜びの宴を張る場としている。

と書いている。実は、流店の流れの石は正徳期の図面では一直線に並ばず、ばらばらで数も違う。いつの時代にか入れ替えられたと考えられるが、史料にはでてこない。「加茂川」から運んだという根拠もどこからでてきたのかわからない(ちなみに加茂川など京都にはない。賀茂川が高野川と合流して鴨川になる)。

造園学者、進士五十八(元東京農業大学学長、元日本造園学会長)の各地の大名庭園を扱った『日本の庭園』(中公新書、二〇〇五年)には岡山後楽園の項に、

> 日本三大名園の名をほしいままにする所以は、広大な芝生園地に、ゆったりと小川が流れ、周囲に茶畑、竹林を配し、紅葉、梅、桜の林が色づく典型的やすらぎ空間であるためであろう。(中略)明るく大らかで、いわばモダニズムを感じさせる点が、いかにも山陽吉備路の庭らしい。(中略)「流店」でも同じ。曲水の宴のための施設で、その中央に幅一・六メートル、長さ一〇メートルの水面、ここに京都からとりよせた六つの名石を配して、酒盃がたゆたいながら流れるようにする。盃がゆっくり流れるように水量をコントロールするのは高度なテクニックを要する。土木建築に強い津田永忠の面目躍如である。(中略)庭園の外周には三メートルの高さに築堤、矢竹やモウソウ竹を密

生させ、外敵や洪水から守る。米、梅など兵糧の生産備蓄、サイホンからの水、もとは戦に備えて砥石を使っていたという「廉池」にかかる「く」の字型石橋など、象徴性も含め軍事的配慮が基調にある。（中略）園外の操山中腹「多宝塔」への借景、そして沢の池周囲に配された「東海道五十三次」の縮景などが園景のフォーカス・ポイントになっている。

この後楽園の表現は流店に限らず、史実に基づいているとはいい難く、読む者に誤解を与えるものである。まず広大な芝生園地は水田の経営をやめたため現れた景観であり、小川は灌漑用水の名残りである。流店の曲水の宴は前記のとおりである。津田永忠が作ったというのも正確ではなく、孟宗竹は近代の植生であり、もとは真竹で囲まれていた。廉池軒の池にかかる石橋の「く」の字型に軍事的配慮があったなど何の根拠もない（池田治政が側室とこの橋から鯉釣りをした〈現代の錦鯉ではなく真鯉である〉という記録ならある）。園外操山中腹の多宝塔を借景として顕彰するが、多宝塔は三代継政の時代にできており、創建当時の借景ではない。

さらに、流店の曲水の宴の説明は、後楽園の公式紹介書といってもよい本に元岡山後楽園事務所長自らが記している。山本利幸（東京農業大学卒）『後楽園』（山陽新聞社、一九九一年）によれば、

平安時代に、公卿などの間で、年中行事の一つとして曲水の宴が行われた。起源は中国にある。日本に入ってきたのは五世紀末、日本書紀によれば第二十三代顕宗天皇元年の条に「三月上巳後苑に幸して曲水の宴をきこしめす」とある。（中略）この故事にならって本園にも作られた。藩主綱政は、ある日流店に遊び次の和歌を詠んだ。「かげきよく流れる浪に夏のなき　秋くる方をみなかみにして」流店の階下、四面壁なく夏日なれど、涼風が吹き抜けて涼しく感じたのだろう。亭内の流れは東西に向かっている。みなかみは北から流れ入る曲水で、秋到来の便りは北から来ることにかけたのであろう。

藩主が飲んだ盃を水に浮かべて流し、下流に座

した家臣が自分の前に来ると、すくい上げお流れだいといった酒宴を張った。また上流に盃を浮かべ、和歌の上の句を読めば、盃が下流に着くまでに下の句をつけるといった即興の和歌を作った風流な亭である。この亭は二階があり、階上は、お田植式を見るのに使った所である。

このように時代を遡って曲水の宴の言説を辿ると、おそらく原点になったのではないかという論文につきあたる。中根金作(東京高等造園学校(現・東京農大)卒、元大阪芸術大学学長)の「曲水考」(『造園雑誌』四九(四)、一九八六年、二四六~二五四頁)には、

そして近年まで曲水宴の流れは自然形の曲折した流れの形態であろうと解釈していたのであるが、しかしその中で、心に少し引掛りを残す曲水宴の遺構があった。それは岡山後楽園の中にある「流店」である。流店は江戸時代に造られた曲水宴の流れであるが、その形態は流れが建物の中に直線で造られ、流れの両側は板間となり、ここに座して詩を作り、盃を流すのである。

中根がこのように断じる過程が同じ論文中に書かれている。

一九八四(昭和五九)年一一月に日本造園学会主催の韓国古庭園視察旅行に参画した中根は慶州の新羅時代の曲水「鮑石亭址」を訪問する。そして岡山後楽園に残る「流店」を、日本に残る唯一明らかな曲水の遺構とし、「慶州の鮑石亭に模して造られたものという」と述べている。さらに根拠を述べずに、「ここでの曲水宴は、直線の渠の両側の板間に座して行うのである」と曲水の宴に結びつける。

論文中で中根は、江戸時代のわが国における曲水の宴の記録が吉宗による一七三二(享保一七)年のものだけであることは認識している。その上でなお、御後園が建造された貞享から元禄期、すなわち享保の記録に先立つこと三〇~四〇年前に曲水の宴が催されたと読ませる記述をしている。

韓国の曲水の遺構は形態として独立している。中根はその形状に似た独立した屋根付きの施設として「流店」に着目したようで、「日本における曲水宴の古代

からの記録が数多く残されているにもかかわらず、明確に曲水の遺構として認められるのは流店のみといえるのは、曲水の形態的なものが原因していると考える」とある。

この論文は韓国の遺構をみただけで、後楽園で曲水の宴が行われたといういささか乱暴に過ぎる論考を展開している。おそらくこのように流店と曲水の宴を直接結びつけたのは、中根のものが原点である。ただし、それ以前にはやはり元後楽園事務所長の宗定克則（東京高等造園学校卒）『岡山後楽園』（日本文教出版、一九六六年）に、

中央に水がながれ、それを挟んで桟板が南北にある。その水に六つの石が配置され、酒杯をながしてもたゆとうようにしてある。青、赤、紫の石で、京洛の加茂川からもち来ったものである。ここに曲水の宴を彷彿とさせるが、曲水ならぬところに妙がある。

とあり、断定はしていないが、「彷彿」という表現で記している。

池田家の家臣であった木畑道夫編の『後楽園誌』（森博文堂、一八九五年）には、

楼閣ナリ楼下桟板左右ニ相対シ中央ニ一条ノ水道ヲ設ケ、両側ニ石ヲ甃シ、矼頭ヨリ一脈ノ水ヲ引テ茲ニ通ス。水道ノ中間、奇石布置都テ六個、其高サ桟板ト斉《ひと》シ、青アリ紫アリ其色ヲ一ニセス。水道ノ両端隔ツルニ竹箔ヲ以テシ、水箔ヨリ滲入ス。客ヲ宴スルニ方《あた》リテハ板ヲ以テ楼外ノ流ヲ遮断シ、水ヲ激セシメテ楼下ニ注キ、或ハ魚ヲ放チ或ハ觴《しょう》ヲ泛ヘテ歓娯ヲ助ケ、賓客左右ニ対シ流ヲ隔テテ燕飲ス。

とあり、酒宴をなしたとの指摘はある。このあたりから曲水の宴に結びつけていったものか。いずれにせよ曲水の宴が執行されていたとの言説はやはり後からつくられた虚構ということになるだろう。

◆学者の発言と価値づけの構造

ここで述べたいのは、曲水の宴という虚構が流布していたという事実ではなく、大名庭園の価値づけの構造がこの現象にみえる、ということを指摘したいので

ある。一連の発言を並べると推察できることがある。発言者らはいずれも学会の権威をもった学者たちであること、したがってその発言が大きな影響力を有していることは当然である。しかしながら、いずれも根拠を示しているわけではなく、前人の言説を踏襲していっているにすぎない。東京農業大学系の関係者であるというのも共通する。

この流店のケースは、誤った方向への価値づけが行われたのであるが、ある意味、これが大名庭園の近代の特徴といえるのではないかと筆者は考えている。ある記録、調査のうえに権威ある学者が発言し、価値が付与され流布、継承されていく。もちろん新しい事実が発見されれば、修正可能ではあるが、流説というものはまことに厄介な記憶である。

先にも述べたように、庭園は建築物と異なりオーセンティシティを定めることが難しい。したがって学識経験者による価値づけの影響は非常に大きいものとなる。換言すれば、学識経験者の知識の責任はとても重いのである。

第二部

金沢兼六園

本康宏史

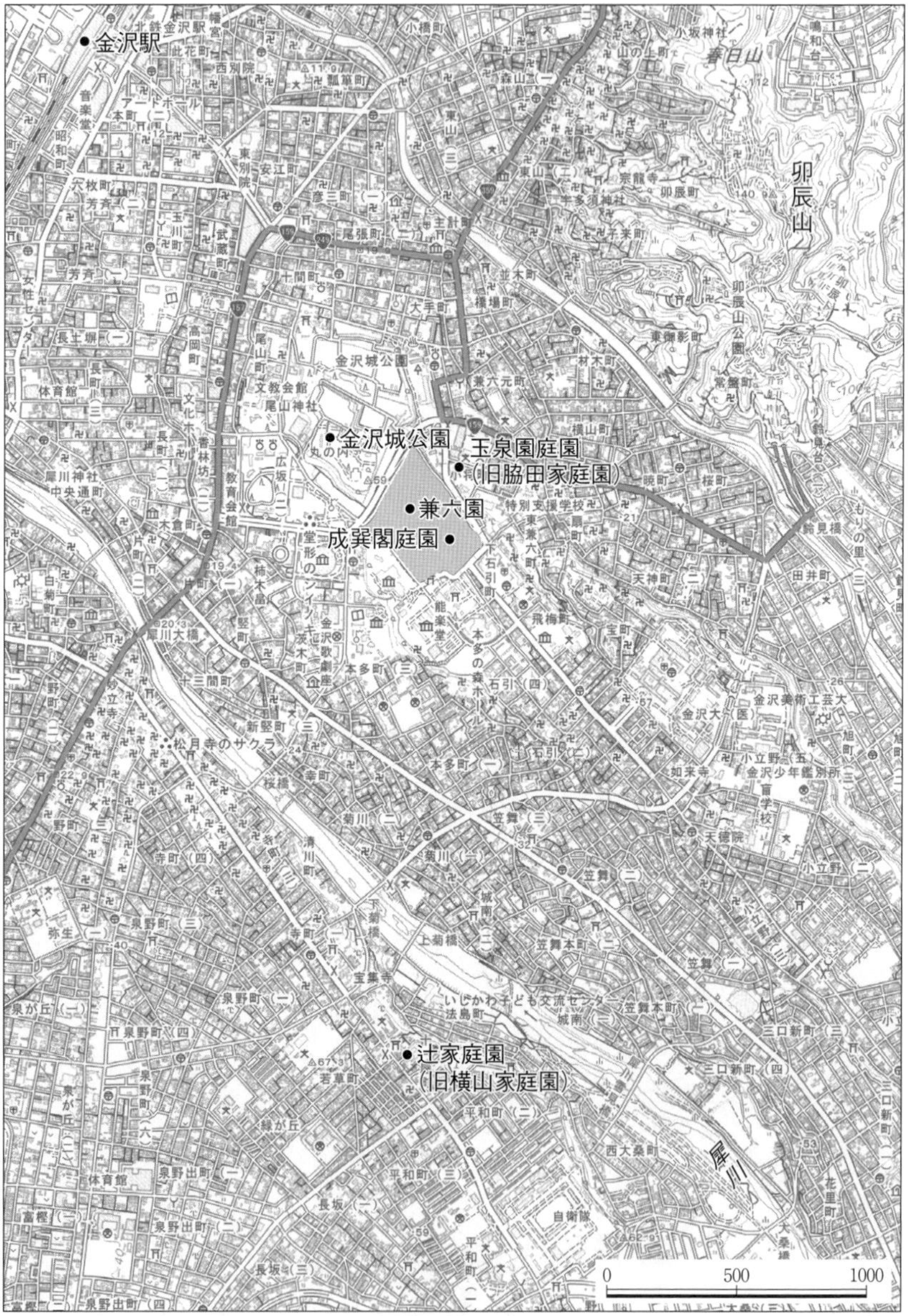

金沢駅
春日山
卯辰山
金沢城公園
玉泉園庭園
（旧脇田家庭園）
兼六園
成巽閣庭園
松月寺のサクラ
辻家庭園
（旧横山家庭園）
犀川
0
500
1000

金沢兼六園周辺

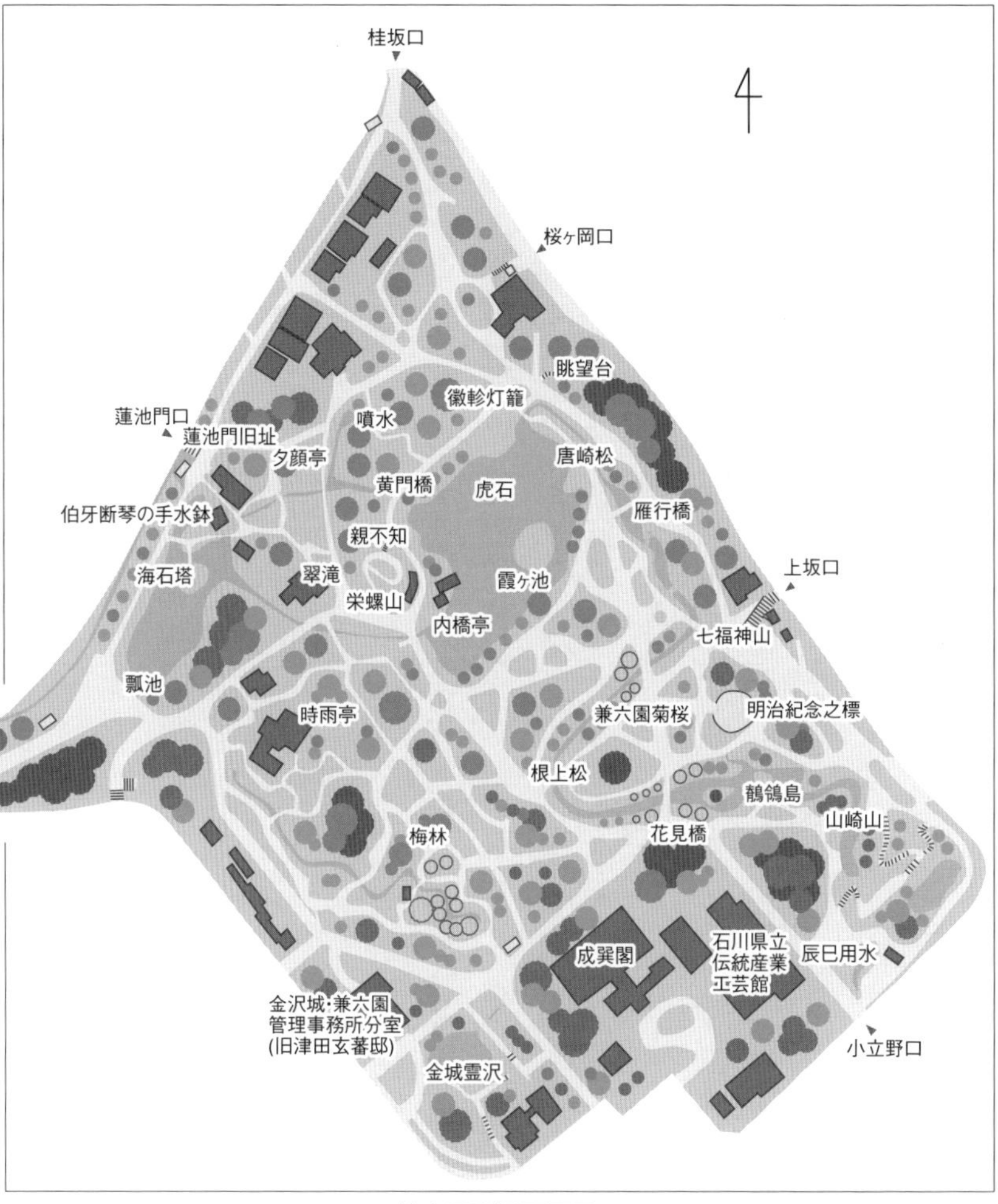
桂坂口
桜ヶ岡口
眺望台
徽軫灯籠
噴水
蓮池門口
蓮池門旧址
夕顔亭
唐崎松
黄門橋
虎石
雁行橋
伯牙断琴の手水鉢
親不知
上坂口
海石塔
翠滝
霞ヶ池
栄螺山
内橋亭
七福神山
瓢池
兼六園菊桜
明治紀念之標
時雨亭
真弓坂口
根上松
鶺鴒島
山崎山
梅林
花見橋
成巽閣
石川県立
伝統産業
工芸館
辰巳用水
金沢城・兼六園
管理事務所分室
(旧津田玄蕃邸)
小立野口
金城霊沢

兼六園現況平面図

第一章　近世の兼六園

第一節　「兼六園」以前の兼六園

(1) 変遷する兼六園の範囲

兼六園は、旧加賀藩前田家の大名庭園である。前田家の居城金沢城に付属した外園・外庭として整備された。百間堀を隔てて城に対した低地部を「蓮池庭《れんちてい》」といい、平坦な高地部を「千歳台」という。もともと、第五代藩主前田綱紀により作庭がはじめられた「蓮池御庭」が拡大発展して、今日みられる兼六園の形となったものである。

図２－１　霞ケ池・徽軫灯籠風景

それ以前、江戸前期の「千歳台」部分には、前田家ゆかりの寺院や家臣の屋敷、あるいは藩の学校、馬場など、さまざまな施設が変遷を重ねた。とくに、一二代藩主斉広《なりなが》が建造した竹澤御殿は千歳台の大部分を占め、今日の様相とはかなり違ったものであった。斉広没後、この大御殿がことごとく取り壊され、跡地に池を掘り、その掘った土で栄螺《さざえ》山をつくり、曲水をし、松を植えて、次第に現在の兼六園になっていったのである。長山直治が絵図の変遷から検討したところによると、今日みられるような兼六園の姿になったの

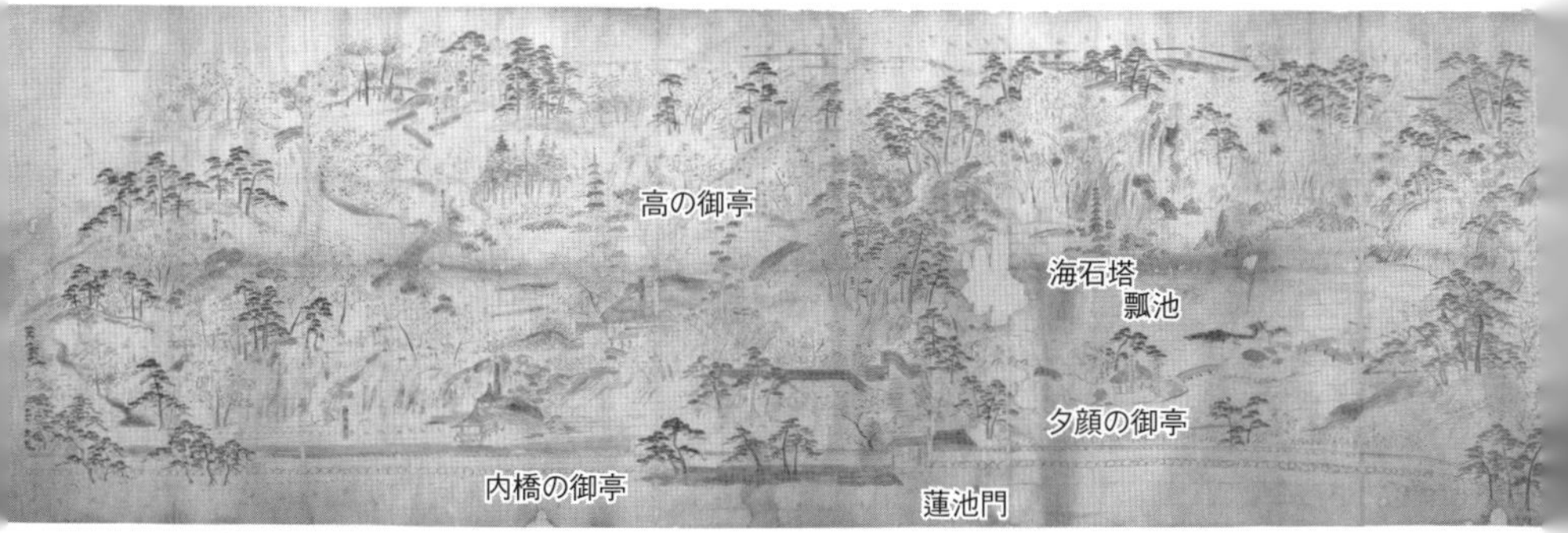

図2－2　「兼六園蓮池庭之絵図額」(江戸後期)

は、近世後期、一二代斉広から一三代斉泰期のことであるという(1)。

こうした歴史をふまえて近年の研究では、このエリアをどのように呼んで来たのかという問題が注目されている。現在、石川県伝統工芸館に展示されている「兼六園」の扁額(後掲図2-5)は、明治以降、園内の博物館(今の成巽閣《せいそんかく》もその一部)に掲げられていた。これよりさき万延元(一八六〇)年に、それまで竹澤御殿の「辰巳御門」にかけられていたこの扁額を「蓮池門」に移築したことにより、「蓮池庭」も含めた空間が名実ともに一体の「兼六園」となったというのが通説である(図2-2)。同時期の別絵図によれば、「辰巳御門」の下部(北側)に現在の瓢池《ひさごいけ》や曲水があり、馬場のところに茶店が並んでいる。その端が「蓮池門」ということになる。同図に「水樋上門」とあるのが、辰巳御門のことで、現在の霞ケ池や徽軫《ことじ》灯籠(図2-1)の周辺にあったという(2)。

とすればいくつか問題が生じる。もともと「辰巳御門」に「兼六園」と書いた題字が掲げられていたということを考えると、本来の兼六園はその門の内側のはずである。わかりやすくいうと、「蓮池御庭」(今の「蓮池庭」)は「兼六園」ではなかったことになる(長山説)。すなわち、私たちが今日「兼六園」と呼んでいる、広々とした庭園は、範囲としても万延期以前のものとは違うし、名前自体も「兼六園」と呼ばれていなかったのではないか、ということである。

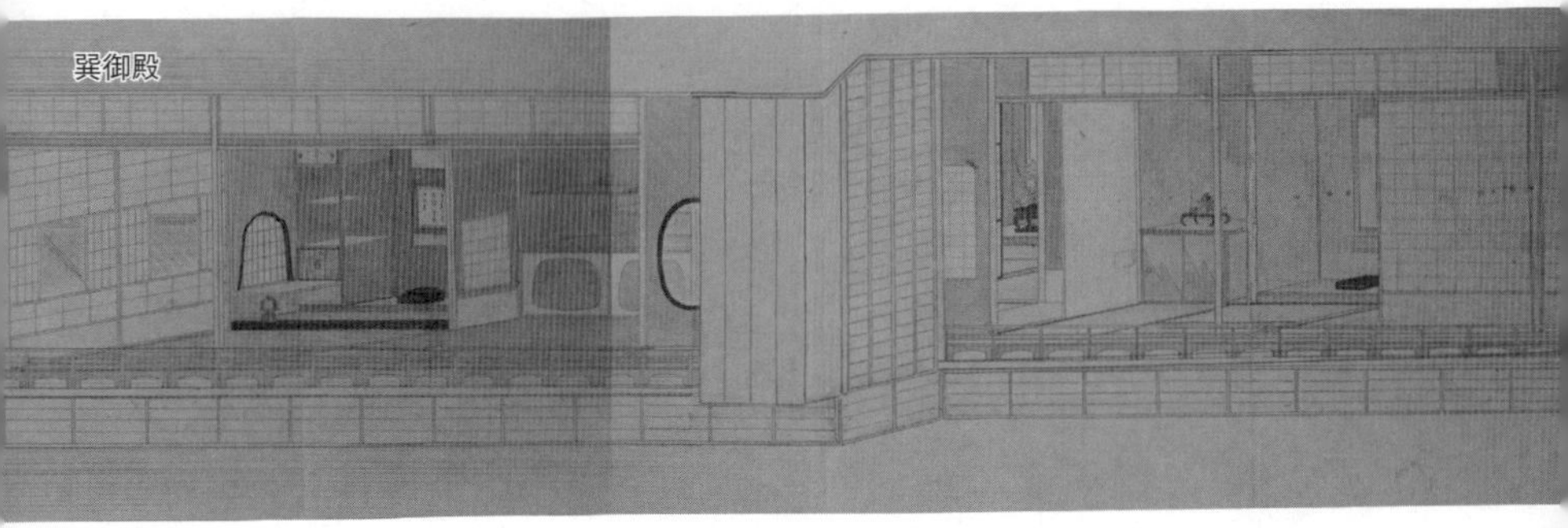

以上の議論も踏まえ、このエリアの歴史を四つの時代に分けてみよう。まず、①（兼六園の名称が誕生した）文政五（一八二二）年以降を仮に「兼六園」の時代とすると、それ以前は恐らく「蓮池庭」と呼んでいた傾斜地の庭だけがあった時代である。広さは現在の兼六園の四分の一ぐらいだった。②文政五年以降はいわゆる「兼六園」の時代である。しかし、実際には、斉広が藩財政の窮乏をよそに五〇〇もの部屋を持つ隠居所「竹澤御殿」をつくったので、庭自体はかなり小さい（後掲図2-4）。代が替って斉泰になると、徐々に御殿を壊し更地にし、池を三倍ほどに拡大し、霞ケ池と名付けた。この池を中心に、雄大な庭園が造成されていく。こうして眺望もよく、水泉もよく、鬱蒼としたところも残しながら、新しい御亭などもつくり、「六」つの美観を「兼ねた」とされる大名庭園が完成するわけである。ただし前述のように、「兼六園」と呼ばれた範囲は時代によって変化した可能性が高い。

③明治に入り「兼六園」という呼称は正式に変更され、一八七四（明治七）年に「兼六公園」（金沢公園）という名称になる。「兼六公園」の時代である。それが明治、大正と続いて、④一九二四（大正一三）年に、今日の「文化財保護法」にあたる「史蹟名勝天然紀念物保存法」に基づいて、「兼六園」という名前に戻るのである。

その後、戦時期の混乱を経つつ、戦後は歴代の知事が江戸時代の姿に戻すべく手を加え、しだいに江戸時代的な姿に変化していく。現在の兼六園は、

図2-3 「兼六園・巽御殿絵巻」(部分、江戸後期)

まさに江戸期の名園の景観を呈しているのだが、実は江戸期に実在したものとはまったく異なるのである。いわば、兼六園は、その名前を得た時点から、しだいに「兼六園」に生まれ変わってきたのである。

(2) 成巽閣の名称と範囲の変遷

今日、兼六園の一部、あるいは、兼六園と一体化した施設と考えられている「成巽閣」も、実は建造物としての性格や名称が幾多の変遷を経てきた。ここでは名称と範囲の変遷を整理しておこう。

①文久三(一八六三)年、一三代斉泰が一二代斉広夫人隆子(真龍院)のために「巽御殿」を建造する(図2-3)。金沢城から見て巽(南東)の方角にあること、京都の鷹司家(真龍院=夙姫《あさひめ》の実家)が辰巳殿と呼ばれていたことにちなんで、この名前がつけられた。このことは、のちに触れるように、「兼六園」の名称をめぐる鷹司家の役割とも関係している(巽御殿を竹澤御殿の一部とする説が、従来巷間に喧伝されているが、それが誤りであることに関しても長山の詳細な検証を参照されたい)。

②明治二(一八六九)年一一月、明治維新にともなう制度的な理由により、「巽御殿」から「巽住居所」に改称する。

③明治三(一八七〇)年六月には「巽住居所」も廃止され、一一月からは中学東校(洋学校)に使用される。その後、現在の成巽閣の横に異人館が建てら

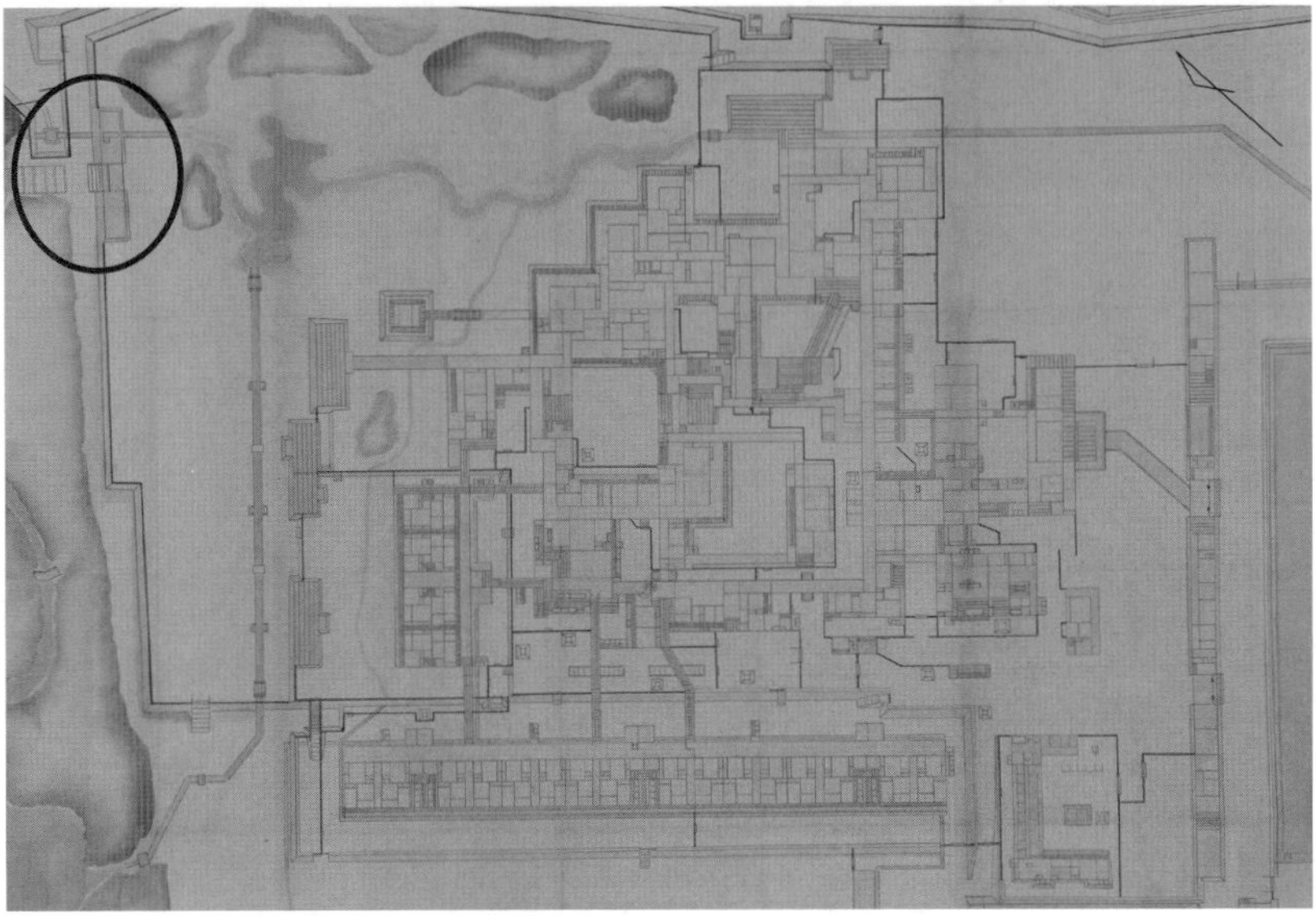

図２－４　「竹澤御殿絵図」(文政期)　丸印の部分が辰巳御門

れる（デッケン館）。これらの建物は、明治初年の博覧会の会場となった。

④明治七（一八七四）年、「成巽閣」と改名する（巽に成す閣。同名の扁額が現存）。同時に「兼六園」が「兼六公園」として一般に開放される。

こうしてみると、「成巽閣」への改称は、このエリアと旧藩の施設が、文明開化の拠点に生まれ変わっていく契機と重なっている。[3] なお、「成巽閣」の扁額は、『金城勝覧図誌』によると「縦二尺、横五尺八寸三分、文字彫下箔置き、地板欅縁木黒塗り」とあり、「梅皐」の揮毫とされる。ちなみに、「梅皐」というのは一三代斉泰の号であるからこれは仮託であろう。

第二節　「兼六園」の呼称をめぐって

(1)「兼六園」の命名者

「兼六園」の名の由来は、従来、文政五（一八二二）年一二代藩主斉広の懇請によって、奥州白河藩主、もとの老中松平定信が命名したものとされてきた。定信は、北宋の詩人李格非の『洛陽名園記』に、「園甫の勝、よく兼ね能ざるもの六あり。宏大に務むれば幽邃少し、人力すぐれば蒼古少し、水泉多ければ眺望難し」とあるところから採ったという。名園の資格として掲げる六つの景勝、しかも、それぞれが矛盾する特質を兼ね備えた至高の庭園という意味であった。すなわち、楽翁とも号した稀代の文化人が、その古典的教養を披歴して「名園かくあるべし」との「理想」を示したものと解されてきた。

寛政の改革の立役者にして、教養人であった定信は、作庭に力を注いだ文化大名としても知られ、国許の白河には名園の誉れも高い「南湖《なんこ》」、江戸市中にも築地の「浴恩園《よくおんえん》」、大塚の「六園《りくえん》」、深川の「海荘《はまやしき》」などを残している。

命名を依頼した斉広は、同じ文政五年、先述の如く藩財政の窮乏をよそに「隠居所」として五〇〇〇もの部屋をもつ建坪四〇〇〇坪の壮大な屋敷を「竹澤御殿」と名づけ建てた。その際、定信の揮毫になる「兼六園」の扁額は、この御殿の庭に面した入口の門に掲げられていたという。すなわち、この時点では、「兼六園」というのは大きな屋敷に付随する、今に比べればかなり小さな内庭のことを意味した、というのが通説である。

(2)「兼六園」命名物語再考

ところで、前項で「兼六園」という庭園の名称は、松平定信が、前田斉広の懇請により命名したものと紹介した。確かに、「兼六園」の扁額は、文政五(一八二二)年、楽翁(定信)の揮毫で、兼六園の敷地内に掲げられていたことは間違いない(図2-5)。ちなみに、一八九四(明治二七)年の『金城勝覧図誌』によると、同額は「博物館内に掲く(ママ)、縦三尺五寸横九尺文字彫下糊粉にて埋む、地板欅珠木理縁木黒塗り」とされる。

同園の命名事情について、筆者はかつて、「兼六園」の名を一二代斉広から一三代斉泰への藩主「代替りの祝い」に、定信が贈ったのではないか、という説を唱えたことがある。というのも、兼六園命名のタイミングで、

図2-5　松平定信揮毫「兼六園」額

藩主が一二代斉広から一三代斉泰に交替しているのである。そして斉広と定信は、この時期に江戸で直接対面した事実はないのである。年譜等によれば、斉広は文政五年の段階で江戸参勤に応じず、病気療養と称して金沢に残っていた。この間、同年一一月に継嗣の斉泰が代替りの挨拶のため将軍に謁見。祝儀を兼ねて定信が命名したのではないか、というのが筆者のかつての説であった。

　その後、斉広は文政七（一八二四）年に四一歳で病没。それ以前の五年間は、やはり定信とはまったく接見していない。以上の経緯をふまえて、定信はいずれ自分の庭園のために取っておいた「兼六園」という美称を、「百万石の太守」の代替りに際して、ご祝儀に伝授したのではと推測したしだいである（たとえば、江戸市中大塚の「六園」は、定信の作庭になるが、名称としては「兼六園」の変形バージョンともいえよう）。

　ところが、近年、当の定信自筆の日記の記述から、揮毫を依頼された際、彼自身は、「兼六園」の名前やその由来すら知らなかったことが明らかになった。天理大学附属天理図書館に所蔵されてきた「花月日記」文政五年九月二〇日の条には、「加賀の太守より額字をこふ。（中略）兼六とハいかゞと、とひにやりぬ。のちに聞けバ摂家のうちより名付けて、誰やらんの文中、園を設くるに得がたきもの六あり、その六を兼しといふ心ばえなり」と記されている。これによれば、定信は「兼六というのは、どういう由来なのか」と問い、「摂家の誰かが付けた名前で、何とか云う人の文節にあるみたいだが……」とつぶやいていることがわかる。すなわち、定信は、実は広斉に扁額の揮毫を頼まれただけ、という事実が確認されたのである。

　さらに、この日記によれば、「兼六園」の名付け親が京都の公家だったということもうかがえる。ちなみに、長山は、この「摂家のうち」の公家とは、斉広夫人真龍院の実家、鷹司家の当主ではないかと推測している。

新たな説を地道な調査で裏付けたのは郷土史家の渡辺金雄であったが、氏の言によれば、そうした調査のきっかけは、さきの筆者「斉泰代替り説」に刺激されたことだったとのこと。今となっては、新説を導く契機となったことだけは救いである。

なお、定信は書を揮毫しただけ、という説は、実はすでに明治時代の庭園史家小沢圭次郎が提唱し、近年『白河市史』のなかでも小沢説の存在を紹介してはいるのだが、金沢では、従来の「言い伝え」と違うものと無視してきたきらいがある。いずれにせよ、「大名庭園」のイメージが、名だたる「文化大名」による命名という言説で補強されていたものと推察され、個人的には、むしろこの経緯や背景の方により興味が湧く次第である。

(3) 残された課題――改めて、「兼六園」とはどこのことか

長山直治が精力的に進めた近世の「兼六園」研究は、従来の諸説に対して、数多くの修正を求めている。なかでも、①「兼六園」と命名された庭園は、おそらく竹澤御殿に附属する「竹澤御庭」のことを指していたのではないか。②かく名付けられたものの、「兼六園」の呼称は、いわば雅称のようなもので、通常は「竹澤御庭」「竹澤庭」と称されていたのではないか。さらに、③「蓮池庭」を含むエリアが一般に「兼六園」と呼ばれるようになったのは、むしろ明治期の庭園開放後なのではないか。このような数々の指摘は、きわめて注目に値しよう。(4)

綿密な史料考証による長山の論証は、いずれも説得力のある見解と思われる。ただ、その後の議論では、蓮池庭と竹澤庭(竹澤御殿)の境界に建設された「兼六園門」(辰巳御門)の扁額の向き(額面は、小《こ》立《だつ》野《の》口《ぐち》側に掲げられていた)から敷衍して、実は、むしろ当時「兼六園」と認識されたエリアは、この門をくぐって百間堀側(金沢城側)に位置する旧来の庭園部分「蓮池庭」のほうだったのではないか、との説も浮上している。

確かに、城郭と一体のものとして大名庭園を空間把握したばあい、このエリアへの入口が、城郭側ではなく（反対の）小立野口側であると考えるのも自然である。竹澤庭は広い意味での「城郭外」、「兼六園門」より内が「城郭内」の里山丸で、その庭園＝蓮池庭が新たに「兼六園」と命名された、と考えられなくもない。その場合、竹澤庭と兼六園は、別のエリアということになる。

竹澤御殿が撤去され、園地がほぼ今日見られるような形になったのは天保八（一八三七）年頃で、あるいは、そのあたりから両者の区別が曖昧になっていったのかもしれない（もしくは、同じエリアの別称とも考えられる＝蓮池庭も含むなら、長山説とは若干異なる）。竹澤御殿の創設と解体をめぐる政治的な背景とともに、今後の課題として掲出しておきたい。前述のとおり、「兼六園」の扁額は万延元（一八六〇）年以降、現在の正門にあたる蓮池門に掲げられたというが、この経緯も呼称の問題と併せ明らかにする必要があろう。

第二章　近代の兼六園

第一節　「兼六公園」の誕生――庭園から公園へ

(1)「兼六公園」の誕生

日本の公園史は、一八七三（明治六）年六月一五日付で明治新政府が発した一通の布告（第一六号）にはじまる。太政官が各府県あてに出したもので、内容は、各地にある名所・旧跡など「庶民遊覧の地」を「公園」として指定するため、相応しい場所を申し出よ、というものであった（「永ク万人偕楽ノ地トシ、公園ト相定メ（中略）其景況巨細取調、図面相添、大蔵省へ伺出ズ可キ事」）。

当時、西洋の制度・文化を急速に導入しつつあった明治維新政府は、日本へ来る外国人に対する体裁もあって、「都市公園」なる文明施設の建設を急務としていた。これよりさき、幕末の外国人居留地では、不自由かつ窮屈な生活を余儀なくされている居留民に対し、余暇施設の充実がもとめられたが、このうち代表的なものが、競馬場・遊歩道・公園の三つの施設であったという。こうした事情で明治三（一八七〇）年には横浜の山手公園が、日本最初の洋風公園として造成されたのである。ちなみに「公園」という翻訳語は英語のパブリック・ガーデン（Public garden）からとったもので、同じく明治三年頃に生まれた新語であるという。

さきの太政官布告をうけて、当時の東京府に五つの公園が誕生した。浅草（浅草寺）、芝（増上寺）、上野（寛永寺）、深川（富岡八幡宮）、飛鳥山の各公園である。いずれも江戸時代から庶民に親しまれて来た寺社地や行楽地だった。たとえば上野公園の場合、戊辰戦争で、まったく「廃墟の相をなしていた」（「木戸孝允日記」明治二年三月一五日条）彰義隊の激戦地は、のちに九段の靖国神社に造営されることになる東京招魂社の候補地となっていた（招魂祭と公園の関係にも注目）。しかし、上野の山に大学病院を建てたいとの希望が出たことから、招魂社建設は沙汰やみになる。その病院の計画も、政府顧問のお雇い外国人ボードウィンの「都市には公園が必要」との助言を容れて却下され、結局、上野の山一帯は都市公園として生まれ変わることに決まるのである（なお、本格的な洋風公園の嚆矢は、本多静六立案の日比谷公園とされている）。(5)

一方、金沢の兼六園は、一八七三（明治六）年の太政官布告に基づく指定公園として、翌年五月に開放される。しかし、園内はこれよりさき明治四年二月、「四民偕楽」のため「與楽園」の名で一般の入園を許していた（「触留」『加賀藩史料』所収）。ただし、この時は、期間限定、かつ厳しい入場制限を設けた部分的な開放であった。なお、「與楽」という名称の起こりは、維新後旧藩主慶寧《よしやす》が側近を慰労するため催した「與楽宴」にちなむという。田中正義の『與楽宴序』（一八七〇年一二月刊）に「衆楽之地」とあるあたりが淵源ともいわれる。

翌明治五（一八七二）年二月には、園内に開校した金沢理化学校の通達によって、春季（桜の季節）に限って開放されることになる。(6)

兼六園之義は、（中略）勝地にして、内は水石を愛翫すべく、市街に接して老幼も亦来り易し。故に今春陽温和の際に当り、庶人に来遊することを許す。

一、当三月三日より四月十五日迄連日遊歩之事。但、雨天之節は指止候。

一、朝八字《ママ》よリ夕五字限り之事。

但、五字拍子木にて合図次第各退散可致事。

一、此園内に入る者、礼譲を重んじ、穏和を主とし、聊《いささか》も粗暴之挙動有之間敷事。
一、外国人居住所の方え立寄間敷候事。
一、園内樹木並薬園等一切立障る間敷事。
一、園中を踏荒らすが故に、高足を禁ずる事。
一、銘々弁当、小竹筒等持参之儀勝手たるべし。併乱酔暴動堅く禁止之事。
一、水茶屋等、願に依り相許し可申候間、望次第名書き学校え指し出すべく候事。

壬申二月（明治五年）　　庶務掛　学校

以上の注意書きにあるように、当時の兼六園は学校が管理し、薬草が植えられ実用的に利用されていたようである。「外国人居住所」というのは、山崎山下のデッケンの居館を指す（図2-6）。そして、同年五月には石川県は期限を切らずに兼六園の常時開放にふみ切ったのである。以下は、その通達。

兼六園の義、自今平生遊覧苦しからず候。且、同所に住居、或は出店等致し置き候望の者は地所払下候条、絵図面を以て代金入札致す可く候。
但、樹木等在来之地景は存置候間、開墾等は相成らず候事。

壬申五月

いわば兼六園の「公園宣言」といえよう。なお、さきに触れたように、この「壬申五月」は、太政官布告の出る一八七三（明治六）年六月の数カ月前である。この点は、石川県の先見性として明記しておきたい。いずれにせよ、太政官の通達に基づく国指定の都市公園として、一八七四（明治七）年五月七日から「兼六公園」は正式に開放されたのである（このため、五月七日は「兼六園開園記念日」とされる）。その後、一九二二（大正一一）年に「金沢公園」の名で「名勝」として指定され、「兼六園」の旧称に復すのは、昭和も間近の一九二四（大正一三）年三月のことであった。すなわちこの間が、いわば「兼六公園」の時代といえよう。

(2) 文明開化の舞台

さて、維新以降、多くの大名庭園は都市公園として開放され、文明開化の舞台となる。兼六園にあっては、文久三(一八六三)年、竹澤御殿址の一隅に一二代藩主斉広の未亡人真龍院の隠居所として建てられた巽御殿が、さきに触れたように、明治二(一八六九)年一一月巽住居所と改称したのち三年六月に一時廃され、同年中に中学東校として再使用された点が注目されよう。中学東校というのは、俗に洋学中学校とも呼ばれ、洋学(英仏学)を教えたもので、明治二年に設けられていた致遠館と把注館を合併したものである。巽御殿は辰巳御殿とも書いたが、一八八一(明治一四)年、成巽閣と改称したことは先に述べた。

なお、兼六園内の「金城霊沢」の脇には、猪が球を戴く大屋《おおや》愷〓《よしあつ》の記念碑がある(一九〇三年一一月建碑)。大屋は、壮猶《そうゆう》館翻訳方にはじまり加賀藩校、金沢県諸学校の教師を務めた人物である。金沢初の英和辞典や『金沢名数』『加賀・能登地誌略』等地理書の編纂、あるいは地球儀の製作に携わるなど、西洋文化の導入に力を尽くした教育者であった。県下ではじめて洋傘やランプを使い、衆に先んじてザンギリ頭をひろめた、いわば「文明開化」を体現した人物としても知られている。こうした人物の個人記念碑が建立された背景に、文明開化の舞台としての兼六園の姿がある。

一方、金沢藩は明治三年三月、この巽御殿の向かいに鉱山学所を設立している。これは、ドイツ人フォン・デル・デッケンの招聘に際し、その居館兼教場としての洋館を山崎山下に建てたものである(デッケン館/図2-6)。木造二階建、テラスのある洋風建築(建築は地元の大工)で、城内に建てられたスロイス館とともに金沢最初の異人館として知られた。彼が引き揚げたのち、この建物は、勧業博物館東本館として使用されている。なお、デッケ

図2-6　「辰巳旧園新造客殿図」（デッケン館）

図2-7　兼六公園絵葉書（金沢兼六公園噴水）

ンは、四年一一月まで鉱山学、金石学、地質学を教え、鉱山学所で教える傍ら金平《かなひら》銅山での実地指導に当たったことでも知られている。後日、旧八家（元藩老で男爵）の横山家が能美郡の尾小屋鉱山を開鉱する際には、デッケンの学問の寄与するところが大きかったという。

一方、スロイスは、明治三年二月、黒川良安《まさやす》、高峰精一らが中心となって開設した医学館に、最初の外人教師として盛大な歓迎のなか着任した。金沢大学附属図書館が所蔵する『金沢医学館規則』は彼の制定にかかるものだが、ここには、ヨーロッパ的な近代医学をめざしたスロイスの意気込みがよく表れている。加えて、四年七月には兼六園内に理化学校が設けられる（霞ケ池の北西、高之《たかの》亭《てい》趾、噴水／図2-7の向かい側）。医学館の学生が増えて収容しきれなくなったためで、以後約一年間、医学館生の理化学講義がここで行われた。スロイスも出講し、動植物学などを教えている。

スロイスの後任は同じオランダ医のホルトルマン。一八七五（明治八）年七月、石川県金沢病院の発足にともない来日した。また、その後任には、オーストリア貴族のローレッツ。同病院中の教育部門、石川県医学所が金沢医学校に改められると、ここで教鞭をとった。このような異人たちの館が、彼らの来県にともない次々と建てられたのである。兼六園に続く小立野台南側一帯には鎧戸のある洋館が建ちならんで、さながら〝異人館通り〟の様相を呈したという。

(3) 勧業博物館と工業学校

廃藩置県時、県庁が美川に移り金沢市中がさびれたため、市中の振興を図ることを目的として兼六園巽御殿で展覧会が開催された。中屋彦十郎や円中孫平ら金沢商人が尽力し、書画、銅器、漆器約七〇〇点を陳列した明治五（一八七二）年の大博覧会であった。この金沢初の博覧会の際に作られた出品目録『金沢博覧会品目』には会場となった兼六園の諸景が描かれている(7)。たとえば、石川県で初めての伝信機（電信機）の公開実験（デモンストレイション）、あるいは「イレキテル」（発電機）の体験などが目を惹く（図2-8）。一方、同目録には巽御殿の展覧場内も描かれており、この段階では、江戸時代の書画会の雰囲気をまだ残していることがうかがえよう（図2-9）。

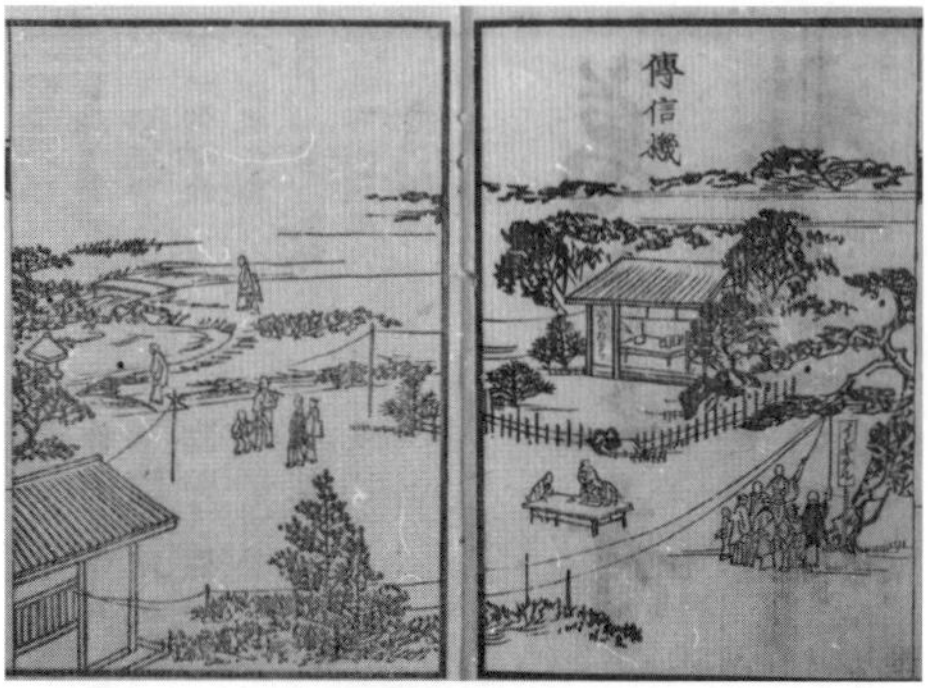

図2－8　『金沢博覧会品目』（「伝信機」の図）

図2－9　『金沢博覧会品目』（展覧場書画席）

ついで、一八七四（明治七）年六月、豪商木谷藤十郎らの共同主催により、金沢博覧会が同じく成巽閣（巽御殿から改称）で開催された。この博覧会を印象づける資料として、「石川県金沢博覧場列品之図」なる三枚刷の大判錦絵が残されている（図2-10）。会場の盛況をよく伝えるもので、詰

図２-10　「石川県金沢博覧場列品之図」

めかけた庶民の表情とともに、出品資料（書画骨董から産業機械、天然自然の動物・植物までバラエティに富んでいる）からも初期地方博覧会の性格が見て取れる。記録によれば、六二〇〇点の展示、七万二六三五人の入場者を数えたという。当時尾張名古屋城の天守閣から降ろされて全国を巡回していた金鯱が、博覧会の目玉として公開されているのも興味深い。ちなみにもう一体の「雌鯱」は一八七三（明治六）年のウィーン万国博覧会に出品されて人気を博したことで知られる。

また、デッケン館と屋根付の眼鏡橋で結ばれ、開化の新名所となった建築物に巽新殿がある。これは勧業博物館のことで、一八七六（明治九）年、兼六園内に建てられた金沢博物館が一八八〇（明治一三）年に改称され、一九〇八（明治四一）年まで存続したものである。一部では、日本で最初の常設物産博物館施設と位置づけられている。各種の伝統工芸・美術品約二万四〇〇〇点、図書約九〇〇〇冊を蔵する研究・創作、のちには陳列・販売を行った官営主導殖産興業の一大物産センターであった。石川県勧業博物館に改編されてからは、新館、東本館（デッケン館）、集産館、西本館に巽御殿を加えた大規模なものとなり、出品ジャンルを動物、植物、鉱物、農産、工芸、教育、古器、機械に分けて、別に図書部も設けた。

図2-11　木戸孝允揮毫「仰観俯察」額

この図書部が発展した図書館は、県会で一九一〇(明治四三)年一〇月に設置が決議され、一二年一月落成開館、石川県立図書館となる。この敷地周辺には、一八八七(明治二〇)年に全国でも早い段階の中等工業学校である金沢区立工業学校も創設されている。一方、博物館の建物は、一時、金沢第二中学校、金沢商業学校の校舎として使用された。

ところで、一八七四年の博覧会の会場には、「仰観俯察」の扁額が掲げられていた。非常に大きな額(横幅約三メートル)で、維新の立役者木戸孝允の揮毫になる(図2-11)。出典は『易書』の「仰以観於天文、俯以察於地理」だという。ちなみに、「仰観」は仰ぎて天を観る、「俯察」は首を垂れて地をうかがうことで、日本の文物だけでなく、海外の文物、森羅万象をよく見て「観察」せよ。それが文明開化、殖産興業のもとであるということを示唆している。

(4)　茶店と西洋料理店

ところで、さきに示した通達にあるように、兼六公園内では、「出店等致し置き候望の者」に対して料亭、茶店などの出店を許していた。その結果、明治期には数十の店が軒をならべていたこともある。たとえば、一八九四(明治二七)年の記録によれば、園内には次のような料亭、茶屋などがあった(図2-12～14)。

料理　酔香《(紅)》館(西洋)　三芳庵　奇観亭　八兼亭　覧勝亭　米弥楼

点茶　蔵六窩

名物団子　菅波　室賀　森　柳松軒　喜藤軒

写真　吉田　室賀
あんころ　菊屋軒
そば　田中

このうち「酔紅館」は、金沢ではじめての西洋料理店といわれ、一八七七（明治一〇）年に河合敬蔵なる人物が、園内で営業したものである。当時、上野公園の精養軒のように、公園と西洋料理店の取り合わせはしばしばみられる光景であった。公園内の霞ケ池の畔、現在の内橋亭のあたりにあり、「酔紅館」の旗を翻していた(8)。

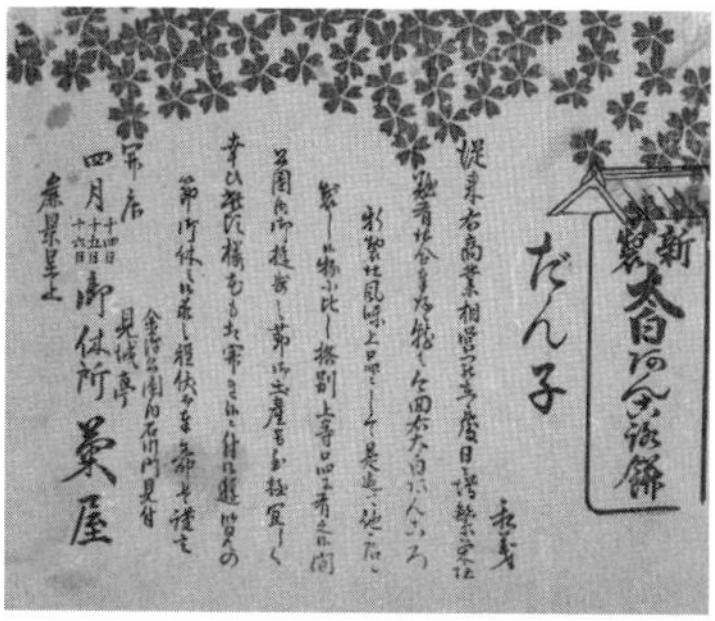

図2－12　「団子菊屋」引き札

図2－13　公園内の酔紅館（『石川県商工便覧』より）

なお、これらの店舗は、「貸下げ規則」によって管理されており、「地所ノ使用ハ十年以内」「使用期限中でも官が必要あるとき返還を命ず」ることができるとされていた。たとえば、一八八九（明治二二）年には、明治紀念之標（第四節で詳述）の前にあった米弥楼や、瓢池湖畔・三芳庵一帯の「醜い家屋」が、期限切れを準用して再契約することなく取り払われている。一九一一（明治四四）年には紺屋坂上の覧勝亭および坂下の菊水茶屋を立ち退かせ、入口の坂道を拡張した。また、一八九〇年には、公園保勝委員会を開き、樹木の増植にともなう貸与地制限の検討がなされるなど、景勝の保護にも留意されてきたことがわかる（第三

図2-14 「金沢兼六公園之図」(1902年)
多くの茶店が描かれており、当時の様子がよくわかる

節参照)。

◆市民広場

一方、東京や大阪の公園がそうであったように、兼六公園も金沢の都市公園、つまり市民広場としての機能を果たしてきた。たとえば、日清戦争に際して、一八九四年一二月一日には、旅順陥落官民合同祝賀会が一万人の群集を集めて開催された。同じく一九〇四年二月にも、日露戦争の旅順陥落や奉天会戦戦勝の祝賀会等が、それぞれ千歳台の広場で催され、数万人の市民が集まったという。このほかにも一九一二(大正元)年と一九二七(昭和二)年には、明治天皇、大正天皇の大葬の遥拝所が園内に設けられている。印象としては、天皇や戦争に関した集会が目立つようにも思われる。

とはいえ、一九一四年には、金沢市長山森隆に対する問責演説会、一七年には地元政治家永井柳太郎の「落選謝礼」普選演説会、さらに金沢市初の(大衆)メーデーも二九年にこの園内で

図2-15 「金沢兼六園之図」(1924年)
中央やや下方に「長谷川邸跡」とある

行われている（しばしば明治紀念之標前や長谷川邸跡の広場〈図2-15中央〉が会場となった。なお長谷川邸跡とは二代目金沢市長・長谷川準也の旧邸敷地のことで、現在は江戸庭園風に造成修景されその面影はない）。

いずれも都市の広場、あるいは中央公園としての性格をもち、東京でいうと、上野公園と日比谷公園の機能を合わせもっていた公園といえよう。こうしてみると、兼六園もまた、藩主の庭園というイメージをしだいに失うなかで、空間の意味を変容させつつあったようすがうかがえよう。

第二節 「日本三名園」というブランド

(1) 「日本三名園」の謎

よく知られるように、兼六園は「日本三名園」のひとつと目されている。岡山の後楽園、水戸の偕楽園とともに並び称せられ、今日ますます喧伝される。いずれも大藩城下の「大名庭園」で、一八七四(明治七)年に偕楽園は常盤公園、後楽園は後楽公園と

図２−16　後楽園風景

図２−17　偕楽園風景

なった。ところで、この「三名園」は、いかにして選ばれたのだろうか。以下、この「冠称」をめぐる歴史的な事情を検証してみよう。

　江戸時代、兼六園や後楽園のような林泉回遊式の庭園は、多くの城郭に附属する「里山丸」という「庭園空間」と把握されていた。このようないわゆる大名庭園は国許や江戸市中の藩邸の庭を合わせると、全国におよそ千近くはあったと思われる。なぜこのうち、岡山・金沢・水戸の三カ所が選ばれたのだろうか。

　考えてみれば、不思議なことに、「三名園」に数えられている庭園は、すべて大名庭園で、日本庭園の代表とみなされる奈良・京都の寺社庭園はまったく含まれていない。京都の大徳寺や大覚寺の庭園のような「名園」が一つも入ってないのは、なぜなのであろうか。また、大名庭園であっても、江戸城下に数多く存在した六義園や浜離宮などの「名園」は、一つも含まれていないのである。

　おそらく「三名園」の呼称は、「日本三景」（天橋立、松島、厳島）との類似から考えだされたものだろうが、「三景」の名称の初出も実ははっきりしない。林春斎・林春徳編『日本国事跡考』（一六四三年）にあらわれる「三処奇観」がその原形とされるが、「三景」についてはすでに江戸時代から文人たちの間で語られ、人々のあいだでも広く通用していたようである。(9) では、「三名園」はいつごろ人々に認識されたのか。

そもそも藩主の庭園が、自由な見物の対象として開放されていたとは考えられないから、江戸時代に、誰もが唱える「三名園」というような認識は存在し得なかったはずである（この点は、「三景」や「三山」とは事情が異なる）。つまり「三名園」の冠称は、明治以降に生まれ、人々に受け入れられるようになった「近代」の表象といえよう。以下、その経緯を詳しく見てみよう。

(2) 「俗評」としての「三公園」

兼六園が「三公園」の一つといわれ始めたのは、一八八五（明治一八）年八月から一八九一（明治二四）年八月までの間であったと考えられている。その契機は、八五年八月に明治天皇が行幸で岡山後楽園へ訪問した際、「天皇が褒めた庭園」と新聞が大きく書き立てたことにあった。後楽園の側も「三公園の一つ」とアピールし、これがしだいに定着したものと思われる。早い時期にはまだ三園が固定されていなかったようだが、兼六園は「三公園」のなかに最初から入っていたようだ。ほかに高松の栗林公園や熊本の水前寺公園、鹿児島の仙巌園などが対象となっていた。ちなみに、水戸の偕楽園はしばしば「三公園」の候補から漏れていたという（岡山県立博物館『岡山城と後楽園』二〇〇〇年、特別展図録「解説」など）。

ところで、「日本三公園」をめぐる問題に関しては、実は明治の庭園史家小沢圭次郎が、一九一五（大正四）年に上梓した『明治庭園記』のなかで述べている[10]。すなわち、「何人の首唱で出でしか、日本三公園と称し、水戸の常盤公園、金沢の兼六公園、岡山の後楽公園を以て之に充てたり」と記したうえで、小沢は、この「日本三公園」は、根拠のない妄説・俗説だと退けるのである[11]。また小沢は、「岡山公園は、元来幽邃の致に乏し園趣なるに、天覧後にて、清掃整潔、眼界殊に瀟麗なりしかば、益す其宏壮を覚え」としつつも、「畢竟日本三公園の題目は、一笑をも値せざる俗評にして、所謂日本三景の呼称に擬したる拙挙なれば、具眼の士は、未だ曾て此説を取る者あらざるなり」と喝破している。[12]

しかし、一方で、この「俗評」が生まれた発端を匂わせるようなことを別の個所に書いてもいる。これによれば、具体的には、一八八五(明治一八)年、岡山後楽園に明治天皇の行幸があり、その時東京の各新聞がきそってこのことを取りあげたため、後楽園の名が知れわたったのだという。その後、この後楽公園を偕楽園(当時は常盤公園)、兼六公園と並べて、「日本三公園」と称する「俗説」が生まれたというのである。つまり、明治の新聞報道によって岡山後楽園は全国に認知され、そして日本三公園の俗説が誕生した。その際の契機となったのが、天皇の行幸であるというわけである。

この小沢説を敷延して庭園史家の白幡洋三郎は、「日本三公園の名称が浮上する直接のきっかけは、小沢の言うように岡山後楽園への行幸かもしれないが、底流として、各地への天皇行幸がありそうな気がする」と指摘する。[13] なるほど、これよりさき一八七八(明治一一)年には、明治天皇は兼六公園に行幸している。明治前半の天皇巡幸の際の臨行地となったことで、その庭園の「格」が創成されたきらいがあるのである。

(3)「将軍御成」と「天皇行幸」

この点について白幡は興味深い事実を指摘している。氏によれば、庭園はしばしば「政治秩序の記号」(川崎寿彦の定義を再引)であったという。たとえば、イギリスの庭のごとくさまざまに枝を広げた樹木や、自然な曲線を描く川や園路は、自由を象徴するものであり、大英帝国が誇る立憲君主の政治体制の造園的表現であるという。これに対するフランス絶対王政、つまり画一的な秩序にしばられた平面幾何学的な庭園様式が示す庭園の姿とは、「政治思想」においても異なるものだと考えられたのであった。

ふりかえって、一七~一八世紀の日本では、回遊式の広々とした庭園が広まり、各藩大名が、江戸の藩邸にも国許の屋敷にもこの庭園をきそって設けた。回遊式の大名庭園は、政治的機能として最も重い「将軍御成《おなり》」（将軍が、江戸城下の有力大名の屋敷や庭園を訪れ、これを愛で褒めることによって、訪問先の大名に、格段のステイタスを与える儀礼）の場を筆頭にして、武家による公家の接待や家臣団への慰撫が行われる重要な社交の場であったといえる。もともと自然には存在しない人為的な風景を、思いのままの規模につくりあげること、すなわち「庭園＝楽園」を所有することは、それだけで大きな権力を見せつけるに十分だったのである。これに加え「将軍御成」による格付けが、とりもなおさずその大名の格をイメージづけたのであった（以上、白幡前掲書など参照）。

　ちなみに、兼六園には、西南戦争が終わった翌年の一八七八（明治一一）年一〇月に明治天皇が訪れている。昼休憩に旧藩主前田斉泰自らが案内し、当然天皇は、「加賀百万石」の名園を褒めたという。ちなみに、水戸の偕楽園が「三公園」に入るのは、一八九〇（明治二三）年一〇月の皇后行啓が契機となったようである（第三部参照。真宗大谷派の門主＝皇族が訪れたことが契機との説もある）。明治天皇が明治前期の巡幸で、いわゆる「公園」施設に立ち寄ったのは、実は全国でも少ない。訪れた順にあげれば、仙台桜ヶ丘公園・奈良公園博覧会場・長野城山公園・新潟白山公園・金沢兼六公園博物館・津公園・札幌偕楽園・山形鶴岡公園と千歳公園・岡山後楽公園の一〇カ所が確認される。うち現在「特別名勝」に指定されている公園は、「兼六公園」と「後楽公園」の二カ所しかない。天皇自身は観覧というよりは、巡幸時の休憩のために立ち寄っているのだが、今日著名な大名庭園には、ほとんど訪れていないことがわかる(14)。

　いずれにせよ、岡山・金沢・水戸の庭園（公園）の「格」は、明治前半の天皇巡幸の際に臨行地（偕楽園は行啓地）となったことを条件に、創成されたものと推察されよう。つまり、江戸時代の「将軍御成」が、明治になって「天皇行幸」にとってかわったのが、近代における大名庭園系公園の「格付け」の源泉ではなかっただろうか(15)。

　加えて、明治以降の歴代天皇は、その後も各都市を衛戍地として訪れたおりに、（たとえば、陸軍大演習の統裁者として）しばしば軍衙や練兵場の視察とセットで三名園に立ち寄っていることも指摘しておきたい。

兼六園の場合、件の一八七八年行幸の過程を検証してみると、軍人としての明治天皇像の形成と微妙に関係していることが推察される。すなわち、一〇月二日金沢に到着し、南町の中屋彦十郎宅に宿泊。三日には、歩兵第七連隊の上野練兵場、翌四日には、同連隊の金沢営所を訪問先に組み込んでいる。しかも、上野練兵場の訪問は、当初の予定になかったもので、これが臨行先にくわえられたこともあり、天皇は巡覧第一日目に兼六公園内の成巽閣（前田家別邸）で昼食をとることになったのである。なお、こうした北陸巡幸の軍事視察的な性格（明治天皇の大元帥化の過程）については、巡幸直前の竹橋事件（近衛兵の暴動事件）の影響をふくめ、第四節で改めて検討したい。

岡山の後楽園でも、一九一〇（明治四三）年一一月と一九三〇（昭和五）年一一月の両度の大演習に際して大本営が置かれ、明治・昭和天皇の臨行を得ている。つまり、天皇の地方臨行は、大元帥としての天皇を形成するためのイベントという一面があったのである。

（4）「三公園」から「三名園」へ

ところで、「三公園」の確実な記載の初出は、一八九一（明治二四）年八月の正岡子規の記録とされている。これは子規が、東京から郷里の松山に帰省する際に岡山後楽園を訪れ、記念の風景写真の裏面に、後楽園を「日本三公園ノ一」と記していることをさす（ということは、それ以前には、そうした認識が定着していたことが推測される）。以後、岡山・金沢・水戸の三園は、「天下の三公園」という冠称で喧伝されていくのである。[16] 以下、参考までに子規の年譜により、その際の道程を示しておく（傍点引用者、以下同）。

一八九一（明治二四）年

八月二五日～九月上旬　帰郷の旅。

二八日(金)早朝宿を発ち、諸寺を廻る。(中略)午後、人力車で笹岡まで行き、汽車で午後十時に岡山上之町自由客舎へ着。

二九日(土)朝から公園や市内を見学し、記念の写真を購入する(*この日かどうか確証はない。大原恒徳宛書簡に予定として記したもの)。岡山から一里の三幡港から船で小豆島の土の庄へ渡り某料亭に投宿。(17)

こうして成立した「三公園」の呼称が、広く国民一般に認識されていくのが、教科書の記述である。一九〇一(明治三四)年から使用された国定教科書『尋常小学校読本』の「第八公園」に、上野・浅草・日比谷公園と併記して「水戸の公園、金沢の公園、岡山の公園なども、また名高し」とされ、これがどうも教科書での初出のようである。当時の国定教科書の影響は強く、水戸・金沢・岡山の「三公園」が定着。その後「公園」が「庭園」に転化し、「三名園」と尊称されるようになっていくのである。

ただし、一九一一(明治四四)年から使用された国定教科書『高等小学読本』の段階でも、「第六課　公園」に「我が国にて風致の美を以て世に聞こえたるは、水戸の偕楽園、金沢の兼六園、岡山の後楽園にして、之を日本の三公園と称す。然れども高松の栗林公園は此の三公園より優れり」と記されているのは、選定の危うさを物語るものであろう。(18)栗林公園の刊行物には、しばしばこの文言が紹介されている。

以上、地方の大名庭園が、維新以降、自由な見物の対象として開放されたことを前提として、他と比較しうる「日本三公園」の冠称が誕生し、のちに国定教科書に掲載されたことで全国的に定着。しだいに「日本三名園」として人々に受け入れられる過程が明らかになった。おそらくこのあたりが、寺社庭園が対象外とされた理由であろう。すなわち「日本三名園」こそ、「市民公園」ゆえの名誉といえよう。

第三節　「大名庭園」の創設

(1)　創設された近代「城下町」

一九二二(大正一一)年三月八日、兼六園は「名勝」に指定され、一二三年三月二八日には、その名称も「兼六園」の旧に改める旨が告示される。明治後半以降、江戸時代の姿が「理想」とされ、公園から庭園への回帰、「修景」の試みがはじまるからである。[19]この動きの背景には、日清・日露戦争後の風潮、すなわち社会の混乱と再編への気運がある。大正期になると、とりわけ「藩政期の景観」の「再生」が意図的に強調されるようになる。いわゆる庭園「保勝運動」の展開である。[20]

三公園のもう一方の雄である岡山「後楽園」も兼六園同様、「庭園式公園」と捉えられ、一九二二(大正一一)年三月に「名勝」に指定されるのだが、まさに、両者は、同一の枠組みで、歴史的文化財保存への道を歩みだし、くしくも両園は「名勝」の名に相応しい姿を整えていくのである。[21]本節では、代表的な近世城下町である金沢を事例に、「藩政期の記憶」とその表象という視座から、「城下町」的な「景観」の創出問題を多角的に検証する。

(2)　兼六園の保勝問題――公園から庭園へ

まず、管見では、一九五二(明治二七)年四月「公園保存の議」(四月一四日付『北國新聞』論説)が、かなり早い段階での公園保勝の提言である。ここでは、日清戦争期には、「雑草蔓生して靴沓を向かふるに処なく、人をして公園か将た廃地かを疑わしむる」体となってしまった兼六園の景観荒廃をなげき、このままでは「五年で蔬畦に」戻ってしまうだろうと、警鐘を鳴らしている。

ついで、一八九九(明治三二)年四月の山田敬中「公園保勝意見」(四月一三日付『北國新聞』記事)では、のちにみる公園保勝委員会委員の山田が、兼六園内の長谷川邸跡および山崎山付近の保勝を訴え、「旧藩の遺老につき、同園の沿革を聞糺して、夫々参考に資し」「旧藩民をして末代まで君徳を記せしめん」とした。山田は、翌五月の「高之亭再建の議」でも、「旧藩遺老の所蔵せる同亭の古図に徴し」「此程来沢ありし前田侯爵よりも、公園の風致は永く旧態を存続し、充分保勝に注意せられたしとの寄話ありし程なれば、（中略）旧藩侯の存慮にも叶ひ、頗る面白き趣向なれば、多分保勝委員会に於いても該計画に同意を表するならんといふ」と強調している（五月二一日付『北國新聞』記事）。

大正期に入ると、こうした動きは県政の問題としても取りあげられるようになる。一九一一（大正元）年の石川県会では、「園内改良の件」が議論になった（「石川県会議事録」）。ここでは、篠原譲吉県議が、李家隆介知事による「風致を害した政策」を批判したのに対し、県内務部長は、「壊されている公園を出来うるならば昔の風致に返して行きたい、すなわちこの名園の景勝を将来保持して行きたい、公園を改良するに非ずして出来得るならば修繕して昔に返して行きたい」と回答・明言している。これに関連して、五島与五郎議員も、公園内の標識に「金沢公園」とあることを取りあげ、「已に兼六公園と云ふものを没却した標柱」として指弾している。いうまでもなく、「金沢公園」の名称は、前項でみたように、都市公園としての兼六園を表象したもので、「兼六園」という藩政期の「古称」を復活するようにと求めたものであった（ただし、そうした文脈のなかですら、「兼六公園」という呼称が使われているところに、都市公園としての定着度もうかがえよう）。

なお、保勝運動とも並行して、「日本三名園」としての兼六園の地位（風評）が定着していくことにも注目したい。その際、この「三名園」の称号が、当初は「三公園」であったことは示唆的であろう。

(3) 加越能史談会の保勝運動

こうした動きに連動して積極的な発言をくりかえし、兼六園「保勝運動」の実質的な推進母体となったのが、「加越能史談会」であった(後掲表2-1)。同会は、一九一五(大正四)年に和田文次郎が中心となって設立した郷土史の研究学術団体で、書籍の刊行、史跡標榜の設置、講演会、史跡巡りなど、多様な事業を展開した郷土史愛好家の集まりである。当時は、和田をはじめ、館残翁《たちざんおう》や氏家栄太郎ら幕末生まれの郷土史家が中心となって活動し、とくに一九一七(大正六)年に始まる史蹟標榜設置運動で知られた。旧八家ら地元有力者を多く含む「サロン」的な性格の団体と語られることが多い。[22] この加越能史談会が、設立の年、一五年一一月、県知事宛てに提出した「兼六園の保勝に関する建議」の内容は、次のようなものである。

我兼六園ハ天下ノ名園ナリ、若シ夫レ時勢ノ推移ニ伴ヒ或ハ旧観ヲ損シ、或ハ風致ヲ害スルカ如キコトアラムカ洵《まこと》ニ千載ノ惜事ニシテ、此ノ際之カ保護復旧ノ策ヲ建ツルハ緊要ノ事ナリト信ス、依テ県ニ於テ之カ保勝ノ途ヲ講セラレムコトヲ望ム、而シテ其ノ事業ノ経営ニ関シテハ挙ゲテ県当局ニ一任シ之ニ要スル経費ハ件参事会ノ代決ニ委セムトス

右県会ノ決議ニ依リ之ヲ議決ス

大正四年十一月三十日決議　　石川県会議長　辰村米吉

石川県知事　太田政弘殿

(一九一五年一一月三〇日決議「石川県会建議書」)

この建議に際し同会は、「復旧的施設に全力を注ぎ、飽くまでも純日本庭園の趣味を園内に漂せることが肝要」とし、「向後断じて調和を害《そこな》ふの嫌ある施設を、園の四周に加えざるを要す」と釘を刺している(「保勝に関し本会より太田県知事へ建議したる要旨」)。こうした民間の動きに対し、県当局も、同年中には「兼六園保勝会」を設置。その「会則」によれば、会長は県知事で、会の設置目的は、「兼六園の保存方法を攻究し其の意見を県に開申す

るもの」とされた。いわば、兼六園保勝をめぐる官製の審議会である。

これに対し、一九一六(大正五)年六月一二日、加越能史談会は、「保勝会会長あて文書」を提出、具体的な「保勝」への提言を示している。その際、県の「保勝会」で議論されている兼六園の有料化には反対し、これに代わる試案を提起(牛馬・自動車等の入園禁止、入園者数の制限、看守の監督、夕顔亭を旧容に復し割烹店より分離、成巽閣横の煉瓦塀の撤去、蓮池門の復元と扁額の掲示、園路を狭くし芝・苔を保護、名望家による諮問機関の設置)、保勝の実をあげるべく具体的な方策が列挙されている。

同月、明治後期以来、金沢の現状や将来像に関して積極的な発言を繰り広げていた河合辰太郎も、「兼六公園保勝私見」を発表して、保勝議論に加わっている。河合は実業家・評論家で、その六項目にわたる提言のなかでは、「廃藩当時の姿に復せ」という主張を展開、むしろ「縦覧料の徴収」を認め、史談会とは異なる見解を示している。河合も「明治初年諸事革新の時代」にあっては、「趨勢の止む可らざるものありたらんも」、大正の今日にいたっては、「成るべく之を遡行せしむべく考慮を要すべきなり」とし、その基準を「廃藩当時の園形園容に復するを以て大体の目標」とすべしと提唱する。論客入り乱れての当時の議論の盛況ぶりをうかがわせよう。(23)

(4) 著名庭園家の関与

◆原熙

こうしたなか注目すべきは、地域に縁故のある著名庭園家・庭園研究者が、関係自治体の意向を受けて、保勝の指導にあたっていることである。たとえば、一九一六(大正五)年八月には、金沢出身の東京帝大教授原熙《ひろし》が、「兼六園の保勝について」(石川県庁文書『兼六園保勝一件』所収)として、以下の議論を展開している。なお、原は、慶応四(一八六八)年、加賀藩士原種方の四男に生まれ、東京帝国大学農科大学卒業後、農商務省・台湾総督府・

拓殖務省を経て、東京帝国大学農場長・同大教授を歴任した学者。日本の造園・園芸学界の指導的地位にあり、初期の園芸学確立と発達に貢献、社会緑化にも力を尽した。ことに明治神宮の造営事業が始まると内苑の築造に従事。さらに、新宿御苑、京都御所庭園、皇居外苑など、公共緑地の保護と風致指導に当たった。加賀藩出身ということで、駒場の前田侯爵邸庭園にもかかわり、内務省都市計画中央委員会のほか、同石川地方委員会、同富山地方委員会等の委員を歴任した。

原はまず、「斯園が吾邦稀有の名園たるを愛惜するの切なると共に、又其因縁の深甚なるを思うが為めなり」と、金沢出身者としての立場を表明。復旧は、一三代斉泰当時に戻せと主張している。というのも、原の復旧の基準によれば、景観の回復には歴史的に以下の三段階が考えられ、

(一) 金龍公(一二代斉広)時代に準拠するもの

(二) 温敬公(一三代斉泰)時代すなわち、廃藩置県後公園となりたる時代によるもの

(三) 景勝区とし一般公園の主旨に基づき改修するもの

このうち(一)は、兼六園の歴史を尊重し、「中古の状態」に復するもので、たとえば、幕末に造営された霞ケ池は、存在しないということになる。(二)は、廃藩置県後、「開放して公園とせし当時」の状態に復すもので、さきの一九七四(明治七)年「公園開放達」の段階に基準を置くものである。また、(三)は、古態に新態を加味するものとして、「新旧折衷のもの」を造出するという、いわば、近代都市公園としての標準的な景観であった。その際、原は、(二)案の維新期段階の兼六園が、「保勝会の趣旨にも一般の希望にも副ふべき、最適最可のものならんと信ぜり」としている。

これに基づけば、兼六園「六勝」(六つの美景要素)の重要な部分は「不開放区にすべし」とされ(理想概念としての「六勝」の実体化)、その具体的な方策として観覧料の徴収(入園者の制限)を提言した。この観覧料に関しては、

市民の間でも賛否両論があり（金銭による差別論など）、議論は紛糾していた。原の意見では、「開放区」の代表である「東京日比谷公園の如き」は、設置の主旨が「群衆游娯に適せしめんとする」にあるをもって、「広き園路は馬車を通じ、狭き道も二人以上並歩し得べからしめたり」と、暗に日比谷公園の造園を主導した本多静六を念頭に、積極的な保勝論を展開したのである。

◆本多静六

本多静六は、慶応二（一八六六）年生まれ。日本最初の林学博士として、明治神宮の森の造営、日比谷公園、大宮公園等全国各地の都市公園の設計を手がける一方、風景地保全の一環として、国立公園の創設にも深くかかわった庭園学者である。原が農学博士で造園学の第一人者として知られるのに対し、本多は造林学・林政学の泰斗と目されていた。金沢とも縁が深く、ほぼ同時期に、兼六園のまさに向かい山、卯辰山《うたつ》（向山）公園の整備計画に金沢市の委嘱で関与している。具体的には、一九二三（大正一二）年四月一七日、卯辰山公園改良のため金沢市が視察を依頼した日本庭園協会の本多らが、二日間にわたり卯辰山・兼六園・横山家庭園（七代目小川治兵衛作庭）を視察していることが記録されている。

こうしたさまざまな議論・指導をへて、一九二二（大正一一）年三月八日、史蹟名勝天然紀念物保存法により、兼六園は、「金沢公園」の名で「名勝」指定され（内務省告示）、一九二四（同一三）年三月二八日には、名称を「兼六園」に戻す旨告示した。すなわち、「保勝」運動の成果が「名勝」指定として結実し、「藩政期の景観」の「再生」にお墨付きを与えるべく、藩政期の「旧称」に復したわけである。

その後も、一九二六（大正一五）年六月二三日には、林学博士・田村剛が招聘され、県嘱託の市村塘《つつみ》・日置《へき》謙（加越能史談会の当時の中心人物）らと協議を行っている。その際、案内図の作成、兼六園の古図の募集保存、「兼六園絵巻」（天保期）の複写、案内所の設置、西洋樹木の伐採など細かな指導があり、同年八月には、原熙を再度招

表2-1　兼六園の保勝関係年表

年代	関　連　事　項
1915 (大正4)	7月4日、和田文次郎、瀬尾雅太郎、近藤磐雄ら主唱の加越能史談会が兼六園三芳庵で発会式をあげた。史跡の維持保存などが会の目的。 11月、加越能史談会「兼六園の保勝に関する建議」提出。 11月30日、兼六園保勝会が県会の議決を得て設立されることになった。
1916 (大正5)	1月11日、兼六園内金沢神社の保存会が生まれた。同社は、もと竹澤御殿の鎮守で氏子がないため。 同月、兼六園保勝会の初会合が評議員、審査員参上の上、県会議事堂で行われた。 4月、兼六園保勝会が保勝設計委託のため招いた農学博士・原熙が、「保勝のため、入園制限もやむなし」と結論したことについて、有料制の是非の議論が高まる。 同月、小沢圭次郎、原熙とともに兼六園踏査に来園。 6月12日、加越能史談会、「保勝会会長あて文書」を提出。 同月、河合辰太郎、「兼六園保勝私見」を提言。 8月、原熙、「兼六園の保勝について」答申。 9月11日、兼六園保勝会評議員会が開かれ、原博士の案を審議。入場制限は時期尚早ながら、園内一部に立ち入り禁止地区を設ける折衷案を決定。
1919 (大正8)	8月、日本武尊銅像が風致を害するとの世論が起こり、卯辰山へ移転する案が議論された。
1921 (大正10)	11月5日、兼六園が、名勝として内務省から指定される旨答申。
1922 (大正11)	3月8日、兼六園が、史蹟名勝天然紀念物保存法により、「金沢公園」の名で「名勝」指定(内務省告示)。
1923 (大正12)	4月17日、卯辰山公園改良のため、金沢市が視察を依頼した日本庭園協会の林学博士・本多静六ら4人が来沢し、2日間にわたり卯辰山・兼六園・横山家庭園を視察した。
1924 (大正13)	3月28日、内務省は、金沢公園の名称を「兼六園」の旧称に改める旨を告示した。
1925 (大正14)	7月4日、加越能史談会は創立10周年記念式と講演会を兼六園内の兼六会館で開いた。
1926 (大正15)	6月21日、加越能史談会は兼六園保勝のため実地踏査した調査結果をまとめ、保勝意見を知事に提出した。 6月23日、来沢した林学博士・田村剛は兼六園を視察し、「近代の遊園的公園にしないように」と注意を促した。
1929 (昭和4)	4月2日、成巽閣庭園が、文部省から史蹟名勝天然紀念物保存法の名勝に指定された。

注：兼六園全史編纂委員会編『兼六園全史』(1976年)ほかにより作成。

聘。原への諮問（一九二七年答申）により、岩島や景石を復旧すべしとの指導をえている。

なお、一九二六年六月二一日付「石川県知事あて文書」によれば、加越能史談会からも、「名園（名勝）指定に際し、兼六園の保全につき尽力を強調」した意見（名樹などの若木の用意、園丁の技能向上、標識の掲示、図書館・陳列館の移転、児童団体の徘徊遊覧の制限など）が、再度提唱されている。では、こうした兼六園の保勝＝「藩政期の景観」への回帰（再生＝創出）の背景には、どのような歴史的意義があったのだろうか。

(5)「文化財」と「百万石の記憶」

まず、この間の都市公園をめぐる諸事情に関しては、第一部でも見たとおり、小野芳朗が岡山後楽園の例を引いて、「都市計画法」適用下の動向を明らかにしている。(24) 小野によれば、地方都市の「公園」群は、一九一九（大正八）年の都市計画法公布によりその管轄が問題となり、同年公布の史蹟名勝天然紀念物保存法との関連から、内務省（地理課・都市計画課・衛生局）の指導のもと再編を余儀なくされたのだという。その際、既存の大名庭園系公園の扱いをめぐっては、「一般の公園」としての都市公園編入と、「歴史的文化財」としての大名庭園の保存という、二つの方針が対立した。後楽園の場合、「一般の公園」ではなく「庭園式公園」と捉えられ、一九二二（大正一一）年三月八日に「名勝」に指定されたのであった（兼六園とまったく同時期）。その際、指定の「お墨付き」を与えたのが、さきに金沢の事例でも登場した田村剛（当時、内務省衛生局嘱託）であった。まさに、岡山と金沢は同一の枠組みで、「庭園式公園」＝歴史的文化財への道を歩みだしたわけである。

加えて金沢には、より直接的に都市の「地盤沈下」（地位低下）に対する危機感が存在した。明治末から大正前期にかけて急速な人口増加傾向をみせた金沢市の人口は、反動恐慌により一九二〇（大正九）年には、前年比二万八九二七人の減少をみる。これに続く一九二〇年代の人口の伸びも鈍く、旧藩以来の市域の範囲では、第一次大戦期にようやく藩政期と同程度に回復した状態であった。つまり、主要都市のなかでの増加率の伸び悩みは顕著だったのである。こうしたことから、維新直後には、三都に次ぐ大都市であった金沢の人口順位は、名古屋はもちろん神戸・横浜にも抜かれて、一八九三(明治二六)年に七位、一九一八(同四一)年に九位、一九二〇(大正九)年には一一位と漸次下降している。この時期は、全国的に見て人口一〇〜二〇万規模の都市の人口増が最も著しい時期であり、これに鑑みても、当時の金沢は一貫して地位低下傾向のなかにあったといえよう。

こうした停滞状況、都市ステイタスの下降に対して、金沢の人々は、地域振興による都市の格の上昇を切望していた。かつて加賀藩前田家が徳川御三家に準ずる家格を誇り、金沢といえば、その「百万石の大城下町」として、他藩の城下町から一目も二目も置かれていたことを想うにつけ、金沢市民の心情は、「加賀百万石」時代への思慕となり、その遺産(史蹟)を活用した新たな道(観光産業)への期待となっていったのであろう。

さらに、兼六園の保勝運動で注目されるのは、加越能史談会の積極的な関わりにみられるように、日露戦争以降の「旧藩回帰」意識とリンクしていたことである。そもそも史談会のメンバーは、近藤磐雄や日置謙ら(旧藩主)前田家編纂方の一員であったり、関係の深い郷土史家が多く、この間、近藤の『加賀松雲公』を皮切りに、旧藩主・夫人の伝記編纂が精力的に続けられていた。これらの編纂事業は、一八九九(明治三二)年の藩祖(利家)三百年祭とも連動したものであった[25]。ちなみに、茶人・工芸職人の招聘を通じて京文化を積極的に導入し、のちにいう「加賀文化」の礎を築いた「文化大名」としての松雲公(五代藩主綱紀)の顕彰は、この文脈のなかで創設され、定着していく。

こうした近代における「旧藩」の顕彰は、高木博志によれば、地域の文化アイデンティティが国家のそれと構造的に結合させられていく過程で生じたのだという。しかも、名望家や知識人ではなく、「普通の庶民」にまで「郷土愛」や「愛国心」が浸透しはじめるのは、日露戦争以後の社会改良を通じてであるとされる[26]。筆者も近代の金沢を素材に、「旧藩史観」をベースとした「加賀百万石」の記憶の有り様をさまざまな事例から明らかにした[27]。明治後期から大正期の修景・保勝運動もまた、こうした「百万石の記憶」という枠組みから、「藩政期の景観」への回帰意識と重ねてとらえることが可能であろう。さらに、公共緑地の保護や風景地の保全にみられるような、「文化財」としての景観という理念が、文明開化期の都市公園創設に対する新たな問いとして現れ、変容を求めたものといえるかもしれない。

第四節　二つの銅像と「加賀百万石」の記憶

(1)　戦争と慰霊碑の時代

◆戦争の記憶と記念碑

金沢市のほぼ中心に位置する兼六園。「日本三名園」のひとつと称され、前田家「加賀百万石」のシンボルともいえるこの大名庭園の中央に、江戸期を代表する庭園には一見そぐわぬ古代武人の銅像が聳え立っている。神話時代の英雄「日本武尊《やまとたけるのみこと》」を象った「明治紀念之標」である（図2-18）。

図2-18　「明治紀念之標」

西南戦争の余韻もようやく落ち着いてきた一八八〇（明治一三）年、陸軍金沢営所の将校や県令・千坂高雅ら県庁の官吏、さらに宗教家らが協議して、兼六公園のなかに西南戦争戦没者のための慰霊碑を建造する話が起こった。これにいたる経緯は、のちに詳らかにされるが、ほぼ一年をかけて「日本武尊」をモ

図2-19　「明治紀念標新築大祭之図」(1880年)

チーフとした銅像が完成、同年一〇月に東西本願寺の催す竣工式を兼ねた盛大な落成法要をへて（図2-19）、今日にいたるまで兼六園の中央に建っているのである。

この「異様」な戦争記念碑の建立の経緯とその背景、碑前で行われた慰霊祭式の様相、さらに図像の象徴性と受容の背景など、「明治紀念之標」をめぐる諸問題について考えてみたい。加えて本節は、次節で詳述する金沢における「慰霊空間」の問題を検証する際に、日本武尊像のような「銅像型慰霊碑」が果たした役割に関して、多角的な考察を加える試みでもある。(28)

戦争記念碑の分析をなおざりにしては、日本近代の戦争、戦死者、遺族、宗教に関わる広範な問題はとうてい理解し得ない。羽賀祥二は日清戦争記念碑の分析の前提としてではあるが、金沢の「日本武尊像」を含む西南戦争記念碑に関して興味深い指摘を行っている。すなわち、①地域社会との関わりのなかで記念碑を考察できるのは、一八七七（明治一〇）年の西南戦争の時点からである。②西南戦争記念碑は直後に建立されたものより、一八九〇（明治二三）年前後に建てられたものが多い。③日清戦争記念碑の直接的な前提として西南戦争記念碑は存在する。以上の論点である。(29)

こうした指摘の妥当性も含め、次項以降、西南戦争記念碑（とりわけ「日本武尊像」）と日清あるいは日露戦争の記念碑を中心にその系譜を整理してみよう。

◆戦没者慰霊碑と天皇像

西洋から導入された銅像建設の思想を戦争記念碑として具現するとき、人々の頭に思い浮かんだのが、「戦う皇族」のイメージであっても不思議ではない。その際、そのモチーフを「日本武尊」にもとめたところに金沢の慰霊碑の独自性がある。というのも、この時期（明治前半期）の戦没者慰霊碑の図像で、金沢以外に日本武尊像の例を確認することは、おそらくできないからである。(30)

一方、日本における銅像記念碑の起源を考えたとき、それが金沢の「明治紀念之標」に遡ることは間違いない。その後、東京の靖国神社境内に大村益次郎（一八八八年）の銅像が建立され、楠木正成・西郷隆盛（いずれも一八九七年建立）の銅像がこれに続いたのである。つまり、一八八〇年代から歴史的に著名な、また政治的な功労をあげた人物の銅像記念碑が建てられるにいたる嚆矢が、金沢の日本武尊像なのであった。(31)

ところで、天皇、ことに神話時代の天皇をモチーフとした明治期の戦争記念碑（慰霊碑）は、実はそれほど多くないし、研究も進んでいない。この時期の銅像としては、これまでに「神武天皇」像等が若干知られるのみである。(32) 具体的には、①陸軍第十八連隊の「軍都」豊橋では、日清戦争後に戦勝記念碑が建立され、同様に②新潟の白山公園（御幸ケ丘近接）や、③氷見《ひみ》の朝日山公園でも日露戦争後に戦没者慰霊碑が創建されている。これらは、いずれも神武天皇を像のモチーフとしたものであった。(33)

その背景には、新政府による歴史的人物の英雄化などの一連の感化政策があり、これらの記念碑は天皇崇拝心を国民すべての精神性へ早急に定着させるための、「帝国の祝祭」という国家イベントの「視覚装置」であったといえる。戦勝碑と慰霊碑という違いはあれ、神話の天皇・皇族をモチーフに、広く一般大衆の眼に眺められる存在として天皇（あるいは国家）崇拝心を定着させる契機となった偶像という点で、各地の神武天皇像や金沢の日本武尊像は、すべて共通のベクトルをもつものといえよう。

◆「明治紀念標」の全国的な建設

明治一〇年代は、一つの時代の区切りを示すかのように、それ以前の戦争を対象とした墓碑・記念碑建立の動向が見られるようになった時期である。このうち西南戦争戦没者は一八七七(明治一〇)年一一月に東京招魂社に合祀されるとともに、羽賀祥二によれば、翌七八年秋以降、近衛連隊や各鎮台(のちの師団)で陣没者記念碑の建立が始まり、天皇・大臣・参議の寄付が行われたものという。[34]

こうした例には、名古屋鎮台・大阪鎮台大津営所・近衛諸隊・熊本鎮台・名古屋鎮台金沢営所・大阪鎮台・陸軍士官学校などがあり、各地に続々と鎮台出身兵士の記念碑が建立されていった。たとえば、『太政類典』の一件文書「鹿児島始末」(明治一三〈一八八〇〉年一二月二日条)には、「陸軍省伺/熊本県下肥後国山本郡豊岡村字水本及ヒ舟底官林ノ地所へ十年ノ役戦死者ノ紀念碑設立ノ為メ当省へ需要ノ儀予メ内務省へ及協議候処、今回差支無之旨回答申越候(後略)」とあり、熊本鎮台の記念標の建設が確認される。[35] このほか一八七八年九月には、大津三井寺山頂に滋賀県の記念碑が建立されており、さらに、一八八三年三月には大阪でも中之島に「明治紀念標」が建立され、西南戦争の戦死者を弔う拠点となっている。横山篤夫によれば、大阪では大阪城での招魂祭ののち、この標前で靖国神社の春季大祭日に合わせて、毎年五月招魂祭が続けられることになったという(大阪護国神社の起源のひとつ)。[36] このような全国各地の西南戦争記念碑＝明治紀念標の設立の動きのなかで、金沢の「明治紀念之標」(日本武尊像)を位置づけてみる必要があろう。

(2)「明治紀念之標」前史——西南戦争尽忠碑

◆西南戦争と石川県

明治維新政府に対する、不平士族の最後で最大の反乱であった「西南戦争」は、一八七七(明治一〇)年二月に起こった。西郷隆盛が主宰する「私学校」の生徒が中心となって決起し、その数一万五〇〇〇の兵士が鹿児島を発って、熊本に向けて進行したのであった。これを聞いた明治政府は、有栖川宮熾仁親王を征討総督に任命し、全国の鎮台兵に出征を命じた。

石川県では、金沢の第七連隊本部と第一大隊から第三大隊までが参加することとなり、連隊本部長には平岡芋作中佐が任命された。連隊と第二大隊が二月二〇日に石川県を出発したのをはじめ、順次九州へ向かい、戦線に投入された。その総数は二〇〇〇名にも達したという。三月には征討軍に編入され、博多に上陸。直ちに西郷軍と戦闘を交えている。その後、第七連隊は各地に転戦、四月二一日熊本城に到着したのち、さらに鹿児島まで進撃した。

戦局において薩摩軍と官軍との戦いは熾烈を極めたが、圧倒的な軍勢を誇る官軍の前に、薩摩軍は九月二四日退却した鹿児島の城山で敗れ去った。このとき戦闘で放たれた銃弾は西郷隆盛の股部と腹部を貫き、これで最期と考えた西郷は部下の別府晋介に介錯を頼み自害したという。余談となるが、この西郷の首級を見つけたのは、第七連隊の千田登文中尉が率いた一兵卒・前田恒光であったと伝えられる。彼は溝の中に手拭いで包まれていた塊を発見し、調べたところ西郷の首級であることがわかって、官軍の参軍山県有朋に届けたと千田中尉がのちに語っている。

こうして西南戦争が政府側の勝利に終わると、これを境に武力による士族の反乱はおさまり、民権思想にもとづいた言論に訴える運動が盛んになる。石川県下でもまず士族結社「忠告社」が、のち「耕腸社」「精義社」、さらに「盈進社」などが組織され、全国組織ともそれなりの関係を持ちつつ活動を展開する。とはいえ、石川士族の結社の主流は、民権運動への同調を装いつつも、政治的には政争に明け暮れ県官の地位を競う傾向が強く、むしろ授産事業に力点をおいたものという側面は、終始否めなかったと評されている。

ところで、西南戦争においては、戦局の激化にともない、徴兵制下の陸軍部隊のほか、政府軍の要員として約六七〇〇名の警察部隊が動員された。石川県下でもいわゆる「巡査部隊」が編成されている。京都東山の霊山《りょうぜん》歴史館には、幸いにもそのおりの従軍記録が残されている。(37) この文書は警察部隊に志願した巡査、小林重太郎のものである。

これによると小林巡査は、一八七七(明治一〇)年七月三日、横浜より乗船、大分県佐伯村に上陸している。その後、西郷軍との延岡熊野江の戦いに参戦し、勝利。一〇月四日に品川港へ凱旋した。一連の任免文書によれば、五月一七日付で「四等巡査心得」を警視局から拝命。「石川県徴募巡査七番小隊五長《(ママ)》」となり戦地に赴いている。文書には行動日程が細かに記されているほか、旅費、日当請求も警視局用箋に記されている。このお陰か、凱旋後の一一月一三日付で警視局から従軍慰労金二〇円を支給され、一八七九年一二月二二日付賞勲局総裁三条実美よりの勲功状とともに金七円が下賜されている。石川県参戦巡査の行軍の過程がうかがえよう。

さて、戦いは政府軍の勝利に終わり、同連隊は一〇月下旬金沢に帰還した。右の小林巡査は、九州での戦線をかい潜って無事生還したのだが、出兵した兵士のうち戦死した石川県人も実に三九〇余人にのぼった。これらの戦死者を慰霊するために、兼六園内に建立されたのが、「明治紀念之標」なのである。この巨大な記念碑が、戦後三年を経て建てられた経緯を次項以降で検討してみたい。

◆西南戦争「尽忠碑」の建設

西南戦争後、兼六園とは金沢城を挟んでちょうど反対側に位置する尾山神社の境内(旧金谷出丸《かなやでまる》=金谷御殿跡地)に、「明治紀念之標」に先行して西南役戦没者の「尽忠碑」が建てられた(図2-20)。明治紀念之標を考察する前提として、この尽忠碑について確認しておきたい。

図2-20　尽忠碑（西南戦争慰霊碑）

前述のように、西南戦争で戦死した石川県人は出兵した兵士のうち、約二割に当たる三九〇余人であった。一八七八（明治一一）年九月には生還した兵士らが中心となって、戦死者の霊を祀るために尾山神社の境内に「尽忠碑」（径一・五メートルほどの円盤形石碑）が建立された。旧藩主前田斉泰《なりやす》は自ら碑文を撰するとともに、建立の資金の一部として二五〇円を寄付している。

このように西南戦争尽忠碑はもと尾山神社の境内にあったのだが、現在は兼六園内の明治紀念之標、つまり日本武尊像の傍に移されている。同像が建立された際に移転されたのであった。この間の設立の事情を、同神社に残された文書により瞥見してみよう。

「金沢尾山神社内戦死者石碑保存会御補助ノ再願」（明治一四〈一八八一〉年七月九日付）には、「去ル十一年愚輩数名協力シ、且旧同藩中有志ニ謀リ尽忠碑ヲ金沢尾山神社境内ニ建設セリ。当時従二位公（前田斉泰）ノ御巡遊ニ際スルヲ以テ、碑文ノ選且ツ御揮毫ヲ賜リ。尚且同年九月廿四日祭典執行ノ際モ親シク御臨拝ヲ辱フシ、実ニ諸君モ了知セラル、所死者ノ光栄何ソ之レニ若ク者アラン哉（後略）」とあり、建碑の経緯がうかがえる[38]。この文書には、七月二〇日付の前田家へ祭典費の補助を依頼する添書も付されている。

一、明治十四年七月廿日

当地尾山神社境内西南戦死者石碑祭典費等御補助金再願、別紙御家令扶エ差出度候ニ付、乍御手数至急御進達方御取計被下度此段及御依頼候也

金沢士族

十四年七月廿日　　木越　亘　印

富樫　高明　印
飯森　則正　印

前田従四位（前田利嗣）殿

金沢御邸御用弁方　御中

追而本文願意御許様相成候様、乍御手数可然御紹介被下度此段併而致御依頼候也

この尽忠碑の建設を前提として、一八八〇（明治一三）年にいたり金沢営所の将校、県庁官吏、宗教家、一般の庶民らが共同して、西南戦争の戦死者のために大記念碑を兼六園のなかに建てようということが発起された。尽忠碑だけでは十分でなかったと意識されたこと、あるいは神社に建造されたもののほかに公園にも必要であるとされたこと（尽忠碑も公園に移築されたことも含め）が、二つの建碑の過程から推論されよう。こうした結果、兼六公園に建造されたのが明治紀念之標なのであった。

(3)「日本武尊像」の建設

羽賀によれば、近代都市祭典の成立過程において、兼六園は「かつての領君の庭園であったが、今は人々が集い、歓楽する場所」となっていた（この点は、前節で詳述した）。こうした空間において、しかも「日本武尊にも通じる軍事的英雄」だと喧伝されることによって、戦死者の慰霊は達成されると考えられたのであろう。石碑の柵外には金沢営所の求めで詠われた東西本願寺法主の詩碑があり、「武士」の「いさを」と「義気」が詠い込まれているという[39]。

しかし、ここでの羽賀の注目点は、「身分制解体後の地域社会において神格化された旧領主と鎮魂の紀念碑とが、どのような機能をもったのかを検討すること」にあるとされており、日本武尊像の建設より、むしろ二年前

図2-21　明治紀念之標絵葉書

に建てられた、「石川県士尽忠碑」のほうに分析対象をもとめている。同碑は、前項でみたように、藩祖前田利家を祀る尾山神社境内に建てられた、西南戦争で戦死した旧金沢士族と第七連隊の兵士のための碑であった。このため羽賀は、尽忠碑の建立の経緯と尾山神社の創建の意義、さらに一八九一（明治二四）年に開催された藩祖利家三百年祭典についての考察、その過程で明治一〇年代の神社が近代都市のなかでアイデンティティシンボルとして復権する様相を、日清戦争後に京都で行われた平安遷都千百年祭を代表とする「都市祭典」という概念から説いている。(40)

こうした関心のため、私見によれば本来は「尽忠碑」と密接な関係にあり、実は旧藩主家の動向とも無関係ではない「日本武尊像」に関しては、簡単な紹介にとどまっており、羽賀の同銅像に対する位置づけは必ずしも明確ではない。

◆「明治紀念之標」の竣工

さて、再三ふれたように、西南戦争の戦死者慰霊の大記念碑は一八八〇（明治一三）年の始めに、兼六園内に建立すべく発起され、同年の一〇月に完成した。この像の築造にあたっては、明治天皇から一〇〇〇円、旧藩主前田斉泰が七〇〇円、東本願寺二〇〇〇円と多額の寄付があった。西本願寺は標の外回り柵などを寄進し、庶民の寄付も石川県内はもちろん、遠くは長野方面から献金を得たという。こうして同年一〇月二六日から三一日にかけて、浄土真宗大谷派の法嗣大谷光尊をはじめ、各宗派の僧侶や神職が来会して、霊を弔い、盛大な完成供養が六日間つづけられたのである。(41)

ところで、そもそも銅像のモデルが「なぜ、日本武尊なのか」という疑問があろう。これについては、従来いくつかの説が存在した。たとえば、森田柿園の『金沢古蹟志』には、「記念標《ママ》に標出せる日本武尊の銅像は、是景行天皇(十二代)の御世、尊をして熊襲国を征伐せしめられし故事によつたるものにて、熊襲国は即ち日向・薩摩の地なればなり」としている。すなわち、官軍に対して反乱を起こしたのが、古代の熊襲国に位置する西郷隆盛を中心とした薩摩や日向の士族であり、それを鎮めるために戦って戦死した兵士の記念碑だからだというのである。とはいえ、これには異説もある。

たとえば、「明治紀念之標」を囲む柵の内側には他にも多くの碑があるが、そのひとつ、「明治紀念の碑《ママ》」の碑文中に、「挙国人加其軍以賀東征之偉」という記述がみえる。[42] 日本武尊東征のおりに、この国の人たちが挙げて尊の軍に加わったことを喜びたたえたという神話の引用である。すなわち「加賀」という国名伝説と日本武尊の関係に、銅像選定の背景を求めるという説である。[43] もちろん、この「神話」自体も「加賀」の地名伝承のひとつに過ぎない。

「熊襲征伐」伝承にせよ、「東征」伝承にせよ、いずれも「記紀神話」に発するエピソードであることは、注目したい(もともと「日本武尊」を図像に採用しようとすれば、来歴を古事記・日本書紀に描かれる「記紀神話」にもとめるのは、当然といえば当然なのだが)。この点に関しては、のちに改めて検討する。

◆「皇室の藩塀」としての前田家

明治紀念之標は、石積みの高さが六メートル、銅像の高さは五・四メートルとされる。見た目、数十個の自然石があたかも雑然と積み上げられているように見えるが、構造は堅牢で、百数十年の風雪に耐えてきた。しばしば観光案内に謳われる、蛇・なめくじ・蛙の「三すくみ伝説」も石組みの強さを物語る逸話のひとつであろう。

この石組みを担当したのは、太田小兵衛という露地師であった。小兵衛は「金谷御殿、巽御殿等の庭園皆其設営に成り、藩主前田斉泰卿より賛辞を蒙りたること幾度なるを知らず」(『北国人物志』)とされる幕末以来の名人で、維新後も「明治紀念標を公園に建設せらるに当り、其造営を命せられ幾多の辛苦を経て漸く成功」したという。また、石積みに用いた石は、『金沢古蹟志』によると「城内玉泉院丸の露地石」であったという。「寛永年中旧藩三世中納言利常卿、玉泉院丸に泉水築山を造らしめ給へる頃、能登浦等より挽き寄せ給ひし石共なり」と記されている。具体的には、二代藩主利長の正室であった玉泉院のために、京都の庭師剱左衛門に造らせた露地を取り壊し、その石を明治紀念之標の石積みに使ったというのである。近世金沢城内を描いたどの古絵図を見ても、この玉泉院丸庭園の池や築山が画かれており、おそらく城内の庭のなかでもとくに景観を誇っていたものに違いない。

こうしてみると、明治紀念之標は、土台が加賀藩時代の遺構、その上部の像は近代の造形ということになる。もちろん意図した訳ではないにせよ、結果として旧藩主の庭石を皇族の日本武尊が踏みつけている（逆にいえば庭石が支えている）格好になるのである。うがった見方をすれば、前田家の大名庭園である兼六園の、それもまさに眺望を誇る千歳台の中央に、維新政府＝官軍の戦没者慰霊碑を建てること自体、かなり政治的な産物といえるのではないか。「加賀の武士《もののふ》」の後裔の記念像として、あるいは「城下町金沢」のシンボルとして建立するならば、たとえば前田利家の像（あるいは文化大名として知られる五代綱紀）などが兼六園の真ん中に構えていても良いようにも思えるのだが（なお、利家像は石川門下の堀の片隅に、控えめに建っている）。この事情に関しても次節で推察してみたい。

◆明治紀念之標の図像論争

「日本武尊像」の原型、すなわち製作図案の製作者については、長い論争がある。たとえば、石川県立美術館には「日本武尊」という彫刻が残されている（図2-22）。高さ二三センチのこの木像の台座の裏には、「明治十三年六月御神像師　松井乗運斎　六十六翁　作之」と墨書されている。これまでに考証されたところによると、当時の金沢仏師を代表すると目された松井乗運が、兼六園内に日本武尊像が建立されることを知り、故実を調べ、「苦心惨憺夜を日に継いで」彫りあげた木像で、乗運「会心の作」と伝えられる。(44)しかし、この木像は残念ながら一部の反対にあって実際には採用されなかった。その一部の人々が誰であったのかは、今も定かでない。

図２-22　日本武尊木像

一方、近代金沢の郷土史家副田松園は、当時、図案家として一世を風靡した岸光景原図説をとなえている（副田『兼六園の歴史』石川県中央図書館、出版年不明）。岸光景は兼六園を会場に定期的に開催された「蓮池会」（金沢の美術工芸振興研究会）とも深いつながりをもっていた。園内の勧業博物館、円中孫平ら市内の美術工芸関係者ともしばしば提携関係にあり、彼らがかかわる「温知図録」（図案貸し出し制度）を支えた中心的な図案家でもあった。(45)

さらに時代は下るが、水島莞爾は「像」の姿からして、これは彫刻家の作品ではなく、加賀狩野佐々木派の絵師・佐々木泉龍の線描とみている。その根拠として、泉龍の高弟であった津田南皐の日記ともいうべき『南皐聚録』のなかの記述や、泉龍の曾孫にあたる坂井正雄氏の証言などをあげ、泉龍が原型を画きあげたものだと結論づけたのである。(46)

ただし、これらの説は、いずれも決定的な論証に欠け、明治紀念之標の図案選定に関する記録もいまだに確認されていないことから、原型を作成した人物が果たして誰であるのか、今日でも断定するまでにいたっていない。(47)

（4）　北陸巡幸と明治紀念之標

◆巡幸の時代

図2-23 「北陸東海御巡幸石川県下越中黒部川図」錦絵

一八七八(明治一一)年八~一一月、北陸・東海巡幸が実施された。当然金沢にも若き明治天皇が行幸、市内を巡る。このとき兼六公園に立ち寄ったことが、翌々年の日本武尊像の建造に大きく影響したのではないだろうか。以下、この点に関して若干の私見をまとめてみたい。

明治維新以降、明治天皇がはじめて北陸に足を踏み入れたのは、一八七八(明治一一)年秋の北陸巡幸のことであった。この年八月、天皇は東京を出発、金沢には一〇月二日に到着した。その後、小松、丸岡、福井、今庄を訪れたのち、一一月に帰京している。

一八七二(明治五)年から一八八五(明治一八)年にかけて行われた、いわゆる明治天皇の六大巡幸は、北海道から九州までほぼ全国に及ぶ。七二年の近畿・中国・九州へむけての巡幸を皮切りに、七六年の奥羽巡幸、七八年の北陸・東海巡幸、八〇年の山梨・三重・京都巡幸、八一年の山形・秋田・北海道巡幸、とんで八五年の山陽道巡幸である。明治の前半は、まさに「巡幸また巡幸」の時代であった。そして、これらの巡幸によって明治天皇は近代化の途上にある地方の実情を直接うかがうことができ、一方、天皇一行を迎える民衆は、目の当たりにした天皇をシンボルとして、新しい時代を実感したのである。

◆北陸巡幸の概略

石川県立歴史博物館所蔵の錦絵「北陸東海御巡幸石川県下越中黒部

川図」(三島雄之助画／図2-23)は、明治巡幸のおりの鹵簿《ろぼ》の有り様を描いたものだが、これをみれば、地方警部、騎兵、近衛仕官、大臣参議、宮内卿等を前後に引き従えた、「ミカドの行列」の威容がよくうかがえる。このとき明治天皇は、右大臣岩倉具視ら随行者七九八人、乗馬一一六頭という大行列をくみ、信濃路を高田へぬけて、いったん新潟・長岡へ赴いたのち、九月二八日、越中新川郡境川に到着、石川県(当時、富山県域は石川県管下)に入って、桐山純高県令らによる奉迎をうけた。以後、魚津、富山、石動《いするぎ》を経て、一〇月二日金沢に。金沢市内では、南町の中屋彦十郎宅に宿泊。三日は石川県庁、師範学校、裁判所、勧業博物館、第七連隊の上野練兵場、大手町の医学館などに臨行。翌四日は、第七連隊の金沢営所、公立中学師範校、撚糸会社・製糸会社・銅器会社を見学した。その後、天皇一行は小松、丸岡、福井、今庄と巡り、敦賀から滋賀・京都へ立ち寄って、東海道経由で一一月九日に帰京している。数カ月にわたる旅程といい、規模といい、この期の天皇巡幸のうちでも屈指の大行幸であった。

なお、天皇は行く先々でその土地の名望家の居宅を行在所《あんざいしょ》とし、開化の諸施設を巡覧した。はじめて見る天皇旗や天皇の馬車、近衛騎兵の姿は、人々に新しい時代の主人公が誰かを教えたことであろう。同時にこの巡幸は、通信設備や道路などの整備改良をもたらし、文明開化の一区切りともなっている(48)。ちなみに、生前の大久保利通は大阪遷都建白にあたって、「外国においても、帝王、国中を歩き、万民を撫育するは、実に君道を行ふものと謂べし」と指摘している。

ところで、この地方巡幸は、自由民権運動の高揚のなか人心の掌握のために企図されたものでもあった。石川県下への行幸の年には、五月に大久保利通暗殺事件、さらに直前には近衛砲兵隊の反乱(竹橋事件)もあって、天皇周辺はことのほか警戒心を抱いていたともいわれている。このためこの巡幸では供奉《ぐぶ》の文官武官三〇〇人余りに加え、とくに四〇〇人もの警察官が随行した。

いずれにせよ、明治前期の北陸巡幸は一連の地方巡幸のなかで最大のものであった。もとより、天皇の行幸はきわめてその時代の特徴を色濃く反映したものであり、この文脈にあって、北陸地方への巡幸は、当然その時点における北陸の政治的状況(警戒と順撫)を浮かび上がらせるものといえよう。

◆大元帥としての天皇像

こうしたなか、兼六公園(博物館=成巽閣)への臨行が行われるわけだが、その過程を検証してみると、軍人としての明治天皇像の形成と微妙に関係していることがうかがえる。その点をよく示しているのが行幸日程で、計画経路と実施された経路の微妙な差からこの間の事情を読み取ることができる。(49)

すなわち、「計画」(予定の行程)では、「前日」に、県庁、師範校、裁判所、公園、「後日」は、営所、医学校、中学校、撚糸社、製糸社、銅器会社とされているが(金沢市文化協会刊『明治行幸史料』中の「金沢駐輦中御巡覧所御道筋予定之図」による)、実際に行われた行程は同年一〇月二日金沢に到着し、南町の中屋彦十郎宅に宿泊。三日(=「前日」)は、県庁、第一師範学校、女子師範学校、金沢裁判所、公園(成巽閣で昼食)・勧業博物館、第七連隊の上野練兵場、大手町の金沢医学所などを訪問。翌四日(=「後日」)は、第七連隊の金沢営所、公立中学師範校、撚糸会社、製糸会社、銅器会社を見学しているのである。つまり、予定になかった第七連隊の上野練兵場が、臨行先に加えられたこともあり、天皇は巡覧第一日目の途中で、兼六公園内成巽閣(旧前田家別邸)で昼食をとることになったのである(事前の予定では公園は、第一日目の最終予定地であり、百万石の庭園を愛でる十分な時間がとってあったことと思われる)。

これに関して、和田文次郎編『明治天皇北陸巡幸誌』には、両日にわたる軍隊視察が以下のごとく明記されている。(50)

「上野練兵場に臨御」

金沢勧業博物館より県令が先導し、石引町を経て上野練兵場に臨御あそばされ、平岡《(芋作)》歩兵第七連隊長以下下士官等の奉迎を受けさせられ、各大隊の飾隊整列及び対抗運動等の操練を叡覧在らせられた。

「金沢営所に臨御」

西町元不名門より旧金沢城甚右衛門坂を登り名古屋鎮台金沢営所に臨御あそばさる。(中略)平岡連隊長が金沢屯営の由来等を奏上するを聞召して兵舎を巡覧あそばされ、(中略)士官に酒餞料七十銭宛を賜はり御小憩の後還御あらせられた。

以上のように、当初予定になかった小立野の上野練兵場(射撃演習場)の閲兵が、急遽日程に組み込まれ、これにより「大元帥」としての明治天皇は、連日軍隊関係の施設を親しく臨行することになったのである。

こうした経緯をふまえ、「明治紀念之標」の建碑を求める金沢区連隊長山口素臣の「建設懇願書」には、その意図が明確に示されている。(51)

金沢営所司令官山口中佐紀念標設立挙ニ付懇願書

金沢営所司令官陸軍歩兵中佐山口素臣ヨリ宮内省へ上申　十三年《(明治)》八月二十八日

(中略)恭ク惟ルニ、往年聖上北陸御巡幸鸞輿営所ニ臨御アリ、在営ノ輩一同咫尺ニ天顔ヲ拝スルノ栄誉ヲ辱フス。是レ実ニ千載ノ一時、其幸福何事カ之レニ若ンヤ。加之《しかのみならず》天歩無隈《くまなく》営中ヲ被為巡、生存教育ノ形状ヨリ兵食飲水ノ良否ニ至ルマテ親シク叡覧セラレ、真ニ至仁至慈兵ヲ待セラルヽノ優渥ナル、誰カ感泣襟ヲ湿サヽル者アランヤ。曩《さき》ニ戦死者ノ輩ノ如キ幸ニ生存ナラシメハ共ニ千載ノ一時ニ値遇シ、天恩ノ優渥ナルヲ拝載スヘキヲ、嗚呼何ソ生者ノ幸ニシテ死者ノ不幸ナルヤ。今生存ノ者ヨリシテ之ヲ見ル衷情共ニ語ルニ忍サルモノアリ。然リ而シテ適々《たまたま》紀念標設立ノ挙ヲ企ツ。(後略)

話は前後するが、ちょうど銅像の建造が完成に向かっているとき、山口は皇族像の建碑ということもあって、宮内省に下賜金を懇願している。宮内省庶務課の上申書からそれがうかがえる。

宮内省庶務課上申　十三年九月四日
金沢営所司令官山口中佐紀念標設立之挙ニ付懇願書進達候也
但賜金書抜供高覧候也
金百円下賜可然哉

これに対し宮内省では速やかに裁下され、以下の達しが下達された(52)。

宮内省ヨリ金沢営所司令官山口陸軍中佐へ達
十三年九月十一日
明治十年西南之役戦没者ノ為メ紀念標建設候趣被聞食、思召ヲ以金百円下賜候条該費へ御差加へ可有之候、此段及御達候也

明治天皇(と政府)は、巡幸直前の近衛兵の反乱(竹橋事件)の衝撃もあってか、「無限営中ヲ被為巡、生存教育ノ形状ヨリ兵食飲水ノ良否ニ至ルマテ親シク叡覧」するという配慮で兵と接した。これに対し金沢の将兵は「真ニ至仁至慈兵ヲ待セラル、ノ優渥ナル、誰カ感泣襟ヲ湿サ、ル者アランヤ」という心情で応えている。宮内省も「紀念標建設」に対して、「金百円の下賜」をただちに認めた。すなわち、今、現在生きているものが天皇の北陸巡幸の際に十分に優待されたのに対して、死者の不幸を捨てておくことはできない。天皇が死者を顕彰し、その栄光を後世に伝えることが、まさに「明治紀念之標」建碑の目的だったのである(53)(一方で、明治の御代を末長く記念するとの意味も)。なお、このとき明治天皇は侍従高辻修長を遣わし、卯辰山招魂社に宣命を奉じ祭祀料二五円を下賜(九月二五日)していることも付記しておきたい(54)。

ところで、ここに登場する金沢区連隊長の山口素臣は、さきに紹介した大津三井寺の西南戦争紀念碑の建立に際し、大津営所司令官(少佐)として紀念祭の祭主を務めた人物であった。大津の時は当時の県令・籠手田《こてだ》安定とともにこの紀念碑の建立を主導し、碑文に「今生き残って勲功を授与されたものは感慨を感じ、往時を思い起こして碑を建てて死者の魂を慰める」と記している。今日の平和や安定が天皇の威力によってもたらされることに加え、「非命の死を遂げた戦死者の霊魂」を追憶し、慰撫することの重要性を一貫して説いていたのであった。(55)

明治天皇の北陸巡幸と軍事視察(明治天皇の大元帥イメージの形成過程)(56)については、巡幸直前の竹橋事件(近衛兵の暴動事件)(57)の影響をふくめ、別に機会を改めて検討するつもりだが、ここでは金沢の臨幸に関わる次の二つのエピソードを紹介しておきたい。

まず、西南戦争において重症を負い両眼を失明した歩兵中尉富樫高明に対し、明治天皇は特別に下賜品を与えている。すなわち、このとき「行在所に参し天機を奉伺した」富樫に対し、「前年西南の役に少尉を以て戦に加はり、銃丸双眼に入つて失明したのを深く憐愍せさせ給ひ、思召しに依り」、大山陸軍少輔を通じて翌日平岡歩兵第七連隊長をその邸に遣わし、「金五十円並に白羽二重一疋を下賜」しているのである。(58)

また、金沢営所に臨御する前日、岩倉具視は「思召しを奉じ」、屯在兵で罪を犯して懲罰に処せられている者を釈放(特赦)している(「金沢営業所屯在兵之内犯罪有之懲罰令ニ拠リ、現今処断中ノ者ハ今般御巡幸ニ付特別ヲ以テ右懲罰可差免此旨達候事　明治十一年十月三日　右大臣岩倉具視」)。こうした小さな配慮が逸話となり、大元帥天皇の権威と親密さを印象づけていったのである。(59)

以上の背景のなかで、「日本武尊」のイメージが、西南戦争の危機をのりこえ全国を精力的に巡幸しつつある、若く勇ましい「軍人天皇」イメージの定着に効したといえるのではないか。さきにみた加賀の地名伝説からしても、明治初期の金沢人のなかに、日本武尊に対する一定の親しみがあったことは、容易に想像できる。こうしたさまざまな事情の結果として、明治紀念之標が「日本武尊像」として創設される契機が形づくられたのではないだろうか。いずれにせよ、兼六公園の日本武尊像は、日本における銅像記念碑の起源であるとともに、近代における戦没者慰霊／顕彰碑の原形のひとつであると特筆しうるのである。

(5) 日本武尊像が語るもの

◆日本武尊と近代――「記紀」の近代史

「明治紀念之標」＝日本武尊像は、近世大名庭園の代表格のひとつ兼六園の一等地に、明らかに「近代」のシンボルとして建造されたものであった。とすれば、その図像のモチーフは、「記紀神話」の逸話からとったものとしても、あえて「記紀神話」をもちだした背景そのものが問題とされなくてはならない。この点『兼六園全史』をはじめとする従来の類書は、神話や伝承自体の紹介に終始しており、その意味するところに踏み込んだものはまずみられない。つまり、一八八〇（明治一三）年という段階で、なぜ「西南戦争戦没者慰霊碑」の図像に「記紀神話」、とりわけ「日本武尊」の図像を選択しなければならなかったのか。この点について、当時の発起人や関係者の意図を史料からたどることは難しいが、明治一〇年代の日本人の精神風土として「記紀神話」がいかなる位置をしめていたのか、整理しておきたい。

近世後期、とりわけ幕末から明治にかけて、国学の普及とともに国粋主義が高揚するにつれて、おそらく「記紀」の受容も地方の知識層をはじめ一般に浸透していたものと想像される。たとえば、神武天皇をはじめとする神話時代の天皇に関しても、近世尊王論が勃興するや、天皇奉祀の神社や山陵の修補が唱えられ、実際に各地で史蹟の整備が進められるのである。こうした背景を基盤として、明治政府は新政の大本を神武天皇の創業の事績に則ることとなったのであろう(60)。

この過程で、儒学、国学から、江戸後期の海防論者、経済政策家（たとえば、加賀藩とも関係の深い海保青陵や本多利明らなど）、さらには蘭学の思想をうけたものにいたるまで、知識人の物の考え方のなかに、日本の神代や建国についての観念が、尚古思想として深く影響していたことは、しばしば指摘されるところである(61)。少なくとも為政者や知識人のなかには、「日本国は神の国である」という思想は、かなり浸透していたものと思われる。ただ、こうした観念や知識が、一般の庶民にまで及んでいたかについては、いまひとつ定かでない。しかし、幕末期の「お蔭参り」や「ええじゃないか」にみられる天照大神や神道系民間信仰の流行にはじまり、「王政復古」をへて、維新初期の「紀元節」の制定（明治五〜七年）、教部省・大教院体制のもとでの神道系活動家の啓蒙などによって、「神武創業」の新政下での人々の「記紀神話」に対する理解も、明治一〇年代には（通俗的であったにせよ）一定の浸透と広がりをもっていたのではないだろうか(62)。

さらに、この傾向は明治一〇年代以降、急激に加速する。自由民権運動の高まりに対抗して、政府は教育政策を転換。一八七九（明治一二）年には欧化主義的教育を批判し、「仁義忠孝」を明らかにする儒教的徳育の重視を説いた「教学聖旨」が天皇の名で宣せられ、翌八〇年には、文部省内に設けられた編集局の局長・西村茂樹により儒教的道徳をかかげた『小学修身訓』が編纂・刊行される。さらにその翌年には、「尊王愛国」を基調とする「小学校教則綱領」が制定され、修身教育の基本は万世一系・天壌無窮の国体観に立つ尊王愛国の精神の養成にあると規定された。「小学校教則綱領」では、歴史教育から外国史は排除され、とりわけ記紀の神話が歴史教育の中核に据えられるようになる。かくして、万世一系・天壌無窮の天皇制国家が法的にも思想的・宗教的にも強化されてゆくのである(63)。

こうした前提のなかで、「日本武尊」は、近代社会においてどのようなイメージでとらえられていたのであろうか。おそらく、日本最初の人物銅像（モニュメント）として創建された際に、一般の人々がほぼ共通に認識し、受容されていた日本武尊のイメージが存在していたのではないだろうか。むろん、さきにふれたごとく金沢に特殊な事情（加賀の地名伝承等）があったにせよ、こうした明治一〇年代の社会に一般的な認識を背景として、碑の図像に「日本武尊」が選ばれたと推察されるのである。

◆明治一〇年代の日本武尊イメージ

日本武尊は、景行天皇を父とし、播磨稲日大郎姫《はりまのいなびのおおいらつめ》を母として生まれた。名を小碓尊《おぐなのみこ》といった。「景行紀」の伝えによれば、「幼くして雄略《おお》しき気有《いきま》します。をとこざかりに及《いた》りて容貌魁偉。身長一丈、力能く鼎を扛《あ》げたまふ」とある。また、銅像との関連では、以下の伝承が知られている。

天皇は、日本武尊（小碓尊）を九州の熊襲建《くまそたける》の討伐にむかわせる。武尊は「御室楽《みむろのうたげ》」（宴会）のとき姨の倭比売命からもらった衣装を着て女装し、懐剣をもって酔った熊襲建兄弟を刺す。弟の方が死ぬ時にヤマトタケルノミコトの称号を贈られたという（『古事記』では「倭建御子」、『続日本紀』では「日本武皇子」と記す。近年の研究では、ヤマトタケノミコトと呼称すべきという説もある）。

古代史家の解釈では、日本武尊の神話は、ヤマト（朝廷）の戦略的拡大を伝承の背景に、一人の人間の生涯として描いているところに特徴があるという。この点は、とくに『古事記』の場合が顕著であり、「景行記」の大部分はあたかも日本武尊の一代記の観を呈しているかにみえる。いずれにせよ、日本武尊の伝承は、本来ヤマト国家の成長にともなう皇族将軍等の軍征に関する伝承がその原話となっていたであろうことは、伝承の舞台から推察可能であろう(64)。

また、記紀の伝えるこの皇子は、日本の歴史上最も愛された英雄像のひとつで、そのためにその遠征の伝えられる地方はもとより、経路を延長してその遠征・滞在の説話がつくられていることはよく知られる(65)。加賀でも、さきの「加賀国名」伝承に加え、河北郡津幡町の白鳥明神の縁起に「加賀国加賀郡加賀爪村鎮座日本武尊の神霊

白鳥明神と奉称由、其証顕然たり」とあるように、加賀爪村の地名伝承としても残されているのである。(66)

一方、図像に関していえば、日本武尊は時代を越え後世にいたるまで絵画・文芸の題材となっており、たとえば、金沢の「明治紀念之標」の原図作者の一人とされる、前述の佐々木泉龍(加賀狩野派佐々木家の絵師)がその下絵を画くにあたって参考にしたのは、実は、天保七(一八三六)年に菊池武保が著した刊本『前賢故実《ぜんけんこじつ》』に掲載された、日本武尊の画像なのであった(ちなみに描かれているのは像のモデルとなった熊襲征伐のおりの女装像)。この『前賢故実』には日本武尊のほかにも、野見宿禰や神功皇后など記紀神話の人物が描かれ、これに人物の代表的な逸話が添えられており、幕末・天保期の段階でこれら神話の人物イメージが、刊本の図像として一般に流布していたことがうかがえる。

ここで強調したいのは、一八八〇(明治一三)年の段階で、西南戦争戦没者の慰霊碑のモチーフに、ほかでもない天皇制「神話」を引いたことである。つまり、近代天皇制の形成過程のなかで、曲折はあるにせよ、記紀神話のイメージが、確実に社会に定着しつつある様をうかがうことができるのである。こうしたなかで、慰霊されるべき戦死者の性格規定や当時の社会の雰囲気(より限定すれば碑の建設の意味)を、日本武尊という図像に集約・反映させせんとする意図が存在したのではないだろうか。日本武尊の聳え立つ姿からは、そのような憶測が芽生えてならないのである。

◆「日本武尊」信仰

もともと、古代史家が指摘するように、ヤマトタケルという名前はもちろん実名ではなく、「ヤマトに住むタケル(勇者、勇猛な武人)」の意味であって、あくまでも普通名詞として認識されるものである。クマソタケルやイズモタケルのごとく、上に地名を冠すれば、幾人もの勇者の名前が出来上がるわけであり、ヤマトタケルという名前も、決してひとりの人間に占有されるものではなかったと考えられる。すなわち、実際には、大勢の名もなきヤマトタケルがいたはずであった。彼らの身分や年齢は実にさまざまであったろうが、それぞれ「治天下大王」(景行天皇)の命令のもとに各地を転戦、あるいは遠い異郷の地で陣没し、ヤマトに生きて帰ることがなかった者も多数いたであろう。だとすれば、「ヤマトタケル」とは、遠山美都男がいうような「名もなき武人たちの集合霊的な存在」と見なしてよいものと思われる。換言するならば、「ヤマトタケルの物語というのは、このような多数の無名戦士の墓碑銘のようなもの」だったのである。(67)

いずれにせよ、羽賀が、戦争記念碑に関して問題とすべきテーマとして「記念碑が立てられた場所、すなわち顕彰・慰霊の空間の問題がある」と指摘するように、慰霊碑が建てられた場所そのものが顕彰と慰霊の空間としての役割を果たすことを、金沢の兼六公園・明治紀念之標は、如実に語ったものといえるのである。(68)

◆日本武尊と明治天皇

大衆にとっては疎遠な「見えざる存在」としての天皇を、視覚的に造形化することの意義とは何か、ということを改めて考えてみたい。その際「軍都」豊橋において、日清戦争後に、(実現しなかったにせよ)明治天皇像を安置した戦勝記念碑を提案していることは注目に値する。羽賀の紹介によれば、それは「円筒形の銅碑に「大勝利紀念碑」という文字がみえ、その上に馬上の天皇が剣を抜いて前方を凝視した姿を描いたもの」であったという。(69)

この記念碑計画の解説によれば、「世界列国を驚嘆させた英文英武なる天皇と忠良無双なる国民の空前な大事業を表彰するために、明治天皇銅像記念碑が必要」であると論じているのである。大元帥として軍隊を統括する明治天皇が、戦勝軍人のシンボルとして銅像のモデルに最もふさわしいと考えたのだろう。さきにふれたごとく明治維新は神武創業を理念とし、神武天皇の建国を先例とした「第二の建国」であることが意識されていた。このため、祭祀や紀年法(神武紀元)など、神武天皇にかかわる制度が整備されていく。つまり明治天皇と神武天皇がダブルイメージでとらえられていたのである。一八九〇(明治二三)年には金鵄勲章が制定され、橿原神社の創建がこれを象徴するものであった。その際日清戦争は「神武天皇の東征」をしのぐ大事業だという認識があったことはいうまでもない(70)。

羽賀が指摘するように、豊橋の明治天皇銅像記念碑の計画が神武天皇銅像に変更された経緯についても、もちろん厳密な考察が必要だが、少なくとも明治二〇年代は神武天皇が立憲国家のシンボルとして注目をあびた時代であったことは間違いない。しかも、この場合の天皇は、日清戦争を経て軍人・大元帥として威厳を深めた明治天皇のイメージに重なる、四〇代の「成人天皇」像であった（豊橋の神武天皇像の顔付きは、明治天皇をモデルとしたという説もある。その後、神武天皇の姿は小学校の教科書の挿絵などを通して、一定のイメージに固定されていった）。これに比べ、金沢の民衆の目に触れた天皇は、一八七八（明治一一）年の大巡幸で北陸に立ち寄った若き明治天皇、すなわち、まだ二〇代の初々しい「青年天皇」（イメージとしては若き皇族）だったのである(71)。

天皇の容姿が視覚化されて一般的に認識されるのがそれほど古い話ではないことは、近年の明治天皇をめぐる身体論・図像論が明らかにしてきた(72)。そのうえで、「目に見える形で功績を現した存在が神本来の姿」として表現されるとすれば、その威力は一層増すことになる(73)。換言すれば、そうした存在、語り継がれるような具体的な人格であるからこそ、人々は「威力あるもの」として感心することができるのである。こうしたモチーフも「明治紀念之標」（含意としては「明治天皇行幸紀念標」）が「日本武尊」像として建造されるにいたった背景のひとつだったのではないだろうか。

図 2-24　明治紀念之標鏡石

◆有栖川宮家と前田家

なお、天皇家（皇族）といえば、石積みのほぼ中央に据えられている縦二メートルあまりの巨大な〝鏡石〟に大書された「明治紀念之標」の陰刻の主は、皇族有栖川宮熾仁《たるひと》親王である（銘文は、「陸軍大将兼左大臣議定官二品大勲位熾仁親王書」(74)）。熾仁親王は、「皇女和宮」降嫁事件の悲劇の主人公として、また、戊辰戦争の東征大総督としてよく知られるが、西南戦争においても「征討軍総督」に任ぜられた皇族であった（のちに参謀本部長、陸軍大臣を歴任）。ここにも、皇族男子＝軍人というイメージの付与が色濃くみてとれよう。

有栖川宮家と前田家が特別の関係にあったことは、あまり知られていない。最後に、「日本武尊像」のモチーフとも微妙に関係するこの事情について、若干付け加えておきたい。というのも、熾仁親王の世嗣である威仁《たけひと》殿下の妃は、一四代藩主前田慶寧《よしやす》の第四女慰子《やすこ》で、一八七六（明治九）年に婚約し、「明治紀念之標」が完成した年の一二月に嫁いでいるのである。すなわち、日本武尊像の完成した一八八〇（明治一三）年一〇月は、成婚の二カ月前ということになる。標碑の揮毫にあたって、この人脈が有効に使われたことは想像に難くない。まさに題字を残すには、二重の意味で適切な人選であったといえよう。

これよりさき一八七九年四月、明治天皇と皇后は二日間（一〇日・一八日）にわたり東京本郷の前田邸に行幸している。これを奉迎して、かつての加賀藩一三代藩主前田斉泰《なりやす》は、得意の能を天皇の前で演じている（斉泰の能への傾倒は並大抵のものではなく、「能楽」という用語も岩倉具視の求めに応じて斉泰が考案したものと伝えられる。また斉泰が、幕末以来かなりの尊王思想の持ち主であったことも指摘されている）。

『明治天皇紀』明治一二年四月条によれば、「十日（中略）午後十時三十分、具視（岩倉）・重信（大隈）・馨（井上）等を随へて還幸の途に就かせられ、蹕を本郷区本富士町華族従四位前田利嗣の邸に駐めたまふ、熾仁親王及び太政大臣三条実美等亦利嗣の招請に応じて至る」「十八日（中略）皇太后・皇后、午前八時三〇分青山御所御出門（中略）途上駕を従四位前田利嗣の本郷の邸に枉げたまひ、能楽を御覧あり、午後十一時還啓あらせらる」とされる。

このときの光景が、両日を融合した形で（実は天皇と皇后は別の日に行幸啓しているので）、錦絵「前田家繁栄之

図2-25 「前田家繁栄之図」

図」(楊州周延画、北尾卯参郎版/図2-25)に描かれ流布している。この画面には、「安宅」を舞う斉泰、中央の天皇皇后を挟んで、右手に三条・岩倉ら政府の顕官、左手に当主前田利嗣(慶寧は明治七年に逝去)をはじめとする前田家の一族、とりわけ前田家の姫君たちが艶やかに描かれている。天皇・皇后はともかく、観客のなかでひときわ目立つのは、右手中央近くの有栖川宮であろう(名前の標記も別枠となっている)。このときすでに、有栖川宮家と前田家の婚儀は進捗し、熾仁親王の弟宮、威仁親王(のち宮家を継ぐ)と前田慰子(慰姫、画面では左から三人目)の成婚を翌年に控えていた。こうした事情も画面の構成に表われていたのではないか。二人の婚礼が翌年の一二月ということを考慮すれば、この臨行の宴が両家の懇親の席であったという見方も、それほどうがったものとはいえまい(75)。そういう意味でも、この前田邸への天皇臨行の栄誉は、長きにわたる徳川家との姻戚関係で権力を保持してきた「百万石大名」が、維新を契機に皇室(皇族)との姻戚関係を結ぶにいたったことを明示する、「前田家繁栄」の慶事であったにちがいない。

とすれば、前田家にとって、「日本武尊像」に託したイメージは、もちろん表向きは西南役の犠牲者、かつての加賀藩の将兵たちを慰撫する武人像であったとしても、含意に、二年前の一一年一〇月に兼六園を訪れた若き明治天皇の面影や、あるいは征討軍総督として題字に揮毫をいただく有栖川宮熾仁親王、さらには威仁親王のイメージが重ねられたとも考えられよう。

(6) 勤王紀念標の建設

◆勤王紀念標と元治の変

前項では明治前期、兼六園に建立された日本武尊像の背景を分析した。一方、かつて兼六園内には、日本武尊像のほかに、もう一基銅像が建っていた。場所は現在の梅林、以前は「長谷川邸跡」として知られた広場の一角である。像は前田慶寧《よしやす》の全身像であった。この銅像、つまり記念碑は、正式には「加越能維新勤王紀念標」(吉田三郎作)といい、時代が下った一九三〇(昭和五)年一二月一四日に建造されている。写真でみるように、立派な台座を持ち(図2-26)、台座の銅板には「殉難志士」の氏名が刻まれていたという。これよりさき、一九三九年四月、東京の加越能郷友会が、「元治甲子の変」(加賀藩末期、元治元〈一八六四〉年の一連の政変。いわゆる元治の変)のおりの「加越能三州の志士、殉難者」を慰霊するために建碑を発起し、これを母体として「昭和戊辰大典紀念加越能維新勤王家表彰会」と称する協賛団体を結成、目標総額七万円の寄付を募って建造したものであった。ちなみに、表彰会の委員長には男爵・木越安綱が推されている。木越は石川県出身者として初めて大臣となった陸軍軍人である。

さて、この紀念標のモチーフとなったのが、衣冠をまとった一四代藩主前田慶寧の像であった。いうまでもなく慶寧は、一三代藩主斉泰《なりやす》の嫡男であり、慶応二(一八六六)年四月の斉泰の隠退により、加賀藩最後の藩主を継いだ人物である。母は一一代将軍徳川家斉の娘・溶姫。明治二(一八六九)年六月版籍奉還にともない、金沢藩知事に任命され、同四年七月廃藩置県の命を受け、藩知事を辞して同年八月東京へ移住している。藩主として四年、藩知事として二年、合わせて六年、幕末維新の動乱期の治政にあたった。

一般に幕府寄りの父斉泰の方針を勤王に転換したことで知られるが、一方で、旧制を改めて新政に対応し得るように努め、たとえば軍制に関しては洋式兵制をも取り入れるなど、開明的な姿勢もみせた。以下、この像の建碑の事情とその後の経緯を、幕末の政局を引きながら紹介してみよう。

そもそも「元治の変」とは何か。幕末期、佐幕だ倒幕だ、あるいは尊王攘夷だと揺れる政局のなかで、加賀藩の藩論も一向に定まらず、藩主斉泰、世嗣慶寧はその舵取りに苦慮していた。こうしたなか、元治元(一八六四)年に参議会議が「長州征伐」を示唆したのに対し、「公武一和」にたがうとする側近の批判を慶寧が受け入れ、藩主斉泰の名でこれに反対する「建白書」を

図2-26　加越能維新勤王紀念標(前田慶寧銅像)

提出する。その後、慶寧は藩主名代として上京(五月)、幕府に対しては「征長反対」、長州に対しては「朝廷服属」を説得し事態の収拾を図った。この間、慶寧側近の勤王派は、密かに長州の志士らと連絡をはかり、いったん事ある場合には、天皇を加賀藩領近江海津(現、滋賀県高島市マキノ町)へ移し、ともに戦う旨の密約までしていたという。同年七月一九日、いわゆる「禁門の変」が起こり、加賀藩も出兵。この時点で、もはや「幕長周旋」の効も虚しくなったと判断した慶寧は、病気を理由に自らが近江海津に退去してしまったのである。

この慶寧の行動は、結果的に幕府の「禁裏警護指令」を無視し、長州と結託したものと見なされることになり、加賀藩は窮地に陥る。そのため斉泰は、慶寧を謹慎させ、不破富太郎・千秋順之助ら側近の勤王派や在野の攘夷運動家をとらえて、四〇余名を切腹以下の刑に処したのである。かくして加賀藩の尊攘派は壊滅。この一連の騒動を、加賀では「元治の変」と呼んでいる。加賀藩にとって、尊王倒幕運動主流への唯一の参加機会であり、以

後の幕末政局のターニング・ポイントであったと評されている。

この「元治の変」の記憶をとどめるため、処刑された「加越能三州ニ於ケル勤王志士」、すなわち加賀の尊王派三三名の名を銅板に刻み顕彰するために建てられたのが、兼六園内の「加越能維新勤王紀念標」(以下、勤王紀念標と略す)だったのである。[76] そうした意味では、戊辰戦争(北越戦争)から西南戦争にいたる明治維新のいかなる機会にも公式には顕彰されなかった、旧加賀藩士の慰霊と顕彰を果たした政治的な記念碑という点で、「明治紀念之標」と意味合いとしては相通ずるものといえよう。以下、この「勤王紀念標」が、昭和初期にいたって建造された経緯(後述するようにその運動は明治期から存在した)、あるいはその背景について、「明治紀念之標」の系譜を確認しておくためにも若干の紹介を試みたい。

◆勤王紀念標建設の経緯

金沢市立玉川図書館の近世史料館に、勤王紀念標に関する一連の文書(簿冊)が残されている。[77] 横地家による寄贈である旨の記載から、建碑の中心であった横地永太郎の旧蔵文書であったことがうかがえ、「勤王紀念標」の建設経緯を語る貴重な一次史料である。ちなみに中田敬義編『加越能維新勤王史略』(加越能維新勤王家表彰会、一九三〇年)の叙述も多くをこの文書によっている。「明治維新勤王家表彰標建設関係文書」と名づけられたこの簿冊のなかに、「勤王紀念表彰標建設趣旨書」があり、ここから勤王紀念標の建設経緯が概略明らかになる。[78]

これによれば、同碑は、金沢の有力者・横地永太郎が「当時ノ世相ヲ非常ニ概嘆」し、加賀藩の勤王家を表彰する石碑を建立せんと奮起したことに端を発するようである。横地のいう「当時ノ世相」とは、第一次世界大戦後の、「急激ナル好景気」に沸き「黄金崇拝ノ勢」がやまず、「人心頽化シ腐敗其ノ極ニ達シ奢侈ニ耽リ遊惰ノ気風ニ流レ」る風潮をさすものであった。加えて「危険思想ノ横行」をみるにいたりつつある社会状況を危惧するものでもあったろう。このため「世相ノ悪夢」を覚醒させ、永遠に「国民思想ノ標識」とすべく、一九二八(昭和三）年九月一五日、同志と協謀、七名（横地永太郎、大友佐一、中杉龍馬、吉尾和三、広瀬道太郎、西野三郎、大垣理吉）からなる実行委員会を結成、第一回会合を開催したのである。その後、水島辰男、後藤昔壮ら、在郷軍人の同志を加えて会合を重ね、翌二九年一月には事務所を上松原町の大友佐一宅に移し、同年二月金沢警察署に基金募集願を提出、同年三月に建設許可を受けるにいたる。これを契機に同会は、「趣旨書」を頒布して広く賛同者を求め、一方で三月二六日、金沢市役所に旧金沢城百間堀地内での表彰碑建設敷地願を提出したのである。

なお、さきの「趣旨書」によれば、横地が建碑を発起したのは、これよりさき一九二七（昭和二）年七月に、紀尾井町事件の首謀者島田一郎らの五十年祭が野田山の墓前（実は慰霊碑だが）で盛大に行われたことが契機となったという。この点も興味深い背景といえよう。

◆勤王紀念標と日清戦争

幕末勤王家の慰霊と顕彰のための建碑の発議は、実はこのときが初めてではなかった。そうした事情は、さきの「勤王紀念表彰標建設趣旨書」のなかからもうかがえる。たとえば、「建設経緯」の後段には、「水島、後藤ノ二氏ハ退役軍人ニシテ日清日露ノ戦没者モ合セ石碑建設センコトヲ唱ヘタリ」とか、「一時（日清・日露戦争の）二碑建立ニ決議セシモ、多方面ノ意見ニ依リ先ヅ勤王家ノ石碑ヲ建立シ、（中略）後チ機会ヲ見日清日露ノ戦没者碑ヲ建立スルコト」などの記述がある。結局、このとき（昭和初期）は「二碑同時建立ノ議決裂スルニ及ビ、後藤ハ自己ノ主張貫徹セザリシヲ理由トシテ同会ヲ脱退セリ」とあるように、碑の建設は実現しなかったのだが、こうした要求の背景には「前史」があった。

というのも、「勤王家慰霊顕彰碑」建築の機運は、日清戦争の前から存在していたようなのである。具体的には、一九三〇（昭和五）年三月、石川県社会課長に提出された「勤王家表彰事業経過」に、「加越能三州ニ於ケル勤王志士ノ為ニ表忠碑ヲ建設セントスル議ハ、先ツ明治二十七年、加賀藩ニ於ケル元治元年ノ殉難志士ノ為ニ建碑セントスル計画ニ初マリタリ」とあることで確認される[79]。しかし、この計画は、「当時日清戦役起リ、国家多事ニシテ一時中止スルノ余義ナキニ至」った。

さらに一八九七(明治三〇)年にも「再ヒ発議アリテ記念碑位地(設置位置——筆者注)ヲ金沢市尾山神社境内ニ選ビ、在京ノ有志林賢徳、加藤恒、石黒五十二、塩谷方圀等之ニ尽力シタ」のだが、この再計画も「途中不幸ニシテ幹部ニ逝去スルモノ等事故生ジ遂ニ中絶」したのである。

これらの、日清戦争後の建碑計画については、『久徴館同窓会雑誌』六九号(明治二七年三月二九日付)に詳しい経緯が記されている。同誌は、東京における石川県人会の機関誌のような雑誌で、明治前期の石川県関係者の事績をうかがうに便利なものである。ここには「元治殉難者紀念碑建設」というタイトルで、「殉難者ノ建碑ニ付趣意書」の全文が掲載されている[80]。また、碑の建設予定や事務手続の概略に関しては、金沢市立玉川図書館所蔵の「元治殉難者紀念碑建設予定並事務手続概略」が詳しい[81]。

前者によれば、これよりさき一八九一(明治二四)年に、不破富太郎ら殉難の志士たちが「官祀」に列せられ、「贈位ノ典」を受けたことが建碑運動のひとつの契機となったようだ。後者「事務手続概略」には、「此年公又贈位ノ特恩アリ、是ニ於テ天下始メテ加州此事アルヲ知レリ」とある。しかし、「栄典」は「固ヨリ歓フヘシ」とはいうものの、旧加賀藩士の名誉回復については、「猶未タ慊然タルノ憾ナキ能ハス」との感が強かった。このため「茲ニ同志相謀リ殉難者ノ為メニ一碑ヲ建テ」、彼らの事蹟を不朽に伝えようとしたのが、日清戦争時の建碑動機だったのである。ちなみに、このときの発起人には、南郷茂光、石黒五十二、中橋徳五郎、佐雙左仲、中田政義、桜井錠二、早川千吉郎、野口之布、林賢徳、黒川誠一郎、三宅雄次郎、北条時敬、斯波蕃、加藤恒、米山道生ら加賀藩関係の名士が名を連ね、前田家に関係した石黒五十二、林賢徳、加藤恒、塩屋《ママ》方圀が事務員(幹事)を務めた。

なお、寄付手続きは、「事務手続概略」に、「賛成加名者申込ハ成ルヘク五月尽日迄ニ別紙申込証票ヲ以テ東京本郷区本郷本富士町二番地殉難者建碑事務員会計主任林賢徳加藤恒両名ニ宛発送スル事」とか、「賛成加名者出金ノ方法ハ本年六月ヨリ翌年五月迄十二回ニ分割シ払込ムモノトス。但一時又ハ二、三回ニ纏メ出金スルハ随意ノ事」とあるように、実に念の入ったものであった。

また、この時点での紀念標建設場所は、「尾山神社境内」とされていることにも注目したい（第5項で述べたとおり西南役戦没者の尽忠碑も尾山神社境内に建てられた）。かくして、棄捐金の締切を一八九五（明治二八）年六月と設定し、醵金運動が展開された。しかし、この明治二〇年代の運動も、さきにふれた明治三〇年代の運動も、結局は記念碑の建造にまではいたらなかったのである。とはいえ、これらの過程からは、明治期を通じて戊辰戦争や西南戦争をめぐる慰霊碑の要求が、機運の波こそあれ、常に存在していたことがうかがえよう。

◆勤王紀念標の完成と撤去

勤王紀念標の起工式は、一九三〇（昭和五）年五月一七日、午前一〇時より兼六園長谷川邸跡北隅の建設地で挙行された。当日は、修祓式から鍬入れ儀式、玉串奉賛とすすんで祭式は終了した。建設工事は「前田侯爵家の多大なる後援、さらに先輩有志、三州出身者の賛同協力の下に」順調に進み、同年一二月一四日、竣工除幕式を挙行することとなった。

除幕式は兼六公園内の成巽閣東北の空地にて厳かに挙行された。前田侯爵（利為）はじめ阿部信行陸軍中将（陸軍大臣代理）、木越安綱委員長、京都三高校長、京都市会議員、石川県知事、富山県知事代理、第九師団長、裁判所長、金沢市長、高田市長、前田男爵（直行）、本多男爵（政樹）、商工会議所会頭、各官衙学校長、管区内在郷将校団、県市会議員、青年団、少年団、青年訓練所、中学校・小学校長、消防組合ほか、参列者総数千五百余名。大天幕内の式場は「立錐の余地なき盛況」を呈したという。

儀式は尾山神社宮司ほかによる修祓の儀が行われ、前田家の手によって除幕、威風堂々たる束帯姿の前田慶寧立像と台石の左右に勤王家氏名を刻んだ額面が厳然として現れ、一同、思わず拍手をしたという。こののち、担当者による工事報告、式辞、祝辞と続き、最後に遺族代表小川忠明の謝辞で終了した。また、引き続き慰霊祭に移り、標前の祭壇には紅白大鏡餅や盛菓子が供えられ、尾山神社宮司が斎主となり、降神詞、供餞、祝辞、玉串奉典、そして委員長挨拶。式後遺族および来賓は西町の市公会堂で茶菓宴に臨んだ。加えて市立図書館では維新勤王家遺品展覧会が三日間開催され、会期中一七〇〇余名の来観者を集め、盛況であったという。(82)

かくして明治半ばからの「郷土の懸案」であった加賀藩勤王家の記念碑が完成した。しかし、皮肉にもこの慶寧像は、建設後わずか一五年間ほどの命脈であった。というのも、終戦の一九四五(昭和二〇)年までには、完全に取り壊されてしまったからである。

一九四四(昭和一九)年、勤王紀念標は太平洋戦争下の戦時金属回収にもとづき、前田慶寧の銅像・志士たちの氏名が刻まれていた銅板とも軍用に供出され、台石も撤去されてしまう。精神論よりも物資対策のほうが、優先されたのである。ところが、この太平洋戦時下においても、同じ兼六園内に建てられていた日本武尊像は、結局供出・撤去の対象にはならなかった。なぜ、日本武尊像は撤去されなかったのか。この間の県当局の事情は、いまのところ詳らかにしえないが、全国的な傾向を鑑みれば「国家権力を誇示するために象徴(シンボル)として建立した「銅像」」に関しては、金属供出の対象から外される傾向にあったともいわれる。(83)まして、日本武尊像のような皇族の銅像を撤去することへの躊躇は、想像に難くない。

◆生き延びた日本武尊像

太平洋戦争を「生き延びた」日本武尊像は、戦後占領軍の撤去命令をも、かろうじて免れた。さきにふれたように、石川県下でも多くの忠魂碑・忠霊塔が撤去・破壊されるなか、兼六園の日本武尊像は一部関係者の尽力で破壊を免れ現在地に残されたのであった。すなわち、ＧＨＱ／進駐軍（石川軍政隊）が金沢に乗り込んだ一九四五（昭和二〇）年一〇月、兼六園に遊んだ軍政隊指揮官ヘーコック中佐は、剣をさげた日本武尊像を見るなり「武器を持った軍人像」であるとして、速やかな撤去を求めたという。これに対し日本側は、「この銅像は剣の舞を踊る女性の姿でありむしろ平和の象徴である」とか「西南戦争のように国民同士が争う悲劇を二度と起こしたくないという平和祈念の碑であり、台座の蛇・蛞蝓《なめくじ》・蛙の三すくみの石組みも互いに牽制して事を起こさせないという意味である」と「弁明」して、ことなきを得たという。ことの真偽はともかく、ＧＨＱの戦争記念碑政策に対する地域対応の一例といえよう[84]。

近年の関心の高まりにもまして、戦争記念碑研究に求められる課題は多様かつ広範に残されている。その際、ベトナム戦争碑に言及したマリタ・スターケンが指摘する、「記念碑をめぐる言説において、何が重要な兵士の物語かといえば、それは直接の戦争体験ではなく、戦後のかれらに対する扱いについてなのであった[85]」という分析は、日本における戦争記念碑研究にもあてはまる共通認識といえよう。そういう意味で、ものいわぬ戦争記念碑は、「兵士の物語」の語り部なのである。

第五節　慰霊と顕彰の都市空間

（1）　招魂祭と招魂祭場

近年、歴史的アプローチによって明らかにされつつある「慰霊・追悼・顕彰行為」の具体的事象として顕著なものは、各地域や軍の各レベルにおける招魂祭や戦死者葬儀（公葬）、そして招魂社の創建や展開の実態であろう。羽賀祥二は、「〈招魂〉という観念は、儒教・神道・仏教という個々の宗教信仰に関わらず、受容されていた哀悼・表彰の行為を観念していると考えることができる」と指摘し、「〈招魂〉・〈供養〉・〈紀念〉・〈顕彰〉という概念は、固有の宗教性とは別の次元に存在する国家的・社会的な意味を持つ死者・功労者への敬礼形式に関わるものであり、そこに日本近代の国民的心性があるのではないだろうか」とする。(86)

一方、白川哲夫は、「そもそも国家として統一的に「戦死者慰霊」を行う体制に関する発想が、日本に定着していなかった」と指摘し、靖国神社や各地方師団での招魂祭は「軍」の「慰霊施設或いは行事として受け止められていた」とする。その際、「殉難者」については、国家の基礎を築いた存在として「顕彰」の対象であっても、それは「閉じた範囲で祭礼されていただけであった」との興味深い問題提起をも行っている。(87) こうした議論をふまえ、金沢における兼六園の位置づけを考察してみたい。

（2）公園の広場と戦争イベント

兼六園と軍隊の関係の嚆矢は、「明治紀念之標」（以下「明治紀念標」もしくは、「紀念標」と略す）の建設であった。「日本武尊」を象るこの特異な銅像の意義については、前節で詳しく検証したが、同モニュメントは一貫して金沢における軍隊のシンボルと目され、銅像前の広場では各戦役の凱旋祝賀会や戦死者慰霊の招魂祭がしばしば催されたのである。(88) とくに、日清・日露戦争の凱旋に際しては、ことさら盛大な凱旋祭が催され、多くの人々が繰り出した。たとえば、日清戦争では、この広場に大旭旗を掲げ、縦横に縄を張って、同盟各国の国旗と紅白の球灯を何百となく吊し、集まった民衆は約一万人とされる。この際の情景は、泉鏡花の小編「凱旋祭」（一八九七年）に、生き生きと写されている（句読点、引用のまま）(89)。

> 紀元一八九五年―(ママ)月―(ママ)日の凱旋祭は、小生が覚えたる観世物の中に最も偉なるものに候ひき。知事の君をはじめとして、県下に有数なる顕官、文官武官の数を尽し、有志の紳商、在野の紳士など、尽く銀山閣といふ

倶楽部組織の館に会して、凡そ半月あまり趣向を凝されたるものに候よし。先づ巽公園内にござ候記念碑の銅像を以て祭の中心といたし、ここを式場にあて候。この銅像は丈一丈六尺と申すことにて、台石は二間に余り候はむ、兀如として喬木の梢に立ちをり候。右手に提げたる百錬鉄の剣は霜を浴び、月に映じて、年紀古れども銹色見えず、仰ぐに日の光も寒く輝き候。銅像の頭より八方に綱を曳きて、数千の鬼灯提灯を繋ぎ懸け候が、これをこそ趣向と申せ。一ツ一ツ皆真蒼に彩り候。提灯の表には、眉を描き、鼻を描き、眼を描き、口を描きて、人の顔になぞらへ候。

また、日露戦争では、一九〇五（明治三八）年一月一日、旅順陥落祝賀会がここで開かれ、参加者は二万人を数えた。さらに、同年六月一日には、日本海海戦の勝利を祝う大祝賀会があり、参加者は三万五〇〇〇人を下らなかった。このような集会が相次いで開かれたせいか、日露戦争ごろには、像の前に参拝者用の賽銭箱が置かれ、香もたかれていたという。

一方、一九一二（大正元）年一〇月二四日には、シベリア出兵から帰った第九師団の凱旋祝賀会を開催している。このときは、霞ケ池付近に模擬店一八店を建て、白前垂れの芸妓二〇〇人が愛嬌をふりまきながら接待した。このとき祝賀会に出席したという元歩兵第七連隊長伊佐一男は、「銅像の前に幕を張り、立食パーティー式の歓会だった。招待されたのは将校で、下士官たちは市内の活動写真館に無料観覧を許された」という。広場での軍隊のイベントは、戦争の凱旋祝賀だけにとどまらなかった。大正期には、陸軍大演習に際して、賜餞場《しせんじょう》にもなっている。(90)

羽賀祥二が指摘するように、兼六園も「近代都市祭典の成立」過程において「人々が集い、歓楽する場所」となっていったのである。こうした空間において、しかも「日本武尊にも通じる軍事的英雄」だと喧伝されることによって、戦死者の慰霊は達成されると考えられたのであった。(91)

(3) 明治後半～大正期の招魂祭

金沢では、明治二〇年代に入ると、兼六公園のなかで招魂祭が開催されるようになる。たとえば、日清戦争終結の翌年、一八九六(明治二九)年七月一八日付の『北國新聞』には、「兼六公園内明治紀念標前に、其招魂祭を挙行」という記事がみえる。ここからは、日清戦争後の招魂祭が、園内の明治紀念之標の前で開催されたことが確認されよう。これよりさき、明治二〇年代半ばころから、金沢の招魂祭は、卯辰山の招魂社とは別に旧城下の都心に位置する兼六園内で、大勢の民衆を集めて賑やかに開催されるようになった模様で、その賑わいは、当時の新聞記事からもうかがうことができる。まずは、その諸相を、年代を追って瞥見しておこう。

①一八八七(明治二〇)年五月「戦死者慰霊招魂祭」

兼六公園内の招魂祭が始まった。午前九時ごろには入りきれない人も多かった。九時四十分、練兵場から上がった火烽が再び上り祭式が終わると、東西新地の手踊りが始まり、練兵場では相撲が始まり賑わいとなった(92)。

②一八九〇(明治二三)年六月「招魂祭の景況」

金沢兼六公園における招魂祭が始まったが、ちょうど米価が高騰し貧民餓死に瀕せんとする柄にもかかわらずたいへんな人出となった。午前十時、祭式が終わると遊戯、餅投げ、角力、競馬、撃剣などが賑やかに行われ、公園内も終日にぎわった。貧民の飢餓状態はどこにあるのかと思われるほどであった(93)。

③一八九九(明治三二)年一〇月「金沢招魂祭の景況」

十月二十九日三十日両日を以て執行されたり、加越能三州の人士及第九師団の貔貅その英骨を馬骨に包み、其職に死せし人の忠魂を吊慰せんとす、金沢兼六公園明治紀念標前に陸軍の将校主催たり、祭式は碑前の社殿には二十九日午前八時神式を以て行はれ、午後浄土、真言、天台、曹洞合併、三十日午前は真宗、午後には日蓮宗の仏式を以て行はれ参詣者は非常に多く練兵場内には工業物などありしといふ、今や鉄道開通の故に遠近より来集する人甚だ多く、一列車毎に四、五百人の増加を見るに至れりといふ(94)。

④一九二六(大正一五)年一〇月「出羽町練兵場に一万人」

午前九時より出羽町練兵場内祭場に於て、昇神式、余興として午後一時から奉納撃剣、銃槍。五時三十分から邦楽の奉納演奏。十時野村練兵場で競馬。市中の人出、人気を呼ぶ手踊。第一日　午後物売りの声、手踊、相撲、競馬、ゴッタ返し、遠く鹿島郡御祖村からの獅子舞(後略)(95)。

以上のように、明治後期から大正期にかけての招魂祭は、草創期の卯辰山麓での儀礼的な様相(遺族・軍隊を中心に、一部市内の学生・生徒も参拝する小規模なもの)に比べて、きわめて祝祭的な要素を強めている点がみてとれよう。さらにこうした事態(とりわけ参加人数)に呼応して、招魂祭の祭事場所も「兼六公園」や「出羽町練兵場」などの市内中心部で開催されるようになり、一部、駐留部隊を中心とした儀礼的な参拝は残るものの、卯辰山招魂社の「慰霊空間」としての役割が、事実上失なわれていることがうかがえるのである。

(4)　招魂祭と明治紀念之標

このように、都市公園内で招魂祭が賑々しく開催され、その中心に社《やしろ》ではなく戦死者慰霊碑＝銅像があるという風景が、西洋文明の導入をへた明治二〇年代の、きわめて時代を象徴した有り様とはいえないだろうか。そして、その慰霊像が日本武尊像であったという点が、実に金沢の事例の興味深いところなのである。羽賀祥二は、愛知県下の事例から、「鎮魂のための社と石碑、それは町に生活する人々を眺める場所、人々のにぎわいと休息「郷土の自然に包まれた日常生活にもっとも身近かな場所のなかに配置されたのである(96)」と指摘しているが、金沢兼六園における明治紀念之標の性格は、まさにその要件を満たす「慰霊空間」の代表といえよう。

さらに、このような西南戦争の戦死者記念碑、多くは「明治紀念標」と名づけられたこれらの標碑が、しばしば招魂祭の祭場(依り代)に使用された事例は、金沢のみならず大阪、大津、名古屋等々、多くをあげることができる。たとえば、島根における西南戦争戦死者紀念碑などは、竣工式をかねて竣工の翌一八八九(明治二二)年五月、旧松江城において大規模な招魂祭が挙行されている。ここでは遺族、官員、学生生徒などおよそ四〇〇名余が参列し、参加した市民で旧城の公園は雑踏を極め、「未曾有の盛況」が松江全体を覆ったという。その松江城は一八九〇年、第五師団から払い下げを受け、その後公園として市民に開放されており、ちょうど金沢における兼六公園と明治紀念之標の関係を彷彿とさせる。(97) まさに、招魂碑としての「明治紀念標」が作り出した光景といえよう。

いずれにせよ、慰霊碑が建てられた土地(場所)が顕彰と慰霊の空間としての役割を果たすことを、金沢の兼六公園・明治紀念之標は、如実に語っているのである。(98)

結章

◆「兼六園」以前の兼六園

「日本三名園」として知られる兼六園は、江戸前期の創建以来、藩主前田家歴代により造園（拡張）を重ね、藩政末期にいたってほぼ現状に近い景観が成立したものである。もともと、加賀前田家の居城金沢城に付属した外園・外庭として整備され、五代藩主前田綱紀により作庭がはじめられた。この「蓮池御庭」が拡大発展して、今日みられる兼六園の形となったものである。園地がほぼ今日みられるような形になったのは、天保八（一八三七）年頃。「兼六園」命名時の藩主斉広（一二代）の没後ほどなくして、次代の斉泰が、父の建造した竹澤御殿を解体しつつ霞ケ池を拡張し、その掘り下げた土を盛って栄螺山を築いたあたりからである。こうしてみると、今日、われわれが愛でることができる兼六園は、江戸時代を通じてしだいに整備されてきたことがわかる。ここでは、「兼六園」命名をめぐる最新の研究にも触れながら、近世の兼六園の歴史を整理した。

◆「兼六公園」の誕生と「大名庭園」の創設

維新から文明開化期の旧城下町では、各地の大名庭園が市民公園・都市公園に変容していった。兼六園もまた、太政官指定公園として一八七四（明治七）年五月に開放される。以後、「庭園」として「兼六園」の旧名に復すのは、昭和も間近の一九二四（大正一三）年三月のことになる。この間、異人館や理化学校の建設、初めて電信を紹介した博覧会、洋食を始めた料亭酔紅館、公立では全国初の中等工業学校（県立工業高校の前身）の創設など、兼六公園は石川県の「文明開化」の舞台でもあった。すなわち、この間の半世紀が「兼六公園」の時代といえよう。「大名庭園」としての兼六園は、明治維新・文明開化のなかで市民の「公園」として公開・活用されるものの、明治後期~大正期には、藩政期の「景観」への回帰意識(修景・保勝)が顕著となる。この変化は、地域の「文化アイデンティティ」が、国家のそれと構造的に結合させられていく過程で生じ、「郷土愛」や「愛国心」が浸透しはじめるのである。また、一方で、公共緑地の保護、風景地の保全=「文化財」としての景観という理念が、開化期の「都市公園」創設に対抗して、「公園景観」の変容を求めた。その背景を保勝運動の主体となった「郷土史家」たちの意図や「著名造園家」のコミットを含め明らかにした。

◆慰霊・顕彰空間としての機能

一方、「兼六園」は、「軍都」金沢における、慰霊や顕彰の空間としても機能した。とりわけ、園内の二つの銅像(日本武尊像と前田慶寧像)は、その表象として極めて重要な意味を持つ。これらのモニュメントの周辺では、招魂祭や戦勝記念祭など、戦争に関係するイベントも頻繁に開催され、「国民国家」形成をめぐる地域的展開の様相を示しているといえよう。

「城下町金沢」をめぐる「藩政期の景観」のイメージは、近代における記憶と表象の多重性という問題を抜きに語ることはできない。そのことは、当の藩政期(近世)においてもいえることだが、とりわけ、明治後期から大正期にいたる過程で、とりわけ「兼六園」をめぐる人々の意図(期待、思い込み、行政政策や経営・消費の視点を含む)により、さまざまに創出されてきたものといえよう。いずれにせよ、「大名庭園」をめぐる記憶の再生・創出という契機は、実は、今日の金沢を語る価値観や傾向にも通底しているものと思われる。こうした「都市の記憶」や表象のあり方を、地域の実態にそくして分析する方向でさらに掘り下げていきたい。

(1) 長山直治『兼六園を読み解く――その歴史と利用』(桂書房、二〇〇六年)。なお、本書は「大名庭園」の近代的展開を分析することが主なテーマであり、近世期の兼六園については、近年注目されている論点のみを整理した。同園の近世的展開に関しては、長山の労作に委細が尽くされている。
(2) 注(1)長山『兼六園を読み解く』一五二~一五三頁。
(3) 本康宏史「ほくりく学　兼六園の謎①~⑥」(「読売新聞」二〇一三年一一月二〇日~一二月二五日付)、本康宏史「理想の名園、兼六園」(黒川威人編著『環境デザインという文明』前田印刷出版部、二〇〇六年)。
(4) 注(1)長山『兼六園を読み解く』一四一~一六一頁。
(5) 小堀桂一郎『靖国神社と日本人』(PHP新書、一九九八年)。靖國神社編『靖國神社百年史　資料編上』(原書房、一九八三年)。
(6) 編纂委員会編『兼六園全史』(石川県観光協会、一九七六年)参照。
(7) 『金沢博覧会品目』天地人(明治五年一〇月刊行)。龍野山人撰、若林香雲画、開化新聞付録。
(8) 「公園内の酔紅館」(川崎源太郎『石川県下加賀国金沢区迺部』大阪・龍泉堂、一八八八年)。なお、同冊子の金沢での取扱いは叢文堂・雲根堂で、通常『石川県商工便覧』と呼ばれる。
(9) 田中正夫『日本の公園』(鹿島出版会、一九七四年)一二一~一三〇頁。白幡洋三郎『大名庭園――江戸の饗宴』(講談社、一九九七年)九六頁。ほかに丸山宏『近代日本公園史の研究』(思文閣出版、一九九四年)。白幡『近代都市公園史の研究――欧化の系譜』(思文閣出版、一九九五年)参照。
(10) 小沢圭次郎『明治庭園記』(神田喜四郎編『明治園芸史』日本園芸研究会、一九一五年、所収)。
(11) 注(10)小沢『明治庭園記』参照。
(12) 以下、煩瑣になるが、重要な見解なので引いておこう。
何人の首唱に出でしか、日本三公園と称し、水戸の常盤公園、金沢の兼六公園、岡山の後楽公園を以て之に充てたり、(中略)兼六公園の天下の名苑たるや、固より論無し、岡山後楽園の景趣は、遠く栗林園に及ばざれども、亦佳園として視るべき所あるを以て、猶可也とす。水戸の常盤公園に至りては、天保年間に、景山公が経営せられし、偕楽園荒廃の地を割きて、之を公園と改称したれども、其地勢たるや、千波湖に俯臨せし、(中略)曠争でか兼六、後楽の二園と並称すべき園趣を具備有したる処ならんや、畢竟日本三公園の題目は、一笑をも値せざる俗評にして、所謂日本三景の呼称に擬したる拙挙なれば、具眼の士は、未だ曾て此説を取る者あらざるなり、（中略）岡山公園の景勝は、全く宏壮に失して、幽邃を欠きたる者なれば、其宏壮や、決して賞揚すべき所に非ざるなり、蓋し鉄槍は、両園共に、片時の嘱目にして、岡山公園は、元来幽邃の致に乏し園趣なるに、天覧後にて、清掃整潔、限界殊に瀟麗なりしかば、益す其宏壮を覚え、高松は、半園荒廃、乱草莽々たりしを以て、目境頓に堙塞を感ぜし者ならん、然れども、猶仮山の景色は、高松の方を勝れりと云ひしは、具眼と謂ふ可きなり（後略）。

(13) 注(10)小沢『明治庭園記』参照。

(14) 修学院離宮・桂離宮など皇室関係地は除く。なお、水戸の常盤公園（偕楽園）には、一八九〇（明治二三）年一〇月に皇后が訪れており、三名園に組み込まれたという（第三部参照）。

(15) 本康宏史「「加賀百万石」の記憶――前田家の表象と地域の近代」（『日本史研究』五二五号、五二～七六頁）二〇〇六年。

(16) 特別展『岡山城と後楽園』図録（岡山県立博物館、一九九九年）五九頁。

(17) 正岡子規『子規選集　第一四巻　子規の一生』（増進庵、二〇〇三年）。

(18) 注(1)長山『兼六園を読み解く』二七五～二七六頁。

(19) 詳しくは、本康宏史「「城下町金沢」の記憶」（高木博志編『近代日本の歴史都市――古都と城下町』思文閣出版、二〇一三年）三八七～四一一頁。

(20) 本康宏史『石川漢字友の会会誌』（二〇一三年三月）、本康宏史「「兼六公園」の時代」（『「兼六公園」の時代』展図録（石川県立歴史博物館、二〇〇一年）。

(21) 小野芳朗「戦前期の都市計画法適用下における岡山後楽園と公園計画」（『日本建築学会計画系論文集』七六巻六五九号、日本建築学会、二〇一一年）、小野「岡山招魂社創建と「公園」の空間変容」（『日本建築学会計画系論文集』七六巻六五九号、日本建築学会、二〇一一年）など、参照。

(22) 加越能史談会の動向に関しては、大門哲「巌如春と史談会」（『風俗画伯巌如春――都市の記憶を描く』展図録、石川県立歴史博物館、二〇〇三年）参照。また、加越能史談会の評価に関しては、由谷裕哉が、近年の「史蹟」論にみられるような皇民教化イデオロギーの表象とかなり異なるのではないか、と疑問を提起している。すなわち、彼らの活動はあくまで自らの興味に即したボランティア的なものに過ぎず、効果としても、それは国民国家から期待される皇民の育成ではなくて、地域の伝承への敬愛感を喚起したことにとどまったという。由谷裕哉「地方における民俗の発見――石川県の場合」(『加能民俗研究』三四号、加能民俗の会、二〇〇三年三月)。

(23) 大名庭園と文化遺産の問題に関しては、たとえば、井原縁「栗林公園にみる文化遺産の公園化とその変容に関する私的研究」(『日本造園学会誌』六八(五)、二〇〇五年)など参照。

(24) 注(21)小野「戦前期の都市計画法適用下における岡山後楽園と公園計画」など。

(25) 注(15)本康「「加賀百万石」の記憶」、堀井美里「近代以降の石川県における史料蒐集の動向」(『金沢大学資料館紀要』五号、二〇一〇年)。

(26) 高木博志「「郷土愛」と「愛国心」をつなぐもの――近代における「旧藩」の顕彰」(『歴史評論』六五九号、二〇〇五年。のち高木「紀念祭の時代――旧藩と古都の顕彰」佐々木克編『明治維新期の政治文化』思文閣出版、二〇〇五年、に改稿)、日比野利信「維新の記憶――福岡藩を中心として」(明治維新史学会編『明治維新史研究七　明治維新と歴史意識』吉川弘文館、二〇〇五年)。

(27) 注(15)本康「「加賀百万石」の記憶」。

(28) 本康宏史「明治紀念標の建設」(『軍都の慰霊空間――国民統合と戦死者たち』吉川弘文館、二〇〇二年)。

(29) 羽賀祥二「日清戦争記念碑考――愛知県を例として」(『名古屋大学文学部研究論集』史学四四、一九九八年)一～二頁。ただし、羽賀の論証に対しては、基本的な視角を高く評価するものの、記念碑研究の要とされる現地調査を怠り、既存の報告書や自治体史に依拠するという方法論上の問題点が厳しく批判されている(檜山幸夫編著『近代日本の形成と日清戦争――戦争の社会史』雄山閣出版、二〇〇一年、序章、一二～一三頁)。なお、この問題に関しては、羽賀「軍都の戦争記念碑――豊橋第十八連隊と神武天皇銅像記念碑」(田中彰編『近代日本の内と外』吉川弘文館、一九九九年)が、③の論点の具体的な事例考察であり、さらに米沢や金沢(西南役尽忠碑)の事例にも氏の論及は及んでいる(羽賀「神社と紀念碑」、『明治維新と宗教』筑摩書房、一九九四年)。

(30) 時代が下れば、墓碑・記念碑を日本武尊像で象るという事例が、まったくないわけではない。たとえば、富山県西礪波郡福岡町赤丸地区(字古屋)では、郷社浅井神社が管理する日本武尊像の戦没者慰霊碑が確認される(『福岡町史』福岡町役場、一九六九年、七六一頁)。なお、日本武尊の終焉のきっかけとなった地と伝えられる伊吹山山頂にもその像が建立されている。しかし、これはギリシャ彫刻のような石像で、戦没者慰霊碑とは直接関係はない(日本武尊像自体は、後述するヤマトタケル信仰の分布地に散見される)。

(31) 羽賀祥二「軍都の戦争記念碑」(注29田中編『近代日本の内と外』)二九九頁。松原典明「近代の銅像」(『季刊考古学』七二号、雄山閣出版、二〇〇〇年)七一頁など。また、フィールドはヨーロッパ近代ながら、「記憶のかたち」としての銅像の問題点を明らかにしたものに、光永雅明「銅像の貧困――一九―二〇世紀転換期ロンドンにおける偉人銅像の設立と受容」(阿部安成ほか『記憶のかたち――コメモレイションの文化史』柏書房、一九九九年、八一頁以下)がある。参照されたい。

(32) 横田正吾「「神武像」三体など」(『東海日日新聞』平成八年五月二四日付)。田崎哲郎氏のご教示によった。

(33) このほか、奈良の大台ケ原にも神武像が建造されていることを、高木博志氏からご教示いただいた。もちろん橿原神宮(奈良県橿原市久米町)との関係で建立されていることはいうまでもない。

(34) 注(29)羽賀「神社と紀念碑」三三二頁。この問題に関しては、檜山幸夫「日本の戦歿者慰霊と戦争記念碑の系譜――西南戦争戦死者慰霊」(『中京法学』五〇―三、二〇一六年)が、近年、総括的な考察を加えている。

(35) 「鹿児島始末」(『太政類典』国立公文書館所蔵)。

(36) 横山篤夫「真田山陸軍墓地の成立」(『地方史研究』二八一号、一九九九年。のちに横山『戦争時下の社会――大阪の一隅から』岩田書院、二〇〇一年に収録、二〇六頁)、池田さなえ「戦没者慰霊と軍・行政――大阪における明治紀念標と招魂祭」(二〇一一年七月一六日凡鳥会報告)。

(37) 「西南戦争出張文書」明治一〇～一一年、霊山歴史館所蔵(特別展図録『紀尾井町事件――武士の近代と地域社会』石川県立歴史博物館、一九九九年に収録)。

(38) 北村魚泡洞『尾山神社誌』(尾山神社社務所、一九七三年)一一二～一一三頁。

(39) 注(29)羽賀「神社と紀念碑」三四〇～三四一頁。

(40) 注(29)羽賀「神社と紀念碑」三四一頁。

(41) ちなみに、この銅像を製作したのは現富山県高岡市金屋町の鋳物師たちであった。明治四(一八七一)年の廃藩置県により、越中は新川県となったが、同じく一八七六(明治九)年には、再び新川県が廃止され石川県に合併された。それが一八八三(明治一六)年まで続いているから、銅像を鋳造した時の高岡は、石川県に所属していたことになる。なお、碑の鋳造にあたっては、金沢の鋳物師武村弥七が見積りや製作の差配を担当したという(注6『兼六園全史』、山森青硯『郷土工業物語』私家版、一九八八年、六三頁参照)。

(42) 周辺の石碑について若干言及しておきたい。「紀念標」が建っている柵のなかには、東西両本願寺の法主であった大谷光勝、大谷光蛍の書いた歌碑をはじめ多くの石碑が置かれている(一四基)。当時の県令の千坂高雅銘、県大書記官・熊野九郎識の「明治紀念標碑銘」、藩政期の藩校・明倫堂の講師であった藤田維正撰の「崇忠会碑」、「紀念標」を鋳造した棟梁と鋳造世話人名を刻した石碑(このなかに書かれていた者は全員ではなかったことが一九九〇(平成二)年に「紀念標」を解体修理したときに判明した)、さらに、負担者(寄付者)の名を列記した碑と、「明治紀念の碑」などが主なものである(注6『兼六園全史』参照)。

(43) 柵の内の碑の記述を現代文に書き改めると「金沢の〝旧鼠田園所〟すなわち玉泉院丸庭園にあった巨石を(この標の)基礎として築き上げた。(中略)その上に日本武尊の像を載せたのは理由のあることだ。尊が東の未開人を征伐するときにこの国にやってきた。その時、この国の人たちは挙げて尊の軍に加わった。尊はおおいに喜びたたえた。これが(加賀という)国名の起こりである」ということになろう。「標」の柵のなかには数多く石碑が置かれているが、なぜ、日本武尊の銅像を石積みの上に載せたかを説明しているのは、この石碑だけであるという(注6『兼六園全史』参照)。

なお、日本武尊をめぐる加賀の地名伝承には右とは若干異なるテクストも残されている。橘隆盛『州名紀原』には、『風土記』にいわく、日本武尊諸国討征の時、荒血山を越えて、北陸道を下り給ふ時、尊の兄大碓皇子思召けるは、北陸道は難所なり、尊勢少ふしては定て夷等に落されなんとて、数千の軍兵を引率して江沼国にて追付給ふ、尊賀び給ひて、賀を加へたりと仰せられて、江沼を改て加賀国と号す」とあり、「されば『州名紀原』に引証せる『風土記』は俗本なる『国名風土記』といへるものなり」という(『石川県史』第四篇、一九三一年、一〇六四～一〇六五頁)。なお『三州志来因概覧』にも同様の記述がみられる。さらに、『国俗古来云伝』には「日本武尊、東夷征伐の後この国に至る時に国人尊の軍に馳せ加わりて東夷征伐の偉業を賀す、加賀の名義ここに始まりて、今の河北郡加賀爪、即ち尊の神旌を樹てたまいし遺地なりと云う」とあり、『旧事国造本紀』には「通称軍賀ありて加賀爪、加賀爪ありて加賀郡、加賀郡ありて加賀国の語源ここに始まる処因なり、これ即ち尊の神託の地なればなり」とある。

(44) 浅野吉治郎『松井乗運行状』(私家版、一九一八年)に以下の記述がある。「越中高岡の鋳物師模型を作つてこれを鋳た。当時翁は其の挙を聞いて、故実を査覈し、苦心惨憺夜を日に継いで長さ五、六寸許りの原型を彫刻した。蓋し翁の会心の作であつたが、不幸一、二有力者の反対の為に採られないで、年久しく県の勧業博物館に陳列し、現今は物産陳列館に保管してある。爾うして銅像の総ての不調和は、今に至るまで識者の非難を受けて居る。識者は当時翁の作つた模型によらないのを千秋の恨事として居た」。ちなみに乗運は、尾山神社の祭神も修復している(『松井乗運行状』)。一八七三(明治六)年社殿造営の際、藩祖利家の木造を仮に卯辰神社に遷座したところ、「翁参拝して手の案配の誤つて居るのを発見し、詮議の結果翁に修復を許した、翁毎日斎戒して山に登り拝殿に於いて修復した」という。

(45) その際の図案が、東京国立博物館所蔵『温知図録』としてまとめられている。横溝廣子「明治政府による工芸図案の指導について――『温知図録』にみる製品図掛の活動とその周辺」(『東京国立博物館紀要』三四号、一九九九年)参照。

(46) 水島莞爾「明治紀念之標日本武尊の作者は加賀藩、御用画師佐々木法橋泉竜翁也」(『石川郷土史学会々誌』三号、一九七〇年)。

(47) 靖堂「兼六公園内の日本武尊の銅像」(『加越能郷友会々報』三九号、一九三三年二月)、注(6)『兼六園全史』、注(41)山森『郷土工業物語』など参照。

(48) 注(37)特別展図録『紀尾井町事件』参照。

(49) 行幸日程は、「石川県御巡幸之節奉迎之次第」(=予定された行程)ならびに、「御通輦日記」(=実施された行程)による。

(50) 和田文次郎編『明治天皇北陸巡幸誌』地(加越能史談会、一九二七年)三四頁。

(51) 「金沢営所司令官山口中佐紀念標設立之挙ニ付懇願書」による(『法令全書』賞恤門　旌表、六六頁、国立公文書館所蔵)。

(52) 同前。

(53) これよりのちの事例ながら、新潟の神武天皇像においても、天皇行幸と建碑との密接な関係がうかがえることはさきにふれたとおりである。このとき明治天皇は、新潟市の白山公園内に、この日のために築かれた小さな丘の野立所(現美由岐賀丘=御幸ケ丘)で、眼前に広がる信濃川の流れと広大な平野、そして遠い山々という風景を眺めて、行在所の白勢邸へ戻ったという。こののち神武天皇像が、かつて昭忠碑の建てられた郊外の日和山ではなく、市内中心部の白山公園内に建立されたのも、この「御幸ケ丘」との関連であったことは想像に難くない。ちなみに、御幸ケ丘から白山神社脇の昭忠碑銅像までは数百メートル、同じ白山公園のなかにある。

(54) 新潟でも御覧二日目の九月一八日には、侍従を戊辰戦争で戦死した新政府軍兵士を祀る招魂社へ派遣して、祭典を執り行わせている点も、金沢の場合とまったく同様であった(『新潟市史』資料編五、近代、新潟市、一九九〇年)。

(55) 籠手田も島根県知事として、一八八八(明治二一)年九月、西南戦争での島根県出身戦死者のために、再び松江城跡に「西南之役雲石隠戦死者紀念碑」を建立している(注29羽賀「神社と紀念碑」三三四頁)。

(56) これを契機として、軍人(大元帥)としての明治天皇は、大演習の統裁を頂点として、各都市の衛戍地を訪れたおりに、しばしば軍衙や練兵場の視察とセットで公園に立ち寄っていることが確認される。たとえば顕著な事例では、岡山の後楽園のごとく、一九一〇(明治四三)年一一月と一九三〇(昭和五)年一一月両度の大演習に際して大本営が置かれ、明治・昭和天皇の臨行を得たほか、昭和初期には園内の鶴鳴館に徴兵署が置かれるなど軍事空間の色彩を色濃くみせている場合もある(『岡山市百年史』岡山市、一九八九年)。

(57) 竹橋事件に関しては、澤地久枝『火はわが胸中にあり』(角川書店、一九七八年)など参照。

(58) 注(50)和田『明治天皇北陸巡幸誌』地、二七頁。

(59) 注(50)和田『明治天皇北陸巡幸誌』地、四四頁。

(60) 羽賀祥二『史蹟論――一九世紀日本の地域社会と歴史意識』(名古屋大学出版会、一九九八年)ほか参照。このほか羽賀によれば、不破郡玉村倉部山の壬申の乱の関係地に、日本武尊の腰掛け石伝承があるという(阿部直輔『美濃雑誌』所収、阿部は明治初期の岐阜県官吏。同『史蹟論』二六一頁より再引)。なお、神武天皇を祭神とする橿原神宮に関していえば、明治二〇年代に奈良県高市郡の人々が橿原宮の遺跡に天皇奉斎の神社の創建を請願し、紀元二五五〇年に当たる一八九〇(明治二三)年三月、祭神・社号・社格が定まり同年四月に鎮座式を執行している。

この件に関連して高木博志は、明治天皇の行幸と皇室独自の文化的「伝統」の顕彰に関して言及している。たとえば、高木「一八八〇年代、大和における文化財保護」(『近代天皇制の文化史的研究――天皇就任儀礼・年中行事・文化財』校倉書房、一九九七年)は、西南戦争の年、一八七七(明治一〇)年の「大和国行幸」が、橿原神宮の創建等の皇室神話の顕彰の政治的契機となったことを明らかにしたものである。

(61) 日本史研究会編『日本の建国』第七章　古代の理想化(青木書店、一九六六年)一三三〜一四七頁。

(62) 注(61)『日本の建国』第八章　紀元節の制定、一五〇頁。安丸良夫『近代天皇像の形成』第八章　近代天皇制の受容基盤(岩波書店、一九九二年)二三六頁以下。

(63) 荒川紘『日本人の宇宙観――飛鳥から現代まで』(紀伊國屋書店、二〇〇一年)二九一・二九五頁。

(64) 石母田正「古代貴族の英雄時代――『古事記』の一考察」(『論集史学』三省堂、一九四八年。のち石母田『神話と文学』岩波書店、二〇〇〇年に収録)、瀧口泰行「倭建命東征伝承の構成と展開」(『國學院雑誌』八一―八、一九八〇年)、伊野部重一郎『記紀と古代伝承』(吉川弘文館、一九八六年)、守屋俊彦『ヤマトタケル伝承序説』(和泉書店、一九八八年)、瀧口「日本武尊伝説」(宮田登ほか編『日本「神話・伝説」総覧』新人物往来社、一九九三年)、門脇禎二「日本における英雄時代――ヤマトタケル伝説とその周辺」(森浩一・門脇禎二編『ヤマトタケル――尾張・美濃と英雄伝説』大巧社、一九九五年)一一頁以下、和田萃「ヤマトタケル伝承の成立過程」(同前、七九頁以下)など参照。なお、通常日本武尊のモデルは雄略天皇であるとされる。その諡号にワカタケルを含むことや史書に倭王武(宋書倭国伝)とあること、また、その伝承に共通点があることなどから、雄略天皇の属性を移し換えて再生された存在がヤマトタケルであるという見方である。逆にいえば、雄略の時代には〝タケル〟は〝ヤマト〟の英雄としての意義をすでに有していたため、諡号に用いられたとみるべきでもあろう。

(65) 川副武胤「やまとたけるのみこと/日本武尊」(『国史大辞典』吉川弘文館、一九九三年)。

(66) 注(43)『石川県史』第四篇、一〇六六頁。ほかに、石川県下では羽咋郡富来町大福寺の高爪神社や同町地頭町の建部神社などが確認されている。なお、全国の日本武尊を祭神とする神社・祠の分布に関しては、「ヤマトタケル関係神社一覧」(注64森・門脇『ヤマトタケル』二二四頁)参照。また、加賀ではないが、興味深い事例として、尾張犬山の継鹿尾山蓮台寺の鎮守白山宮には、以下の説話が残されている。蓮台寺の縁起は、神功皇后の時代に熱田からこの山上に光が飛んだことをきっかけに、日本武尊を白鳥大明神として祀ったことである。のちに大明神は仏教に帰依して千手観音として顕在した(「本尊千手観音縁起」)。この光物が山上に飛来したとき、一人の老人が現れ、熱田の神の到来だという。この老人に誰かと問うと、「我ハ白山」と答えて消えたという(注60羽賀『史蹟論』一三三頁)。この説話からは、一方で熱田社と結び付きながら、白山信仰がこの地の仏教とかかわりがあったことをうかがうことができるとともに、日本武尊がモチーフとして関係している点にも注目したい。すなわち、加賀に深い関係をもつ白山信仰と日本武尊との関係を示す事例のひとつでもあるのである。なお、白山信仰は、加賀・越前・美濃にまたがる霊峰白山を崇拝の対象とする古来からの信仰であった。加賀藩領の鶴来にある白山比咩神社を本宮とする白山神社・白山宮は、八幡神社とならんで現在でも全国に数多くの末社を擁している。

(67) 遠山美都男『天皇誕生――日本書紀が描いた王朝交替』(中央公論新社、二〇〇一年)九三頁。

(68) 注(29)羽賀「日清戦争記念碑考」二四頁。羽賀は、近代から現代にかけての顕彰・慰霊空間のもっている意味を問うこともひとつの課題となるとして、戦後を含めた戦争記念碑・戦没者慰霊碑とその空間の問題をも提起しているが、金沢の兼六公園・明治紀念之標に関していえば、戦後「慰霊空間」として復活した様子はみられない。

(69) 『風俗画報』臨時増刊「征清図会第八編」の表紙「大勝利紀念碑図」(注29羽賀「日清戦争記念碑考」一九頁)。

(70) 一八八〇年代に明治天皇と神武天皇が武人のイメージで語られるようになる過程については、高木博志「近代における神話的古代の創造――畝傍山・神武陵・橿原神宮」(『人文学報』八三号、二〇〇〇年)二四頁以下が詳しい。

(71) 注(64)石母田「古代貴族の英雄時代」によれば、「古代貴族が創造した二つの型の英雄である神武天皇と日本武尊は、いずれも国家の創造あるいは統一の事業とむすびつけられている」としており(『神話と文学』一三四頁)、そのうえで石母田は、「古代文学が創造した二つの典型的な英雄としての神武天皇と日本武尊との対立は、古代貴族の精神構造＝政治構造の対立的側面の表現とみられる」という興味深い指摘をしている(同一三八頁)。なお、同論文で石母田は、日本武尊の英雄的性格を『古事記』と『日本書紀』の叙述の違いから分析、ヘーゲルのいわゆる「叙事詩的英雄」にいたらぬ「浪漫的英雄」と評している(同一四〇頁)。

(72) 佐々木克「天皇像の形成過程」(飛鳥井雅道編『国民文化の形成』筑摩書房、一九八四年)、同「明治天皇の巡幸と『臣民』の形成」(『思想』八四五号、岩波書店、一九九四年)、同「明治天皇のイメージ形成と民衆」(西川長夫・松宮秀治編『幕末・明治の国民国家形成と文化変容』新曜社、一九九五年)、多木浩二『天皇の肖像』(岩波書店、一九八八年)、飛鳥井雅道『明治大帝』（筑摩書房、一九八九年）、岩井忠熊『明治天皇――「大帝」伝説』（三省堂、一九九七年）、原武史『可視化された帝国――近代日本の行幸啓』（みすず書房、二〇〇一年）など参照。
(73) 注(29)羽賀「神社と紀念碑」三四五頁。
(74) 明治一三（一八八〇）年、四九一名の「和歌山県士民」のために、県民の醵金をあつめ岡山の頂上に建立した。和歌山市の西南戦争記念碑も、石碑に刻まれた「記念碑」の書は、有栖川宮熾仁親王の揮毫によるものであった。
(75) 宮内庁『明治天皇紀　第四』（明治十二年四月十日・十九日条、吉川弘文館、一九七〇年）六五〇〜六八六頁。佐々木克「明治維新期における天皇と華族」（『思想』七八九号、岩波書店、一九九〇年）、注(72)佐々木「明治天皇の巡幸と「臣民」の形成」参照。
(76) 三三名を含む元治甲子の変関係殉難志士の氏名は、「明治維新勤王家表彰標建設関係文書」（一九三七年、金沢市立玉川図書館所蔵、横地永太郎氏寄贈）のとおり（四五名）。
(77) 同前「明治維新勤王家表彰標建設関係文書」所載。
(78) 同前文書所載の「趣旨書」による。
(79) 同前文書所載の「勤王家表彰事業経過」による。
(80) 「殉難者ノ建碑ニ付趣意書」（『久徴館同窓会雑誌』六九号、明治二七年三月二九日付）による。
(81) 注(76)「明治維新勤王家表彰標建設関係文書」所載「元治殉難者紀念碑建設予定並事務手続概略」による。
(82) 『加越能郷友会々報』三二一号、昭和六年三月三〇日付。
(83) 注(31)松原「近代の銅像」参照。
(84) 北國新聞社出版局『石川の戦後五〇年』（北國新聞社、一九九五年）三六七頁、および松本三都正の談（毎日新聞金沢支局「銅像の恩人」『兼六園物語』新人物往来社、一九七四年）一六六頁。
(85) マリタ・スターケン「壁、スクリーン、イメージ――ベトナム戦争記念碑」（『思想』八六六号、一九九六年八月）四六頁。
(86) 羽賀祥二「日本近代の宗教と歴史――〈招魂〉・〈供養〉・〈顕彰〉をめぐって」（『歴史科学』一八二、二〇〇五年）。
(87) 白川哲夫「招魂社の役割と構造――「戦死者慰霊」の再検討」（『日本史研究』五〇三、二〇〇四年）、同「地域における近代日本の「戦死者慰霊」行事——招魂祭と戦死者葬儀の比較考察」(『史林』八七—六、二〇〇四年)、同「招魂社の役割と構造——「戦死者慰霊」の再検討」(『日本史研究』五〇三、二〇〇四年)、同「地域における近代日本の「戦死者慰霊」行事——招魂祭と戦死者葬儀の比較考察」(『史林』八七—六、二〇〇四年)。

(88) なお、一八八九(明治二二)年五月には、軍隊が主となって、銅像建設一〇年祭を開催。余興として、旭桜(大桜)に軍隊毛布千枚をかけて、象の造り物を演出している。作り物の長さは約三四メートル、高さ一六メートル。象の腹の下に舞台を作り、市内の東・西・北・主計町の四廓の芸妓に手踊りをさせたという。この旭桜の象の造り物は、一九〇六(明治三九)年の招魂祭でも行われた。この時は徽軫灯籠の前のモミジの木の三、四本にシジミの貝をつないで一面に下げ、「藤の御花」に見立てて楽しんだ。旭桜は樹齢五〇〇年といわれていたが、余興の舞台として毛布にくるまれて以来、樹勢が落ち一九三七(昭和一二)年ついに枯死した(コラム2参照)。

(89) 泉鏡花「凱旋祭」(『新小説』第二次、第二年第六巻、春陽堂、一八九七年、岩波文庫版、一九九一年、二五六〜二五七頁)。

(90) 『北國新聞』大正一三年一一月七日付。

大正十三年十一月六日午前、閲兵式に引き続き午後は、兼六公園の大賜餞場において演習関係の有資格者三千五百名をお召しになり、いと盛大に御慰労の一大饗宴を執行はせられた賜餞場は、兼六公園の銅像前を正面として、霞ケ池のほとりから根上りのあたりに引つ掛けて、放心形に設らはれ、中央正面の菊花紋節燦然として輝くところの帷舎は、即ち御座所である、午後一時頃から礼装せる朝野の有志が長谷川邸跡の広場の賜餞場入口見掛けて続々参入する、昨日までの敵も味方も今は全く解け合つて、平和と歓喜の世界に導かれて、栄光の輝きのみ、彼等全体を支配する、午後二時頃一般賜参者着席し終わると、先づ外国武官が御座所の左幄舎に入り、続いて加藤首相以下国務大臣、奥、上原両元帥、河合参謀総長、田中、町田両軍司令官、前田侯爵等其右幄舎に座して静かに殿下の台臨を待つた。(後略)

(91) 注(29)羽賀「神社と紀念碑」、三四〇〜三四一頁。関連して、注(29)羽賀「軍都の戦争記念碑」参照。

(92) 『中越新聞』明治二〇年五月六日付、「 」内はタイトル。片仮名を平仮名になおし、一部文章も簡略化した。傍点は引用者(以下同じ)。

(93)『富山日報』明治二三年六月一三日付。

(94)『加越能郷友会雑誌』一七三号、明治三一年一一月二六日。

(95)『北國新聞』大正一五年一〇月一九日付。

(96)注(29)羽賀「神社と紀念碑」三四五頁。注(29)羽賀「日清戦争記念碑考」一～二頁。

(97)鉅鹿敏子編『史料　県令籠手田安定』(非売品、一九八五年)四二七頁、注(29)羽賀「神社と紀念碑」三四九頁。檜山「日本の戦歿者慰霊と戦争記念碑の系譜」。

(98)注(29)羽賀「日清戦争記念碑考」二四頁。

＊コラム2

「兼六園」のシンボル

三名園・三公園の名称は明治以降に生まれ、人々に受け入れられるようになった、「近代」の表現であった。同様の表象性は、庭園シンボルの変遷からもうかがうことができる。今日、「徽軫《ことじ》灯籠」が兼六園のシンボルと目されているが、これは、ごく近年のイメージ、いわば創作といってもいい。というのも、少なくとも大正期までの兼六園のシンボルは、「徽軫灯籠」ではなく、兼六園大桜＝「旭桜」なのであった。たとえば、明治三〇年前後の金沢の名所を描いたシリーズ「金沢名所」（近廣堂刊）に取りあげられたのは、「徽軫灯籠」ではなく「大桜の風景」である。

また、一九〇二（明治三五）年の『金沢新聞』の付録「金沢繁昌寿娯六《すごろく》」の「上がり」にも、兼六園を代表する風景として「大桜」が描かれている。さらに、明

図2-27　金沢名所「公園内大桜の風景」

治の代表的な兼六園の解説書、小川孜成著『兼六公園誌乾坤』（一八九四年）に掲載された園内略図には、件の「旭桜」は挿絵付きで大きく記されているものの、「徽軫灯籠」は、その名前すらみえない。

この大桜は、かつて城下の八家（藩老）村井氏の屋敷に植えられていた樹齢五〇〇年の山桜で、「前田家一番家来」を称した村井氏が藩主への忠誠を表すため献上したものである。数名が抱えるような巨木であった。兼六園に運ぶ際には、五〇〇名の引手が狭い城下の運搬路を拡張するため、沿道の家屋を五〇〇軒取り壊したという伝説も残っている。

その後、不幸にも「旭桜」は、その寿命と昭和初期の台風によって枯倒、泣く泣くシンボルの座を「徽軫灯籠」に譲ったのである(1)。大桜の枯死については、樹

図２-28
「産業と観光の大博覧会」パンフレット表紙（筆者蔵）

図２-29　シドモアが撮影した旭桜

齢や台風だけでなく、「日露戦捷記念祝賀会」などで再度にわたり桜に毛布を掛けて電飾した造り物がなされたことが、遠因となったとされている。すなわち、日本武尊像前の広場の大桜が戦勝記念や招魂祭のおりに、何度か「象」の姿に擬せられ、大いに評判を呼んだという(第二部注88参照)。

旭桜が、「兼六公園のシンボル」の座を現在の徽軫灯籠に取って代られるのは、直接的には昭和初年の台風による枯死によるが、その契機となったのは、一九三二(昭和七)年の「産業と観光の大博覧会」(図2-28)の広報活動によるものではないかと推察される。「観光金沢」の大アピールには、新たなシンボルが必要だったのであろう。

ところで、旭桜が兼六園のシンボルであったことに加えて、さらに「日本一美しい桜」として海外でも紹介されていたことが近年明らかになった。米国の写真家エリザ・シドモアが撮影し「THE MOST BEAUTIFUL TREE IN JAPAN」と説明された写真が、一九一四(大正三)年七月発刊の米誌『ナショナル・ジオグラフィック・マガジン』に掲載されていたのである(『北國新聞』二〇一六年四月一六日付記事「兼六園の旭桜「日本一美しい」」)。旭桜の名声は海を越えてアメリカまで届いていたのであった。

このように、兼六園は、その時代時代が「理想」としたイメージに応じて、いわば環境デザインのリセットを繰り返してきたものといえよう。

(1) 本康宏史「「兼六公園」の時代」(『「兼六公園」の時代』展図録、石川県立歴史博物館、二〇〇一年)。

第三部

水戸偕楽園

三宅拓也

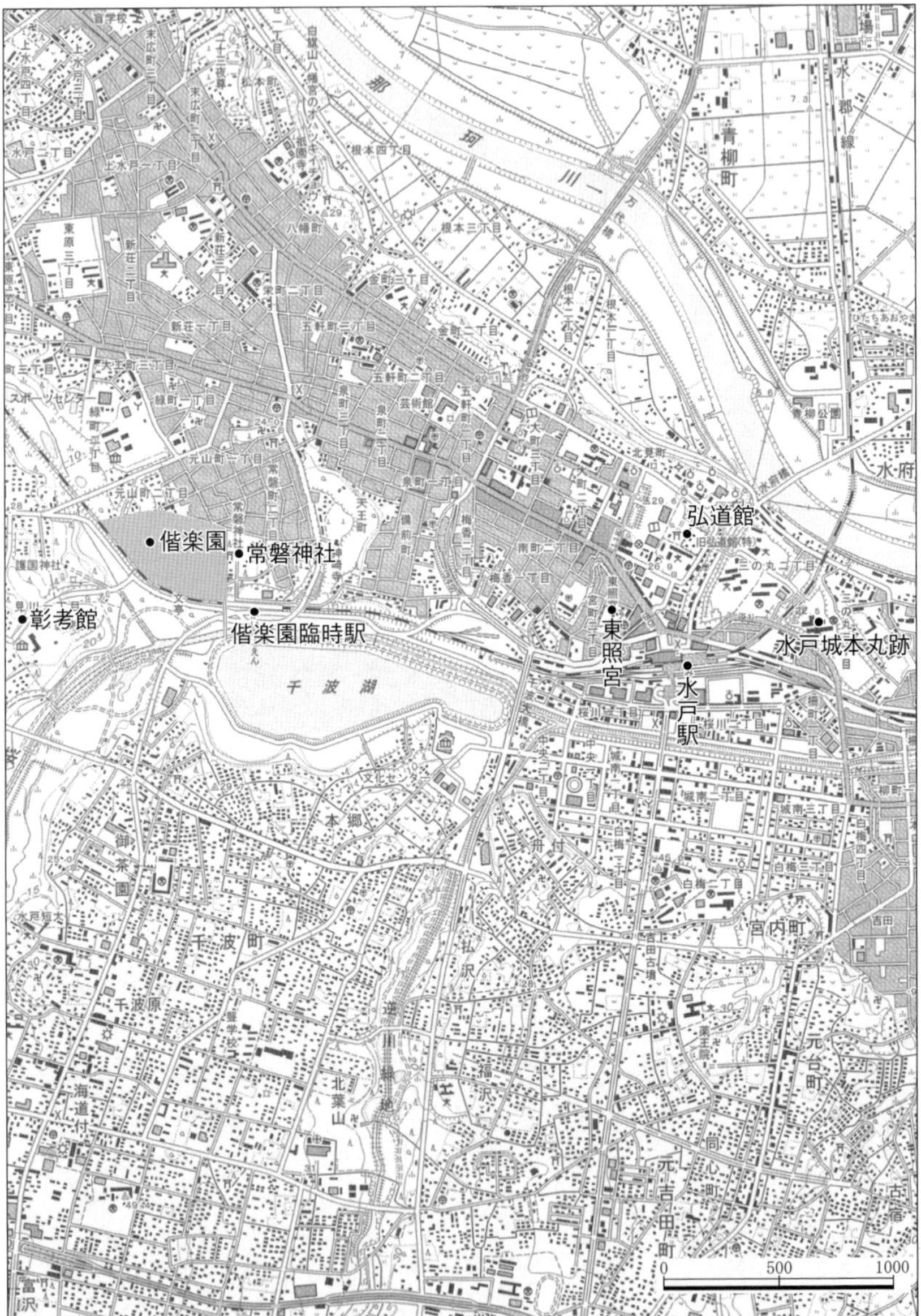

水戸偕楽園周辺

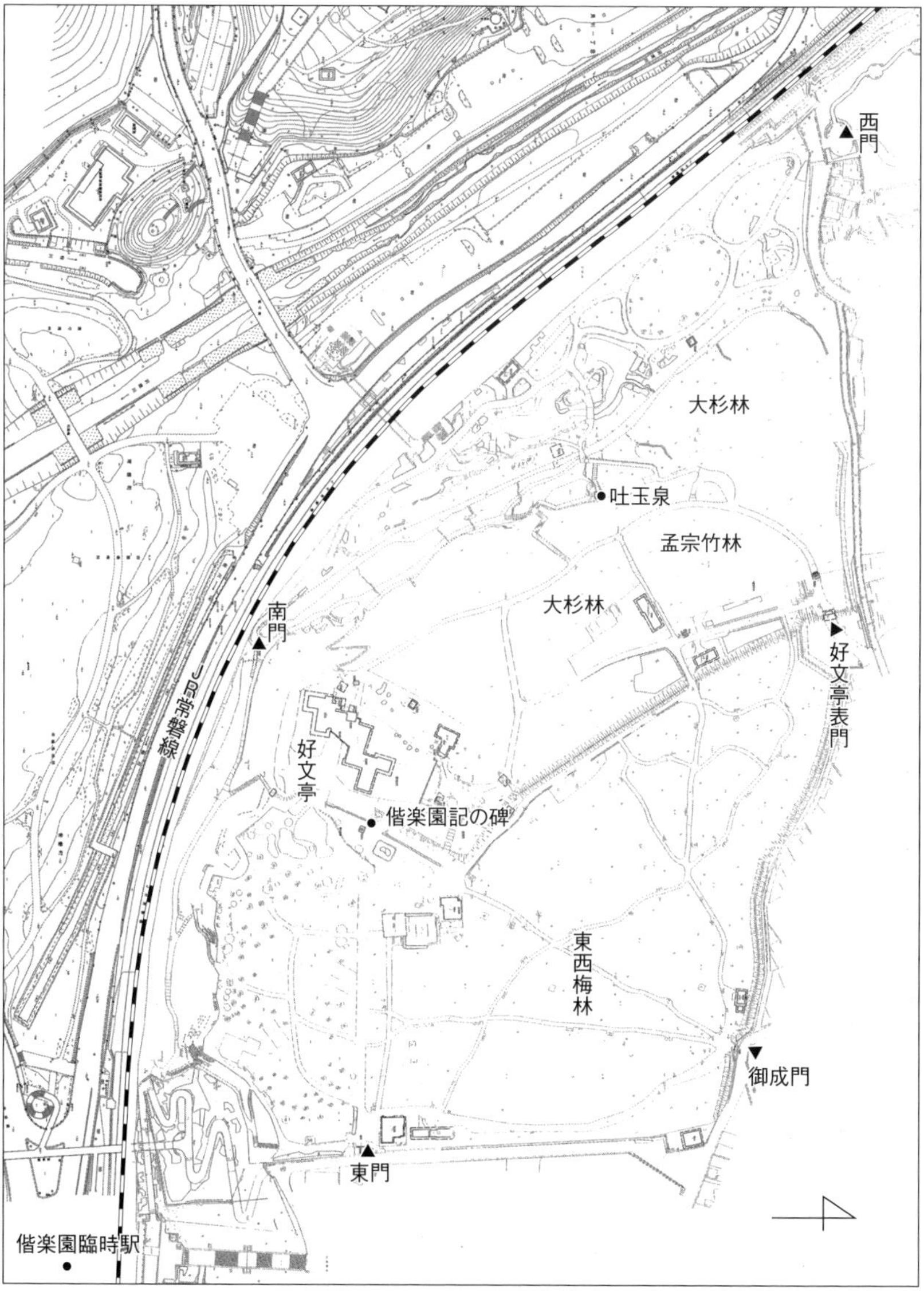

偕楽園平面図(平成23年時点)

第一章　近世の偕楽園

第一節　偕楽園の成立

偕楽園は文政一二（一八二九）年に家督を継いだ水戸藩第九代藩主・徳川斉昭の手によって築かれた庭園である。(1)その築造は一九世紀半ばのことで、本書で扱う他の三園が一七世紀末に遡り、藩主数代にわたって維持されてきたことを考えれば、比較的に新しい庭園だといえる。とはいえ、水戸藩が幕末近くまで庭園を持たなかった訳ではない。御三家のひとつである水戸藩は江戸定府とされていたため、藩主の生活の基盤は江戸の上屋敷にあった。そこに藩祖・徳川頼房が築いた庭園が小石川の後楽園であり、代々の藩主は後楽園をより所とし、斉昭もまたここに暮らした。(2)

それでは斉昭はなぜ水戸に偕楽園を築いたのか。斉昭が記した「偕楽園記」碑文（天保九年）(3)によると、それは「国中の人をして優游存養する所有らしめんと欲」したから、すなわち、士民が余暇を過ごす場をつくろうとしたのであった。斉昭は士民に対して、よく学びよく勤めるとともに、余暇には友人知人らと遊ぶことで、生活に弛張をつけることをよしと考えていた（斉昭はこれを弓の弦や馬の走力にたとえて説明している）。実は偕楽園は、斉昭が創設した藩校・弘道館と対をなしている。そしてまた、斉昭はその場所を「余が衆と楽を同じくする意」――斉昭が士民と楽しみを分かち合う場とするという意味を込めて「偕楽園」と名付けた。これは江戸定府であったがゆえに国元の士民との間に生じる物理的・心理的距離を縮める場としても意図されていたのだろう。

◆梅の偕楽園の誕生

さて、斉昭による偕楽園の築造は、天保四(一八三三)年三月にはじめて水戸を訪れたことが契機となる。斉昭は藩領内を巡視するなかで目にした景勝地から「水戸八景」を選び、自筆の銘を刻んだ碑を置いた。そのひとつが「仙湖暮雪」で、水戸城の西方約二・五キロ、千波湖《せんばこ》を眼下に望む現在の偕楽園南崖に石碑が建てられた。当時のこの付近は七面山と呼ばれ、杉林と祠があり、現在の梅林の辺りには農地が広がっていたが、古くから景勝地として知られていた。徳川光圀はこの地の対岸にある緑岡(現在の彰考館徳川博物館などがある辺り)に別荘や茶室を置いて一帯の風景を愛で、「千波八景」のひとつに「七面秋月」を選んでいる。斉昭は千波湖と筑波山を望むこの地を気に入り、ここに偕楽園を築くことを決心する。しかしながら、当時の風景のなかに梅林はなく、光圀と斉昭の評価にみられるように雄大な自然が広がる場所だった。偕楽園の築造はここに梅を植えることに始まる。

斉昭は同年五月に再びこの地を訪れると七面山付近の田畑に梅を植えるように命じた。この頃の水戸には梅がほとんど見られなかったため、斉昭は自ら江戸屋敷で栽培していた梅から種子をとって水戸に送ったという(4)。梅にこだわったのは、梅が美しい花をつけるからだけではなく、その実が軍旅の用に適するからである。水戸の梅は斉昭が天保一一(一八四〇)年に再訪した際には梅林が姿を現し、花を咲かせて実を結ぶまでになった。この翌年に七面山の祠を他所に移し、斉昭が自ら設計したといわれる好文亭の縄張りに着手し、天保一三(一八四二)年七月の好文亭竣工を待って開園した。なお、開園当時の偕楽園は現在の園地より広く、常磐神社の地もかつては梅林の一部であった。

ちなみに、「偕楽園記」には、好文亭と同様の場所として一遊亭を作ったと記されている。この一遊亭は偕楽園の南に臨む桜山に建っていた。桜山は好文亭が建てられた七面山同様に景勝の地であった。斉昭はここに園を

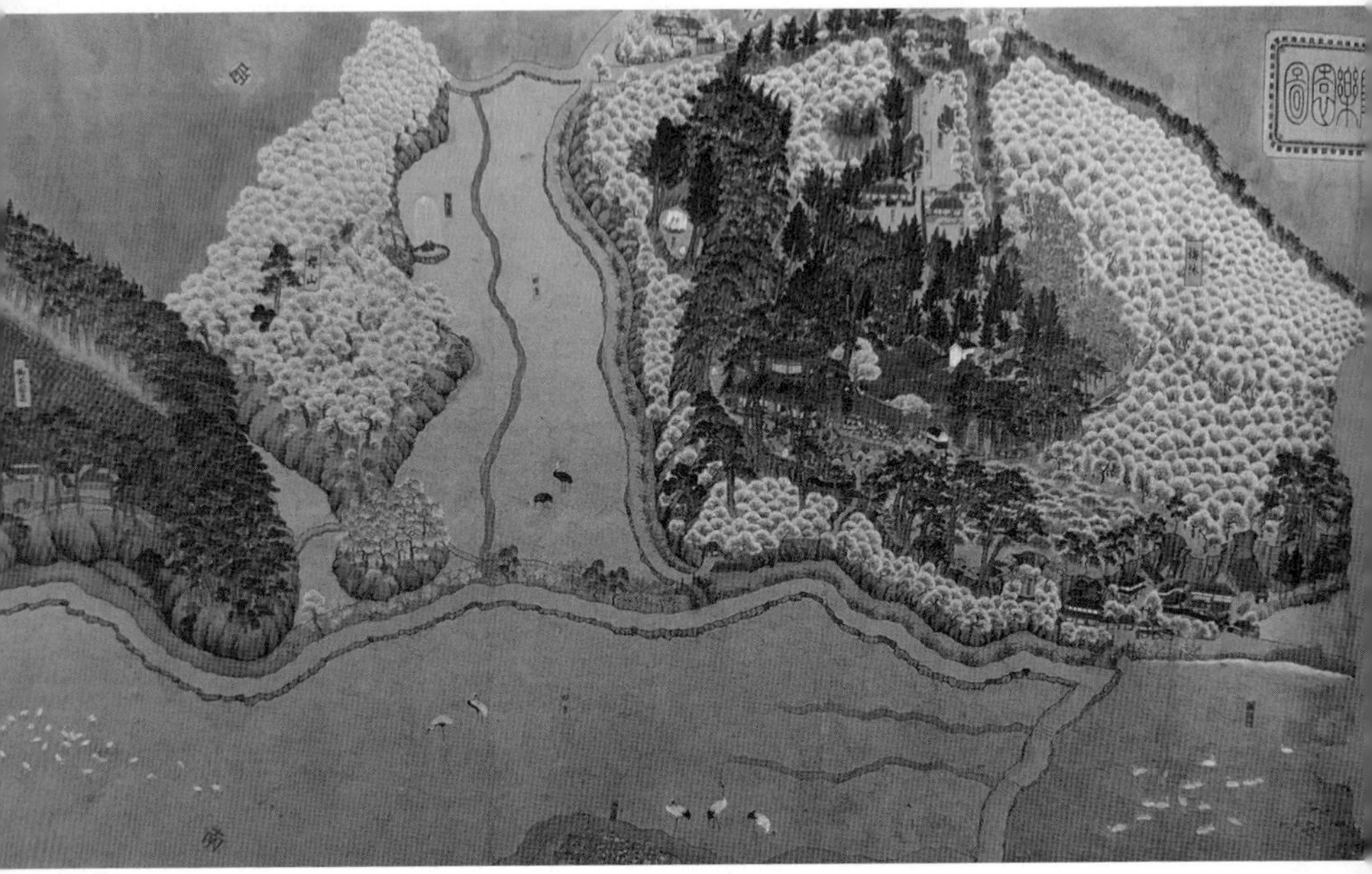

図3-1　江戸末期の偕楽園(右)
偕楽園の左手が桜山、その左が緑岡。右手前に千波湖が描かれる。

開こうとしたが狭隘であったために場所を七面山に改め、この地は偕楽園の付属地として数百株の桜を植えたといわれている。春には一面に雪が積もったように見えたことから「白雲岡」とも呼ばれたが、明治の初めには一面が芝生となっていたようだ。(5)

◆斉昭の好み

偕楽園の築造に際しては、斉昭はしばしば自ら現地に赴いて構想を練ったといわれる。斉昭が腹心の藤田東湖に相談した際に作成したという略図によれば、七面山の杉林はそのまま残すこと、東側の農地を土塁で囲んで内部はすべて梅林とすること、好文亭の前は眺望を維持するために芝とすることなどが知られる。いずれも自然物をそのままに活かそうとするもので、たとえば小石川後楽園のように人工的に泉水や石組みを築くような庭園とは大きく趣向が異なる。士民との交流や眺望の確保に趣向が凝らされた木造二階建ての好文亭、広大な梅林、そして仙波湖、桜山、緑岡などの雄大な自然を持ち合わせたスケールの大きさは、斉昭の好みが反映されたものだといえる。

周辺の自然を偕楽園の構成要素としてとらえることは、偕楽園を描いた絵図に千波湖や桜山、緑岡などがしっかりと描かれていることからもうかがい知ることができよう(図3-1)。ほかの大名庭園とは異なり、園内の泉水や築山といった造園術によらず、周囲の自然風景をそのまま庭園の要素に取り入れる偕楽園の手法は、やがて近代を迎えると、見る者の立場と時代によって大きく評価を変えることとなる。

第二節　士民への公開と利用

偕楽園が完成すると、斉昭は連日異なる階級の士分、文人らを招いて宴席を開いてその完成を祝った。間もなく斉昭は江戸に戻るが、水戸を訪れた際にはここでさまざまな催しを通して士民と交流した。

偕楽園の開園は布達によって藩士に伝えられ、遊覧を許す旨が周知されたという。[6]ただし現在のようにほとんど無条件に入園できたわけではなく、身分や男女の別による入園日の制限などが示されたほか、他藩の者は入園が許されていなかった。このあたりは封建時代ゆえに止むを得ないことだろう。

また、布達には入園者の心得ともいえる条項も示されている。また、園を管理する園守に対しても、拝観者の身だしなみや草花の保護など、取り締まるべき事項が通達された。こうした〝使用上の注意〟は、「偕楽園記」の石碑の裏側に「禁条」として端的に示されている。その内容は、①園亭には午前六時より早く、また午後一〇時より遅く出入りしてはならない、②男女の区別は正しく行い、混雑しているからといって規律を乱してはならない、③泥酔したり暴れたりすること、また俗楽を禁じる、④園内の梅の枝を折ったり、実を採ることを禁じる、

⑤園内では、病気ではない者が駕籠に乗ってはならない、⑥漁猟には禁制があるため、その制限を超えてはならない、の六カ条である。男女の別とあるのは、入園できる日が男女別に設定されていたことによる。

ここに示された内容は、今日の公園運営にも通じるところが多いことに驚くだろう。なお、千波湖での漁猟は普段禁じられていたが、入園可能日に限って部分的に許可された。

偕楽園の庭園と好文亭では、詩歌や茶の湯の会合が行われた。庶民も含めて高齢者を招いて開催された「養老の会」では、斉昭自らが贈り物を与えるなど、交流の場として使用された。

利用者に制限が設けられていたとはいえ、士民の余暇に供する場として開放され、公共の場としての秩序を保つためにルールを明示して管理がなされた点は、近代以後の「公園」の萌芽を偕楽園に求める向きも多い(7)。この意味において、斉昭の先進的な理念を明文化した「偕楽園記」と「禁条」は、近代日本の「公園」史の最初の里程標のひとつといえるのである。

第二章　近代の偕楽園

第一節　偕楽園から常磐公園へ

（1）明治維新と偕楽園

◆水戸と明治維新

水戸の明治は、他藩にも増した動乱から始まった(8)。水戸藩は、二代藩主・徳川光圀（義公）、九代藩主・徳川斉昭（烈公）を先導者として維新志士たちの勤王思想の源となる水戸学を育んだことで知られるが、安政の大獄や改革派・天狗党の鎮圧などを経て保守派・諸生党が幕末の藩政の主導権を握っていた（斉昭は安政の大獄で水戸での永蟄居を命じられ、政治の表舞台から退き、一八六〇年に水戸で没する）。しかしながら、大政奉還、王政復古の大号令と、明治天皇を中心とする新政府の体制が整えられていくなかで諸生党は朝敵となる。京都に詰めていた改革派・本圀寺勢は諸生党追討の勅書を奉じて水戸に到着するや、諸生党を主導する市川三左衛門らは水戸を脱するが、天狗党の乱の遺恨ゆえに改革派による激しい報復が行われた。水戸を脱した市川勢は北越戦争に加わって新政府軍と戦うが、会津藩の降伏を受けて水戸に向かい、弘道館に押し入って立て籠もる。明治元（一八六八）年一〇月一日未明から翌二日にかけて、本圀寺勢が実権を握る水戸藩らと市川勢の戦いは弘道館の大部分を焼くほどに熾烈を極めたが（弘道館の戦い。文館、武館、医学館などを焼失。正庁は難を逃れた）、市川勢の敗走によって幕を閉じた。

この間、本圀寺勢とともに水戸に入っていた一〇代藩主・徳川慶篤が亡くなる（慶応四年〈明治元年〉四月五日。ただしその事実は伏せられた）。一八六七（慶応三）年のパリ万国博覧会に将軍・徳川慶喜の名代として参列し、欧州諸国を歴訪していたところを呼び戻された徳川昭武《あきたけ》が一一代藩主となるのは、明治元年一一月のことである。

徳川昭武は、混乱した藩内の統一と経済再建という眼前の課題に対する藩制改革を進めながらも、継続する戊辰戦争と明治新政府による行政改革に対応し、水戸藩を新しい中央集権体制のなかに位置づけていった。

明治二年三月末、水戸藩は先行する薩摩・長州・土佐・佐賀の四藩ほか大勢に遅れて版籍奉還の建白を提出し、明治政府は六月にこれを断行する。これによって、藩主・徳川昭武は水戸藩知事として新政府体制下の行政官となり、従来の領地が返上された。藩知事となった昭武が水戸に到着するのは版籍奉還後のことで、戦乱で大部分を消失した弘道館跡に仮寓したのち、一一月一八日に新築した柵町の中御殿に移る。明治三年の藩制改革によって水戸城は藩庁となった。

明治四年七月には廃藩置県の詔書が発せられ水戸藩は水戸県となる。水戸県の成立によって徳川昭武は水戸藩知事を免ぜられたが、大参事以下の職員は継続して行政事務に就いた。ついで同年一一月一三日の府県統合によって水戸県は廃止され、近隣六県を合わせた茨城県が誕生する。とはいえ、弘道館跡に茨城県庁が開設されるのは明治五年一月二九日のことで、水戸県から茨城県への土地・人民の引き渡しが完了するのは同年二月一二日のことである。

◆明治維新の影響

それでは明治維新の諸改革は偕楽園にどのような影響を及ぼしたのだろうか。まず、その所有が旧藩主から新しい行政府へと移っている。明治二年の版籍奉還により旧藩主の領地は水戸藩の管理下となるが、偕楽園もこの時に水戸藩の管理へと移った(9)。とはいえ、実際には引き続き偕楽園は旧藩主家が使用しており、同年、烈公（斉昭)の妻・貞芳院が好文亭に奥殿を増築して移り住んだ。これと前後して、貞芳院は園内に祠堂を設け、烈公の像を安置して祀っている(10)。明治四年八月頃には彰考館の史館に移して祀られていた義公の像が偕楽園内で烈公を祀る祠堂に移され合祀された。義公像を祀る祠堂を建てるか、あるいは神社を創建するかが議論された末の決定であった。

明治五年八月、旧藩主と旧藩領とが切り離されていくなかで、水戸徳川家の直属機関となっていた彰考館の国学者・栗田寛は同家の土地、建物、家財等の処置について八つの方策を建言書にまとめ、そのなかで偕楽園と好文亭のその後について、次のように提言する。

一に、好文亭の事、右は御歴代の御宝物御家財、東照宮御引移しに相成候御手当、並に史館御書物等御引渡しの為に、土地御買入にて、租税地に被遊候方可然奉存候(11)。

すなわち、水戸徳川家の宝物や家財、さらには東照宮と史館の諸物を引き受けられるように、好文亭の建物と土地(すなわち偕楽園)を買い入れて私有化しようというのである。結果的にこれは実行されないが、維新の動乱で弘道館が焼け、さらに明治五年七月には不審火で水戸城を失った水戸にとって、貞芳院が住まい義烈両公が祀られる偕楽園は三百年にわたる藩政期の記憶と由緒を伝える唯一無二の場所であった。それゆえに偕楽園は水戸徳川家にとって最重要な存在となっていたのである。

(2) 常磐神社創建と公園開設

公園設置を求める一八七三(明治六)年一月一五日付の太政官布達第一六号に応じて、偕楽園の地が「公園」となるのは同年七月三〇日のことである(12)。しかしながら、偕楽園を公園として一般に開放しようという動きは、明治政府の大蔵大丞・渡邉清が茨城県令心得として特命派遣されていた頃、すなわち明治五年の夏頃から認められる（渡邉の在任期間は明治五年七月二〇日から同年八月八日）。これは栗田が好文亭の購入を水戸徳川家に提案した直後にあたる。太政官布達第一六号は、そもそもは土地税制改革の過程で生まれたものであり、その原案は大蔵大輔・井上馨の名で正院に提出されたものである[13]。したがって、大蔵省大丞であった渡邉は、公園設置についての政府方針を把握していたのかもしれない。

◆常磐神社の創建

明治五年夏、渡邉の意向を受けたと思われる茨城県は、偕楽園を公園として一般に開放する計画を立て、その是非を栗田に尋ねたという。偕楽園が水戸徳川家あるいは旧藩士にとって特別な意味を持ち始めていたこともあり、県はその是非について水戸徳川家の重鎮である栗田に相談を持ち掛けたものと思われる。栗田に公園について尋ねたのは渡邉の同僚の小林剛三で、渡邉と前後して茨城県権参事に就いた関新平に連れられてきた人物である。この時、栗田は渡邉に請われて茨城県学校掛を務めていたが、それは小林に出仕をすすめられてのことだった。栗田を訪ねた小林は、「烈公の建給《たま》へる好文亭といふもの、其地高爽にして、且《かつ》景色にとめり（富）、之を公園として、一国の公共物とせば可《よか》らむと県官内議あるよしなり、子はいかゞ思ふ」と密かに尋ねたという[14]。その内容からは、公園設置の太政官布告が念頭にあるように聞こえる。これを聞いた栗田はその計画をよく思わなかったようで、当時の心境を次のように書き残している。

> 余之を聞て憤りけらくは、この亭は烈公の作る処なり、此園は公の民と楽を同ふとする処なり、これをもて公園とせむには、古へより義公の徜徉《とうよう》し給へる処も、烈公の遊び給ひしみそのも、いともいとも賤しき奴どもの遊園となりなん事、いかゞあるべき。すべて此地を神社地として、かたへに遊園を被置宜しからんと、思ひにければ、（後略）[15]

好文亭を水戸徳川家の拠点にしたい考えを持っていた栗田にとって、義烈両公にゆかりある場所が一般に開放されることは望ましいことではなかった。「賤しき奴どもの遊園」にはしたくないという表現からは、偕楽園を神聖な場所と認識している様子がうかがえる。この想いが大きくなり、偕楽園内の祠堂には義烈両公の像がすでに祀られていたこともあって、義烈両公の遺跡をそのまま神社地とすべきだと考えるにいたった。

栗田はその場にいた友人、原田明善と野村鼎實に同意を求め、「吾は之をすべて義烈二公の神社地として、そのかたへに公園をおき、民をして之に遊ばしめば、公の神意に叶はん。義公の神像と烈公の神像は、好文亭に祭られ給へり。之を尊崇して神とせんはいかに」と、従来の園と祠堂との主と従の関係を逆転させるような提案を行う[16]。栗田は公園(遊園)の設置自体に反対しているのではなく、あくまで、義烈両公の扱われ方に最大の関心があったのだろう。原田と野村はいずれも賛同し、小林はその意を関に伝えた。その後、渡邉に示すため、関の求めに応じて栗田は義烈両公の神社創建を訴える書状をまとめている。明治五年一〇月起草とされる「議建設義烈二公神社状」がそれであり、前述の見解が改めて示されている(ここでは神社の創建場所として偕楽園全体が想定され、「(偕楽園は)四至凡ソ四町ニ過キス、神境トスルモ誰カ大ナリト云ハン」との見解が示された[17])。書状は県下で多くの賛同を得て、県下各区長一同の連署とともに、非公式ながらも県庁に提出された。公園設置に関する太政官布告を受けるのはこの後である。

かくして、偕楽園を公園とする計画は、旧藩士らの関心を集めていた義烈両公を祀る神社創建の計画と表裏一体のものとして進められていくこととなる。渡邉(宛名の肩書は大蔵大丞)へ宛てた正式な神社創建の願書が明治六年三月一五日に提出されると、渡邉はこれを政府に諮り、三月二七日付で義烈両公を祀る神社の創建が認められて常磐神社の社号が下賜された。なお、県当局には幕末以来の派党の弊甚だしい水戸の人士を義烈両公の神社創建を通して統一しようという政治的意図があり、義烈両公に対する忠誠心から神社創建を志す水戸人士との間には摩擦も生じていたという[18]。

◆公園と神社の分離

常磐神社の号を受けて間もない四月六日、偕楽園内の祠堂で神社創建の奉告祭が執り行われる。翌七日から一〇日までは庶民の参拝が許され、官員は仮小屋を設けて神酒や赤飯を饗した。未だ公園として開放はされていなかったが、偕楽園は多くの市民で賑わった。時期を同じくして神社の造営が着手された。五月一八日から二二日には仮社殿で常磐神社祭礼が催され、この時も周囲には多くの屋台が出されるなど偕楽園は老若男女の群集で溢れたという。常磐神社の創設の大きな契機となったのが偕楽園の公園化であった一方で、偕楽園の市民への開放もまた常磐神社の創設が無二の機会となったのである。

常磐神社の境内地となったのは偕楽園の東側の地で、「荊棘を開き高崖を平け、竹木を集めて堤堰を築き、大材を択て鳥居を設け、梅林鬱紆の間に神殿を創建」した[19]。工事には旧藩士の子弟たちが進んで参加した。工事の最中に、常磐神社は一八七三(明治六)年七月二日付で県社に列格する。こうして義烈両公の顕彰の動きが落ち着くのを待っていたかのように、同月末に県は、境内にならなかった部分を対象に公園開設を布達するのであった。なお、好文亭に仮寓していた貞芳院はこの頃に東京に居を移している。

常磐神社の社殿落成にともない、一八七四(明治七)年五月一一・一二日に、遷座式が執り行われた。すなわち、偕楽園(公園)内の祠堂に奉斎されていた義烈両公の御神霊が新社殿へと移された。園地の所有が県に移ってからも、祠堂や貞芳院の存在によって義烈両公の気配が残った偕楽園であったが、これによって大衆が余暇を過ごす〝公園〟と義烈両公の顕彰の場がついに分離されたのである。

(3) 開設直後の常盤公園

先に見たように、偕楽園を公園とする旨が県下に知らされたのは一八七三(明治六)年七月末のことである。改めて、その公告を見てみよう[20]。

第二百二十六号

今般各地方ニ於テ名境勝区ヲ撰ミ人民遊覧ノ地トシ長ク公園ト可被定旨被仰出候ニ付、当県下第六大区茨城郡常磐村ノ内偕楽園六町〇九畝三歩、桜山三町八反五畝八歩合セテ公園ト定メ、別紙園内取締規則相添此旨及布達候条区内無漏至急可相達候也。

明治六年七月三十日

茨城県権参事　関　新平
茨城県七等出仕　小開敬直

各区
三長へ

（以下、「公園取締規則」省略）

冒頭にあるように公園の設置は太政官布達に応えるものであった。県が偕楽園を「名境勝区」として評価し「人民遊覧ノ地」たる「公園」に選定したことは、太政官布告の前に県当局が栗田に諮った際の理由と同様である。注目すべきは偕楽園のみではなく桜山と合わせて公園と定められたことである（のちに桜山は公園の付属地として扱われる）[21]。前項に見たように公園開設の前に園地東側の一部を常磐神社に分割して園地を縮小したが、公園となったのは偕楽園と桜山を合わせて約一〇町に及んだ。真意は定かではないが、県が偕楽園と桜山の当初の関係を維持したことからは、この頃においても偕楽園が周辺環境と一体のものとしてとらえられていたことがうかがえる。

なお、偕楽園が桜山とともに公園とされた当初は、単に「公園」と呼ばれていた。のちに「常磐公園」と呼ばれるようになるが、その初出は一八八一（明治一四）年度分の『茨城県勧業年報』における明治九年の項目だという。[22] 一八七六(明治一八)年には廃藩後陸軍省の管轄となっていた弘道館跡が管轄変更を経て公園となる。この新しい公園は開園式において「茨城第二公園」と呼ばれ、これに対応してしばしば常磐公園は「第一公園」とも呼ばれた。一方、弘道館跡の第二公園は、一八八八(明治二一)年の県の刊行物に「水戸公園」という名称で示される。これ以後、偕楽園(と桜山)と弘道館、第一公園と第二公園、常磐公園と水戸公園という呼称の組み合わせが混用された(以下、第三部では「常磐公園」と「水戸公園」で統一する)。

◆市民への公開

さて、公園に定められたことで、常磐公園の取締規則はどうなったのだろうか。県が定めた「公園取締規則」は、管理者の設置や利用に際しての禁礼を定めた。公園管理については、公園取締一名と公園守三名を園内に居住させて園内の事務や掃除を含め管理の一切を担わせた。藩政期においても監察と園守によって偕楽園が維持管理されていたことを鑑みると、従来の体制を引き継いだものであったといえる。利用の禁礼についても斉昭が示した「禁条」の内容を基本的に踏襲している(焚火禁止が加わった)。

もちろん、公園となったことで利用規則が大きく変わった部分もある。最大の変化は、利用者の制限が完全になくなった点、好文亭の拝観に限って五厘の謝金が課せられた点(六〜一二歳半額、五歳以下不要。なお、好文亭の利用は間もなく一・六・三・八が付く日に限られた[23])、そして茶屋等の常設のために園地の貸出が認められた点である。藩政期においては身分や男女の別によって入園が制限され、他藩の者はそもそも入園が認められなかったが、公園となったことですべての者に等しく開放された。なお、桜山の縦覧に時刻制限は定められなかったが、地所借用には偕楽園と同様の規則が適用された。

公園として市民に開放された偕楽園であったが、開園直後の時期に市民が実際にどのように利用したのかは詳しくはわからない。ただ、一八七七(明治一〇)年五月には「水戸の名高い偕楽園は此ごろ紅白黄の杜鵑花《つゝじ》や黄白の山吹の花盛りで老若男女が沢山見物に出かけ、錐をたてる地も無いといふ」と東京で報じられるほどであったから(24)(この時点では水戸と東京は鉄道で通じていない)、数年を経るなかで市民の憩いの場として確実に定着していったことと思われる。

しかしながら、単なる「人民遊覧ノ地」にとどまらない利用がなされたことも記録に見つけることができる。その背景には、水戸城や弘道館の大部分が明治の早い時期に焼失し、それらの跡地も陸軍省の管轄となっていたために市民が立ち入ることができる状況になく、常磐公園が水戸で唯一の公園(あるいは広大な公共施設)であったことと無関係ではないだろう。それを差し引いても、開園間もない常磐公園には大名庭園であったという歴史が影響を及ぼしていると思われる特殊な利用が認められるのである。以下にいくつかの事例を紹介しよう。

◆中央集権的体制の可視化

第一に注目したいのは、明治七年正月に好文亭に明治天皇の「御写真」(いわゆる御真影)が掲げられ、天皇を国家元首とする新しい国家体制を知らしめる場としての利用が企画されたことである。

茨城県は、一八七三(明治六)年一二月二〇日に、各区三長に宛てて次の達しを出した(25)。

第四百十五号

天皇陛下御写真今般下渡ニ付来ル一月一日ヨリ三日間午前第十時ヨリ午後第三時迄公園中好文亭へ奉掲、管下之衆庶へ拝見允許候条其旨相心得区内無洩可相達候也。

但爾後年々紀元天長両節ニハ本文同様拝見指許候条不敬無之様可致事。

明治六年十二月廿日

茨城県権参事　関　新平

各区
三長へ

すなわち、正月三が日の間、下賜を受けた明治天皇の御写真を好文亭に掲げるから、拝見しに来るように市民に周知せよ、というのである。さらには、同様の措置をとる翌年以後の紀元節・天長節においても不敬のないように、と付け加えている（ただしこれらが実行されたかは確認ができていない）。

実はこの年、新年と天長節に、県庁に天皇の肖像写真を掲げて県民に広く拝ませたいと申請した奈良県に他府県が追従したことで、同年一一月には各府県に御写真を下付することが決まる。[26] 大衆はこの御写真――新制のフランス式軍服に身をつけて写る明治天皇の姿であったといわれる――を通じて明治天皇の存在を認識することとなる。奈良県は御写真を政庁に掲げたが、茨城県は政庁の置かれた弘道館ではなく、市民への掲出の場として公園の好文亭を選んだのであった。

さらに興味深いのは、一八七四年三月、好文亭内に中教院が仮設置されたことである。[27] 中教院とは、王政復古や祭政一致を目指した明治政府の国民教化運動の一端を担った機関である。一八七二年三月に設置された教部省は、東京・芝の増上寺に大教院を、地方に中教院を置き、全国の神社・寺院を小教院とする中央集権的体制を築いて教化に努めた。中教院・小教院では教導職となった神官や僧侶が氏子や信徒を集めて説教や講義を行った。好文亭はまさにその現場となったのである。市民が余暇を過ごす場として設置された公園であったが、県当局は神道諸宗の説教が行われるため老若男女を問わず余暇あるものは聴講するようにとの達しを出している。こうして好文亭は、一八七六年に中教院が雷神社に移転するまで、県内の神社行政の中心となった。[28]

御写真と中教院が好文亭に置かれたのは、義烈両公の祠堂が遷座され常磐神社が創建される前後である。つまり、義烈両公の祠堂が園内から分離され、かつての主人の形跡が薄れていくのと入れ替わるようにして、天皇や神道といった明治の新体制が流入したのである。

◆勧業事業の具現

近代的国家の姿を示すという意味においては、公園が勧業の場として利用された点も見逃せない。殖産興業は近代国家をめざす明治政府にとって重要な政策のひとつであったが、「公園」という新しい制度の受け皿となった偕楽園は、県の勧業事業を実行する絶好の場所となった。

一八七六(明治九)年一月、県は公園内を区画して牧場や果樹園を設け、ここに勧業試験場を仮設置する。(29)明治政府は殖産興業政策を牽引する組織として内務省に勧業寮を設置し、勧農事業のひとつとして海外から輸入した果樹や野菜などの国内栽培の適性や西洋式農具を試験して府県に下げ渡すことで農業振興を図ったが、これを茨城県において実施したのがこの勧業試験場である。当初は牧場における種牛の飼育、果樹園における接木の繁殖、野菜園における野菜の試験を目指したが、野菜園を除くふたつが公園内に実現した。勧業試験場ではとくに牧牛に重点が置かれ、洋牛やロバが飼育されていた。

勧業試験場は公園内では手狭になったため、一八七七年に入って旧水戸藩桜野牧跡に移転して丹下原試験場と改称し、一八九〇年に民間に払い下げられるまで続いた。なお、一八七七年六月に「偕楽園の池へは去年内務省より鮭の子を飼《かは》れて此節は三四寸ぐらゐに育ち(後略)」という記事が新聞に見られる。(30)おそらく勧業試験場が内務省から下げ払いをうけた鮭が、移転後もそのまま残されて飼育されていたのだろう(池の詳細は不明)。明治一〇年頃の公園には、産業の将来を担って、牛やロバが歩き、鮭が泳いでいたのである。

◆博覧会の開催

勧業試験場は短期間とはいえ常設の施設であった点で重要な園内利用の事例である。一方で、イベントとしての利用で注目されるのが園内で開催された博覧会である。

茨城県は一八七七(明治一〇)年七月一六日から五日間、公園内の好文亭を会場として博覧会を開催した。(31)この博覧会は、翌月から東京・上野公園で開催が予定されていた第一回内国勧業博覧会への出品物を、東京への送付に先立って県民にむけて陳列することを目的とした(32)。内国勧業博覧会の開催にあたって明治政府は府県に出品物の収集を依頼しており、府県は管内から出品物を募って地元で集約したうえで、まとめて東京へと送った。府県においても管内の物産を一堂に集める機会は貴重であったため、送付前や閉会後に地元で陳列会を開催した例は少なくない(33)。好文亭での博覧会も、こうした流れのなかに位置づけられるものである。

好文亭での博覧会は人気を呼び、初日は六五七名、二日目は一五七八名、三日目は一三九四名という多くの縦覧者があった。会期前半の盛況を受けて、土浦と下妻の支庁でも陳列を行って縦覧を許した。縦覧者のなかには工部大学校教師のジョン・ペリーと同校で土木を学ぶ学生の一行も含まれていた。彼らは下総、常陸を巡回する途中にたまたま水戸に宿泊していたらしく、好文亭に陳列された県内各地の石類や鉄類を手帳に書き留めたという。

「公園」という西洋の制度を取り入れた新しい公共空間として開放された偕楽園は、公園として開設されて数年の時が経つなかで、国の主権者としての天皇の存在や、西洋を意識した殖産興業といった、明治政府が進める近代化を象徴する事象を茨城・水戸に根付かせる場所として利用され、まさに「文明開化」を実感できる場所であっただろう。栗田ら旧藩士が偕楽園の地を水戸徳川家の由緒を示す場として位置づけようとしていたことを鑑みれば、先に示した利用は、主権者の交代や新しい産業の登場を視覚的・空間的に示す極めて象徴的な出来事であった。

◆さまざまな利用

とはいえ、公園の利用が新しい中央集権的体制の構築を反映するものばかりではなく、藩政期の記憶を意識的に回顧しようとする利用が存在したこともまた事実である。弘道館訓導も務めた西宮宣明や、好文亭西塗縁広間《にしぬりえん》の平仄《ひょうそく》を揮毫した名越一庵をはじめとする旧藩士らは、かつて斉昭が好文亭に老人を招いて詩歌や書画を楽しんだことを回顧し、同好者を募って同様の会を開くことを企画した[34]。一八七八(明治一一)年四月、西宮らは県の許可を得てこの書画会を実現すると、遠近から多くの来館者を集めたという。書画会はこれを契機として、毎年二回、四月と九月に開かれることとなる。このような展覧会的行事は好文亭の利用の代表的なもののひとつで、後述するように観梅列車の時期などにも書画の展覧会が開催されている。日本美術院が五浦《いづら》に移転した際にはそれを記念して所属画家である横山大観や下村観山らを招いた招待会を開き[35]、翌年に横山らは好文亭で絵画展を開催した[36]。

また、好文亭と広大な芝生をもつ常磐公園は、公共の広場としてしばしば集会の場として利用された。一八八一(明治一四)年には、自由党茨城部の結成集会が早くも開かれている[37]。こうした利用は今日にいたるまで続いており、一九〇五(明治三八)年の県民大会や[38]、一九三三(昭和八)年の常磐村の水戸市編入の祝賀会など[39]、行政主催のイベントも開催されている。一九〇七(明治四〇)年の陸軍特別大演習に際しては将校や旅団の宴会場として利用された[40]。

異色なものでいえば、一九二一(大正一〇)年に水戸中学校校長・菊池謙二郎が舌禍事件で辞任を余儀なくされたことに抗議して在校生が通学をボイコットした際、学生たち約八〇〇名が常磐公園に集って勉強を続けたことであろう[41]。学生らは梅林中などに各自で陣取り、上級生が後輩の指導をしたという。この「林間学校」は騒動が落ち着くまで四日間ほど続いた[42]。

先に紹介した明治を象徴するようなイベントが、いずれも明治になって利用することが可能となった者たちによるものであった一方で、藩政期の思い出に浸るような書画会は、かつて偕楽園の利用を優先的に許されていた旧藩士らによって主催された。「偕楽園」の時代を直接知る者たちによる回顧的なイベントの開催は、この場所における旧藩主の記憶が明治という時代に急速に塗り替えられつつあったことに対する抵抗であったといえるかもしれない。

（4）好文亭の保存

常磐公園の中心施設である好文亭は、公園開設後に市民の遊覧に供され、また県の事業にさまざまに活用された。しかしながら、好文亭を含む公園の維持管理体制は十分ではなく、好文亭利用者に課せられた一人五厘の謝金収入と県税が充てられたが（明治一〇年度は県税からの支出は約四六〇円で、県税支出の約一・一％を占めた）[43]、看守給料・園内清掃・建物修繕など種々の支出が重なり、なんとか維持できているという状況であったという[44]。それにもかかわらず、地方税規則の制定によって一八七九（明治一二）年から県税が地方税に変わって支出費目が制限されたため、県税を公園の維持管理に回すことができなくなる。これによって維持管理が困難になったことで「管内第一等之勝区著名ノ遺跡」である好文亭は廃頽の危機に陥った。

県当局はこの状況を打開するために、内務省に宛てて窮状を訴えるとともに、「目下破損ノ場所等堅固ニ修繕ヲ加ヘ永ク保存」するための費用として五〇〇円の補助を申請した。これには、以後継続した維持費を県が支出できる見込みがないために、荒廃が進まないようにこのタイミングで大規模な修繕・補強を行いたいという意図があったと考えられる。

◆明治政府による「名跡保存」

茨城県からの申請を受けた内務卿・伊藤博文はすぐに大蔵省に取り次ぐのだが、その際に好文亭保存のために支出することについて次のような評価を示している[45]。

右園庭ハ天保年間旧水戸藩主贈大納言源斉昭ノ構造セル所ノモノニシテ、経年最久ト言フニアラスト雖モ、最モ天然ノ地位ヲ占メ規模完大ニシテ且結構ノ韻雅ヲ極メ、今日ニ至リテハ実ニ全国屈指ノ勝区ニシテ、殊ニ忠誠憂国ナル贈大納言ノ遺跡ニモ有之、一朝頽廃ニ帰スルハ遺憾ノ至リニ付、異例之伺ニハ候得共、堺県管下奈良大仏南大門修繕等ノ類例ニ依リ、名跡保存之意ヲ以申請ノ通聞届該県令へ委任修繕保存為取計候様致度、御許可之上ハ組標之金額ハ本年度府県営繕費ノ内ヲ以テ支出取計可申候(後略)

すなわち、庭園としては古いものではないが、環境や規模に優れた全国屈指の景勝地であること、「忠誠憂国」な徳川斉昭の遺跡であることを評価し、廃頽を避けるために「異例」ながらも「名跡保存」の主旨によって茨城県からの申請を許可し、修繕・保存に当たらせたいというのである。全国的視点から評価したこと、そして尊皇の功績を認め、斉昭の遺跡として評価することで、時代的な新しさは不問とした点は注目すべきである。

当時、内務省は「社寺保存内規」(一八七八年)を定めるなど古建築の保存方法の確立に動いていた(46)。実際に、明治天皇の東北行幸を契機とする中尊寺金色堂・経堂の修理(一八七七年)、元アメリカ大統領グラントの訪日を契機とした東大寺大仏殿南門(一八七九年)など、県からの訴えを認めて府県営繕費から修繕費を下付している。好文亭の修繕は建築保存の黎明期に具体的な保存策が採られた数少ない事例であり、「近代天皇制を基礎とした国民国家確立のための〈旧慣〉保存策の一環」に位置づけられるものである。なお、この修理の際に主要ではない建物のうち損傷の激しいものは、将来的な維持の困難からとり壊された(47)。

◆楽寿会による維持とその後の管理主体

政府からの修繕費下付によって好文亭が修繕され眼前の危機を脱したものの、県費からの経費捻出が難しかったようで、平常の維持管理は未だ厳しい状態にあった。こうした状況を見かねてか、一八八三(明治一六)年に県庁の職員有志は自らの俸給の一部を出し合って公園維持の費用を賄った(48)。この会は好文亭の楽寿楼にちなんで「楽寿会」と名づけられ、春と秋に好文亭に集い宴席を持った。一八八五年には会員の制限が広く一般の県民にまで広げられた。楽寿会の詳細については不明な点が多いが、会員には旧藩士を含め藩政期から偕楽園に親しんできた者たちがおそらく多く含まれただろう。常磐公園は維持管理の体制に大きな問題を抱えてはいたものの、その環境と歴史によって、官民問わず多くの人々の手によって支えられたのである。

最後に常磐公園のその後の管理主体と呼称の変化について補足しておきたい。一八八九(明治二二)年の水戸市制施行にともなって常磐公園の区域が常盤村から水戸市に編入され、一八九二年一〇月に水戸公園とともに水戸市の管理に移った。その後、一九二〇(大正九)年四月に茨城県の管理に戻った。一九二二年には常磐公園として史跡名勝に指定されるが、一九三二年に「偕楽園」の旧称に復した。戦後は都市公園となり一時期「偕楽園公園」と称すが、一九五七年に再び「偕楽園」へと改称し、現在にいたっている。

第二節　東京からの遊客と行幸啓

(1)　上野―水戸間の鉄道開通

鉄道が東京から水戸までつながったのは一八八九(明治二二)年のことである。[49] この年の一月一六日、関東地方における三番目の私設鉄道会社として一八八七年に設立された水戸鉄道会社(以下、「水戸鉄道」)は、栃木県の小山から水戸にいたる鉄道を開業した。小山には、上野―宇都宮間をつなぐ日本鉄道会社の駅がすでに営業しており、水戸鉄道の開通によって小山経由で上野―水戸間がはじめて鉄道で結ばれたのである。

水戸鉄道は現在のJR水戸線(小山―友部間)とJR常磐線の一部(友部―水戸間)に相当し、小山から東に伸びた線路が笠間を経由して水戸にいたる。水戸周辺においては農村地帯を北西から伸びる線路が常磐公園の南崖に沿って大きくカーブを描き、千波湖との間を通って市の中心部に到達する。水戸駅は上市《うわいち》と下市《しもいち》の中間に位置し、千波湖を南に控える低湿地を整備して建設された。

なお、図らずも実現した偕楽公園の麓、梅樹が植わる崖下を通過する鉄道は、汽車で水戸を訪れる人々に決定的な印象を残すこととなった。観梅時期には、常磐公園への紀行文がしばしば新聞等に掲載されたが、「汽車より見る水戸は、下り列車を絶佳とす。（中略）「下り」にては桜山を右にし、左、好文亭の崖下に摩れ〴〵に仙波

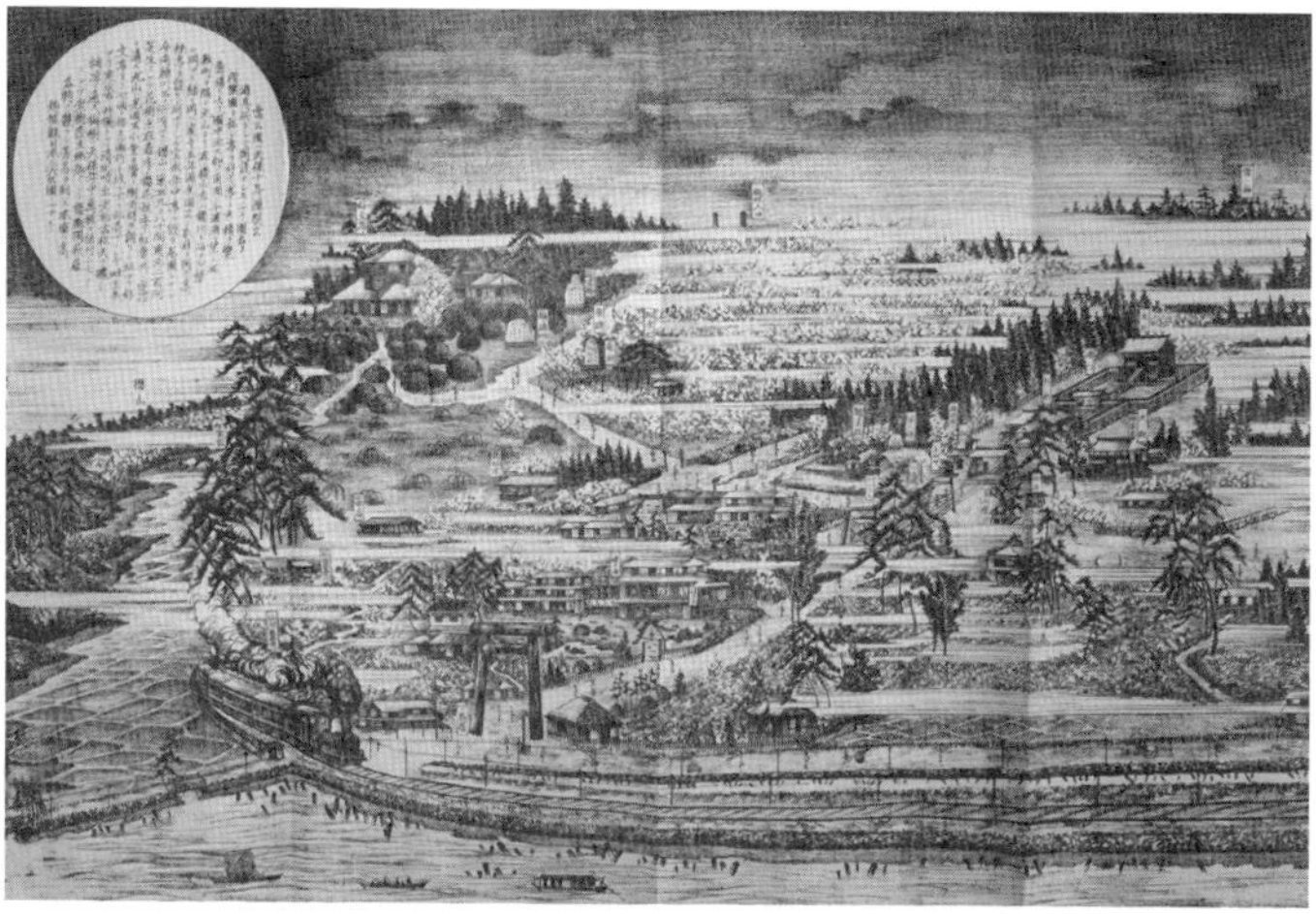

図３-２　明治30年代半ばの常磐公園
左下に描かれる汽車に注目。

図３-３　黒煙を上げて好文亭の麓を通過する汽車

湖に向かつて馳《は》す[50]」とあるように、東京から近づく汽車は偕楽園の梅樹と千波湖の水面に迎えられる。大きなカーブを曲がった先の車窓に現れるこの風景が、遊客に水戸への到着を知らせ、水戸の印象として訪問者の心に強く刻まれることとなる（図3-2、3-3）。

鉄道開通によって、常磐公園への訪問者はいよいよ増加することとなる。のちに水戸への行幸啓が実現した際には天皇・皇后も鉄道に乗ってやってきた。常磐公園は梅の名所として知られていたが、「是迄は土地僻在して道路の便悪きを以て名花をして久しく夜錦に附し」ていた[51]。それが、「本年（一八八九年――引用者注）水戸鉄道の開通ありて以来東京水戸間の往来は僅に四時間半を以て達するを得るとなりたれば、都下の騒客達は一日の閑を以て該地に杖を曳かんとするも多かるべし」と、東京からの訪問者が増加したことが報じられる。先に引用したのは『東京朝日新聞』の記事だが、時を同じくして『読売新聞』も「水戸の梅園」と題した記事で常磐公園と弘道館の梅花の満開を伝え、「同地の人々は勿論、東京よりワザ〲鉄道に乗り看梅に出掛る風流人も数多ある由なる[52]」と、さっそく鉄道を利用して水戸を訪れる人々の存在を報じている。鉄道の開通が梅の便りと合わせて報じられたことで、鉄道を利用して常磐公園を訪れる者はいっそう増加したことだろう。

（2）鉄道に乗ってきた人々

鉄道開通の恩恵に授かってこの頃に水戸を訪れた著名人は多い。

園芸界の重鎮、小沢圭次郎もその一人である。一八八九（明治二二）年三月一〇日、小沢は、友人で学者の大槻如電ら数人とともに、常磐公園へ観梅に訪れた[53]。観梅が目的とはいいながらも、『園林叢書』を執筆中だった小沢はこの時も研究に余念がなく、好文亭を訪ねた際には、亭内に掲げてあった扁額を見るや文章を書き写し取るなどしている。こうした小沢らの行動は好文亭の執事（管理人）に喜ばれ、歓待を受けた。旧水戸藩士であるこの執事によれば、観梅のため来園する者は毎年数百人を数えるものの、扁額に関心を寄せる者がほとんどいなかったという。この執事の語り口からは、常磐公園が好文亭を中心とするかつての文芸的な使われ方が薄れながらも、行楽地として浸透しつつある様子をうかがい知ることができる。

なお、小沢は常磐公園を「仙波湖に俯臨せし、曠敞の岡背に過ぎざれば、猶東京の飛鳥山に於けるがごとく、遊歩地のみ、運動場のみ、兼六、後楽の二園と並称すべき園趣を具有したる所ならんや、畢竟日本三公園の題目は、一笑をも値せざる俗評」といい、庭園としては酷評している。(54) その小沢にとっても、広大さだけは感じ入るものがあったのだろう。

小沢が来水した翌月の四月六日には、東京大学予備門の学生だった正岡子規が友人とともに訪れる。子規の水戸訪問はのちに『水戸紀行』としてまとめられている。(55) 子規は学校の休暇を利用してかねてから温めていた徒歩旅行を実現するべく水戸訪問を企てたという。訪問先を水戸に定めたのは、水戸出身の級友で休暇を利用して先に帰省していた菊池謙次郎を訪ねることが動機のひとつにあったようだ。子規は鉄道ではなく徒歩で水戸に向かい、途中、人力車を利用しながら二泊して水戸に到着、水戸で一泊したのちに鉄道を利用して東京に戻っている。子規はこの滞在中に常磐公園を初めて訪れたのであった。

『水戸紀行』には子規が見た常磐公園の様子が記されている。子規は水戸到着の午後、菊池の家に立ち寄った後(菊池には会えなかったが)、弘道館を経て常磐神社や常磐公園(紀行文中では水戸公園と記される)を巡った。園内を歩き最初に目にしたのは「毛氈の如し」と表現された芝生の上で「ベース・ボールのまね」に興じる子供たちである。野球に熱中していた子規は、その光景を微笑ましく眺めたことだろう。子供たちを返り見ながら園中を進み、好文亭にいたって楽寿楼に上がる。この時の印象を次のように書き記している。

二階に上りて見れば仙波沼《(ママ)》脚下に横たはり、向ひ岸は岡打ちつゞきて梅などしげりあへり。すぐ目の下を見ればがけには梅の樹斜めにわだかまりて花いまだ散り尽さず、此がけと沼の間に細き道を取りたるは汽車の通ふ処なり。此楼のけしきは山あり、水あり、奥如と曠如を兼ねて天然の絶景と人造の庭園と打ちつゞき、常磐木、花さく木のうちまじりて何一ツかけたるものなし。余は未だ此の如く腕麗幽遠なる公園を見たることあらず。景勝は常に噂よりはあしきものなれども、こゝばかりは想像せしよりもはるかによかりき。(56)

子規は初めて目にした常磐公園を、千波湖から桜山へと続く雄大な自然景観と、園内の造園が織りなす奥行きのある、これまで経験したことがない景色と絶賛する。子規が目にした常磐公園の景色は、まさに小沢圭次郎が記した「仙波湖《ママ》に俯臨せし、曠敞の岡背」の「遊歩地のみ、運動場のみ」の地勢である。しかしながら、子規は小沢が評価しなかった雄大な自然との連続や子供たちが遊ぶ園内の景色にこそ心動かされたのである。とりわけ、広い芝生で野球をして遊ぶ子供たちに言及している点は、他の訪問者の記述にはあまり見られない特徴である。一八九七(明治三〇)年は近隣の那賀・久慈・多賀の郡友会が常磐公園で開催され、「フートボール、ベースボール等の遊戯」を楽しんだという記録もあり、(57) 子規が見た運動公園としての利用は、明治中頃の常磐公園を象徴するもうひとつの風景であった。

鉄道が接続したことで、関東一円から人を集めた大規模な集会も開催されるようになる。代表的なものは一八九二(明治二五)年の関東自由党大懇親会で、関東一円から六二五名が集った。(58) なお、この会には板垣退助や松田正久らが招待されていたが、板垣は病気のため参加を見送っている。(59)

(3) 水戸行幸啓と常磐公園

◆初めての水戸行幸啓

鉄道開通以後、鉄道を使って東京から多くの人々が水戸を訪れた。そのなかで、水戸市民に待望され、最も歓迎されたのは明治天皇と皇后であっただろう。一八九〇（明治二三）年一〇月、茨城県内で執り行われる近衛諸隊秋季小機動演習を親閲するにあたって水戸への行幸啓が初めて実現した。二日間の演習親閲を含む三泊四日の水戸滞在である。

同時期の地方行幸の例にもれず、明治天皇と皇后は開通したばかりの鉄道を利用して水戸を訪れた(60)。あるいは、鉄道の敷設によって東京との交通の便が良くなったことで実現した行幸であったともいえる。一〇月二六日の午後二時一五分、上野発の一番列車に乗った天皇と皇后が水戸駅に到着する。水戸駅では先着していた有栖川宮と北白川宮および三好重臣《しげおみ》・元監軍中将らが迎え、駅前には知事や市長をはじめ官民の重役が奉迎のために集った。天皇らはすぐに行在所が置かれた茨城県尋常師範学校に馬車で向かった。その門前では県下各学校の教員と生徒が迎えている。天皇を歓迎したのは整列して迎えた高官や学校関係者だけではなく、水戸駅には奉迎のために集った市民で朝から混雑を極め、行在所への道筋は明治天皇が通った後も三〇分ばかりは身動きが取れないほどであったという。かつて好文亭に掲げられた「御写真」に見た天皇が目の前にいるのである。

翌二七日からは、予定されたとおりに郊外で実施される近衛兵演習の視察に出かける。演習の天覧は岩間原で行われており、水戸の行在所と演習地の間は、鉄道と乗馬（皇后は馬車）で往復した。二八日も同様に演習を天覧し演習を締めくくる講評を行う。講評を終えて水戸駅に午後五時前に着くと、明治天皇は茨城県庁に臨幸、皇后は常磐公園と弘道館に臨啓したのちに行在所に戻った。演習の天覧という目的を終えた明治天皇と皇后は、二九日の朝に水戸を発ち、東京に還幸した。

この水戸への行幸啓は主目的である軍事演習の天覧に付属するようなものであったが、とはいえ水戸市民にとっては初めて訪れた記念すべき機会であった。だからこそ、到着の歓迎には多くの市民が詰め掛け、各戸には国旗が掲げられた。さらに、南町や大工町などの市内中心部の通りには電信柱を模した白塗りの柱が一〜二間《けん》ごとに建てられて注連縄と球灯で飾られ、向町の大緑門をはじめ各町境には緑門や緑柱が建てられた。明治天皇の行幸に際しては過度な準備を控えるよう常に訪問先に伝えられており、水戸においても「諸事成る丈け質素を旨とし玉ひ市民をして余計なる奉迎の準備に消費せしめざる様との深き御内意」[61]が伝えられていたが、それでも水戸はまさに奉迎の気分で一色となった。

◆常磐公園への奉迎準備

市中各地で進められた各種の奉迎準備のうち、最大規模の整備が行われた場所が常磐公園である。旧藩主が遺した同園への行幸啓を実現させることは水戸市民の悲願であり、「今回の行幸啓は当地に於て未曾有の事なれば市民は歓呼して当地公園即ち烈公の遺跡なる偕楽園に行幸啓を仰ぎ奉らんと夫れ〴〵用意を為し」[62]た。水戸の関係者が偕楽園への行幸啓を熱望した背景のひとつに、一八八五(明治一八)年に岡山・後楽園を明治天皇が行幸しそれが新聞記事によって広く知られたことがあったかもしれない。

常磐公園への行幸啓を実現するために園内外の整備が進められ、行幸啓当日には「既に笠間街道より同公園まで数十間の道幅を拡げ新道を造り砂盛りなどして用意十分なりし」と具体的な整備の状況が報じられている[63]。常磐公園(偕楽園)への行幸啓を実現するために、水戸市中から常磐公園へと伸びる街道が拡幅され、街道から園内中心部へのアクセスを容易にするために新しい門と園路が築かれるなど、万全の準備を整えた。この時に作られた門が現在の御幸門である(図3-4)。門からは梅園中を好文亭に向かって一直線に伸びる園路が築かれた。従来の正門の使用を前提としない整備の様子からは、市内から馬車でやってくる天皇・皇后を園内に迎えることが最大の目的であり、造園の形式やその歴史は重視されなかったことがうかがえる。

水戸の関係者たちはこのように万全の準備をなし、茨城県知事を通じて常磐公園への臨幸を仰いだのだが[64]、行幸当日を前にして「御都合あらせられ(常磐公園へ――引用者注)行幸遊ばれざるの御内意ありし」[65]ということが伝わる。この「御都合」とは、『明治天皇紀』に「天皇演習親閲の事多端に亙らせたまふの故を以て聴したまはず」と記されているとおり、本来の目的である演習親閲に関することであり、郊外での親閲の間を縫って水戸での予定を増やすのは時間的制約が大きく難しいという判断であったと考えられる。

それでも常磐公園への臨幸を望む水戸の関係者は、明治天皇・皇后の水戸到着当日（一〇月二六日）、天皇の到着直前まで対策を練り、「今朝市会議員、参事会員の人々は市役所に集り此の度の行幸は実に千古未曾有の御事にして市民一般に歓喜して来蘇を待ち奉り既に同園へ臨幸を仰ぎ奉つらんと用意せしことなれば、其事情御憐察あらせられ臨御の儀仰出さるる様請願し奉らんと種々協議の末遂に誓願書を奉呈することに決したりといふ」[66]と報じられたように、水戸到着後に改めて陳情する。

図3－4　行幸啓に備えて築かれた門と梅園中の園路
（大正末期～昭和初期の様子）

明治天皇・皇后の到着後に出された水戸側の請願によって、常磐公園への行幸啓をめぐる明治天皇側の対応は二転三転する。その様子を翌二七日付の報告を掲載した『東京朝日新聞』は次のように報じている。

水戸市民が今回の行幸啓に幸ひ烈公の遺趾なる城西偕楽園の好文亭へ臨御を仰ぎ聖徳の万歳を祝し奉らんとの微衷より既に市会議員、参事会員等協議の末誓願書捧呈に及べるよしは前便に報道せしが、右は愈々《いよいよ》市民の衷情を聞召し届られたるやにて明廿八日演習地より行在所へ還幸の御途次柵町停車場より直ちに右偕楽園なる好文亭及び県庁へ臨幸の事に御治定相成り既に鹵簿《ろぼ》御次第等も仰出さる。同市民の感激如何許《いかばかり》ぞや。かねては同公園内に斎き祭れる常磐神社すなわち義烈両公在天の霊測らずも今日の嘉会に逢るを思ひ合しては、旧君臣拮据辛楚《きつきょしんそ》の間に王事に勤めし往昔の事をさへ想ひ起し、只管《ひたすら》感激に咽ぶの故老遺臣も亦少からざる事なるべし(67)。

すなわち、明治天皇は請願を受けて二八日の予定を変更し、演習地から水戸に鉄道で戻った後、行在所に還幸する前に常磐公園の好文亭と県庁へ臨幸すると伝えられたのである(と、少なくとも水戸側は受け取った)。この知らせを受けた水戸の関係者は大いに喜んだことだろう。しかし、この記事には続きがある。

斯く認め終れる所へ更に一佳報を得たり。則ち天皇陛下には畏くも今回の御駐輦を幸ひ思召を以て、今廿七日午後三時右の偕楽園なる常磐神社(即ち光國(圀)、斉昭両公合祀の神社)へ勅使として堀川(河)侍従を差遣はされ奉幣あらせ給ひ、併はせて同じく同公園内に合祭せる往年国事の為に斃れたる旧藩士数名の招魂社へ侍従幷に皇后亮を遣させられ、若干の祭粢《さいし》料を賜はりしと承はり及ぶ。其皇后亮を差遣されしは皇后陛下の恩旨に出づることと察し奉られぬ。御仁慈のほどこそ畏けれ。右に付北白川宮殿下を始め徳川公爵、旧藩主徳川昭武侯の諸氏も続いて同社へ参拝あり。その他の随陪員にして参向するも亦甚だ少からざりしとぞ。

演習を親閲する明治天皇と皇后はそれぞれ侍従と皇宮亮を常磐神社と招魂社(鎮霊社)に遣わした。この記事には記されていないが、北白川宮能久親王には常磐公園内の好文亭を訪問させており(68)、明治天皇が常磐公園のことを気にかけていたことがうかがえる。なお、明治天皇は水戸到着の当日に、瑞龍山の光圀と斉昭の墓に勅使を遣わしている。演習親閲最終日を前にして、いよいよ常磐公園への臨幸が実現するかのように思われた。

しかしながら、前述したように結果として明治天皇の常磐公園臨幸は実現せず、皇后が同園を臨啓する。二八日、明治天皇と皇后は演習親閲を終えて午後四時二五分に水戸駅に到着したのち、明治天皇と皇后はそれぞれ別の馬車で目的地へ向かった。

天皇陛下には昨廿八日午後四時五十分演習地より還幸の御途次、水戸停車場より御馬車にて茨城県庁へ臨御、安田本県知事の御案内にて予て設けの楼上なる玉座に著御、本県高等官へ拝謁を賜はり夫より本県衆議院議員、県会議員、輦路十余万臣民代表者等、賀表を奉り終て午後五時五十分頃行在所へ還御遊ばされ、又皇后宮には水戸停車場より直ちに常磐公園好文亭へ行啓、暫時同公園の風景を御賞覧遊ばされ、夫より水戸公園へ御立寄、烈公建設の弘道館碑をご覧あらせられ午後六時頃行在所へ還啓在せられぬ。此際皇后陛下には右好文亭の風景に深く御感在らせられし趣にて、同亭保存費として金二百円下賜在らせられぬ[69]。

水戸駅で別の馬車に乗り換えると、天皇は玉座の設けられていた県庁に臨御して県知事や県高官のほか議員らの拝謁を受け、一方で皇后は直ちに常磐公園へと馬車を走らせて好文亭を行啓し、水戸公園と弘道館を経て行在所へと還啓した。

◆実現した常磐公園行啓

常磐公園に到着した皇后はまず好文亭の楽寿楼からの眺望を楽しみ、時に好文亭の広間で休息を取りながら園中を散策した。夕暮れの千波湖に浮かぶ舟から打ち上げられる烟火が趣を添えた。皇后は常磐公園を去る際、園中に美しく咲く四季桜を愛で、天覧に供するために一枝を折らせて持ち帰っている。水戸側の備えが奏功し皇后は常磐公園と好文亭を堪能し、同亭の維持管理費を下賜したのであった。臨幸は実現しなかったものの、天皇もまた好文亭における奉迎準備を労い、行在所に徳川昭武を召喚して物品を下賜している[70]。

臨幸するとされた県庁と常磐公園を明治天皇と皇后で手分けをするように訪れたのは、時間的な制約があったからであろう。明治天皇が県庁のほうを訪れたのは、政治的な重要性がより強かったためと思われる。水戸側が待望していた明治天皇の常磐公園臨幸は実現しなかったが、皇后が臨啓し、天皇の使いとして北白川宮や侍従が

表3-1　偕楽園(常磐公園)内に設置された記念碑等(昭和戦前期まで)

設置年	名　称	内　容	設置者
1834(天保5)	暮雪碑	水戸八景のひとつを示す*	徳川斉昭
1839(天保10)	偕楽園記碑	偕楽園創設の趣旨を記す	徳川斉昭
1871(明治4)	祠堂	烈公を祀り後に義公を合祀、常磐神社の前身	水戸市
1890(明治23)	御幸松	水戸行幸啓を記念して水戸市が植樹	水戸市
1897(明治30)	菁我遺徳碑	旧水戸藩士・原市之進を顕彰	常磐神社宮司・朝倉氏ほか
1897(明治30)	遺徳之碑	元茨城県参事・関新平を顕彰	旧水戸藩士・酒泉直ほか
1910(明治43)	二名匠碑	水戸彫の名工・萩谷勝平と海野美盛を顕彰	帝室技芸員・海野勝珉ほか
1915(大正4)	観梅碑	永阪周の詩碑	永阪周
1922(大正11)	常磐公園石標	史跡名勝指定を示す	茨城県

出典：滝興治編『水戸名勝誌』(台水書院、1911年)などの地誌および碑文より。
＊：偕楽園創設時に設置されているため、開園後に場所が移されている可能性がある。

繰り返し訪れたことは、水戸の人々にとって栄誉あることだった。この栄誉を享けるために、水戸の人々が準備を整え、繰り返し臨幸を請願した事実は特筆に価する。

皇后行啓の実現は、常磐公園の空間とその利用にも大きな影響を残した。行幸啓に備えて造られた梅園に直通する新しい門は「御成門」として残され、市内からのアクセスも良いため、常磐公園の表玄関に位置づけられた。これによって本来の表門は「寧ろ裏門なる感あるに至」ることとなる[71]。新しい門が常用されることで、本来、偕楽園が持っていた空間体験（林中の道を歩いた先に広がる梅林と雄大な景観に出会う）は影を潜め、公園の印象を大きく変えることになった。

さらに常磐公園では、この年の水戸行幸啓を記念して「御臨幸紀念奉祝会」が開催されるようになる。一八九五年の紀念奉祝会について、新聞は次のように報じている。

> 去る廿三年十一(ママ)月両陛下の御臨幸ありし以来、我が水戸市民は年々其の御駐蹕の日を以て常磐公園に相会し遥かに聖寿の万歳を祝し奉りしが、本年も明廿六日午後一時より好文亭に於て紀念奉祝会を開く筈なりと[72]。

同会の開会に際しては、好文亭において水戸市長代理が式辞を朗読し、「常磐公園にトし市民共に万歳の吉例」を行い、清香亭では宴会が開かれた[73]。当日は市中各戸に国旗が掲げられ、各学校も休校となるため常磐公園と水戸公園は人で溢れたという。この様子を新聞は「盛装の士女を以て埋もれん計り交みに聖徳を謡歌する様、今も昔に変らぬ勤王の心厚い水戸人士の心が嬉しけれ」と報じた。

江戸幕府時代から勤王の精神に篤い水戸においては、旧藩主への忠義心の延長線上に明治天皇に対するそれがあったともいえる。それゆえに、常磐公園など藩政期の遺跡が明治天皇・皇后に認められることは、特別な意味を持った。常磐公園は、実際に皇后が臨啓したことで水戸の藩政期の顕彰と明治の栄誉を獲得したのである。

鉄道によって東京と水戸が接続したことによって、常磐公園には水戸の外からの訪問客が増加した。そして、小沢圭次郎や正岡子規、次節で詳しく見るように新聞記者らがその感想を伝えたことによって、常磐公園の存在が、具体的な描写をともなって広がっていくことになる。これを決定的なものとしたのが行啓の実現であった。水戸市民が願った明治天皇の常磐公園への行幸は実現しなかったが、皇后の行啓を得たことは同等に重要であり、この事実を地元では「栄誉」として祝い、「三公園」を唱えた主たちは選出の根拠となる「格」として評価していくのである。なお、一九〇二(明治三五)年には皇太子が行啓し好文亭を御旅館とするなど、皇室関係者の来園は続いた[74]。

こうして醸成されていった全国的な知名度と「栄誉」や「格」は、明治後半期に常磐公園に記念碑が次々と設置されたことと無関係ではないだろう(表3-1)。一九一三(大正二)年に日本初の飛行機事故で亡くなった水戸出身のパイロット・武石浩玻の銅像も、設置場所の候補として最初に報じられたのは常磐公園だった[75](最終的には茨城県立水戸第一高等学校の西端に建設された)。常磐公園は日常の遊興の場であるとともに、水戸を代表する顕彰の空間としての性格を帯びていくこととなる。

第三節　観梅列車と観梅デー

(1) 観梅割引切符と常磐公園

上野―水戸間の鉄道開通によって、偕楽園（常磐公園）は水戸市民の公園であると同時に東京市民の行楽地となった。東京からの訪問客は園内外の梅が咲きほこる春先に集中し、毎年、多くの観梅客が水戸を訪れるようになる。それでも多くの人々を惹きつけたのは、「水戸の名は、偕楽園の梅花を以て、夙に満天下に紹介せらる」と新聞が書くように[76]、水戸の象徴と目される常磐公園の梅であった。

それは現在においても変わることなく、「水戸の梅まつり」の中心会場は偕楽園である。この時期にはJR常磐線に快速列車「水戸梅まつり号」が運行され、偕楽園の麓には下り線のみの「偕楽園臨時駅」が運用される。これらに象徴されるように、鉄道と偕楽園は不可分な関係であり続けている。

観梅列車については『水戸市史』や地誌などに紹介され、その始まりや展開についてはさまざまな見解が示されているが、不確かな部分も残る。そこで本節では、当時の新聞記事などを手掛かりに、現在まで続く観梅時期の特別列車や観梅客の歓迎事業に注目しながら、その展開を追いかけてみたい。

水戸への観梅客の獲得の原動力となったのは、東京から水戸へと観梅客を運ぶ鉄道会社である。一八八九（明治二二）年に開通して小山―水戸間を結んだ水戸鉄道は一八九二年三月一日付で日本鉄道会社（以下、日本鉄道）に事業が引き渡され、当該区間は日本鉄道の支線となった[77]。これによって上野―水戸間が同一の鉄道会社によって経営されることになる（とはいえ、水戸鉄道は設立当初より日本鉄道に営業管理を委託していた[78]）。これが東京から水戸への誘客活動の大きな契機となり、鉄道に関連したさまざまな企画が実施されていくこととなる。

◆在京記者の招待

日本鉄道の最初の企画は、東京市民への水戸観梅の宣伝だった。水戸鉄道の買収から間もなく、日本鉄道は「観梅の好機を世に知らせん」として、東京の新聞各社に水戸観梅の案内と合わせて無料切符を配布した[79]。同月九日には常磐公園の梅は見頃を迎えたと報じられており[80]、満開の梅を在京記者に実地に楽しんでもらい、その様子を東京で記事にしてもらおうという狙いがあったのだろう。これが奏功し、同月一三日の日曜日には東京日日新聞記者が水戸を訪れ、帰京後に観梅や散策の様子を五回の連載記事にしている[81]。この記者は友人を連れて早朝の上野駅で列車を待つ際に、同じ案内を受けてやってきた他社の記者一行と一緒になったという。東京日日新聞記者は水戸からの最終列車で日帰りするが、他社の記者一行は大洗にまで足を伸ばしている。

これと入れ違うように、東京日日新聞記者らの訪問二日後には、「余が友なる水府の人、好文亭の梅今盛りと遠く書を寄せ」たことを受けて、郵便報知新聞記者の遅塚金太郎が観梅に訪れた[82]。遅塚は常磐公園や水戸公園(弘道館)を訪ね、東湖の墓参をしている。帰京前に立ち寄った地元新聞社のいはらき社で同紙掲載用の短い滞在記を書き下ろしているが[83]、帰京後には観梅の旅を改めて連載記事にまとめている[84]。郵便報知新聞からは遅塚に続いて別の弦斎なる記者も観梅に訪れている[85]。日本鉄道の誘致もあって、鉄道の利便性が増したこの時期に、水戸を訪れた在京記者は少なくなかったようだ。

◆往復割引切符の登場

在京記者を通じた宣伝に続いて、日本鉄道が東京からの誘客のためのより直接的な手段として一八九三(明治二六)年から実施したのが、観梅期間に限定した上野—水戸間の「割引往復切手」、すなわち往復割引切符の発売である[86]。往復割引切符の発売は「有名なる水戸公園梅花御遊覧の便を謀」るものとされ、在京新聞の記事や広告を通じて広く宣伝された(図3-5)。ここにある「水戸公園」とは、弘道館のある水戸公園(第二公園)を指すものではなく、常磐公園(第一公園)あるいは広い意味での「水戸の公園」を指すと考えて良いだろう。同年の記事に

図3-5　観梅割引切符の新聞広告

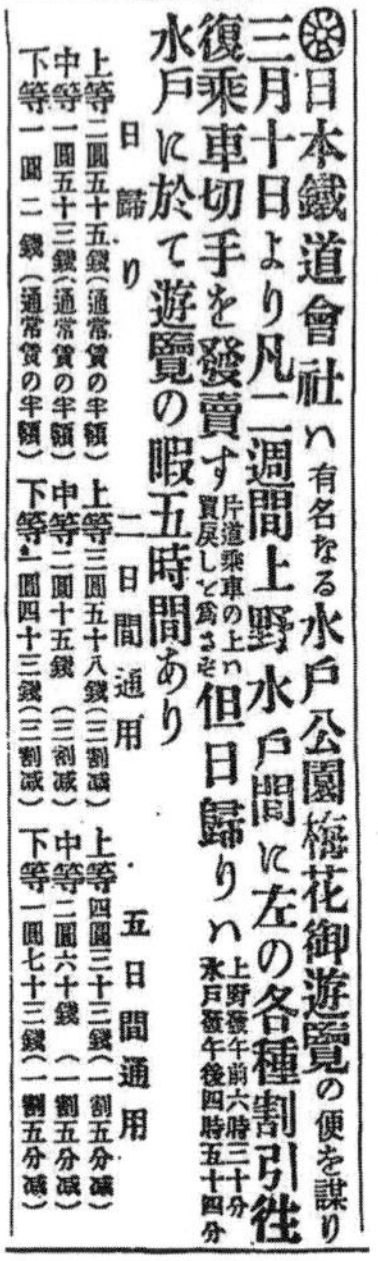

は「梅花を以て有名なる水戸常磐公園は近年水戸線の開通以来誘客□にましたる」と報じられている。

この時発売された割引切符は、「日帰り」「二日間通用」「五日間通用」の三種で、それぞれに通常切符と同様に上中下の三等級が設定されていた

（翌年は五日間通用券が廃止された）。料金は通常切符の半額であり、下等の料金は往復一円二銭である(87)。前年の東京日日新聞記者の旅程からもわかるように、上野—水戸間は日帰りでの往復が可能であった。複数日間有効の切符が用意されてはいたが、新聞広告の文句には「日帰りハ、上野発午前六時三十分／水戸発午後四時五十四分、水戸に於て遊覧の暇五時間あり」と書き添えられ、水戸への観梅が、遠方にありながらも気軽に行楽できる名所として宣伝されたのである。もちろん、これ以前にも観梅に関する記事はみられ、それは東京市内の亀戸や鉄道を利用する小向や蒲田についてであった(88)。鉄道整備と割引切符の登場によって、水戸は東京からの行楽地の有力な候補地となったのである。

観梅時期に限定した上野—水戸間の往復割引切符の発売は、翌年以後も継続された。在京新聞各紙では、二月下旬になると観梅切符の発売が報じられ、広告が掲載されるようになる。春先に紙面を賑わす往復割引切符は、東京においても風物詩となったようだ。一八九五（明治二八）年には「竹の屋主人」こと饗庭篁村が「鉄道割引の広告を見て水戸の梅でも行て見ようかという風雅心」に従って友人を引き連れて観梅に出かけたと記しているように(89)、当時の東京の風流人は、梅の便りに誘われて、ふらりと鉄道で水戸を目指したのである。

（2） 観梅会と観梅臨時列車

◆観梅会の開催──東京からの団隊ツアー

日本鉄道の割引切符は、水戸への観梅を風流な行楽として東京の人々に認知させるきっかけとなったが、これを利用するのはあくまで個人であり、団体が群れをなして押し掛けるほどではなかった。こうした状況を一変させたのが、一九〇〇（明治三三）年に企画された「水戸観梅会」である。

一九〇〇年二月、東京朝日新聞に例年とは趣の異なる観梅の知らせが掲載された。

水戸常磐公園の梅林は世の知る所なるが、目下花期漸やく熟し玉骨風霜に傲《おこ》りて白点々の眺め最も絶佳なれば、今回日本鉄道の急行二等列車を利用し、二三の騒客の主唱を以て同公園好文亭に於て観梅会を催ほす事となり既に準備中なるが、会日は来る廿五日（日曜日）、会費は汽車運賃、酒肴飯共金三円宛にて、当日午前八時上野発同午後八時帰京の筈なれば、時節柄一日の清遊に適すべし。又同会加入を望む人は東京朝日新聞社内毛利宛にて来廿一日迄に申込むべしとなり(90)。

企画の主唱者である「二、三の騒客」には、申し込み受付窓口になっている東京朝日新聞社の毛利記者が関わっていると考えられる。日本鉄道はこの年、従来の割引切符ではなく、団体からの申し出があれば特別に急行列車を走らせることを企画し広告を出しているが、そこに具体的な運賃などは記されていない（図3-6右）。恐らくは、日本鉄道が団体利用の枠組みを準備し、それを前提に主唱者らがパッケージツアーを組んだのであろう。のちの報道によれば、「日本鉄道会社は大に此挙を賛し、松井調度課長主事専ら奔走し、各駅長も非常に尽力して種々の便宜を与へ」たといい(91)、臨時列車による観梅会は、旅行代理店のような役割を果たした主唱者らと日本鉄道との密接な協力によって実現したのであった。この企画を、読売新聞は「観梅列車」という語を用いて報じた(92)。

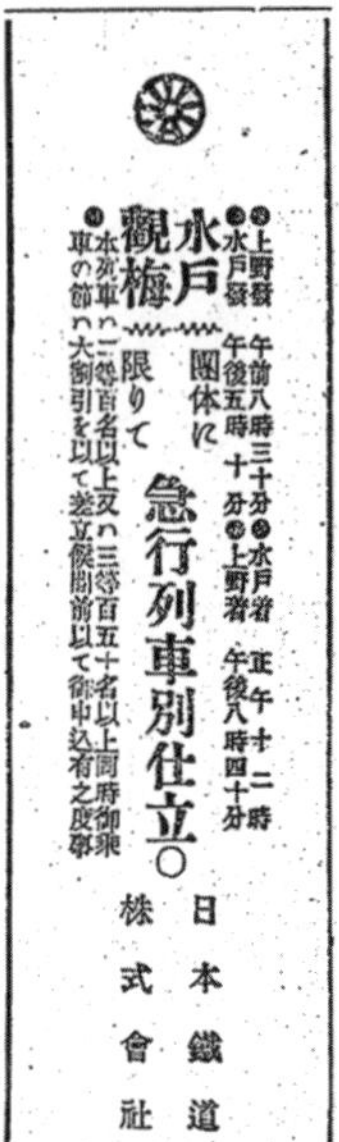
水戸觀梅
上野發 午前八時三十分 水戸着 正午十二時
水戸發 午後五時十分 上野着 午後八時四十分
團体に限りて 急行列車別仕立○
本列車ハ二等百名以上又ハ三等百五十名以上同時御乘車の節ハ大割引を以て差立候間前以て御申込有之度事
日本鐵道株式會社

第一回水戸観梅会前の団体向け急行列車の広告

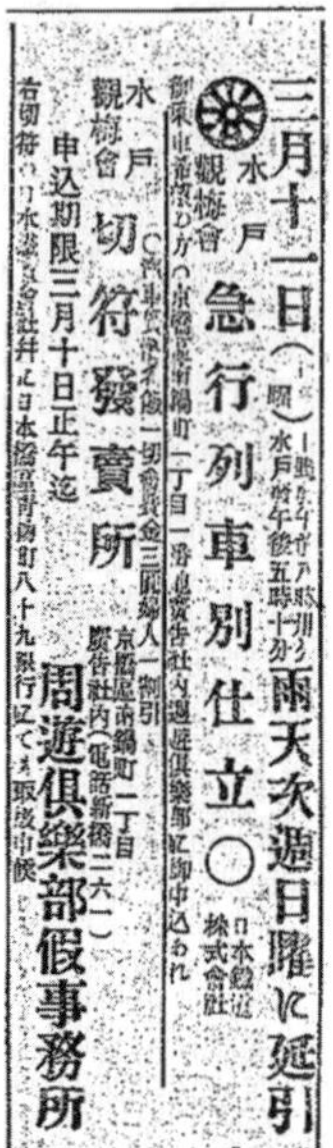
三月十一日(日曜) 雨天次週日曜に延引
水戸觀梅會 急行列車別仕立○
水戸發午後五時十分
日本鐵道株式會社
水戸觀梅會 切符發賣所
京橋區南鍋町二丁目 廣告社内(電話新橋二六二)
申込期限三月十日正午迄
周遊倶樂部假事務所

第二回水戸観梅会の告知

図3-6　急行列車特別仕立の新聞広告(明治33年)

さて、二月二五日の午前八時三〇分、約二〇〇名の参加者を乗せた直行列車が水戸に向けて予定通り発車した。参加者として「代議士、官吏、実業家、新聞記者その他あらゆる階級の分子が含まれて居るのみか、義和宮殿下、李俊鎔始め数名の朝鮮人もあれば、ジヤクレー、フーイなどの仏人あり、英人バイベレー、西班牙人グリンリアなど外国語学校の教師連も行つて来て居た」という(93)。加えて、途中駅では茶菓や酒の提供があり、車内では落語などの余興が催されたというから、賑やかな旅であったことを想像できよう。

水戸停車場に正午に着くと、一行は次々と人力車に乗り込み、一路、常磐公園を目指した。「腕車二百余両市中を通つた勢いは実に凄まじかつた」という。常磐公園に着くと好文亭に案内され、華族と外国人教師が楼上に案内された他は自由に着席し、発起人総代の福井三郎の開会挨拶に神田(乃武か)男爵が応えて酒宴の幕が開かれた。肝心の梅はあいにく二分咲きであったが、この日は天候も良く、参加者は思い思いに園内を散策したり記念写真を撮ったりと公園の梅を楽しんだようだ。公園での酒宴がひと段落すると各自で自由散策となり、なかには弘道館や水戸城址まで足を伸ばすものもいた。参加者らは午後五時に再び水戸停車場に集合し、臨時列車に乗って水戸を後にし、午後八時三〇分に上野に戻る。

臨時列車を利用して団体で観梅を楽しむこの企画は、「往復車賃から御馳走兼芸者附きで大枚三円とは頗る安い」と参加者の好評を得たようで(94)、再度の開催を望む声もあがった(95)。が、一方で、参加者からの苦情の声もあった。苦情の対象は度を超えて酒に酔った一部の客で、新聞記事においても「会員中には苟《いやしく》も紳士の上流にありながらも其体面を棄て、鯨飲乱舞殆ど見るに堪えざるものあり。殊に某省官吏等の一連は自ら十一人組と称して狂体を演じ他の指弾を受けたるが如き殆ど東京紳士の面汚しと云ふべし」と糾弾された(96)。この会を発展させて社交倶楽部を組織しようと計画していた主催者側もこれをよしとはせず、苦情者らの「家族の同伴を勧誘して芸妓全廃を実行せば従つて腐敗分子は自然退去し醜を各地に止むるの憂いなかるべし」という意見に賛意を表した。

間もなく主唱者らは「周遊倶楽部」なる組織を立ち上げ、三月一一日の日曜日に第二回の観梅会を開催することを決める。前回の反省を生かし、「真に紳士淑女の清遊に適するやう又会員をして社交上の便益を得せしむるやう」準備を進め、参加者を募った(97)(図3-6左)。第二回の参加者は二三〇名と前回を上回り、水戸では再び現れた人力車が常磐公園に向けて列をなす光景を、「水戸の人は其の夥だしき人と車に驚き皆立ち出で、見物(98)」したという。

常磐公園では、参加者が増えたためかあるいは芸妓を呼ばなかったためか、応対者が不足したらしく、混乱が生じたようだ。食事は弁当の支給となり、好文亭では観梅会とは無関係に古書画展覧会が開かれており、見物した観梅客が料金をとられたと不満を漏らしている。とはいえ、早朝に列車に乗れば夜に上野に戻るまで、常磐公園の観梅はもちろん、食事やイベントで一日を楽しく過ごすことができる観梅会は東京の人々に充実した時間を提供したようで、参加者は「周遊倶楽部も中々乙だと褒めながら」家路についた(99)。

こうして初めての観梅臨時列車は、成功に終わった。この成功は日本鉄道に観梅の臨時列車が事業として成り立つことを確認させただけでなく、東京の人々に、水戸での観梅の魅力を知らしめることとなった。主唱者や参加者に新聞記者が関わっていたこともあり、観梅会の様子は在京新聞各紙に報じられており、こうした記事や参加者からの伝聞によって水戸の観梅が具体的なイメージを持って広がっていったのである。

◆観梅臨時列車のはじまり

この成功を受けて、翌年から日本鉄道は個人向けに臨時列車を走らせることとし、通常運賃の半額で提供した[100]（図3-7）。従来の割引切符による低料金と、臨時列車による利便性を組み合わせたのである。個人向け企画にはこのきっかけを作った周遊倶楽部の文字はなく日本鉄道の単独企画となったが（周遊倶楽部自体の存続が不明であるが）、運行日が日曜日のみで四回設定されている点などは、前年の観梅会を参考にしたものと思われる。

周遊倶楽部が関与しない一方で、前年度の観梅会受付窓口となっていた記者が属する東京朝日新聞は「紅塵万丈の都門に在りて、日夕世務る鞅掌するの都人士は一日の閑を偸《ぬす》み、此臨時列車に由りて烈公遺跡の地に至り、終日香風花下に逍遥して俗塵を洗ふも又清遊たるに背かざるべし」と観梅臨時列車の利用を呼びかけており、両社の強いつながりを感じさせる[101]。こうした宣伝もあってか、臨時観梅列車は大きな反響を呼び、常磐公園への観梅客は「日鉄会社にて観梅臨時汽車を運転する日抔《など》は千人以上に」達した[102]。

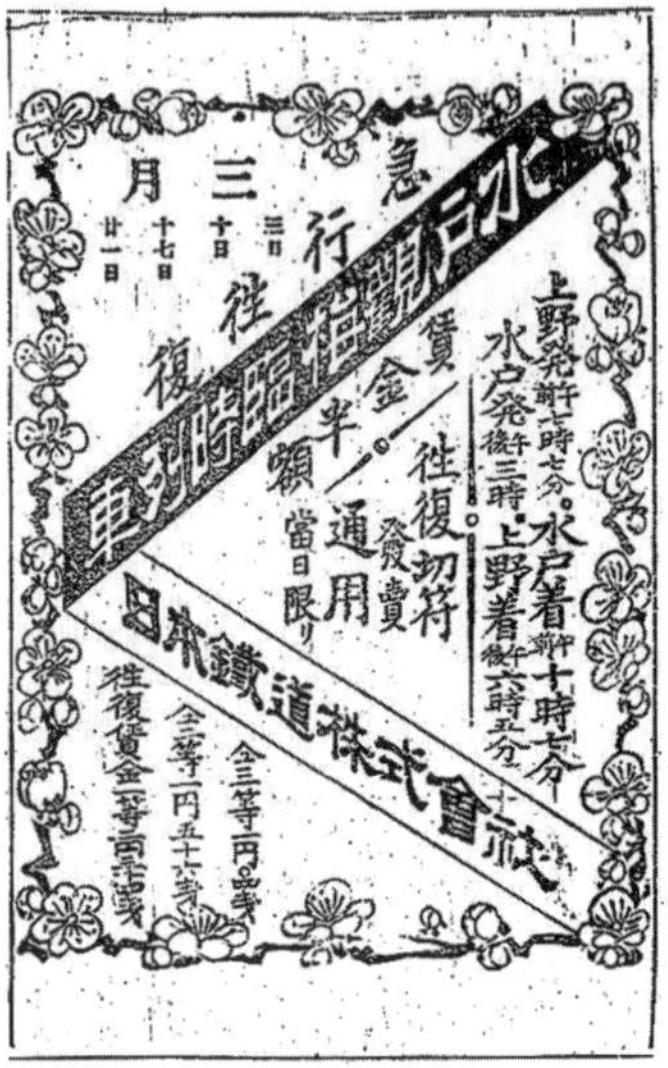

図3-7
水戸観梅臨時列車の新聞広告

その後、観梅臨時列車は毎年運行される。運行の情報は新聞に広告や記事として掲載された。運行回数や発車時刻は変更されることがあるものの、毎年二月末から三月末にかけて四回程度、基本的には日曜日に運行されたようだ。明治期で最も多かった一九〇五（明治三八）年には、三月の毎週土・日と、春季大祭の祭日に実施され、合計で九回もの臨時観梅列車が運行された。それだけ、東京の人々に水戸観梅が定着し、多くの利用者がいたことを物語っている。なお、当初は当日限り有効の往復切符として発売されたが、一九〇二(明治三五)年からは、往路に臨時列車を利用しさえすれば、復路は通常列車の利用も可能で、利用期限も翌日まで有効となった。

観梅臨時列車は、従前の観梅割引切符でみられた水戸が東京の人士を「迎える」という体制は見られず、東京から水戸に「押しかける」というイベントであった。一日に一〇〇〇人を超える観梅客が訪れるため、地元商店などは大いに潤ったことが想像され、各商店が懸命に営業活動を展開したことは想像に難くないのだが、この時点においては、水戸市がそれを積極的に先導し組織的な歓迎事業を展開する様子は見られなかった。その背景には、観梅客を運ぶことで利益を得られる日本鉄道と、また東京から水戸に出かけること自体に風流な価値を見出した東京の風流人たちが主導したその成立経緯が反映されている。

(3) 常磐公園下「仮ホーム」の設置と「観梅デー」

ここまで見てきた企画は東京に拠点を置く鉄道会社によるものであったが、水戸において、毎年訪れる観梅客を積極的に歓迎し、より多くの誘客につなげようとする強い動きが具現化したのは一九一〇(明治四三)年の常磐公園下への仮ホームの設置が端緒である。これを主導したのは当時の水戸駅長・福富孝策である[103]。福富がなぜ仮ホームの設置を企画したのかは明らかではないが、著書『鉄道初任者の為に』において常に乗客本位の接客を説く姿勢からは、観梅列車の利用者のための利便性確保を意図していたのだろうと思われる[104]。観梅客が最初に降り立つ仮ホームが公園下に設置されることによって、常磐公園は文字通り水戸の「顔」として位置づけられることになる。

そもそも福富が観梅列車のための仮設ホームを常磐公園下に建設しようと企てたのは、一九〇九(明治四二)年のことであった。この年、福富は仮設ホームの設置を水戸市と交渉するが、人力車の車夫たちから大反対を受け、やむなく中止せざるを得なかったという(105)。先に見たように、観梅臨時列車に乗って水戸駅に到着した観梅客たちは、駅から離れた常磐公園を訪れるために、ほとんどが人力車を利用していた。すなわち、車夫たちにとって、観梅列車が常磐公園のすぐ近くに停車し乗客を降ろすことは、人力車利用客の喪失を意味した。それゆえに、車夫たちは自らの権益を守るために福富の計画に反対したのであろう。

ちょうど歩兵第二連隊の受け入れを控えていた水戸市も、この時は観梅客の歓迎事業自体に乗り気ではなく、水戸駅からの再三の依頼に対して「軍隊歓迎等の事もある故別に有志を以て其の方法を講ずべし」とあしらった(106)。こうした状況に対して、地元紙『いはらき』は社説(論壇)で水戸における常磐公園の観梅の優越性を説き、「単に経済上より観察して、水戸市の繁栄を助くる点より云ふも、此の古来よりの一大名物を利用して一人でも多く客を招き、以て繁盛の基を開くは、一挙両得と謂を得可し」と、観梅客の獲得を市の発展と結びつけて指摘した(107)。そして、従来の観梅の取り組みに不足はないとしながらも「されど世の遷り変ると供に、其の設備経営の方法も亦た、兼々《かねがね》一考を要し置かざる可らず。御仁は、市当局者及び、全県下の識者が、花に対するの準備、万《よろず》、遺憾なかる可きを信ぜんとす」と結び、福富の取り組みを援護するかのように、市や関係者に呼びかけたのであった。この頃から、常磐公園は観梅を通じて水戸市の繁栄に寄与するものとして認識されていくのである。

◆福富駅長の活躍

この年、仮ホームの設置は実現しなかったものの、福富率いる水戸駅は観梅客の誘致に尽力し、水戸の名所旧跡の由来や旅館・土産物屋などの情報をまとめた案内ビラを作製して近隣駅に配布し、非番駅員を団体客の案内役として派遣、さらには写真師に交渉し割引価格での写真撮影を提供するなど、さまざまな手を打った(108)。その甲斐もあって、観梅列車当日は寄付による花火が多くの観梅客を水戸駅に迎えた(図3-8)。三分咲きの梅が香る常磐公園内には売店が並び、「梅にはまだ少し早いけれど偕楽園の風光に対して観梅客は何れも満足の笑を漏らして居た」という。(109)

福富の尽力により同年の観梅客歓迎は良い結果で終えるが、福富にとっては仮ホームの実現こそが重要であった。そこで福富は、翌年の観梅客歓迎では改めて仮ホームの実現に取り組んだ。この一九一〇年二月、水戸警察署において、水戸警察署長（関谷）、水戸市長（原）、水戸駅長（福富）が観梅客歓迎のために協定を結び、さらには料理店や旅館、車夫の代表者などと市内の関係者と協議しながら計画が立案された（表3-2）。福富の懸命な調整の甲斐もあって、仮ホームは晴れて実現する運びとなり、「長さ百八十間幅二間二尺に水戸市河和田横町より東茨城郡川田村大字見和に通ずる田圃に築造せられたる」こととなる。(110) なお、鉄道省の『鉄道停車場一覧』に公園下の仮ホームは一九二五（大正一四）年二月二日から「公園下仮降車場」として記載される。(111) 建設時の「仮ホーム」

図3-8　観梅列車の様子を報じる新聞挿図「観梅団隊の皮切り」

図の中央に「停車場から公園へ……」という文字とともに人力車の行列が描かれている。

という呼称や、観梅列車到着時に水戸駅長が直接応対していることなどから、当初は水戸駅の飛び地として位置づけられていたと思われる。

福富の企画は仮ホーム設置に留まらず観梅客の歓迎事業の全般に及んだ。福富の考案した観梅客歓迎策とは、たとえば仮ホームに各旅館から集めた女中数十名を揃えての歓迎と案内、常磐公園内に舞台を設置して芸妓による手踊りの披露などによる賑やかな出迎えなどである。さらに車夫には、観梅客が常磐公園から市内見物に出る際の運賃割引を求め、加えて各所の案内に不手際のないように事前に名勝古跡の由来を勉強させた。

これらを見ると、実行委員長こそ水戸警察署長である関谷が務めた

表3－2　1910年の観梅客歓迎協議における決定事項

一、公園に踊り舞台を設け観梅列車運転の日に限り芸妓をなして「水戸の四季」「大漁師」「磯節」等の手踊を演ず
二、踊の経費は一定の演舞量を定め料理店等に於て団体其他の招聘応ず
三、臨時列車到着の際は楽隊の奏楽及び十発以上の煙火を打ち揚ぐ
四、接待茶屋を設く
五、料理店及び旅館組合にて一ヶ所宛の飲食店を設け外に麦湯接待兼ビヤホール並に名産販売所を設け観客の便宜を計る
六、好文亭は開放するは勿論亭内に盆栽を陳列す
七、園の内外に成るべく多く露店を出さしむ
八、梅枝に結び付けたる名物菓子及び梅に因んだ手拭を作り廉価に販売す
九、園の入口に人力車切符を販売す
十、藤田東湖墓所及び祇園寺等を開放し其他名所を案内せしむ
十一、弘道館に遺墨宝物の展覧会を開く
十二、各辻々及び要所に指導札を建つ
十三、料理店其他の飲食店にては一円内外の均一料理を提供す
十四、酒及び羊羹類等は此の際水戸警察署にて検査を受くる事
十五、料理店、旅館其他名物品販売店は入口に相当の装飾を施し客の入り易き様に力むべし
十六、実行委員数名を選み関谷署長を委員長に嘱託す

出典：「賑やかな観梅客歓迎」(『いはらき』明治43年2月10日、5面)

が、協議会で決定した種々の企画は福富が関係者の協議の中心的な役割を果たしたと考えられる。なお、観梅歓迎事業を展開するこの協議会の事業にかかる費用は、関係する商店等から一律三〇〇円の寄付を募ってその用に充てた[112]。

こうした周到な準備を経て、一九一〇年二月二七日の午前一〇時四〇分、この年最初の観梅列車が二〇〇余名（東京より一四〇名、他地方より六〇余名）の観梅客を乗せて常磐公園下の仮ホームに到着した[113]。計画どおり、乗客たちは仮ホームから直接公園に入り、芸者たちの手踊りによる歓迎を受ける。梅が見頃を迎えていたこの日、周辺からの来訪も含めて多くの観梅客が集い、常磐公園は雑踏を極めたという。

新しい試みによって多くの観梅客を集めた一九一〇年の観梅は、関係者と調整をはかり指導することでさまざまな企画を実現に導い

た福富の存在があってこそのものだった。駅長の職域を超えて奮闘する福富の働きは、新聞紙上において「職務柄とは云へ福富氏が何時もながら率先して水戸市繁栄の為めに尽力少からざるは意気地の無い市役所を控え居る市民の感謝措かざる所なるが如し」と賞賛されるほどであった(114)。本来は観光行政として行政が取り組むべき仕事を一手に引き受け、現在まで続く常磐公園下の仮ホームの設置とそこでの歓迎を実現させた福富の功績は、水戸の観光行政の歴史において特筆されるべきものである。

◆オール水戸での取り組みへ

右の成功を受け、翌年からも継続して組織的な観梅準備が進められていくこととなる。翌一九一一年には公園下の仮ホームの設置、常磐公園内の特設舞台における芸妓手踊りなどが前年同様に行われたが、さらに水戸市や水戸商業会議所が積極的に観梅客の歓迎に加わったことに注目したい。

この年、「園内に観客を迎へん為め水戸市は数日前より種々の趣向を凝し必死となりて手入れに従事」し、「園内の中央には天幕《てんと》造りの茶亭数ケ所を設け市設の休憩所は委員の斡旋にて観梅客を歓待」した(115)。そのため「園内は殊《こと》の外《ほか》整頓し」、市設休憩所を訪れた観梅客は「名所案内其他の寄贈を受け取り、物珍し気に眺め居」たという。市設休憩所は公園内に案内された観梅客が最初に連れられる場所であり、前年は「意気地がない」と批判された水戸市が、公園管理者として園の整備に尽力し、歓迎事業にも中核的存在として加わるようになったことをうかがい知ることができる。

水戸市に加えて水戸商業会議所もこれに加わる。商業会議所は役員会において観梅客歓迎事業として水戸生産品を紹介することを決め、書画骨董などの古器物の陳列会を催すとともに、名産品の陳列販売を行った(116)。この頃、茨城県には物産陳列館がなかったため、商業会議所内で開催した(絵葉書と干梅の売れ行きが良かったという(117))。

市内に目を移せば、「市内各戸の軒頭には紫地に梅の花を染め抜たる小旗を交叉して、更に南町通りより泉町神崎の公園の沿道各商店はいずれも店頭を飾つて水戸名産を陳列」した[118]。市内商店の装飾などはこれ以前にも見られたであろうが、共通した小旗による演出などは組織的な活動が始まるこの頃に始まった可能性が高い。

　こうして組織化された観梅客歓迎は、翌年以後も官民合同の協議会を通じて企画され、継続されていく。一九一二(明治四五)年の観梅準備の際には、水戸市長(原)、水戸商業会議所会頭(塙)、水戸警察署長(小関)、水戸駅長(今井)などの発起によって「観梅客歓迎のための協議会」が組織される[119]。駅長は替わったようだが、福富はこの年の観梅事業を報じる記事に「水戸の営業課長」と紹介されている[120](図3-9)。この肩書の意味は定かではないが、変わらず水戸の観梅事業の中心にいたことは間違いない。観梅客歓迎協議会では官民の出席を求めて歓迎方法が協議され、「昨年通実行する事として十数名の委員に附託」した。水戸駅長時代に福富が実現させた仮ホームを大きな転換点として、ここに水戸における観梅が、単なる鉄道会社の企画切符から、名実ともに水戸をあげての一大観光事業へと変貌を遂げたのである。

　協議会による観梅のイベントはその後も毎年継続されるが、観梅列車と連動して開催されるため列車と同様に二月末から三月末にかけての毎週日曜日を基本とした。それゆえに、やがて観梅イベントが催される日のことが「観梅日」と報じられるようになり[121]、次項で紹介する観梅列車廃止騒動後の一九一九(大正八)年頃

図3-9　仮ホーム設置後の観梅列車歓迎の様子を描いた新聞挿図

左：「観梅汽車中にて(福富君)」。車内で観光案内を配布する駅員。黒い制服は「水戸の営業課長」と称された福富。右：「水戸着」。仮ホームで観梅列車を出迎える駅員たち。

より、「観梅デー」という表記が見られるようになる。[122] この呼称の変化こそ、先述した水戸における観梅の位置づけを示しているのである。

(4) 観梅列車廃止騒動

観梅列車は水戸市の観光行政においても不可欠なものとなったが、これが大正中頃に存続の危機を迎えていたことは知られていない。この頃、観梅列車の運行主体は鉄道院であったが、鉄道院は一九一九(大正八)年二月に突如として一切の遊覧列車の廃止を決定したのである。[123] 理由は汽車の牽引力不足と説明されている。この決定は水戸への観梅列車にも無関係ではなく、水戸市は同月四日にその中止の通知を受けたのであった。

◆鉄道院への陳情

春の風物詩として定着していた観梅列車中止の知らせは水戸に「大恐慌」をもたらした。[124] 対応を協議するため、通知の翌日に水戸市は地元有力者を市役所に集めた。協議会に出席したのは、川田久喜市長と「師岡、石田、椎名の各公園委員、山口料理店、中山旅人宿各組合長、山口水戸署長、塙商業会議所会頭、土産品販売代表者川又銀成、田中□松、小林熊吉氏等十余名」の官民の要人であり、市長からの鉄道院通知についての報告を受けて対応を協議した。その結果、鉄道院に観梅列車の継続を陳情する方針を固める。川田市長と塙会頭は東京への直談判も辞さない覚悟だった。こうした動きを受けて、鉄道院側の水戸運輸事務所も、市民の意を汲んで鉄道院に同様の交渉をすると報じられた。

協議から間もない同年二月一三日、川田市長と塙会頭は揃って上京し、鉄道院の運輸局長と旅客課長、東部管理局の局長に観梅列車存続をそれぞれ陳情する。一方で、水戸市選出の小山田代議士を通じた鉄道院総裁への直接交渉も進めた。水戸市側の陳情に鉄道院は前年一一月に固めた遊覧団体の割引廃止の方針を理由に否定的な姿勢を見せる。対して市長は「昨春の大火以来市民の意気消沈し之が回復に就ては来るべき観梅に多大の期待を為し諸般の準備を為し居る一方、商工業上の打撃少からずを以て特別の扱いを受けたし」と根気強く交渉を続けた[125]。市の将来にも関わると迫られた結果、鉄道院は臨時列車の運行継続を決めた。ただし、割引の特例は認められなかった。

◆割引廃止と市をあげての観梅客誘致

かくして、臨時列車として運行される観梅列車は存続されたものの、観梅客誘致に大きな役割を果たしていたであろう割引切符の廃止は、客足に大きな影響を与えることが予想された。その穴を埋めるため、水戸では官民をあげてのさまざまな誘客企画が準備された[126]。

運行前の宣伝として、上野、万世橋、新橋、両国の各駅に梅の大木を展示し、東京市民にアピールした。いよいよ運行された観梅列車の利用者に対しては、水戸案内図と徽章を特別に作成し、鉄道院に依頼して列車内で乗客に配布し、常磐公園下の仮ホーム到着時には花火で迎えた。乗客たちはそのまま数十名の芸者が待つ好文亭へと案内され、土産物品福引を引くことができた。賞品の引渡し場所は水戸公園の弘道館に設定されており、福引を通じて両公園をめぐるように設定されている点は興味深い。なお、福引の景品は有志の寄付によって賄われ、酒、菓子、白菜、粕漬、納豆、絵葉書などが準備されていた。

賞品引渡し会場となった弘道館では、例年どおり志士遺物の陳列も行われた。隣接する茨城県物産陳列館(一九一五年開館)も恒例の土産品展覧会を開催するが、この年は集客を保つために県内および近隣県の主要停車場に絵入りビラを掲出して誘客に努めた。水戸停車場や公園入り口には看板を立てて遊覧の便に供すとともに、館内で茨城県産の土産物を購入した客に梅簪を進呈する特典を用意するなどして、観梅客を手厚く歓迎した。

観梅客を惹きつけるための官民総力をあげての取り組みは、観梅列車の割引廃止にともなう客足の減少を食い止めたいとする水戸全体の総意の表れであった。観梅客は水戸にとってそれほどまでに不可欠な存在となっていたのである。この頃から観梅列車の運行日の歓迎イベントを「観梅デー」と呼ぶようになるが、このことはイベントとしての範囲の拡大とともに、観梅列車に割引がなくなったことで列車との関係がわずかながらも希薄化したことも影響しているように思われる。

　このことを裏付けるように、常磐公園を中心とする水戸観梅は、鉄道によらない楽しみ方も登場し始める。一九一一（明治四五）年には茨城県多賀郡松原町から二〇名が「観梅自転車遠乗」と称して常磐公園まで自転車で観梅に訪れている[127]。

◆観梅企画が水戸にもたらしたもの

　ここまで明治二〇年代半ばの割引切符の発売に始まる鉄道による水戸観梅の展開を見てきたが、改めて観梅割引切符にはじまる観梅列車と観梅デーについてまとめておきたい。

　一連の観梅歓迎事業は明治二〇年代半ばの割引切符発売に始まる。日本鉄道が新聞記者を招待して日帰りでの水戸観梅を繰り返し宣伝したことなどが、東京市民に行楽地としての常磐公園の存在を知らしめることになった。こうして東京の「風流人」に発見された水戸観梅は、やがて一九〇〇（明治三三）年に東京の新聞記者らが発起人となって組織された団体での水戸観梅会へと発展する。この企画には日本鉄道も深く関わり、団体客に向けた臨時急行列車を運行するようになる。翌年からはこれが定着し、観梅時期限定の「水戸観梅臨時列車」として二月下旬から三月下旬の週末に継続して運行されるようになった。新聞などでも毎年のように広告や紀行文が掲載されるようになり、水戸観梅が東京においても風物詩として定着していった様子がうかがえる。

　一九〇九（明治四二）年には水戸での観梅客歓迎の動きが本格化し、水戸駅長・福富孝策を中心に旅館や土産物屋、車夫らが連携して歓迎事業に取り組んだ。当初、水戸市は関心を示さなかったようだが、常磐公園下に仮ホームが実現した翌一九一〇年には、福富が主導する協議会に警察署とともに加わり、一九一二年からは園内に市設休憩所を設置するなど徐々に存在感を増していった。商業会議所もこれに加わり、観梅列車を利用して訪れる観梅客の歓迎は、「観梅デー」という水戸をあげての一大事業へと発展し、都市の盛衰の鍵を握る存在として認識されるまでになる。観梅割引切符から観梅デーにいたる変遷は、水戸という都市において常磐公園の存在意義が増していく過程の表出でもあった。

ここでとくに重要なのは、現在の「水戸の梅まつり」の基礎となる臨時列車に合わせた週末の観梅客歓迎が、水戸駅(とりわけ福富駅長)の主導で進められたことである。計画当初、公園の管理者である水戸市は、連隊の受け入れで首が回らず、観梅客歓迎の計画には非協力的であった点も、水戸の都市経営に対する関心の所在を示すものとして興味深い。鉄道関係者がこれを推進したことは自社への利益誘導の側面もあったであろうが、都市全体への影響力の大きさから広く歓迎され、大きな動きへと展開したのである。

公園下の仮ホームの設置は観梅客歓迎を都市的なイベントへと発展させ都市経営上の位置づけに変化をもたらしたが、空間的にも水戸での観梅のあり方を変えた。仮ホーム設置以前、鉄道を利用して訪れる観梅客は、水戸駅—(人力車)—常磐公園—(人力車・徒歩)—弘道館・市内散策—水戸駅、というルートが主であったが、設置後においては、公園下仮ホーム—常磐公園—常磐公園—(人力車・徒歩)—弘道館・市内散策—水戸駅となる。これによって、水戸到着後の移動の無駄がなくなり散策時間が増すことで、効率的に多くの場所を巡ることができるようになったはずだ(かつて水戸の人々を驚かした水戸駅から常磐公園への人力車の行列は見られなくなっただろう)。端的にいえば、水戸における観梅の風景は図3-8から図3-9へと変化したのだ。

こうしたルート設定は、常磐公園で行う福引の商品交換場所として弘道館を使用したり、物産陳列館で土産物品陳列会を開催したりすることによって、意識的に設定されていく。あるいは、こうした計画に基づいて物産陳列館が三の丸に設置された可能性も否定できない。臨時列車や仮ホームの整備は、観梅の時期に限って出現する特別な都市の経験――梅薫る公園下仮ホームに降り立つところから始まる都市周遊とそれを支える人々の連携を生み出した。すなわち、水戸の都市経営や施設整備は、常磐公園における観梅を通じて、東京と深く結びついているのである。

第四節　藩祖顕彰と常磐公園――幻の徳川光圀像建設計画

(1) 水戸における「水戸黄門」像

水戸藩二代藩主である徳川光圀(義公)は、『大日本史』の編纂を指揮して水戸学の土台を築いた人物で、藩名と武家官位から「水戸黄門」としても知られる。水戸黄門が日本各地を漫遊するという創作物語は講談として近世から人気が高く、現在においても時代劇などを通じて水戸を代表する偉人として親しまれている[128]。そのため、水戸駅前など水戸市内の要所には複数の徳川光圀像が建ち、それらを巡ることが観光のひとつにもなっている[129]。

これらの像は、一九八四(昭和五九)年に市民の寄付で建設された千波公園のものをはじめ、いずれも戦後になって建設されたものである。テレビ時代劇「水戸黄門」の影響もあってか、どれも時代劇などで描かれる隠居後の姿の像であり、なかには史実には存在しない助さん・格さんを従えた群像もある。

このように、「水戸黄門」人気に同調するように、戦後に市内各所で建設が続いた徳川光圀像であるが、明治後半から大正初めにかけて、徳川光圀の銅像を偕楽園内に建設する計画が存在したことは知られていない。それも、最大で高さ九メートルに及ぶ衣冠束帯姿の巨大な立像を建てようという壮大な計画である。現在最も大きい千波公園の像が台座を含めて高さ六・四メートルであるから、その規模の大きさがうかがえよう。実現していたならば、現在の偕楽園の景観はもとより、水戸観光のあり方にも多大な影響を与えたであろうことは想像に難くない。計画当時は建設費の寄付募集が広く呼び掛けられ、進捗が新聞などで報じられるほど注目を集めていたが、実現しなかったがために、その存在は長く忘れられていたのである。(130) 本節では、この幻の徳川光圀像建設計画について、常磐公園との関係に注意を払いながら検証する。

ところで、偕楽園に限らず近代の「公園」として公共空間となった大名庭園はさまざまな記念や顕彰の場となり、今も石碑や銅像などが建っている。例えば栗林公園には、一八八〇(明治一三)年に一八七四年の公園開設を記念する「高松栗林公園之碑」が建立される。同年、兼六園にはわが国の銅像記念碑の嚆矢とされる「明治紀念之標」が建立され、一八三九(昭和五)年には加越能維新勤王紀念標として一四代加賀藩主・前田慶寧像が建設された(現存せず)。岡山・後楽園には、明治天皇の行幸を機に、後楽園や閑谷学校などの天覧諸施設の創設に寄与した岡山藩士・津田永忠を顕彰する「後楽園津田永忠顕彰碑」碑が建てられた。天皇制による近代的な国家体制と藩政期の記憶との間で揺れながら、大名庭園は近代の造形を受容していったのである。

皇后を迎えたことで名実ともに明治国家を記念する場となった常磐公園には、明治三〇年代以後、水戸の発展に尽くした偉人たちを顕彰する場として、顕彰碑の建立が続いた(表3-1参照)。時を同じくして、水戸の二大藩主である徳川光圀(義公)と徳川斉昭(烈公)に正一位が追贈される(義公は一九〇〇〈明治三三〉年、烈公は一九〇三〈明治三六〉年)。徳川光圀像建設計画は、常磐公園への石碑建立の連続と藩主顕彰の機運を背景として、動き出すこととなる。

(2) 在郷軍人・田中伸稲による銅像建設計画

◆田中伸稲の情熱と計画立案

計画を発案・推進したのは、在郷軍人の田中伸稲[131]なる人物である。嘉永三(一八五〇)年生まれの田中は計画の時点で水戸在住であったが元は土佐藩士であり、鳥羽伏見の戦いや戊辰戦争には新政府軍として参加した経験を持つ。維新後は明治四(一八七一)年に設立された陸軍教導団に学び、卒業後に陸軍戸山学校で助教に就くと、各地の師団や聯隊に歴官し、鯖江聯隊区司令官を最後に一八九七(明治三〇)年に現役を退いた。生粋の武人であるが南海と号してよく詩歌を嗜み、常磐公園での観梅を詠んだ漢詩が地元新聞に掲載されたこともある[132]。退役後は茨城県人であった田中秀四郎を養子として水戸に移り住み、後備陸軍歩兵少佐として備える傍で弁護士を開業する。田中が銅像建設の計画を描き始めたのは、光圀(義公)が正一位を追贈された一九〇〇年のことであった[133]。

出自において水戸藩とは直接の関わりを持たなかった田中が義公の銅像建設に取り組んだのはなぜか。その理由を田中は計画が進行中の一九一一年に次のように語っている。

近年明治の功臣にして既にその銅像を建設せし者幾干、又鋳造せむとしつゝある者幾干、是れ実に聖代に欠くべからざる美挙にして世界の公園たる大日本帝国の装飾物として後進者の賛成せざるを得ざる義務ならむ。黄門公に至りては勤王倡首の豊功及び国家に貢献せし美徳は既に実録に述べたるが如く古今に卓越せり。因て其銅像を建設して其功徳を表彰し以て忠義を奨励し風教を扶殖せむと欲す[134]。

ここに記されるように、維新が過去の出来事となったこの頃、維新功績者の顕彰が進み各地で銅像が建立された。たとえば、靖国神社の大村益次郎像は一八九三(明治二六)年、上野公園の西郷隆盛像は一八九八(明治三一)年に建立されている。勤王志士のひとりとして維新を戦った田中にとっては、その精神的支柱となった水戸学の源流である義公こそ顕彰されるべき存在であった。「余は義公を崇拝する事人に越えたり[135]」と自称するほどに義公崇拝者であった田中は、水戸に居を移して間もなく訪れた顕彰の機会に、自らの崇拝心を示さんとするかのように行動に移したのである。

実際に一九〇一（明治三四）年四月に東京で楠木正成像を見て銅像の意義に触れた田中は、九州・四国を漫遊するなかで多くの銅像建設計画を耳にしたという。[136] しかしながら義公の銅像建設の計画を立てる者が現れないために、銅像建設への想いから自ら立ち上がった。翌一九〇二年一月、田中は常磐神社に納められている義公木像によって衣冠束帯姿の立像にすることとし、それを描いて銅像建設の願書にしたため、二月一九日に上京して小梅町の徳川家を訪ね、銅像建設の発意を述べて願書と図案を提出し、その許可を求めた。田中の出願に対し、徳川家は「陳（ママ）は義公銅像建設の御計画所にて過日御来談の趣、夫々《それぞれ》協議致候処銅像を建設せらるゝは当家に取りても洵《まこと》に光栄の至りに付、別段異存無之候云々」と書簡で回答する。計画を認める内容に田中は喜び、すぐに瑞龍山に向かい義公の墓前に報告したという。

その後、野口勝一（茨城県出身の政治家。当時、衆議院議員。号は北巌）に主旨書の起草を依頼し、脱稿するや後藤近知（徳川斉昭に仕えた書家。のちに水戸東照宮の宮司を務めた）に清書させ、再び小梅町の徳川家を訪ねた。応対した家令の手塚からは「本拠の為めには当家は局外中立者の一に在て傍観するにすぎず」と徳川家の立場を伝えられるが、田中は「有識者と協力の上之を水戸市に建設すと雖ども其実は御当家に献上するも同様なれば御迷惑を懸くるが如きことは決死て之なきを以てご配慮には及ばざる」と応え、水戸に戻っていよいよ計画を進めていった。

◆建設予定地の決定

水戸の偉人を顕彰するこの計画は多くの注目を集め、新聞にも繰り返し取りあげられた。一九〇二（明治三五）年一〇月には、銅像建設地を常磐公園に定めた田中の計画を市の参事会が承認したことが報じられる。[137] すなわち、計画の初期段階から銅像の建設予定地が常磐公園とされ、その計画を公園管理者である水戸市が後ろ盾していた。公園地を建設地として使用するにあたって、田中は二〇〇円を使用補償金として市に納めている。[138]

先の記事では建設地選択の理由は明かされていないが、のちにその理由を田中は次のように語っている。

天下の名園に恥ぢざる常磐公園が尚一の或る物の不足を感じつゝありき。即ち常磐公園の好文亭、数千の梅樹、仙湖の水、是れ同公園の天然美を飾る処の三大立物たる事は何人も意義なかる可し。然るに斯く常磐公園が天下に其の名を負う処のものは、抑《そもそも》何に基因するかと云へば其の依つて知らるゝ所以のものは蓋し「義公」と云ふ偉人が世に傑出したるが故也。義烈両公を想ふものは必ず常磐公園を言ふ。常磐公園を見るものは必ずや義烈両公を聯想す。茲於乎《ここにおいて》余に銅像建立の決心を堅めしむ。(139)

田中は常磐公園が世に知られるのは義公の存在があってこそと理解しており、常磐公園にそれを示すものがなく現状に不足を感じていたというのだ。それゆえに「銅像として建設し置かば此れを後昆《こうこん》に記念すべくまた彼の天下の三名公園として来り訪ふもの乃至は市内外の人士が常に同公園に遊ぶや銅像として直立せる偉大なる公の銅像は無言の間に彼れ等遊子に対し必ず何者かを教ふる処あらん」という思いがあった。だからこそ、水戸内外から多くの人が集まる常磐公園に義公の銅像が加わることは、「壮観今より想ふ可く、茲《ここ》に同公園は好文亭、梅樹、仙湖の美と共に層一層の美観を呈するに至る可く余の快事とする処」あり、常磐公園を銅像の建設地としたのであった。(140)

さて、田中は義公と常磐公園を結びつけて計画を立案したが、常磐公園の基礎である偕楽園は烈公の手によるものであり、義公の時代にはもちろん存在していなかった。それゆえに、常磐公園と義公を直接結びつけることについては疑問の声もあがっていた。たとえば、一九〇三(明治三六)年の春に同園を訪れた者は、「園の中央と覚しき辺に義公銅像建設地と標したる所あり、出来上りたらば公園の美観を添ふべし、去れど此の園を造りたるは義公にあらずして烈公なり」と記している。(141) さらにはのちに計画の進捗が滞ったこともあって、「義公は已に其公園内に常磐神社として奉祀しあるに、何ぞまた銅像建設の必要を説くの要あらん。田中は山師なり」と常磐神社の存在を理由に銅像建設を非難する者もあったという。(142) こうした批判者の見解は、計画推進者の全人格が田中であったことを物語るものでもある。それでも田中は公園への義公銅像の建設の意義を説いたうえで「銅像建立の無用を叫ぶ者こそ却々に愚かならずや」と反論し、計画の実現に邁進したのである。

(3) 水戸内外での寄付金募集

田中の熱烈な思いに発する義公銅像建設計画であったが、在郷軍人である田中自身にその建設費を賄える資金力はなく、旧藩主・徳川家がパトロンとなったわけでもない。それゆえに計画は寄付金を前提として進められることとなる。

一九〇三(明治三六)年三月には、義公銅像建設のために寄付金募集が『東京朝日新聞』に報じられ[143]、合わせて「水戸義公銅像建設に付賛成者を募集す」という広告が、「水戸義公銅像建設本部」(以下、「銅像建設本部」と略す)の名で掲載された[144]。もちろん、その中心となったのは銅像建設本部の幹事長に就いた田中であった[145]。寄付金と合わせて義公に関する詩歌が募集されたが、これは田中の趣味に合わせたものだろう。寄付金の募集期限は一九〇四(明治三七)年三月末日とし、目標額を九万円(銅像建設費七割、募集費・雑費三割)に設定した[146]。

この寄付金募集事業で興味深いのは、建設地である水戸にとどまらず東京において大々的な募集キャンペーンを実施したことである。

◆銅像建設慈善演劇

東京での活動のために、銅像建設本部は当初から東京に支部を置いていた。おそらくはこの東京支部の働きかけによって、寄付募集が報じられた半年後に東京で興味深い催しが開催される。すなわち、収益を銅像建設に寄付することを前提とした水戸義公銅像建設慈善演劇の開催である。

水戸義公銅像建設慈善演劇は、神田三崎町の歌舞伎劇場・東京座を会場として開催されたものである。一九〇三年の九月興業として「水戸黄門記」を上演し、その入場料収入を銅像建設の寄付金に充てた。新聞報道によれば、この興業を主唱したのは「近衛（篤麿？）、大隈（重信？）、高島（嘉右衛門？）、九鬼（隆一？）其他の諸氏」（括弧内は引用者による推定）という錚々たる顔ぶれであり、「銅像建設に関係する会員連は切符の売方に奔走」したという。[147]明治の重鎮たちと田中がどのようなつながりを持っていたのかは不明だが、東京における強力な後ろ盾は銅像建設計画の推進に多大なる影響をもたらしたことだろう。

銅像建設本部から贈られた三つ葉葵の引幕が観客を迎えた東京座での慈善演劇は大きな反響を呼んだ。[148]最初の新聞報道の翌日にはすでに三〇〇〇人以上の申し込みがあり、その後も「切符の捌け方もよく新橋、柳橋、吉原等をはじめ銀行、会社、各商店等の附込み多く好況」を呈した。[149]さらには、水戸から三〇〇名を超える団体が上京し、慈善演劇を観覧している。興業は申し込み多数のため当初の予定を延長し、一〇月半ばまで興業を続けた。

義公の銅像建設を現実にするために、都市を超えて募集活動が展開された。慈善演劇の興業直後には全国からの寄付金額が累計五〇七四円余に達したことが報告されている。[150]この数字は第六回分の報告に記載された累計額だが、同回分に限った寄付金合計は一〇六五円余である。そのうちの大部分が東京からの寄付であり（なかでも東京座およびその関係者がほとんど）、慈善演劇が絶大な成果をあげたことがうかがえる。一方で水戸関係の寄付者内訳をみると、水戸市内のほか、行方《なめかた》郡、鹿島郡、多賀郡から個人の寄付があり、新治《にいはり》郡にいたっては高等小学校や尋常小学校からの寄付が確認できる。

◆多様な啓蒙活動

しかしながら、順調に見えた銅像建設計画とそのための寄付金募集は、日露戦争の勃発によって中断を余儀なくされる。時局が事業の是非を問うたというよりは、主導者であり在郷軍人であった田中が出征したことが直接的に影響したようだ。[151]落ち着きを取り戻した一九〇七（明治四〇）年頃に、田中は寄付金募集期限を延期して募集活動を再開するが、その方法には変化が見られた。田中は、妻をともなって他府県を巡り、自ら寄付金を募って歩いた。途中、無理がたたって病に倒れるも、気候の穏やかな時期を定めて行脚を続けた。計画が停滞したことは、田中に対する市井の疑念を招いたようで、再開後には『いはらき』や『東京朝日新聞』に、計画の動向について田中への取材記事が掲載されている。

田中は地方行脚の一方で義公の事績を描いた絵葉書を作成し、その販売利益を建設費に充てる計画を進めた。絵葉書の意匠は田中自らが考案したものを東京の浮世絵師・土屋光逸が描いたもので、高尚優美なものであったという(152)。その後も、絵葉書の作成は続けられ、図案作者を特定できないものの数種の存在が確認できる。

さらに興味深いのは、田中が明治四〇年四月に『水戸黄門公実録』を編集発行したことである。同書は「水戸黄門公の豊功美徳たるや世既に定論ありと雖も、其一代の歴史に至りては或は未だ天下に顕らざるものあらむ。是れ明治聖代のいかんとする所なり」という思いから、とりわけ「児童をして記憶に便ならしめむ」ために企画された。したがって同書本編は義公の逸話や明治以後の顕彰の歴史が、解説文と絵図でまとめられている。偉人伝ともいえる内容であるが、巻末には銅像建設の趣旨や寄付金募集の要項が掲載されており、同書が銅像建設を最終目的とした啓蒙書として位置づけられたことを示している。なお、同書には他序として山県有朋や茨城県知事・寺原長輝の揮毫が掲載されており、ここにも田中の計画に対する強力な後ろ盾の存在がうかがえる。

『水戸黄門公実録』は書籍を介しての啓蒙であったが、同書掲載の要項によれば、義公の事績を歴史画にまとめ、幻灯で上映する準備もなされていた(希望者には無償にて幻灯会での利用に供した)。また、引き続き詩歌の募集も続けられ(この時の題は「水戸黄門」)、集まった詩歌を歌集にまとめて頒布することが告知された。

こうした東京をはじめとする水戸以外の都市における積極的な寄付金募集の活動、そして書籍の発行、絵葉書や幻灯による啓蒙活動の展開は、他の地方都市における藩主顕彰の取り組みとは様相を異にする。

(4)　幻の義公銅像

◆計画の具体化

寄付金を募集する一方で、田中は常磐公園内に銅像設置を具体化するための準備を進めた。先述したように、一九〇二(明治三五)年に常磐公園内への銅像建設について市参事会から許可を受けている。常磐公園敷地の使用は、使用保証金と引き換えに管理者である水戸市から借用するという形であったようだ。これにより公園内の一角が、間もなく「義公銅像建設地」として確保された。この様子は翌一九〇三年春に観梅に訪れた記者によって次のように書き留められている。

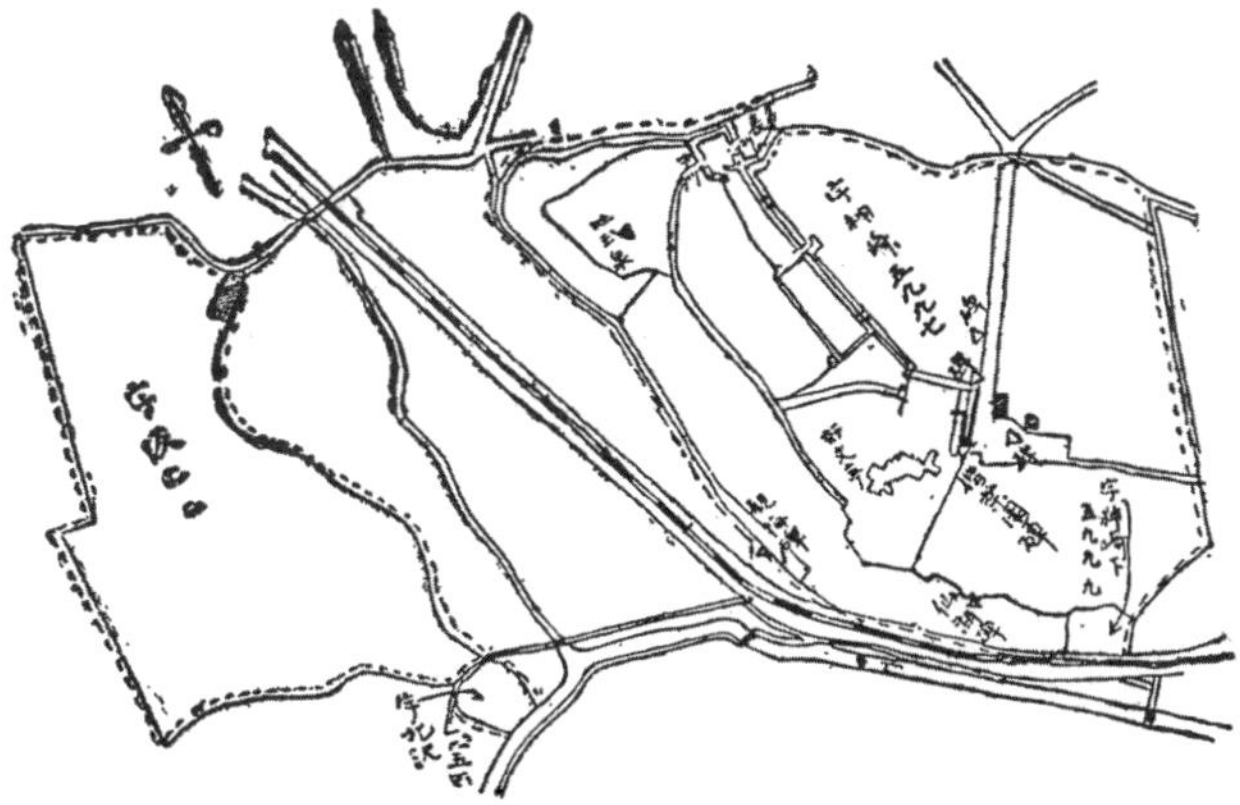

図3-10　偕楽園(常磐公園)全体図

線路の北東側が偕楽園(常磐公園)。図右側に常磐神社が隣接。園の中央に好文亭や「偕楽園碑」が見える。

> 南面したる鳥居の前より右折して直に公園に入れば右手の平地は満目皆梅、(中略)西に向ひたる小径を進めば園の中央と思しき辺に義公銅像建設地と標したる所あり[153](後略)。

常磐神社の鳥居(二の鳥居)から西に進んで常磐公園東門から園内に入り、梅園を右手に見ながら園路を西に進んだ園の中心部、すなわち、偕楽園記碑のある辺りの一角が、銅像建設地であったと思われる(図3-10)。銅像に先んじて建立された二つの石碑もこの付近に建てられていることから、公園を管理していた水戸市に整備の方針があったのかもしれない。

さて、建設する銅像の姿は、計画立案時に示された「衣冠束帯の立像」という方針を除いて具体的に設計されていなかった。日露戦争後の寄付金募集再開直後にまとめられた『水戸黄門公実録』に掲載された「銅像建設手続書の要件」には次のように記されている。(154)

一、銅像は衣冠束帯の立像(元日皇居遥拝の図)にして其大小は寄付金の多寡に因て定む。
二、寄付金の支出予算は総額の約七割を銅像及び附属物に其残額を募集費並に諸雑費に充つ。
三、本挙のために利益を与えられし者は賛成者となし、或は金品を以て報酬をなす事あるべし。
四、賛成者を分て名誉特別通常の三種となし、其名誉賛成者は寄付金の最高額者より約壱万名とし、其員及び氏名を銅像の台石に彫刻して後世に伝ふ。
五、諸官衛諸会社等団体の名義を以て寄附せらるゝ時は一個人に比例して三種に区別す。其名称は例へば何県何々学校職員生徒と記するが如し。

図3-11　水戸黄門公像計画図

ここにあるように、計画再開後においても銅像そのものの内容については大きな変化はみられない。しかしながら、同じく同書巻末には銅像の予想図(図3-11)を描いた絵図があり、これと合わせると、銅像建設のより具体的な計画を知ることができる。

予想図に描かれた像は、六角形の基壇の上に六角形の土台を載せ、さらに「水戸黄門公像」と書かれた壺型の台がそびえるその上に、衣冠束帯姿の義公が立つ。巨大な銅像の周囲には梅林とそこに杖を引く人々が描かれ、ここが常磐公園であることを示す。遠くに望む山影は筑波山であろうか。基壇部分には文字が刻まれている様子がうかがえるが、ここに「名誉賛成者」の氏名が刻まれるのだろう。土台部分には絵図が描かれているようにも見える。

予想図を見てまず驚くのが、銅像の巨大さである。もちろん、この絵図には少なからず誇張が含まれているだろうが、梅林の中に高く屹立する存在として義公像が計画されたことは間違いない。絵図には大きすぎるほどに描かれてはいるが、銅像の大きさは寄付金額によるとされていることからも、できる限り大きな銅像を建てたいという気持ちがあったのだろう。なお、この銅像の「大きさ」への関心は、その後の銅像建設計画に大きな影響を及ぼすこととなる。

具体化した計画案の提示と、多方面にわたる寄付金募集活動の成果によって、一九一〇(明治四三)年には、寄付金額は四万数千円に達した(155)。資金の見通しが立ったからか、田中は実現に向けて銅像建設の見積りをとっている。見積りを出したのは、「東京銅像製作所長北村某」と「鋳金家の泰斗桜岡某氏」である。見積りのための調査には、「東京日本《(ママ)》銅像製作所員鈴木、中村の両氏」が訪れ、「市付近の出身なる宮内省御用掛久野某の遥かに応援」があったという。鋳金家の桜岡某とは、東京美術学校で助教授を務めていた桜岡三四郎のことであろう。桜岡らの見積りによれば、「新幹六尺の高さの制作料は一千五百五十円、九尺が三千九百円、十二尺が七千百円、十八尺が一万七千八百円、廿四尺が三万二千五百円、三十尺が四万七千円」であった。田中にとって、これは計画当時の予定よりも半額以下の金額であったといい、すでに寄せられた寄付金額からしても、「一丈や一丈二尺の銅像ならば即時小路に取り掛り得る」ものであった。

◆大きさへのこだわり

しかしながら、田中はこれに満足しなかった。その理由は銅像の大きさである。「何に致せ義公は勤皇の倡首たり。復古の指南たり。先般横浜に樹立せし井伊大老の銅像の如きさへ一丈二尺を有しつるに於てをや。尠《すくな》くも二丈乃至三丈余の大銅像に成さゞれば後世識者の嘲笑を受くる」と語るように、前年、横浜に完成した井伊直

図3-12　水戸義公銅像の原型（左）と分身模型像（右）

弼像を引き合いに、それよりも大きな銅像でなければ笑い者になると考えたのであった。ここで注目したいのは、銅像の大きさの決定に常磐公園の環境は考慮されず、他の銅像に対する優位性のみが決定要因とされたことである。巨像建立を目指して田中はさらなる寄付金募集を宣言し、茨城県下、東京市内、他地域からそれぞれ三万円ずつ、合計九万円を目標額に据えたのであった。

とはいえ計画拡大は現実的なものではなく、翌一九一一（明治四四）年には早くも半分の四万五〇〇〇円へと目標金額の修正を余儀なくされる。これは銅像の竣工を一九一二（明治四五）年に開催が計画されていた日本大博覧会[156]に間に合わせることを目指したためである。予算額の縮小に合わせて銅像の大きさも定められたようで、この頃からは建設予定の銅像の大きさとしては「二丈余」という数字が基本的には用いられていく。それでも、井伊直弼像よりは大きく設定されているところに、田中の意気込みがうかがえよう。

経費の見通しが立ったことで具体的な原型彫刻の作成が進められた[157]。原型彫刻を担ったのは、見積りを担った東京の桜岡ではなく、水戸市下市の美術家、飛田義春（美海）である[158]。原型彫刻のモデルとなったのは、最も義公に酷似しているといわれ、義公の生母の菩提寺である久昌寺（常陸太田市）に安置されている木像であった。久昌寺の木像は座像であるので、それを立像に仕立て直し、原型とともに小型の「分身模型」が製作された（図3-12）。

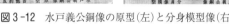

原型が完成したのは一九一一年一〇月頃で、この時点で「銅像の身長二丈三尺首部約五尺にして目下鋳造の準備中なり」と銅像の具体的な大きさが二丈三尺（約七メートル）に定められた[159]。鋳造に向けて、完成した原型や分身模型の写真や絵図を用いた絵葉書が作成され、引き続き寄付金の募集に使われた（図3-13、14）。この絵葉書には寄付金額に対する記念進呈物が列記されており、五円以上の寄付者には寄付金額に応じた大きさの分身像模型と記念冊子を進呈するとした（一〇〇円以上：約一尺青銅製像、五〇円以上：約七寸青銅製像、三五円以上：約一尺銅メッキ製像、二〇円以上：約七寸銅メッキ製像、一〇円以上：約五寸銅メッキ製像、五円以上：銅像写真）[160]。

なお、この原型の制作を報じる記事には、「今や十余年来の余が宿志漸く貫徹されんとし今秋天下の名園内に

図3-13　分身像模型が描かれた寄付募集用絵葉書「男女学生礼拝之図」

図3-14　寄付募集用絵葉書に描かれた完成予想図

計画図（図3-11）に比べて台座が単純化されている。田中が銅像建設を思い立つきっかけとなった楠木正成像が並んで描かれている点も興味深い。

二丈有余の偉大なる巨像が建設されんとす」とされながらも、「銅像建設名誉賛成者記念碑は賛成者の多少により決定さる可きものなるが現在の石材にては長さ十尺巾七尺の輪郭を九段に区画し得べし」と記されており、寄付者の名を刻む碑の材料がすでに準備されており、約三×二メートルに及ぶ巨大なものであったことがわかる。[161]石材の大きさを鑑みると、銅像とは別に建立する計画だったのかもしれない。

(5) 銅像建設計画の顚末

◆計画の終焉

こうして実現間近に思われた銅像建設計画であったが、大正に入った頃にまたしても暗礁に乗り上げる。その原因は計画の原動力であった田中伸稲の死であった。田中の正確な没年は不明だが、一九一四(大正三)年に田中亡き後は養子の田中秀四郎が引き継いで計画の実現に奔走したことが報じられている。

茨城県水戸常磐公園なる義公銅像建設計画に就ては、田中伸稲氏の死後は田中秀四郎氏其意思を継いで熱心奔走中にて、川田市長も銅像建設は市会に於ても其挙を賛し既に公園内に銅像建設地の高標さへ建ち、石材も運搬堆積されるに拘らず、遅延数年、今猶ほ其建設を見ざるは市の外聞にも係はるを以て、職責上なんかの処置を為さんと思ひ居たる矢先、(後略)[162]

この記事からは、常磐公園の建設予定地に石材が積み上げられ、いよいよ像の建設に着手しようというところまで漕ぎ着けていたことがわかる。しかしながら最後の一押しが難しかったようだ。田中の死後、計画は田中秀四郎に引き継がれたが前に進むことはなかった。

ここで興味深いのは、一九一四年五月に着任したばかりの川田久喜市長が、銅像計画の遅延を「市の外聞に係はる」問題ととらえていたことである。実はこの記事が書かれた前月、すなわち同年一一月、田中秀四郎は財界の雄・渋沢栄一に計画への協力を求めている。連絡を受けた渋沢は市長と相談して考えるとした。渋沢は田中秀四郎同伴のもと市長と相談の場を持ち、「（渋沢——引用者注）男爵は銅像濫建を今日の弊害と認め反対する者なれども、義公の如きは単に水戸の人傑ならず日本の人傑にて国民渇仰の標的たるべき人なれば、公の銅像建設には応分のことは為すべき」と応え、協力を約したという。銅像に否定的な渋沢を口説くのに、川田市長の口添えも奏効したことだろう。「市の外聞に係はる」問題ゆえに、市長が動いたのであった。

しかし、川田市長の協力と渋沢の後ろ盾を得ながらも、銅像建設計画は実現にいたらなかった。大正期中頃には、銅像建設計画はすっかり風前の灯火となっていた。一九一九（大正八）年の新聞報道によれば、川田市長は「常磐公園内義士《ママ》銅像建設用石材取除けに関し」て市会にてしばしば警告を受けていたという(163)。市長はこれに対して「故田中伸稲氏が義公銅像建設を発起せる事より中途業成らずして挫折、神苑会に引き継ぐに至れるを以て田中氏は公園の使用保証金二百円を返還したり」と答えるが、この神苑会（記事によっては神社会とも記される）への引き継ぎが市長の独断によるものだとして、市会は「市長は個人として公園地を貸与するの権能なし」と糾弾し（田中伸稲が借用を受けることは市会での承認を経ていた）、市会議員を無視する行為だと非難したのである。

このような市会の様子からは、市会が銅像建設計画を支持し続けていたとは考えにくく、むしろ市会は計画に終止符を打とうとしていたようにも見える。川田市長の力も及ばなかったらしく、その後、銅像建設計画が具体化に向けて動いた様子も見られない。二〇年余りの紆余曲折の結果、計画の発案者にして原動力であった田中の亡き後、義公銅像建設計画は幻のままに終わりを迎えたのである(164)。

◆大名庭園がまとう記憶

このことからは、常磐公園に義公（徳川光圀）の銅像を建立したいという田中の強い想いが、周囲にはそれほどまで伝播していなかった状況が推察される。とりわけ烈公（徳川斉昭）の記憶が色褪せていない水戸市民にとっては、常磐公園は烈公のものという想いもあったのであろう。

明治・大正期の常磐公園に計画された義公の銅像は、水戸在住の在郷軍人・田中伸稲によって立案され、その行動力と人脈を背景に推進された。土佐藩士として維新の動乱を戦い抜いた田中を突き動かしたのは、他藩主の銅像や戦後の「水戸黄門」像にみられる旧藩主に対する藩士藩民の尊敬や郷土愛ではなく、勤王思想の祖としての義公に対する個人的な崇拝心であった。それゆえに、寄付募集のために夫婦揃って地方行脚までした田中の死とともに、計画は頓挫するのである。主体者とその動機が極めて私的なものであったことこそ、義公銅像建設計画の最大の特徴であるといっても過言ではない。こうした背景ゆえに、観光資源となっている現在の銅像とは異なる造形で計画が進められた。幻に終わった義公銅像建設計画を知ることは、現在の水戸黄門像と地域の関係を改めて考えるきっかけとなろう。

とはいえ、藩政期から高い人気を誇った義公の顕彰であるから、田中の亡き後も水戸市民あるいは旧水戸藩士藩民の賛同を得て計画が進んでもおかしくはなさそうである。それにもかかわらず田中以外の推進者が現れなかったことは（養子・秀四郎が引き継ぎはしたが）、常磐公園に義公の銅像を建立したいという田中の強い想いが、周囲から大きく隔たりを持っていた状況を推察させる。とりわけ幕末の記憶が色褪せていない水戸市民の心には、偕楽園は烈公が創設したものだという想いが強かっただろうし、義烈両公の顕彰はすでに常磐神社の創建で果たしているという自負もあった。こうした複雑な状況は、藩主の私的空間が明治維新を経て公共空間となった大名庭園だからこそ起こり得たものだといえる。

それゆえに、義公銅像建設計画は偕楽園の近代を考えるうえでも極めて重要である。大名庭園を表象するイメージが、旧藩主か明治国家かというだけではなく、旧藩主のなかにおいても創藩初期の名君か創園者かを巡って議論が起こるのである。議論の一方で、園内の土地が建設予定地として実際に区画され、園の使用に制限をもたらしている点も見逃せないことである。

第五節　「近代」の視点による再評価

(1) 明治末の園内と長岡安平の公園改良案

明治の初年において造園家・小沢圭次郎(一八四二〜一九三二)が、常磐公園を「曠敞の岡背」に過ぎず後楽園や兼六園に並称されるほどの園趣はないと酷評したことは先に触れたとおりであるが、時を経て常磐公園に対して小沢とは異なる視点で評価をする専門家の声が聞こえるようになる。こうした発言のきっかけには、千波湖改修事業(一九一八年頃より)、都市計画法の制定による都市公園の創出(一九一九年。ただし水戸市が都市計画法施行地となるのは一九二八年)、史蹟名勝天然紀念物保存法の制定(一九一九年)、公園管理の県への移管(一九二〇年)といった、公園行政をめぐる複雑な状況があった。

ここでまず、常磐公園の管理者と当時の園内の状況について確認しておこう。茨城県が一八七三(明治六)年に開設した常磐公園は一八九二年以来、水戸市が管理してきたが、明治の終わり頃から水戸市の管理体制に対して異議を唱える声が聞こえてくる。その理由は管理不行届による園内の荒廃である。

『水戸市史』によれば、水戸市の歳出決算上に公園費が初めて現れるのが一八九五(明治二八)年度の七八七円(歳出全体の約四・三%)であるという[165]。水戸市は水戸公園も管理しているが、この金額はふたつの公園の維持費として決して充分な額ではなかったとされる。実際に手入れが行き届いていなかったようで、一九〇五(明治三八)年には「水戸市有に帰したる以来充分の手入れをなすを得ず殆ど荒る、に任す状態」にあると報じられている[166]。

先の記事はこうした状況を「三公園の一たる名を空《むなし》ふするも知るべからず」と嘆き、こうした状態は水戸市だけでなく茨城県の面目に関わることだと指摘する。そのうえで、「今日の水戸市の力を以てしては到底今日以上の力を公園に注ぐ能はざる」と水戸市による管理に見切りをつけ、「寧ろ彼の岡山の後楽園の如く又金沢の兼六園の如く之を県有となし県費を以て経営する事となさん」という水戸市選出県会議員の見解を紹介するのである。この意見には市の有力者のなかにも強く賛同する者がいたという。

管理不十分と批難されたとはいえ、水戸市が何もしていなかったわけではない。先の記事の二年後に公園設計者・長岡安平(一八四二〜一九二五)が常磐公園を訪れて園内の様子を語っているが、刈込庭はきちんと剪定がされていたようである。[167]ただ、麦畑だったらしい梅林の地面は水戸市移管前後に一面の芝生に変わって梅樹を苦しめていたという。また、崖下の噴水(玉龍泉)は排水の土管がむき出しとなり、好文亭と梅林の間の便所も不潔なもので遊覧者に不快感を与えるような状態だった。

明治の初めから東京の公園整備に関与した長岡安平は一九〇七(明治四〇)年に北海道札幌区から公園設計を嘱託され、その道中で各地の公園を視察していた。その長岡が常磐公園を視察した際に語ったのが、先にみた園中の様子である。この時、長岡は『いはらき』紙上で常磐公園を「天然の景色を利用したる所位置には申分なきも、今日の公園としては園内狭小に且つ其構造も適当と言ふ能はず」と評し、改良案を示している。[168]長岡の改良案の要点を示せば、(一)樹木を刈り込む旧慣を廃す、(二)梅林にいくつかの小径を通し、樹下には四季折々の花を栽培する、(三)噴水の排水を活かして趣味を添える、(四)便所の建替、の四点で、「今日の公園」としての利用を重視する。とりわけ、天然の景色を利用した公園であるため樹枝を切り取って成長を阻害することは矛盾するとして提示した(一)、自身が過去にこの地で見た風景を示し現状の芝よりは往時の麦がよいとしながら、「公園」としてふさわしいものとして提示した(二)の二つは、長岡が歴史性よりも「今日の公園」を重視したことがよく現れていて興味深い。非公式な訪問であったにもかかわらず「聞くに足るべきものある」として新聞で紹介されたことは、地元に常磐公園を何とかしたいという空気があったことを物語っている。長岡も「改良には多くの費用を要せ依り何とか遊覧者に満足を与ふる様整備せんことを望む」と締めくくっている。

水戸市による管理はその後も続いたが、一九一八(大正七)年になって、茨城県会には「水戸、常磐両公園整備ノタメ県費補助ヲ要望スル」意見書が提出され、賛成多数で可決している。[169] この翌年、常磐公園(桜山を含む)と水戸公園が水戸市から茨城県に移管されることが県会で可決され、一九二〇(大正九)年四月一日をもって両公園は茨城県が管理するところとなった。[170]「水戸市は常磐公園すら管理し得ず頽廃甚しきものを県に引継」いだため修繕に厖大な費用がかかると県に批判されていることから、[171] 長岡の訪問以後、彼の提案を含めて大規模な改良はなされたかったとみてよいだろう。

(2) 新世代の都市行政・公園行政関係者らによる評価

常磐公園をまったくといってよいほど評価しなかった小沢に対して、小沢と同年齢の長岡は、自然風景の利用を評価しながらも旧来の造園を今日的に改めるよう提案した。同年代のふたりの間でも立場によってその評価は分かれるところだが、いずれも園内の造園や景観を評価の対象とする点では共通している。しかしながら、時代が大正に移り、大学に学んだ若い世代が専門家として活躍し始めると、小沢や長岡とは大きく異なる視点で常磐公園を評価する声が出てくるようになる。以下、個別にその評価を確認したうえで、その意義を考察する。

◆内務省地方局による評価──「田園都市」としての水戸と常磐公園

ロンドン郊外のレッチワースに代表される「田園都市」は一八九八年に英国のエベネザ・ハワードが提唱したことで知られるが、日本には一九〇六(明治三九)年頃から井上友一(一八七一～一九一九)を中心とする内務省地方局を通じて紹介された。[172] 井上らはそうした学習の成果をまとめ、内務省地方局有志編『田園都市』(博文館、一九〇八年）として出版した。なお同書はハワードの著書『明日の田園都市』の翻訳ではなく、ハワードの田園都市の理念を含め各種の類似事業を紹介するセネットの著書『田園都市の理論と実際』（一九〇五年）の抄訳を中心とする。こうした事情もあって、『田園都市』はハワードが提唱する田園都市を完全に理解して提示していたわけではなく、「田園都市」はすなわち福祉的企業社宅の一環として理解し、あるいは都市住民を郊外の地に移住させて、新たに農村の要素を加えてつくられた「花園都市」であると紹介した(173)。

先述したように、『田園都市』はセネットの著書の抄訳を中心とするが、最後の部分に「我邦田園生活の精神」と題した章が独自に加えられている。ここでは「自然の風趣を帯びて、自からなる田園都市」が京都や東京に見出せると説き、地方都市はもちろんそれに足るべきものとして位置づけられ、前段までに紹介した欧米の事例に近いものを日本の都市に見出して紹介している。事例選出の観点は西洋の事例に似ているものを探すのではなく、日本固有の都市や農村のあり方を見出そうとするものであった。そして、その事例として最初に紹介されたのが常磐公園なのである。

常磐公園は三公園のひとつとして紹介され、眺望の良さなどが言及されるが、話題は公園内で売られている「農人形」に移り、偕楽園をつくった徳川斉昭と士民との交流が「農人形」の逸話から展開する。つまり、ここでの最大の関心は百姓を大切にした斉昭の都市経営にあった。偕楽園もこの文脈のなかで士民との交流の場として評価されるのである。

◆本多静六による評価

戦前の多くの公園設計に携わり「公園の父」と呼ばれる本多静六（一八六六～一九五二）は、一九二〇（大正九）年に水戸に招かれて講演し、そのなかで先人たちの見解を覆す大胆な評価を提示した。

一九一〇年五月、いはらき新聞社の主催により庭園協会講演会が県会議事堂で開催された(174)。講演会開催の趣旨は庭園や風景保存問題に対する関心の喚起にあったが、時期的にみて、常磐公園の県への移管と数年前から再燃しはじめた千波湖改修事業を念頭に入れた企画であったと考えられる。講演者として招かれたのは、本多静六を筆頭に、本多の東京帝国大学での教え子で、のちに国立公園制度確立の中心的役割を果たす内務省嘱託・田村剛、東京高等造園学校設立など造園史教育にも尽力した造園史家・龍居松之助、中国の風俗に精通する文学者・後藤朝太郎の四名である。聴衆は「力石知事、赤松中佐、吉見輝、秋山市会議長、西野助役、後藤工業学校長、柴沼県視学、師岡弁護士等を始め市内知識階級を網羅して四百余名」に達した。

本多は講演の冒頭で常磐公園を訪れる見物人の多くが同公園を「案外立派でない」と失望しているようだと述べる。(175) しかしすぐに「それは観者に眼がないのである」と断裁し、「造園学上の立場より観れば、同公園は三大公園中最も優れたものであると云ひ得る」と断言する。「常磐公園は素人好きのせぬ公園である、鑑識なき素人に受けそうもない公園である、然し専門家より観れば同園には殆ど他に見られない幾多の特色がある」という。本多がいう常磐公園の特色を言及の順に示せば、(一)「風景閑素にして雄渾を極め創設者烈公の人格を忍ばしむるに足る」こと、(二)「世界的に公園の魁《さきがけ》を為した」こと、(三)「様式的に極めて斬新にして空厳」なこと、(四)「技術上極めて優秀である」こと、となる。

本多の評価は制度と造園の両方に及ぶが、一貫しているのは、賞賛の対照が常磐公園に先天的に備わった近代性――いい換えれば、欧米のそれに匹敵する「公園」としての素質であった。制度に関しては、(二)において斉昭が偕楽園をつくった理由の先進性を讃え、単なる私庭ではなく士民の利用を前提とした点を「全く近代のガーデンとして、平民主義より出発し」たものと評価し、八〇年以上前にこれを実現したことを「実に公園なるものゝ魁」と位置づけた。また斉昭が定めた「禁令」に触れて、「我々が研究して今の公園の規則とする処は、凡て尽して居るのは誠に感服すべき」と賞賛している。

本多の常磐公園評においてさらに興味深いのは、造園に対しての評価である。まず(一)において、「江戸の庭園術は堕落の極に達し」ていたなかで、「年来不平なりし型に嵌った、庭園術を破壊する独創の大雪渓を樹て、水戸城を中心に大山水を取り入れた一大庭園を作った」斉昭を絶賛する。そして「金沢のも、岡山のも各公園旧い型に捉はれた点があるけれ共、水戸の公園だけは全然旧套を脱して居る斬新である」と三公園を意識した評価を示す。そしてこの庭園の空間を世界史的に位置づけ、また近代的造園術として評価するのである。

(三)においては、「江戸時代の庭園、即ち日本旧来の庭園は凡て借景的である」とし、雄大な自然風景を取り込む常盤公園を「有史以来の大公園」と絶賛する。さらにスイスのジュネーブ湖やアメリカのナイアガラ滝を中心とする大公園計画を引き合いに出して欧米におけるナチュラル・ガーデンの流行を語り、「烈公は八十年前に之れを為した、実に造園術の魁で行く処をして可ならざるなきその縦横の才気が窺われる」と評した。また(四)のなかで、常磐公園は「人工二分、天然八分」の庭園であるが、人工の二分が「誠に巧妙の近代の造園術に敵」っているという。「自然物を利用した背景、借景の巧妙」で、桜山や千波湖をはじめ園内の梅林や楓林など「大体の構造は飽く迄も簡単で大まかでコセ付かない」ことや、園内に使われる樹木もありふれたもので、「一木一石に万金を費やすやうな馬鹿気たことがしてない、而して大局から観た配置に意を用ひ、一部を見て大局を忘却したやうな点が全然ない」と極めて好意的に評価する。話題はさらに細部に及び、半ば無理やりに評価している感が否めない部分もあるが、基本的には手放しでの絶賛だった。ただひとつ、御成門から梅林に直接入園する方法が当時の主流となっていた点には苦言を呈し、旧来の通り、表門から入って深い森を抜けた先に明るい風景を見る方法こそ「本流」だと主張した。

こうした評価を踏まえて、本多は「常磐公園は斯《かか》る名作であるから史跡としても公園としても茨城県人及び水戸市民がその復旧保存に全力を注ぐべきは当然」であると述べ、その方法を次のように提案した。

（一）現在の運動場記念碑らは全部之を廃し旧体に復すべきこと
（二）桜山並に千波湖との連絡を復旧すること
（三）根本的設計を改むることなく此の雄大なる規模の上に近代的造園術に依る施設を加味し維持発達に努むべきこと

本多は常磐公園が先天的に備える近代性を評価する一方で、近代になって無遠慮に変更された部分は否定し、旧来の姿を尊重する姿勢を示した。本多が評価するのは常磐公園が備える「近代性を先取していたという歴史」であって、「近代」ではない。それゆえに鉄道によって分断された桜山や千波湖との連続性に言及するように園外との関係を考慮した点は注意したい。また、近代における変更を旧態に戻した後はそのまま保存するのではなく、歴史を尊重しながら開発を進めるべきだとした点は特筆すべきであろう。本多はこれによって「常磐公園は啻《ただ》に日本の名園たるのみならず世界の公園として永く名声を維持することが出来るだろう」と大きな展望を示した。欧米に学び、世界の公園の状況を知る本多の目には、常磐公園は世界に誇る「公園」として輝かしく映っていたのである。

◆田村剛による評価

本多静六の弟子にあたる田村剛（一八九〇～一九七九）もまた、常磐公園に西洋の公園を見出して評価したひとりである。本多とともに登壇した講演会においては、結果として本多の評価に準じ、常磐公園は「歴史を以て全体を統率して権衡を保つて行きたい、結局彼れ以上に人工的に加工せず旧態を保存して行くといふのが一番の適当の策と思ふ」とし「新式を罷めて改悪の個所を撤廃する」ことを提案するとともに、「水府八景」や「仙湖の七崎」などの古来の名勝を復興したいと述べた(176)。

こうした田村の考えは、ある前提に基づくものであった。それは都市的な規模での公園計画（田村の言葉を借りれば、公園の「分科」と「各分化を統一連絡する」ことによる「所謂パーク、システム」）への位置づけである。田村は講演のなかで「欧米の公園は散歩する所で衛生保健に適するように作られて居る、公園を眺めず使用するのである」と示し、対象者や目的にあわせて分科をなして都市のなかに配置されるものだと説く。田村のいう分科とは、たとえば史跡などの市民の教化を目的としたもの、寺院や神社の境内のように信仰心を呼び起こすような宗教的なもの、街路の空地などを利用して都市のなかに緑を取り込むためのもの（「装飾公園」と呼ばれた）などである。こうしたなかで、常磐公園を水戸公園とともに歴史ある水戸を象徴する史跡＝「文化財」として位置づけ、田村は先に示した旧態保存を旨とした提案を行ったのである。そして、欧米の公園思想を取り入れた公園として千波湖周辺や桜山を改良していくことで、広がりのある「パーク・システム」を構築することを提案するのである。

そもそも田村が常磐公園をこのように評価するにいたった背景には、講演会の前年までに水戸を訪れていた田村が、「公園都市」としての素質を水戸に見出していたことにある。[177] 田村がいう「公園都市」とは、「公園システム」を立て公園と公園が緑地などで接続することで全体が公園化した都市のことであり、「都市を田園化し、風景化し、美はしい都市となす」ことが目的とされた。

田村は、偕楽園を千波湖・緑丘・桜山を含めて想定していた斉昭の思想を改めて評価し、この範囲に自ら「水戸公園都市」を構想する。この時田村の念頭にあったのは、斉昭も偕楽園の計画に参照したといわれる中国の西湖であり、公園都市として「水戸風景の発展策は要するに常磐公園の周囲の天然の風景を利用するのにある」と提言していた（同じく講演者として来た後藤は西湖について講演している）。加えて、公園都市としてより発達させるために、付近の名勝と連絡を図ることで回遊公園としての性格を持たせることを構想し、案内記の作成のほか駅や市内の要所には噴水や小公園などの遊覧地を象徴する造園的設備をなすことを提唱した。

田村のこうした構想は先の講演会でも披露され、千波湖に湖周回道路を通すなどして公園化することで、「天然の公園として世界に紹介し外客を誘致するを得る」と提案した。なお、千波湖改修問題にも言及し、埋立てが決定した内堀の跡地の風致保存を唱えるとともに、「常磐公園か若し仙湖を失へば半分の価値を失ふものであるから大事にしていただきたいと思ふ」と述べ、常磐公園にとっての千波湖の重要性を指摘している。

田村は講演の最後に水戸を中心とした都市回遊に触れ、将来的に、水戸―仙台―十和田湖―塩原―日光―東京という「東北遊覧系統」の登場を予言し、そのなかで「水戸が歴史と風景とを以て現れる」ことへの期待を述べた。さらに、こうした広範囲にわたる公園計画・遊覧計画を前提として、「常磐公園は最近県の経営に移つたといふが、市から県、県より国に移るといふ傾向は公園界の趨勢で、私は是を予想し茲に大胆なる意見を発表した次第である」と述べ、将来の国立公園制度を予見する構想を示している点は注目される。

◆歴史性と近代性

以上、明治末から大正にかけて示された三者の常磐公園に対する評価を見てきた。これらに共通して見られるのは、常磐公園を西洋の視点を通して再評価している点であり、園内の造園云々にとどまらず周辺環境を含めた都市の視点から常磐公園を位置づけている。三者が特段に行啓や観梅について触れない点も興味深い。本多の評価においては、むしろ御成門からの入園が当然のようになっている現状を庭園鑑賞上の問題として指摘するのである。観梅に特化して語ろうとしないのは、風物詩としての利用ではなく、都市施設としての日常的な利用に重きを置くからだろう。評価者がこうした立場をとることによって、常磐公園の評価はまったく異なるものとなった。

園内の造園に関しても、本多による評価が小沢のそれと真逆のものとなっている点は極めて象徴的である。小沢が評価しなかった周辺との関係や、見るべきものがないとした造園を、本多はことごとく評価しているのである。こうした差が生じるのは評価者が常磐公園を日本古来の「庭園」と見るか、西洋的な「公園」と見るかの違いによっていると考えてよいだろう。もちろん、本多は世界的視野で常盤公園を「公園」として評価する立場である。西洋の公園を知る若い世代によって「偕楽園」の近代性が発見され、それまでとは別の次元で高い評価を得ることとなった。

一方で、本多らが常磐公園の歴史性を評価し、旧観への復旧を唱えたことも重要である。藩政期の終わりに一代によって（しかものちの公園につながる先進性を備えて）築かれた偕楽園がほとんどそのまま引き継がれた常磐公園は、藩主代々によって手が加えられ続けた後楽園や兼六園と比べれば、復旧しようとする場合に過去の状態への議論の余地がない（あったとしても極めて小さい）ことも、史跡としての保存の議論をシンプルなものにしているのだろう。また、市内中心部に位置する水戸公園や水戸城址が、さまざまな公共施設を受容する場として機能したため、常磐公園内は大規模な改変がなされなかったことも大きい（コラム3参照）。史跡としての価値を維持するために、明治以後の施設は「改悪」であるから撤廃すべきとされたが、他の三園に比べれば些細なものであろう。

しかしながら、それだけでは近代的な公園としては不十分とみなされ、それを補うために周辺を開発することで大規模な公園圏の創出を構想した点も見逃してはならない。田村の構想になぞらえるならば、常磐公園は史跡として都市の歴史を象徴する公園として維持し、千波湖の周囲を開発して近代的なレクリエーションのための公園を創出することで、都市全体での包括的な「公園都市」の創出が可能となるのである。周辺を含めた公園開発によって史跡としての価値を担保するという構想も、斉昭が定めたその地勢なくしては成立しない。常磐公園の近代性と歴史性がともに評価されることで、常磐公園は自然と分科と統一による公園システムのなかに置かれ、さらには近隣府県を含めた観光・遊覧の巨大なシステムへと位置づけられたのである。

(3) 史跡名勝指定と千波湖改修事業

本多や田村による評価や提案は、その後の常磐公園にどのような影響を与えたのだろうか。

本多らは常磐公園の歴史性を重視し史跡としての保存を提唱していたが、実際に常磐公園は一九二二(大正一一)年三月八日に、「史跡及名勝」に指定される。[178] 同日に金沢公園(兼六園)・後楽園・栗林公園も「名勝」指定されているが、「史跡」としても指定されたのは常磐公園だけである。同日に旧弘道館が「史跡」に指定されていることから、「偕楽園」にとどまらない一連の斉昭の事跡が評価されたのだろう。

こうして史跡名勝として指定された背景には、本多や田村らによる評価が無関係ではなさそうである。というのも、長岡や本多らの評価が示されるまで、造園や公園の専門家による評価は小沢による酷評くらいであったから、史蹟名勝天然紀念物保存法が定められた直後のタイミングで、それを覆すような評価がその道の専門家によって提示され、明文化されたことは極めて大きな意味を持ったはずだからである。本多や田村の講演には知事や市長をはじめ多くの聴衆が集まり、また後日『いはらき』で記事となったことで、関係者には広く知られていたことは間違いない。常磐公園を「文化財」として評価する動きが、本多や田村といった国の公園行政の中枢にいる人物によって価値づけられたということも重要である。岡山・後楽園には内務省衛生局嘱託となった田村が史蹟名勝天然紀念物調査等に行っている(第一部参照)。田村が水戸を訪れたのは内務省衛生局嘱託となる以前(就任は一九二〇年八月)であるが、岡山の事例を鑑みれば、局内での情報共有の場などで田村の見解が参照された可能性は大いに考えられるだろう。

常磐公園と周辺を関連づけた公園開発にも、その影響は見られる。講演会の際に田村が言及したように、当時は千波湖改修事業がまさに進められていた。[179] 明治期の千波湖は桜山のふもとから現在の水戸駅のさらに南まで伸びる広大なもので、この改修事業によって約三分の二が干拓されて現在の大きさとなった。

千波湖の干拓はマラリア予防や農業行政上の要請に基づくものであったが、田村が内堀の埋立てに対して苦言を呈したように市民からの反発も想定されたため、千波湖を埋めることに対しては事業主である県も反対意見に考慮して事業を進めたという。貯水に適し、技術的にも予算的にも有利とされた南側(下沼)ではなく、偕楽園に隣接する北側(上沼)が残されたのは、常磐公園との連続性に配慮された結果だろう。また残された上沼の周囲は遊歩道を巡らすなどの環境整備が進められ、湖面でのボート遊びや遊漁などの娯楽の場として親しまれるようになったという。これはまさしく田村の提唱した千波湖の公園としての利用に準じるものである。

こうした千波湖改修事業には当時の茨城県内務部長・守谷源二郎(一九一九年九月就任、一九二一年五月知事昇任)が、西湖になぞらえて整備しようとしたことによるとの説があるというが、だとするならば、講演会での田村の提案が直接的に影響を及ぼした可能性が高いだろう。

常磐公園と千波湖は、その後も共存の関係を保っていくこととなる。一九二九(昭和四)年には千波湖畔に桜が植樹されて遊覧地としての景色を増すと、常磐公園が県土木課の管理に移り「偕楽園」の旧称に復した(一九三二年二月)[180]。一九三三(昭和八)年四月には偕楽園と千波湖一帯の二五六町歩が都市計画法に基づく風致地区として決定した(同時に弘道館周辺の三の丸一帯も風致地区となる)[181]。偕楽園と千波湖は分かちがたい存在として都市計画・公園計画のなかに位置づけられていった。

史跡名勝としての文化財的評価や、レクリエーションを含めた多様な利用を想定した大規模な公園計画への展開は、まさに本多や田村らの識者らの価値づけと開発の提言を下敷きとしたものだといえるだろう。大名「庭園」としての枠にはめ込まれていた「偕楽園」は、「近代」の視点によって都市的なスケールのなかで「公園」として評価されていくのである。

結章

偕楽園は、「日本三名園」に並び数えられる「名園」であるが、その実は他の二園や栗林公園と比べて大きく異なるものである。成立時期はひとつだけ飛び抜けて新しく、大部分が梅林と杉林で占められるため園内の造作は一部にとどまり、大きな池や流水がなければ橋もない。

江戸定府であった歴代の水戸藩主は多くの家臣とともに江戸に暮らしてそこから藩政を取り仕切った。江戸・小石川の上屋敷にはいわゆる大名庭園としての後楽園を築き、歴代藩主はここで江戸特有の交際を行った。斉昭もまたここに生まれ、江戸の大名文化のなかに育っている。その斉昭が九代藩主に就くと、厳しい藩財政を立て直すべくさまざまな藩政改革を進め、その一環として三の丸に藩校・弘道館をつくり、対になる遊覧の場として城下郊外に偕楽園を築くこととなる。

斉昭は天保四(一八三三)年に初めて国入りした際に自ら藩内を視察するなかで心奪われた景勝の地に梅を植え、旧習にとらわれない新しい思想の庭園を一代で築いた。その造園は、園地から見渡す千波湖や桜山など周囲の自然環境と一体となることで完成する雄大なものである。それゆえに園内は極めて単純である。そして斉昭は急進的な改革を進める一方で、業に追われるだけではなく余暇を大切にして緊張と緩和のある生活を提唱し、偕楽園をそのための場として士民に開放する。「江戸育ち」の藩主が、初めて目にした雄大な自然風景の「発見」、そして造園と都市経営の先進的な思想こそ、偕楽園の根本なのである。

◆庭園から公園へ

やがて明治を迎え、偕楽園は太政官布達に応じて、創設から三〇年余りで「常磐公園」となるのだが、「公園」とするに際して繰り広げられたのは、カリスマ性を持つ旧藩主の残像を「公園」から切り離し、新しい時代を体現する場所を創造しようとする動きであった。版籍奉還によって偕楽園の地が官有となった後も、好文亭に斉昭の妻・貞芳院が暮らし、園の中心近くに光圀・斉昭を祀る祠堂が置かれるなど、旧藩主の記憶は健在であり、藤田東湖ら旧藩士らは偕楽園の地で光圀・斉昭を顕彰し、好文亭を水戸徳川家の本拠地にしようとさえしていた。そこに公園開設を求める内意が政府から届くのである。藤田らは公園となることで旧藩主を祀る地に庶民が足を踏み入れることに嫌悪感を示して反対するが、光圀・斉昭の顕彰が園地の一角を割いて常磐神社として実現されていくことで落着し、好文亭を中心とする偕楽園の主要部分が「公園」として開放されるにいたる。

光圀・斉昭の神霊が常磐神社(すなわち「公園」の外部)に遷座され、貞芳院も去ったのち、偕楽園に登場するのが明治天皇の御真影であり、国民強化運動を司る中教院である。いずれも政庁が置かれた市内中心部の弘道館でも良さそうであるが(実際に奈良県は御真影を政庁に掲げた)、偕楽園の好文亭が場所として選ばれ、天皇を中心とする中央集権的国家体制への移行を象徴的に可視化する場所となった。また、公園となった偕楽園の一角には勧業試験場が置かれて乳牛やロバが飼育され、好文亭では博覧会も開かれた。旧藩主の顕彰空間と分離され、明治政府が進める近代化を象徴する事象が持ち込まれることで、偕楽園は文明開化の場となった。

とはいえ藩政期から士民に開放されていた偕楽園においては、当時を生きた人々を中心に往時を偲ばんとする催しも多く開催され、藩政期の雰囲気がまったく失われたわけではない。利用の仕方はどうであれ「公園」は地元の人々が集う場所となった。一八九〇(明治二三)年の水戸行幸啓の際には、ここに天皇・皇后を迎えるべく水戸市民は大規模な誘致活動を展開し行啓を実現させた。

◆鉄道の開通

偕楽園への行啓は「三公園」のひとつに数えさせる「格」をもたらし、行啓の便を優先して新たに門が設けられるなどの変化を起こしたが、偕楽園の有り様を決定的に変えたのは、一八八九(明治二二)年の東京と水戸を結ぶ鉄道の開通であった。行幸啓にも実際に鉄道が利用されている。鉄道は水戸を東京からの日帰り旅行の射程とし、朝に東京を出れば数時間の水戸滞在を楽しんで夜には東京に戻ることができるようになる。これによって気軽な行楽地として人気を博していくが、とりわけ東京人の心をとらえたのが偕楽園での観梅であった。一八九二年頃から増加する観梅客は、鉄道会社や在京新聞社による企画と宣伝で年を追うごとに規模を拡大し、「観梅列車」という風物詩を生み出すにいたる。こうした動きが水戸の人々を動かし、観梅客のために仮ホームを設け、熱烈な歓迎事業を展開するようになる。こうして偕楽園は水戸観光の中枢になっていくのである。

鉄道の開通によって顕在化したように、偕楽園にとって東京の存在は時に水戸以上に重要である。そもそもこのことは偕楽園のはじまりが「江戸育ち」の斉昭による風景の発見であったことにまで遡るともいえよう。東京の影響力は、偕楽園への水戸光圀像建設計画の際にも現れた。計画資金を集める寄付金募集は東京で大々的に展開されただけでなく、地元水戸では冷ややかな声も聞こえたが、東京の有力者たちはこぞって協力をした。結局この計画は実現することはなかったが、一連の事業は偕楽園の空間が水戸だけでなく東京の人々との関係のなかにあることを教えるのである。

まったくの偶然ではあるが、東京からやってくる人々に対して偕楽園が与えた決定的な印象のひとつは、大きくカーブを描いて梅樹咲き誇る偕楽園に近づき千波湖との間を走り抜ける鉄道のコース取りであった。のちに偕楽園を高く評価した田村剛もその予期せぬ演出に心打たれた一人であり、「公園のふもとに点綴された梅やどうだんによつて先ず公園の都に入つた感じを刻みつけられ、更に右に深い森を背景として広がつている千波沼を見出したことによって市全体を取り込んだ大公園に着いたといふ感じを得た」といわしめている。[182] ただし、観梅列車に乗ってやってくる酔客がいうそれと違い、田村の発言は自身の思い描く公園計画を念頭に置いた確信犯的なものである。

◆近代性の発見

観梅客歓迎事業が都市をあげてのイベントとなった大正の頃、本多静六や田村剛などの学識者らが、揃って偕楽園を評価する。本多らは、斉昭の先進的な庭園創設の理念と周囲の自然風景を取り込んだ風景美に、欧米の「公園」を見出して絶賛する。田村は岡山・後楽園を「小堀遠州流」と評し半ば強引に価値づけを行うが(本書第一部参照)、ここ偕楽園においては、斉昭によって先天的に備えられた近代性＝「公園」としての先進性ゆえに、素直に評価を下せたのではなかろうか。本多や田村は公園としての「近代性」を評価する一方で、その「歴史性」を重視し近代以後に付与されたものを復旧し、史跡としての保存を唱えた。偕楽園は欧米近代の「公園」という視点を獲得することで、明治中頃に小沢圭次郎が「庭園」として酷評したこととまったく逆の評価を得ることとなった。史蹟名勝天然紀念物保存法が制定された直後における学識者による高い評価は、小沢による評価に同調するように、三公園だと聞いて他と比べて「案外立派ではない」と失望する「素人」たちが多勢を占めた状況に一石を投じるものとなる。こうした価値づけの存在が「史跡及名勝」指定につながり、偕楽園は文化財としての地位を獲得するのである。

田村らが偕楽園を「公園」として評価しながらもそこに歴史性を見出して「文化財」として価値づけしたことには、矛盾があるようにも感じられよう。その背景には都市全体にさまざまな性格の公園を開発し、それらをシステムとして連携させることで「公園都市」を創出しようという壮大な構想があり、偕楽園をそのなかに位置づけたからである。都市スケールでの計画に位置づける際に偕楽園には史跡としての役割が与えられ、「公園都市」

を構成するレクリエーションの場として千波湖や桜山などが想定された。こうした関係性は、田村自身がいうように、斉昭が当初に示した偕楽園と周囲との関係性に等しい。その後、千波湖は改修事業を経て縮小されるも、偕楽園との関係を考慮して北側の水面が残され、田村が提示したようにレクリエーションの場として整備がなされていく。さらには都市計画のなかで偕楽園と千波湖一帯はひとつの風致地区に指定され、実際に都市的なスケールのなかに位置づけられていくのである。

現在の偕楽園は「梅の芳香と歴史の景勝地」として知られる。「水戸の梅祭り」は現在でも水戸最大の観光イベントのひとつでる。もちろん、斉昭の時代から観梅は行われていたが、現在の観光イベントに通じる楽しみ方は近代において、水戸と東京との関係性のなかから創出されたものである。江戸生まれの藩主が藩領に初めて訪れて発見した風景に江戸から運ばれた梅を植えた偕楽園は、明治に鉄道が通ったことで水戸観梅の楽しさが東京の風流人に発見され、やがて風物詩となった。公園の価値づけや観光の創出がなされた近代は、偕楽園にとって極めて重要な時代なのである。

偕楽園は、戦災や戦後の落雷で好文亭を焼失するなどの被害を受けたが、そのたびに復元がなされ今日にいたっている。文化財保護法に基づく「史跡及び名勝」にも指定されている（指定名称は「常磐公園」）。ちなみに本書で取りあげた四園のうち偕楽園だけが「特別」指定ではない。一方で小石川後楽園は「特別史跡及び特別名勝」である）。二〇一五年には、斉昭が設立した藩校・弘道館や光圀が『大日本史』編纂のために開設した彰考館跡などの水戸の関連施設が岡山の閑谷学校などとともに、「近世日本の教育遺産群」として「日本遺産」に認定された。歴史への価値づけは今もまさに進められているのである。

（1）　偕楽園の成立については次の文献に詳しい。北村信正『偕楽園について（好文亭復元参考資料）』（茨城県観光課、出版

年不明)、関孤円『弘道館と偕楽園』(茨城県観光協会、一九六二年)、『水戸市史』中巻(三)(水戸市、一九七六年)二〇四〜二一〇頁、安見隆雄『水戸斉昭の『偕楽園記』碑文』(水戸史学会、二〇〇六年)など。
(2) 白幡洋三郎『大名庭園』(講談社文庫メチエ、一九九七年)。
(3) 「偕楽園記」碑文(原文は漢文)。読み下し文は次の文献による。注(1)関孤円『弘道館と偕楽園』。
(4) 「種梅記」碑文(原文は漢文)。読み下し文は次の文献による。注(1)関孤円『弘道館と偕楽園』。
(5) 松平俊雄『常磐公園覧勝図誌』上巻(北沢清三郎、一八八五年)三七頁。
(6) 「開園の布達」(注1北村信正「偕楽園について(好文亭復元参考資料)」)。
(7) 山本信正「偕楽園記に就て」(『造園雑誌』第五巻第二号、一九三八年)一一〇〜一一三頁、坂本新太郎編『日本の都市公園』(インタラクション、二〇〇五年)。
(8) 『水戸市史』中巻(五)(水戸市、一九九〇年)八一五〜九六九頁。
(9) 瀧興治『水戸名勝誌』(台水書院、一九〇三年)六頁。
(10) 栗田寛『常磐物語』(日新堂、一八九七年)四頁。
(11) 注(10)『常磐物語』二一頁。
(12) 「第二百二十六号」一八七三年七月一〇日(茨城県『公告全書』茨城県歴史館所蔵史料)。
(13) 丸山宏『近代日本公園史の研究』(思文閣出版、一九九四年)二一〜四三頁。
(14) 注(10)『常磐物語』二四頁。
(15) 注(10)『常磐物語』二四〜二五頁。
(16) 注(10)『常磐物語』二五頁。
(17) 「議建設義烈二公神社状」(注10『常磐物語』二六〜三〇頁)。
(18) 『常磐神社史』(常磐神社社務所、一九九二年)五三頁。
(19) 注(10)『常磐物語』六八頁。
(20) 注(12)参照。
(21) 注(5)松平俊雄『常磐公園覧勝図誌』上巻、三七頁。

(22) 水戸市史編さん近現代専門部会『水戸市史』下巻(一)(水戸市、一九九三年)五七〇～五八六頁。
(23) 「第二百七十五号」一八七三年九月五日(茨城県『公告全書』茨城県歴史館所蔵史料)。
(24) 『読売新聞』明治一〇年五月一一日、一面。
(25) 茨城県「第四百十五号」一八七三年一二月二〇日(茨城県『公告全書』、茨城県歴史館所蔵史料)。
(26) 多木浩二『天皇の肖像』(岩波現代文庫、二〇〇二年)。
(27) 「第七十号」一八七四年三月一五日(茨城県『公告全書』、茨城県歴史館所蔵史料)。
(28) 「第七十七号」一八七六年三月五日、「第百二号」一八七六年三月一九日(茨城県『公告全書』、茨城県歴史館所蔵史料)。
(29) 『水戸市史』下巻(一)、五八〇頁。桐原邦夫『士族授産と茨城の開墾事業』(岩田書院、二〇一〇年)八〇～八四頁。
(30) 『読売新聞』明治一〇年六月二九日、二面。
(31) 「丙番外第四号」明治一〇年七月五日(茨城県『公告全書』、茨城県歴史館所蔵史料)。『読売新聞』明治二〇年七月一三日。
(32) 『読売新聞』明治一〇年七月二四日、二面。
(33) たとえば三重県は内国勧業博覧会後に津公園で三重県物産博覧会を開催している。『三重県史』資料編・近代三(三重県、一九八八年)一〇二～一〇九頁。
(34) 注(5)松平俊雄『常磐公園覧勝図誌』下巻、五七頁。
(35) 「五浦派画家招待会」『いはらき』明治四〇年一月一五日。
(36) 『読売新聞』明治四一年三月三一日。
(37) 『水戸市史』下巻(一)、五八二頁。
(38) 「本日の県民大会」『いはらき』明治三八年九月一五日、一面。
(39) 『いはらき』昭和八年五月一七日。
(40) 谷田部写真館撮影『明治四十年陸軍特別大演習紀年写真帖』(幸村書店、一九〇八年)。
(41) 「八百名の林間学校」『東京日日新聞』茨城版、大正一〇年二月一七日、五面。

(42)「八百名の全生徒明日から登校」『東京日日新聞』茨城版、大正一〇年二月二〇日、五面。
(43)『水戸市史』下巻(二)、五八〇頁。
(44)「常陸国茨城郡常磐村好文亭保存之儀ニ付伺」(茨城県例野村維章代理茨城県第書記官人見寧から内務卿伊藤博文へ)、一八七九年九月二〇日(『茨城県下常磐村好文亭保存ノ件』、公文録・明治十二年・第七十五巻・明治十二年十月・内務省二、国立公文書館所蔵史料［公02499100］)。以下、当時の常磐公園の状況については本史料による。
(45)「常陸国茨城郡常磐村好文亭保存之儀ニ付伺」(内務卿伊藤博文から太政大臣三条実義宛)、一八七九年一〇月四日(『茨城県下常磐村好文亭保存ノ件』、公文録・明治十二年・第七十五巻・明治十二年十月・内務省二、国立公文書館所蔵史料［公02499100］)。
(46)清水重敦『建築保存概念の生成史』(中央公論美術出版、二〇一三年)一一一～一四七頁。
(47)「常磐公園」『史蹟調査報告』第二輯(文部省、一九二七年)六一～七〇頁。
(48)注(5)松平俊雄『常磐公園覧勝図誌』下巻、五五～五六頁。
(49)茨城県における鉄道発達史については以下の文献による。中川浩一『茨城県鉄道発達史』(筑波書林、一九八一年)、「水戸鉄道の開通と商工業」(注22『水戸市史』下巻(一))四七五～五一四頁。
(50)黒頭巾(横山健堂)「好文亭」『読売新聞』明治四五年四月二六日、五面。
(51)「偕楽園の梅花」『東京朝日新聞』一八八九年三月一四日、一面。
(52)「水戸の梅園」『読売新聞』明治二二年三月一五日、三面。記事は「上野より仙台行の一番汽車(午前六時半)に乗れば午後四時半には水戸へ着する」と記しているが、午後四時半着は誤りで、移動時間が四時間半である。
(53)小沢圭次郎「明治庭園記」(『明治園芸史』日本園芸研究会、一九一五年)三六三～三七〇頁。
(54)注(53)小沢圭次郎「明治庭園記」、三八一～三八二頁。
(55)正岡子規「水戸紀行」(『子規全集』第八巻、アルス、一九二五年)一五三～一九〇頁。
(56)注(55)正岡子規「水戸紀行」、一七九頁。
(57)「珂北聯合郡友会」『いはらき』明治三〇年六月一三日、二面。
(58)「関東自由党大懇親会」『東京朝日新聞』明治二五年一〇月二日、一面。

(59)「板垣総理の水戸行見合わせ」『東京朝日新聞』明治二五年一〇月一日、一面。

(60)特に注記がない場合、行幸啓については以下の資料による。宮内庁編『明治天記』第七巻(吉川弘文館、一九七二年)六六一～六七〇頁。「行幸啓御日取」『東京朝日新聞』明治二三年一〇月一五日。「行幸啓及演習記事」一～七『東京朝日新聞』明治二三年一〇月二八・二九・三〇・三一日。なお、地元紙『いはらき』はこの翌一八九一年七月に発刊されるため、同紙の記録はない。鉄道と行幸啓の関係については、原武史『可視化された帝国』(みすず書房、二〇〇一年)に詳しい。

(61)「行幸啓及演習記事(三)」(一〇月二六日付、水戸発)『いはらき』明治二六年一〇月二九日、二面。

(62)「行幸啓及演習記事(二)」(一〇月二六日付、水戸発)『いはらき』明治二六年一〇月二九日、二面。

(63)同前。

(64)『明治天皇紀』第七巻、六六七頁。

(65)注(62)参照。

(66)注(62)参照。

(67)「行幸啓及演習記事(五)」(一〇月二七日付、笠間発)『東京朝日新聞』明治二三年一〇月三〇日、一面。

(68)『明治天皇紀』第七巻、六六五頁。

(69)「行幸啓及演習記事(七)」(一〇月二九日付、水戸発)『東京朝日新聞』明治二三年一〇月三一日、二面。

(70)『明治天皇紀』第七巻、六六九頁。

(71)『史蹟調査報告』第二輯(文部省、一九二七年)六三頁。

(72)「御臨幸紀念奉祝会」『いはらき』明治二八年一〇月二五日、二面。

(73)「御臨幸紀念会」『いはらき』明治二八年一〇月二七日、三面。

(74)「東宮行啓彙報」『いはらき』明治三五年五月一〇日、二面。

(75)「記念碑の計画」『東京朝日新聞』大正二年五月八日、四面。

(76)「漸く梅花期に入る」(論壇)『いはらき』明治四二年三月七日、一面。

(77)「水戸鉄道会社の現況」『いはらき』明治二五年三月一九日、二面。

(78)「水戸鉄道」(鉄道大臣官房文書課編『日本鉄道史』上編、鉄道省、一九二一年)七八〇〜七八二頁。
(79)「観梅の客」『いはらき』明治二五年三月一六日、二面。
(80)「常磐公園の梅」『いはらき』明治二五年三月九日、三面。
(81)愚公「一日旅行」『東京日日新聞』明治二五年三月一五〜一九日(五回連載)。
(82)麗水生「好文亭の梅を看る」『いはらき』明治二五年三月一六日、三面。麗水は遅塚金太郎の雅号。遅塚は幸田露伴の幼馴染で、郵便報知新聞社に属して小説や紀行文を執筆した。
(83)「遅塚氏本社を訪ふ」『いはらき』明治二五年三月一六日、二面。
(84)麗水生「水府偕楽園の梅」『郵便報知新聞』明治二五年三月一七〜一九日、一面(三回連載)。
(85)弦斎「偕楽園記拾遺」『郵便報知新聞』明治二五年三月二〇日、一面。
(86)日本鉄道会社広告『読売新聞』明治二六年三月七日、四面。なお、同時期の朝日新聞の記事には「本年も来月十五日より日本鉄道会社は往復切符並に割引切符等を発し」とあり、明治二五年から割引切符等が発売されていた可能性が否定できないが、明治二五年には官見の限り他に記事や広告で割引切符の発売が確認できていない(「観梅の往復割引切符」『東京朝日新聞』明治二六年二月二二日、二面)。
(87)薄木保吉編『通運便覧』(薄木保吉、一八九二年)。一八九二年一二月発行の料金表によれば、上野—水戸間が片道で一円八銭(上野—小山間が五八銭、小山—水戸間が五〇銭)である。
(88)「観梅遠足会」『東京朝日新聞』明治二二年三月一〇日、一面。および、「観梅の汽車」『東京朝日新聞』明治二五年三月六日、三面。
(89)竹の屋主人「水戸の観梅(一)」『東京朝日新聞』明治二八年三月三日、五面。本記事を含めて六回連載。
(90)「水戸行の観梅会」『東京朝日新聞』明治三三年二月一八日、四面。
(91)「水戸観梅会の景況」『東京朝日新聞』明治三三年二月二七日、五面。
(92)「日鉄観梅列車発送の計画」『読売新聞』明治三三年二月一二日、二面。
(93)放浪生「水戸観梅会のくさ〴〵」『読売新聞』明治三三年二月二七日、二面。
(94)同前。

(95)「一ト口投書」『東京朝日新聞』明治三三年三月三日、三面。
(96)注(91)に同じ。
(97)「水戸行の第二観梅会」『東京朝日新聞』明治三三年三月八日、五面。
(98)竹の屋主人「水戸観梅(一)」『東京朝日新聞』明治三三年三月一五日、三面。
(99)竹の屋主人「水戸観梅(四)」『東京朝日新聞』明治三三年三月一八日、三面。
(100)「水戸観梅臨時列車」『東京朝日新聞』明治三四年二月九日、四面。
(101)同前。
(102)「水戸たより」『東京朝日新聞』明治三四年三月一二日、二面。
(103)「水戸の観梅客歓迎」『東京朝日新聞』明治四三年二月七日、四面。
(104)福富孝策『鉄道初任者の為に』(鉄道図書局、一九二四年)。
(105)注(103)参照。
(106)「観梅列車第一回」『いはらき』明治四二年三月四日、五面。水戸市は三月二六日に佐倉の歩兵第二連隊の水戸移転を控えていた。
(107)「漸く観梅期に入る」(論壇)『いはらき』明治四二年三月七日、一面。
(108)「観梅列車発車期」『いはらき』明治四二年二月一三日、五面。
(109)「昨日の常磐公園」『いはらき』明治四二年三月八日、三面。
(110)「水戸の梅」『東京朝日新聞』明治四三年二月二二日、四面。
(111)鉄道省編『鉄道停車場一覧』昭和九年一二月一五日現在(川口印刷所出版部、一九三四年)六五頁。
(112)「一悶着起らん」『東京朝日新聞』明治四三年三月八日、四面。本記事によれば費用分担は均等ではなく、料理店および芸妓組合が公園内の芸者手踊りに掛かる部分を担い、旅館や土産物屋などが土産品などを引き受けた。土産品として梅羊羹を二〇〇〇個用意したが、一九五個が売れ残ったため、その処理で揉めることとなった。
(113)「水戸の観梅客」『東京朝日新聞』明治四三年二月二八日、四面。
(114)「観梅客歓迎協議」『東京朝日新聞』明治四三年二月一一日、四面。

(115)「第一回水戸観梅」『東京朝日新聞』明治四四年二月二七日、三面。
(116)「水商の歓迎方法」『東京朝日新聞』明治四四年二月二四日、三面。
(117)「第二回水戸観梅」『東京朝日新聞』明治四四年三月六日、三面。
(118) 同前。
(119)「観梅客歓迎協議」『東京日日新聞』明治四五年二月一七日、三面。
(120)「梅見の手ぶり(一)」『東京朝日新聞』明治四五年三月六月、三面。
(121)「水戸の彼岸中日　最後の観梅日」『東京朝日新聞』明治四五年三月二三日、三面。
(122)「今日は愈々第一回観梅デー」『東京日日新聞』茨城版、大正八年三月九日、五面。
(123)「観梅列車は運転中止」『東京日日新聞』茨城版、大正八年二月五日、五面。なお鉄道院の資料には「前年同様旅客ノ誘致ヲ目的トスル各種運賃ノ割引其他普通団体旅客ノ取扱ヲ制限或ハ停止」したとある(『鉄道院鉄道統計資料』大正八年度、鉄道院、一九二二年、一～二頁)。
(124)「観梅列車廃止問題」『東京日日新聞』茨城版、大正八年二月六日、五面。
(125)「臨時列車は結局運転か」『東京日日新聞』茨城版、大正八年二月一五日、五面。
(126)「観梅客歓迎」『東京日日新聞』茨城版、大正八年二月二七日、五面。「清香将に賞すべし」『東京日日新聞』茨城版、大正八年三月九日、五面。
(127)「観梅自転車遠乗」『東京朝日新聞』明治四五年二月二四日、三面。「観梅自転車遠乗」『東京朝日新聞』明治四五年三月一八日、三面。
(128) 幕末に創作された講談「水戸黄門漫遊記」は、徳川光圀がお供の俳人を連れて諸国を漫遊して世直しをするという内容。明治になって大阪の講談師がお供を助さん・格さんに変えて話を膨らませたことで人気が拡大した。だが、徳川光圀は生涯のほとんどを江戸と水戸で過ごし、諸国を漫遊したという史実はない。なお、茨城県においては水戸黄門をモデルとしたマスコットキャラクターが作成されるほど行政にも親しまれている。茨城県の「ハッスル黄門」や、水戸商業会議所の「いきいき黄門さま」は、いずれも水戸黄門をモデルとしている。「茨城県：ハッスル黄門の部屋」、https://www.pref.ibaraki.jp/bugai/koho/koho/pr/index.html、二〇一七年一二月二五日閲覧。

(129) 水戸市内には七体の徳川光圀像がある(群像も含む)。水戸市役所内にも小像が置かれる。いずれも杖を引く隠居後の姿である。「水戸市観光課:水戸の銅像めぐりマップ」、http://www.city.mito.lg.jp/001433/003464/p003115.html、二〇一七年一二月二五日閲覧、「水戸観光協会:水戸知識:黄門像を探そう」、http://www.mitokoumon.com/knowledge/list_douzou.html、二〇一七年一二月二五日閲覧。なお、芳賀登『近代水戸学研究史』(教育出版センター、一九九六年)は、戦後の都市整備において「水戸の水戸らしさの色づけ」が水戸黄門に求められていたと指摘し、千波湖畔の黄門像を「新しい水戸市のシンボル」と位置づけている。

(130) 水戸の銅像を扱った網代茂「水戸地方の銅像回顧 光圀公銅像建立に寄せて」(『水府巷談』新いばらきタイムス社、一九八六年、二九四~三二一頁)や、水戸や偕楽園の近代を扱う注(129)芳賀登『近代水戸学研究史』および、水戸市史編さん近現代専門部会「公園開設と新聞発刊」(注22『水戸市史』下巻(一)、五七九~五九〇頁)などのほか、近代の銅像を主題とする平瀬礼太『銅像受難の近代』(吉川弘文館、二〇一一年)にも、ここで取りあげる銅像建設計画は触れられていない。

(131) 「田中伸稲君」(『茨城県人物評伝』服部鉄石、一九〇二年)九九~一〇〇頁。

(132) 田中南海「常磐公園観梅」『いはらき』明治三四年四月二日、一面。

(133) 「義公銅像と田中翁」『東京朝日新聞』明治四四年八月二日、三面。

(134) 「水戸黄門公銅像建設の主旨」(『水戸黄門公実録』田中伸稲、一九一一年)。引用文中の「実録」は同書本編を指す。

(135) 注(133)参照。

(136) 田中伸稲「義公銅像建設に就て」(『経済時報』第二三号、明治三六年五月、八~九頁、同第二四号、明治三六年六月、一三頁)。以下、計画初期の田中の動向については本記事による。

(137) 「水戸義公の銅像」『東京朝日新聞』明治三五年一〇月二三日、二面。

(138) 「常磐公園貸付問題」『東京日日新聞』茨城版、大正八年三月一日、五面。田中の死没にともなって建設予定地の取り扱いを議論する市会の様子を報じるなかで、明らかにされている。

(139) 注(133)参照。

(140) 同前。

(141)「水戸観梅の記」『東京朝日新聞』明治三六年三月一三日、三面。
(142) 注(133)参照。この記事以前にも、「水戸義公の銅像建設は其後杳として聞く所なく人或は其建否を怪しむものなきに非ざる」ところ、「中には甚だしき誹語を放ちて中傷を逞しうするものさへあり」という状況であったことが報じられている(「義公銅像建設の進捗」『いはらき』明治四三年二月一〇日、二面)。
(143)「水戸義公銅像建設計画」『東京朝日新聞』明治三六年三月一〇日、二面。
(144)「義公銅像設計変更」「水戸義公銅像建設に付賛成者を募集す」『東京朝日新聞』明治三六年三月一〇日、七面。
(145) 注(134)『水戸黄門公実録』。
(146)「水戸義公銅像建設手続書」(『経済時報』第二四号、二一〜二二頁)。
(147)「楽屋すゞめ」『東京朝日新聞』明治三六年九月一三日、四面。
(148) 竹の屋主人「東京座の劇評(二)」『東京朝日新聞』明治三六年九月二七日、五面。
(149)「楽屋すゞめ」『東京朝日新聞』明治三六年九月二八日、四面。
(150) 水戸義公銅像建設本部「水戸義公銅像建設費寄付者」『いはらき』明治三六年一〇月二七日、六面。一円以上の寄付者は氏名が掲載されている。
(151)「義公銅像建設費募集」『いはらき』明治四〇年六月六日、二面、「水戸黄門公銅像建設費寄付広告」同前、五面。この時点で寄付金額は六二三八円余と報じられており、幹事長である田中が幹事であり妻の田中頼子をともなって、寄付金募集のために他府県に出張する旨が報告されている。
(152)「義公銅像建設彙報」『いはらき』明治四一年六月三日、三面。
(153) 注(141)参照。
(154)「銅像建設手続書の要件」(注134『水戸黄門公実録』)。
(155)「義公銅像建設の進捗」『いはらき』明治四三年二月一〇日、二面。以下、この時期の銅像見積りについては本記事による。
(156) 日本大博覧会とは、一九一二年四月から一〇月を会期として東京の代々木・青山での開催が決定していた国際博覧会である。日露戦争の勝利を受けて一九〇七年に政府決定され、諸外国にも通知されたが経費増大等を理由に五年間延期となり、のちに中止が決定した。御古一茂「日露戦後の博覧会と金子堅太郎――日本大博覧会計画をめぐって」(『人間社会学研究集録』二巻、大阪府立大学、三～一七頁)に詳しい。
(157)「義公銅像と田中翁」『東京朝日新聞』明治四四年八月二日、三面。
(158)「義公銅像設計変更」『東京朝日新聞』明治四四年六月一九日、三面。
(159)「水戸義公銅像原型」水戸義公銅像建設本部、一九一一年一〇月(絵葉書、著者所蔵)。
(160)「賛成者へ贈呈すへき紀念品表」(絵葉書「水戸義公像　分身模型」水戸義公銅像建設本部発行、明治末期～大正初期頃、著者所蔵)。
(161)注(157)「義公銅像と田中翁」。
(162)「義公の銅像建設」(『龍門雑誌』三八一号、一九一四年一一月、六六頁。渋沢青淵記念財団龍門社編『渋沢栄一伝記資料』第四九巻、渋沢栄一伝記資料刊行会、一九六三年、二三二頁所収)。
(163)「常磐公園貸付問題」『東京日日新聞』茨城版、大正八年三月一日、五面。
(164)銅像建設のために大量に集められた寄付金の行方が気になるが、現時点では明らかにできなかった。
(165)注(22)参照。
(166)「常磐公園県有の議」『いはらき』明治三八年一一月九日、二面。
(167)「常磐公園の改良如何」『いはらき』明治四〇年一一月五日、三面。
(168)同前。
(169)茨城県議会史編さん委員会編『茨城県議会史』第一巻(茨城県議会、一九六二年)一一〇一頁。
(170)同前、一一五七～一一五九頁。
(171)守屋内務部長談「公園の管理さへ出来ぬで何で千波湖の改良が市に出来るか」『東京日日新聞』茨城版、大正九年九月一九日、五面。
(172)渡辺俊一『「都市計画」の誕生――国際比較からみた日本近代都市計画』(柏書房、一九九三年)。
(173)大月敏雄「まちなみ図譜・文献逍遥　其の七――内務省地方局有志編纂『田園都市』」(『家とまちなみ』五六号、二〇〇七年九月)六六～七一頁。

(174) 「公園改良の叫び」『いはらき』大正九年五月二四日、六面。
(175) 本多静六「常磐公園の特色と其改良意見」『いはらき』大正九年五月二五・二六日、一頁(二回連載記事)。
(176) 田村剛「公園問題と水戸市」『いはらき』大正九年五月二七・二八日、三面(二回連載記事)。
(177) 田村剛「水戸風景利用策」(田村剛『庭園鑑賞法』成美堂書店、一九一九年)二四四〜二五一頁。
(178) 「内務省告示第四九号」『官報』大正一一年三月八日。「常磐公園」(注71『史蹟調査報告』第二輯)六一〜七〇頁。
(179) 千波湖改修事業をはじめ千波湖の歴史については、大槻功『都市の中の湖』(文真堂、二〇〇一年)が詳しい。
(180) 北村信正『偕楽園について(好文亭復元参考資料)』(茨城県観光課、出版年不明)。
(181) 『水戸市史』下巻(二)(水戸市、一九九五年)九五〜九七頁。
(182) 注(177)田村剛「水戸風景利用策」二四七頁。

＊コラム3

もうひとつの公園――弘道館

　本書で取りあげた四つの大名庭園は創設の経緯からしてそれぞれに異なる特徴を持つが、互いに共通する点もある。たとえば、藩主が滞在するための別荘や、園景の骨格となる池や流水である（ただし偕楽園はこの役を園外に望む千波湖が担うため園内には池がない）。こうした共通点は、各庭園が公園となった近代にも見つけることができる。一九二二（大正一一）年に史跡となったことを示す石碑もそのひとつ。

　もちろん現在は失われてしまった共通点もある。近代におけるその代表格は、博物館、物産陳列所、商品陳列所などの勧業のための常設陳列施設だろう（以下、これらをまとめて〈陳列所〉と呼ぶ(1)）。

　兼六園には園内の成巽閣などを利用して一八七五（明治八）年に博物館が設置される。後楽園の場合は厳密にいえば園内ではないが、一八九五（明治二八）年に東門前の一角に岡山県物産陳列場が開場した。栗林公園では一八九九（明治三二）年に開館した博物館が公園整備の大きな契機となった。こうした事実をあげたうえで、庭園史家の田中正大は「もと寛永寺境内の上野公園に国立博物館が建って、文明開化の公園となったように、かつての大名庭園も、博物館が主要部を占めてはじめて、明治の公園となったといえよう」と述べ、公園となった大名庭園にみられる特徴として〈陳列所〉の存在に触れる(2)。

　しかしながら、明治に公園となった偕楽園にはこの種の施設が設置されることはなかった。一八七七（明治一〇）年に博覧会が開催され、勧業試験場が一時的に置かれたりもしたが、博物館や物産陳列所のような陳列施設が常設されるにはいたらなかったのである。だからといって水戸に〈陳列所〉が設置されなかったわけではない。〈陳列所〉を受け入れた場所こそ、水戸藩第九代藩主・徳川斉昭（烈公）が偕楽園に前後して開設した弘道館であった。

弘道館は偕楽園と同時期に烈公によって開設された日本最大規模の藩校である。烈公が士民の「一張一弛」のための場として両者を起草したときから、「張」の弘道館と「弛」の偕楽園は密接な関係にあった。斉昭が弘道館の設置に着手したのは天保一〇（一八三九）年のことで、施設の一部が完成した天保一二年に仮開館した[3]。偕楽園の開園は翌天保一三年である。弘道館は継続して施設拡充され、構内に鹿嶋神社が鎮座した安政四（一八五七）年に開館式が挙行された。

弘道館が位置するのは水戸城の三の丸で、大手橋に正対して正門を構える。その敷地は現在の弘道館公園の範囲のみならず、茨城県三の丸庁舎、茨城県立図書館、水戸市立三の丸小学校などを含む一帯を占めた。

開館以来、水戸藩士が文武の研鑽を積んだ弘道館であったが、幕末の動乱期に佐幕派と勤王派との戦場となり文館・武館・医学館などが焼失、その後、版籍奉還・廃藩置県によって弘道館は国有となり、水戸城と同じく陸軍省の管理するところとなる。とはいえ、軍事拠点となったわけではなく、明治五年一月（旧暦）に水戸県を経て茨城県が成立すると、陸軍省から弘道館正庁を借り受けて県庁が開かれ、間もなく県庁内には茨城裁判所や警察署も仮に置かれた（隣接する水戸城には同年七月〈旧暦〉に東京鎮台第四分営が置かれた）。教育施設として誕生した弘道館は、まずは新しい国家の地方行政を司る場として転用されたのである。

弘道館跡地の利用に変化の兆しが訪れるのは、県庁舎として使用されて八年が経った一八八〇（明治一三）年のことである。茨城県が、弘道館跡の敷地と建物を陸軍省から譲り受け、敷地の一部を割いて新庁舎を建設したいと国に願い出たのである。この背景には、弘道館の老朽化と業務上の不便があったが、もうひとつ、弘道館の保存を熱望する市民感情も影響した。敷地の譲渡（正確には土地交換）を求める伺書には、市民が弘道館正庁の内外を手入れすることで公園として保存することを願ったが、陸軍用地であったために実現できずにいたと説明されている。(4) こうした事情を踏まえて、県庁舎の充実と弘道館の保存を実現する方法として、弘道館の敷地と建物を県有化することが考案されたのであろう。茨城県の伺いは聞き届けられ、一八八一年三月に弘道館跡地と東伊茨城郡の原野等の土地交換が認められたのち、建築物の譲渡を改めて上申して同年四月にこれも実現する。これを受けて茨城県は調練場跡地に洋風建築の県庁舎を新築し、一八八二年五月三一日に県庁を移した。

弘道館の建物と残余地はやがて公園として開放される。開園式典は県庁舎の竣工から三年後の一八八五年二月八日に挙行された。(5) 偕楽園がすでに公園となっていたことから、この新しい公園は「第二公園」と呼ばれ、やがて水戸公園となる。これは偕楽園が常磐公園となったのと同様に立地からくる呼称だろう（偕楽園は常磐村に位置した）。公園となってからの弘道館は集会や展覧会の場として使用されたほか、幼稚園や各種学

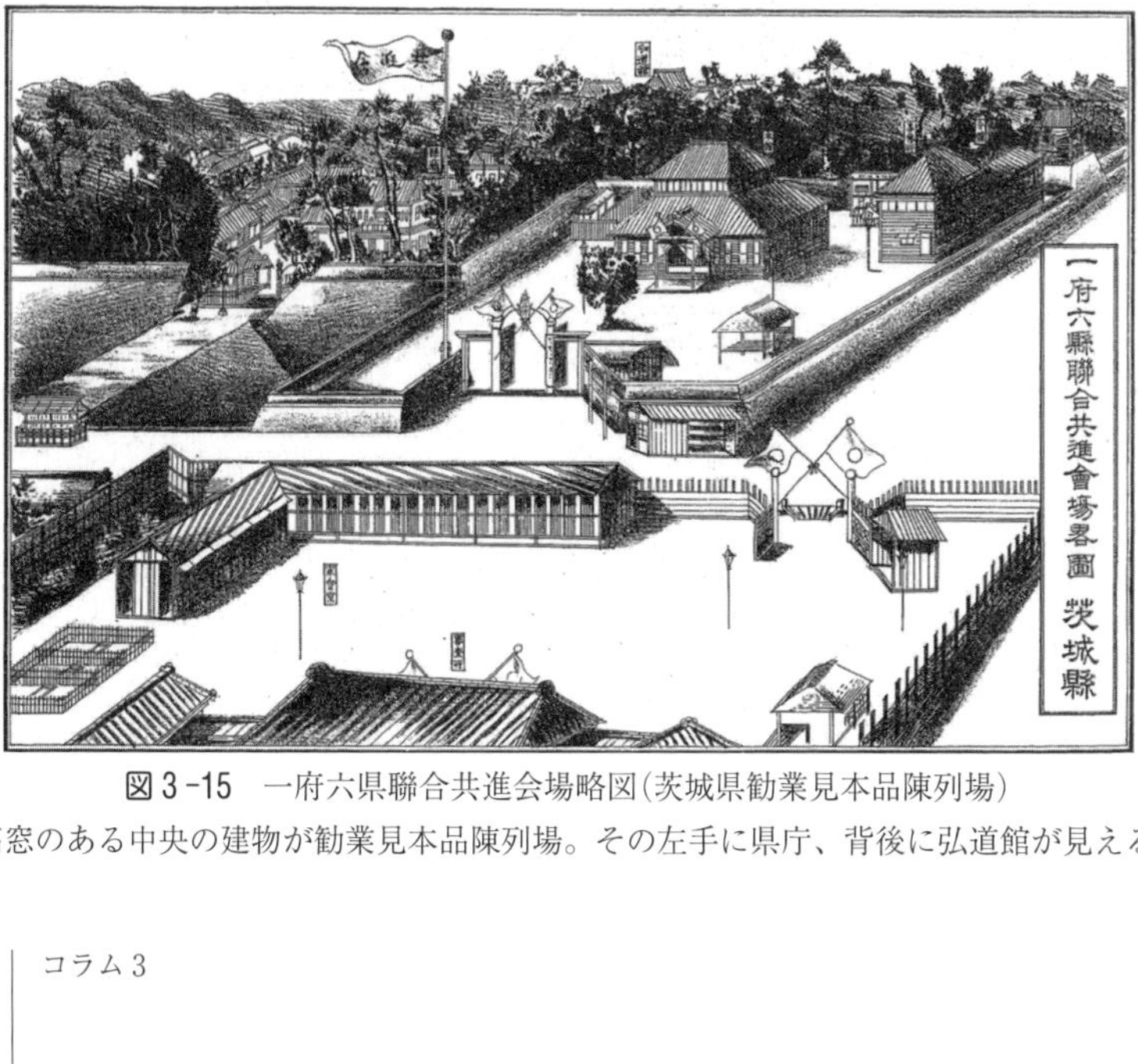

図3-15　一府六県聯合共進会場略図（茨城県勧業見本品陳列場）
高窓のある中央の建物が勧業見本品陳列場。その左手に県庁、背後に弘道館が見える。

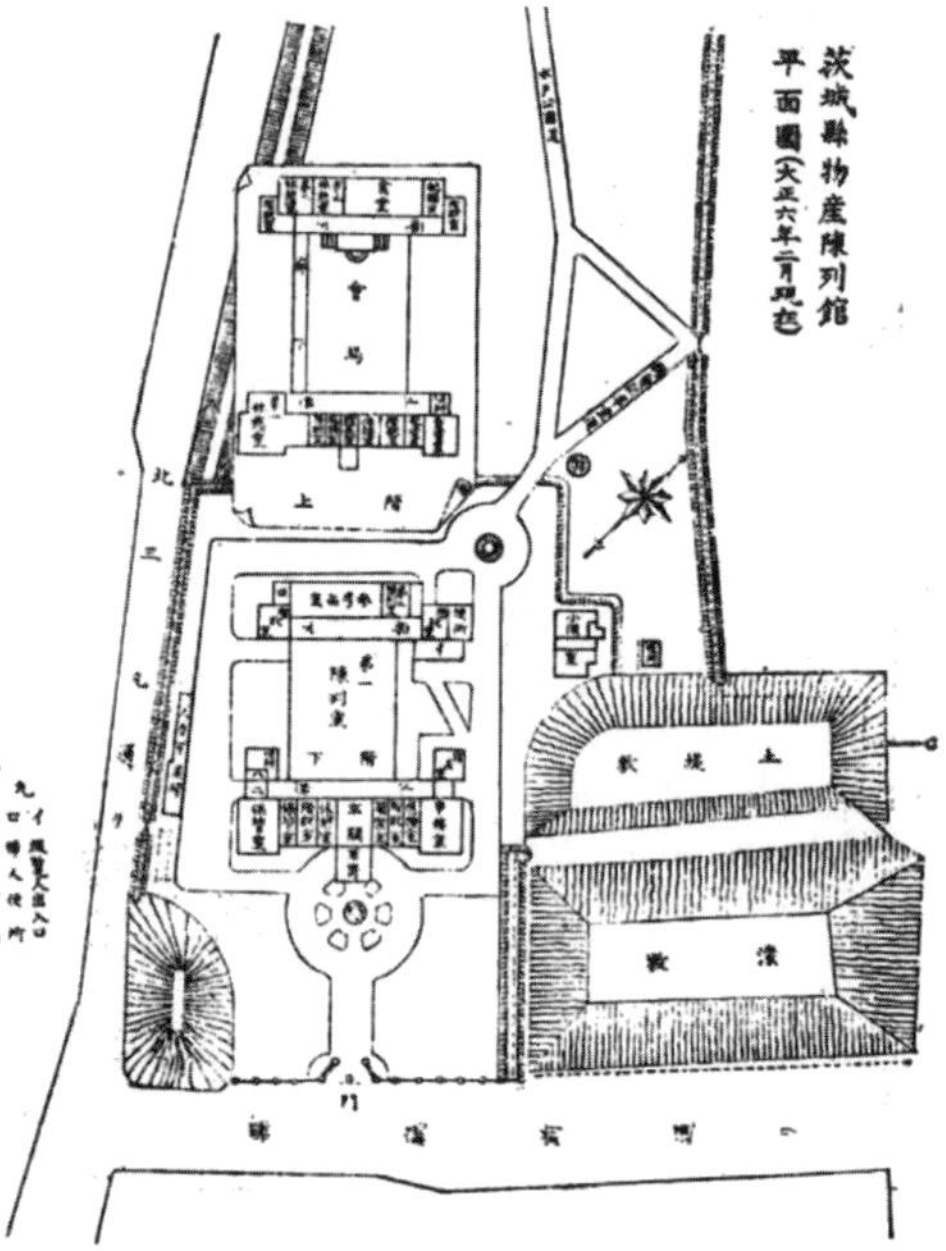

図3-16　茨城県物産陳列館平面図
図の上方に水戸公園が広がる。2階の「会場」はのちに公会堂として使用された。

校の仮校舎、商業会議所などにも充てられた。往時より縮小したとはいえ未だ広大な弘道館の施設と、水戸の市街中心部という立地が、こうした需要を生んだのだろう。なお、公園の管理が水戸市に移っていた一八九五年には公園の一部に水戸市高等小学校（現在の三の丸小学校）が建てられる。

弘道館の地は「先藩主斉昭経営スル所ニシテ自他ノ人民来往之要所」であり、跡地（すなわち水戸公園と県庁敷地）は市街地に近い「公園」として近代的な都市施設の受け皿となっていった。その最初期のひとつが水戸で最初の〈陳列所〉、茨城県勧業見本品陳列場なのである（図3-15）。同施設は、一八八八年の一府六県聯合共進会の開会に合わせて三の丸に建設され（現在の水戸警察署がある一角）、共進会の本館として使用されたあと、常設施設として内外の参考品や県内物産が陳列紹介された。四〇日間の共進会期間中には二万五〇〇〇人を超える来場があり大いに賑わった。

勧業見本品陳列場は明治二〇年代後半に活動を休止したようだが、一九一五（大正四）年には現在の三の丸庁舎の位置に茨城県物産陳列館が新たに開館する（図3-16）。物産陳列館では一年を通じて陳列会や集会が開かれたが、本編で紹介したように、とくに観梅の時期には偕楽園と連動した催しが開かれた。物産陳列館

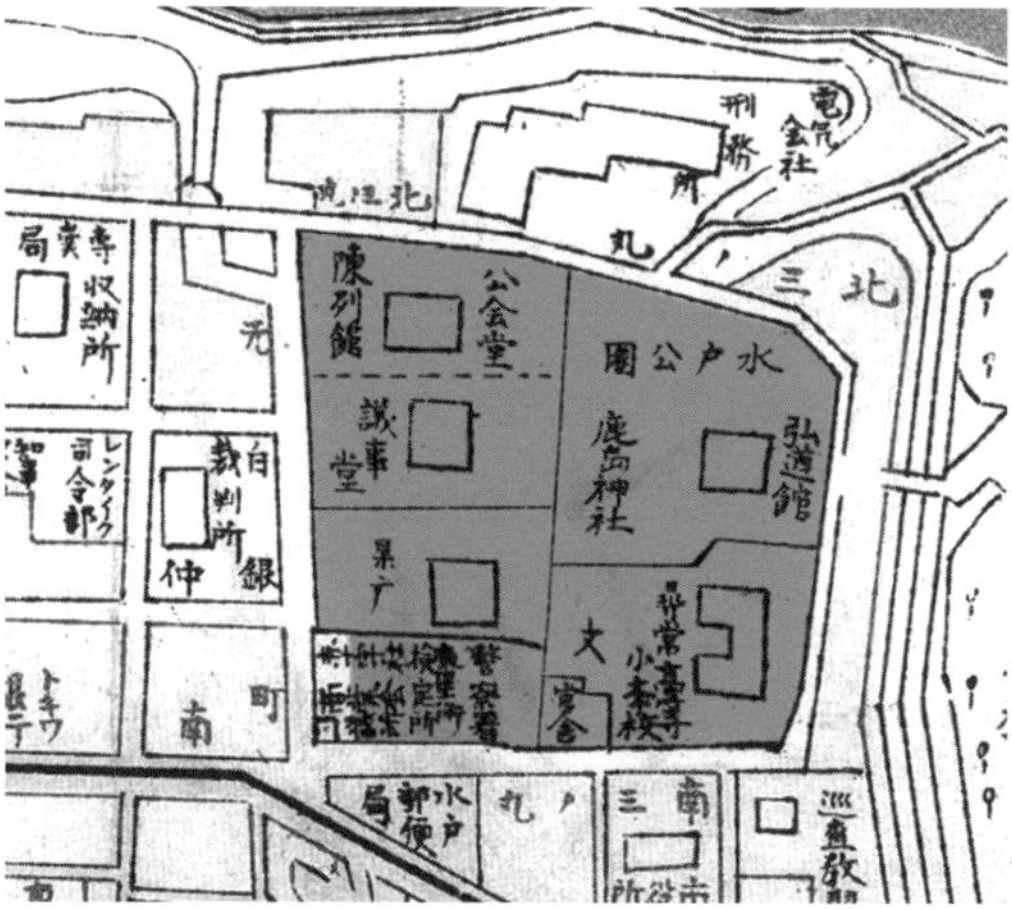

図3-17　大正末期の水戸公園とその周辺
灰色の部分がかつての弘道館の敷地。

の敷地は水戸公園の範囲外であったが、円形広場を介して公園とは小径でつながり、館内への縦覧人出入口も公園側に設けられていることから、周辺が一体的に利用されていた様子がうかがえよう。こうして弘道館を基礎とする水戸公園は、周辺の都市施設を含めた文京地区としての性格を強めていくのであった。それは自然公園的な常磐公園とは別の公園のあり方であり、市街地から離れた場所にある常磐公園が受け入れるには適さない要素を、水戸公園が代わりに受け入れていたともいえるだろう。

明治の水戸に設置されたふたつの公園——すなわち常磐公園と水戸公園は、「水府の二大公園」と呼ばれるまでになる。(6) ふたつの公園は多くの観光案内書において梅の名所や烈公の史跡として紹介され、いずれも観光地としても重要な存在であった。しかし、「二大公園」として並び称される背景には、都市施設としての相互補完的な関係性も無関係ではないだろう。烈公が対をなす存在としてつくりあげた偕楽園と弘道館は、近代に常磐公園と水戸公園になってからも、互いを抜きに語ることはできないのである。

(1) 〈陳列所〉については、三宅拓也『近代日本〈陳列所〉研究』(思文閣出版、二〇一五年)を参照されたい。
(2) 田中正大『日本の公園』(鹿島出版会、一九七四年)一四九～一五〇頁。
(3) 以下、注記なき場合は次の文献による。『茨城県史

蹟名勝天然紀念物調査報告』第一編（茨城県、一九三〇年）、『水戸市史』下巻（一）（水戸市、一九九三年）。

（4）　茨城県令 人見寧「本庁敷地交換之義伺」明治一三年九月一〇日（「茨城県庁敷地と当省管轄地と交換の儀御達」『明治一四年一月尽六月「太政官」』防衛資料館所蔵資料、C07072976500）。

（5）　「弘道館」『読売新聞』明治一八年二月一七日。

（6）　瀧興治『水戸名勝誌』第三版（台水書院、一九一一年）一頁。初版は一九〇三年発行。

第四部

高松栗林公園

三宅拓也

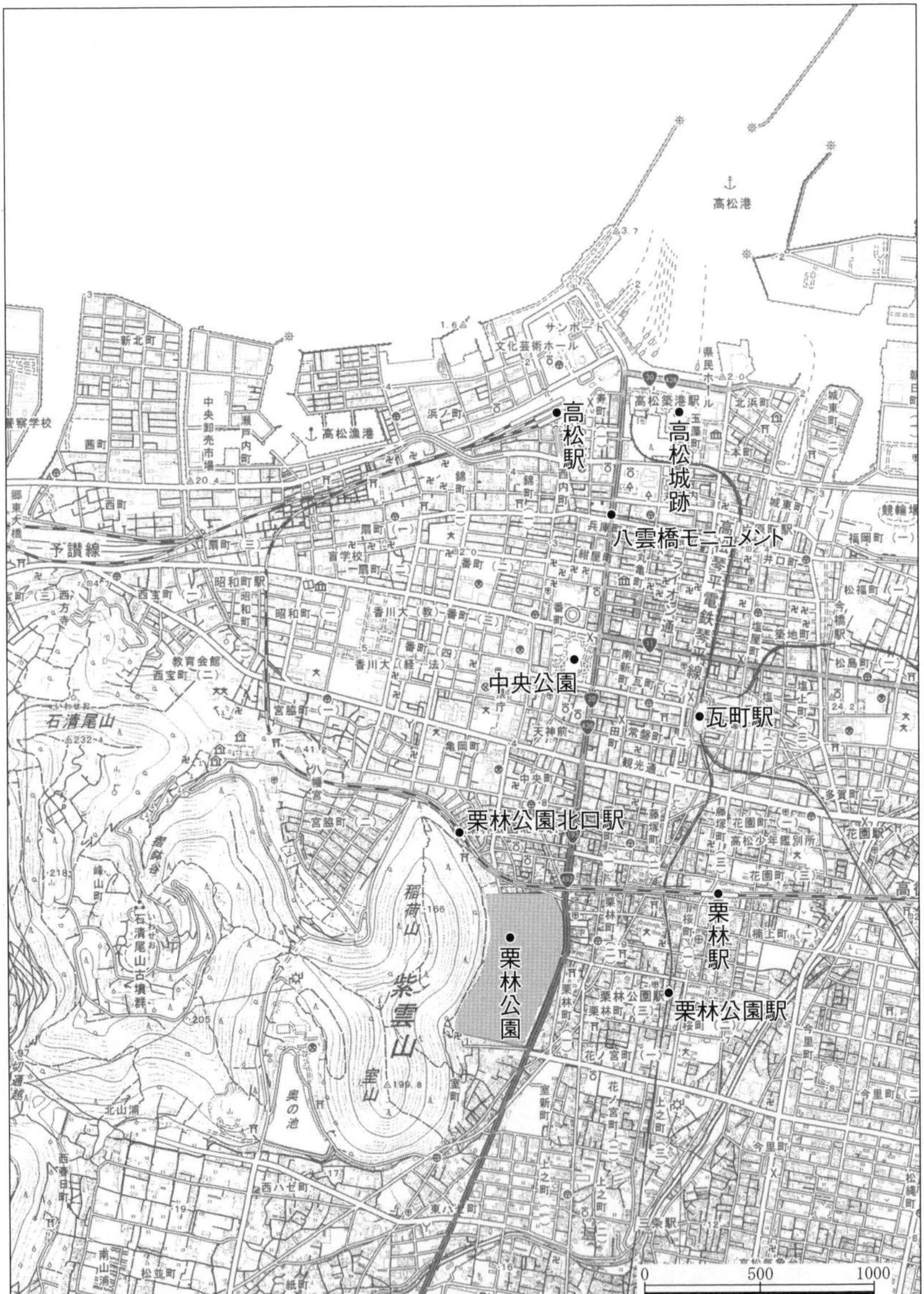
高松駅
高松城跡
八雲橋モニュメント
中央公園
瓦町駅
栗林公園北口駅
栗林公園
栗林駅
栗林公園駅
紫雲山
石清尾山
高松港
0
500
1000

高松栗林公園周辺

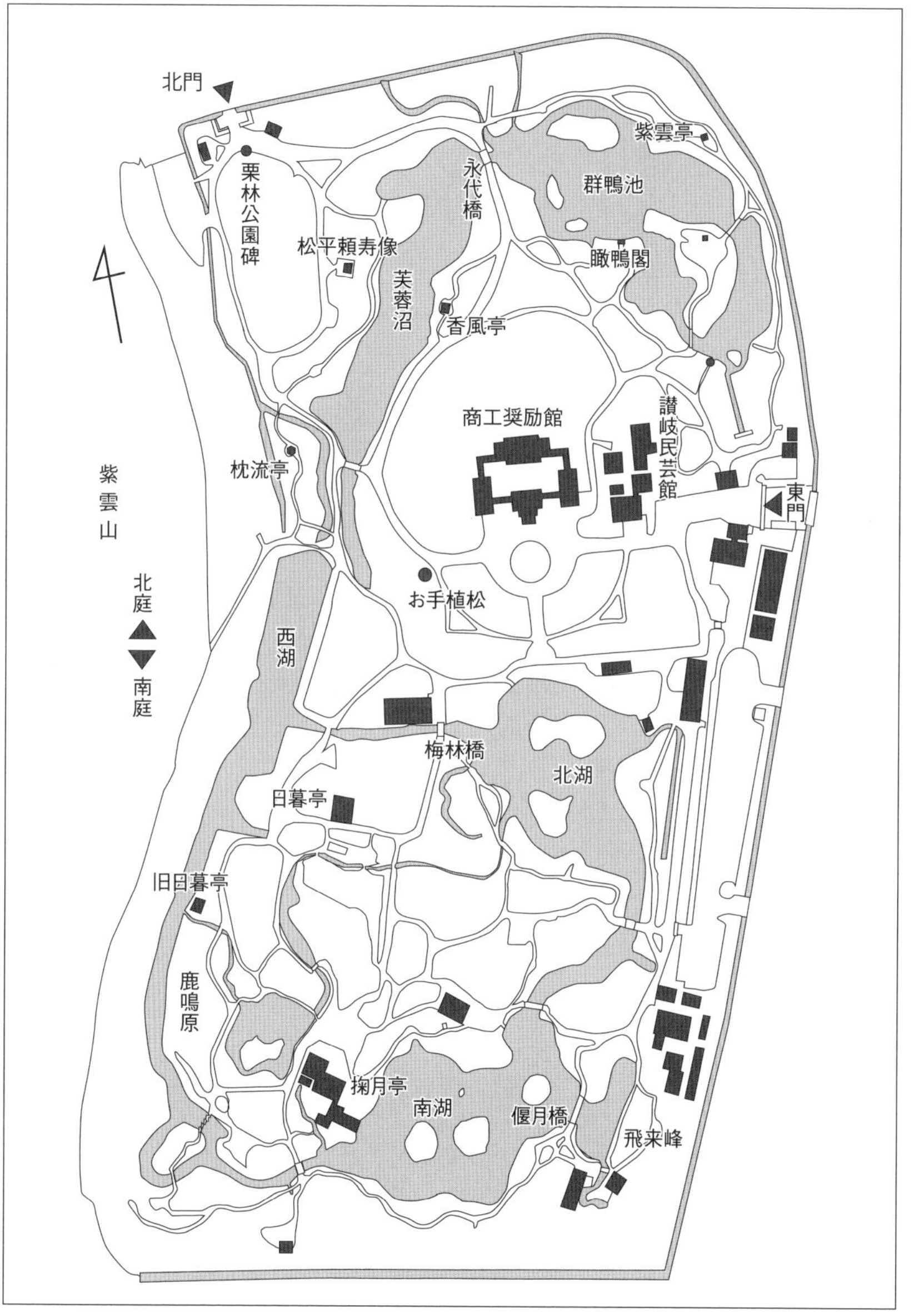
北門
栗林公園碑
永代橋
紫雲亭
群鴨池
松平頼寿像
掬鴨閣
芙蓉沼
香風亭
商工奨励館
讃岐民芸館
東門
枕流亭
紫雲山
お手植松
北庭
南庭
西湖
梅林橋
北湖
日暮亭
旧日暮亭
鹿鳴原
掬月亭
南湖
偃月橋
飛来峰

栗林公園現況平面図

第一章　近世の栗林公園

第一節　「三名園」に優る「公園」

栗林公園は地方都市に残る大名庭園のなかでも特殊な存在である。そもそも現在の名称に「公園」を冠していることからして稀有である。本書で述べてきたように、「公園」は明治以後に西洋文化の導入とともに誕生したものであり、栗林公園の名も明治の初めに公園として開放された際につけられたものである。明治以後に公園となった多くの庭園が旧称に復するなか、栗林公園はそれを維持し続けている。

群を抜く知名度の高さも特徴だろう。いわゆる「三名園」には数えられないものの、栗林公園は江戸時代以来の造園を伝える名園として「三名園」と並び称され、時にはそれに優るものとして紹介される。もちろん、この「公園」がそれに値する造園の美を備えていることは間違いない。実際に、地方都市にあるかつての大名庭園のうち特別名勝に指定されているのは岡山後楽園・金沢兼六園・高松栗林公園だけであり（水戸偕楽園は史跡及び名勝）、世界的な旅行ガイドブックの日本版『ミシュラン・グリーンガイド・ジャポン』では、二〇〇九年の初版以来、兼六園・後楽園とならんで三ツ星を獲得し（偕楽園は取りあげられていない）、「わざわざ旅行する価値がある」日本を代表する観光地として紹介されている。本書が「三名園」に加えて栗林公園を取りあげる理由もこうした際立った存在感にある。

空間に目を向ければ、近代に造園家・庭園設計者による大規模な改修が実際に行われた大名庭園であるという点で、栗林公園は本書で取りあげるなかで唯一の存在である。栗林公園では、明治〜大正にかけて二度の大規模な整備事業が行われ、園内は近代的に整備された。他の三園においても専門家らの関与はみられるが、そこでは園の歴史や造園を批評する間接的なものにとどまり、自ら描いた設計図によって園の空間に直接的な影響を与えるまでにはいたっていない。

それでは栗林公園はなぜこうした特徴を有するにいたったのか。第二章では二度の整備事業を含めて近代の変化を追って行くが、まずはその前提となる近世以前の「栗林公園」の姿を先行研究によりながら概観しておこう。

第二節　栗林荘の成立

栗林公園はかつて高松藩松平家の下屋敷「栗林荘《りつりんそう》」であった(1)。栗林荘は他にも「栗林御殿」「御林御殿」「栗林園」などとして記録に表れる。その源流をさらにたどると豊臣秀吉の時代に生駒氏が当地の豪族・佐藤氏の居址に築いた庭園に行き着くが、この頃の具体的な様子はよくわかっていない。生駒氏治政の頃に西嶋八兵衛が香東《こうとう》川の大改修を行うまで(二つに分岐していた川筋のひとつを堰き止めて現在の流路に限定した)、紫雲山の東側にも香東川の川筋があった。そのため地形・地質的にこの付近は豊富な伏流水を有し、それが庭園の池泉の水源となったといわれている。

生駒氏は秀吉の四国平定以来四代にわたって讃岐国を治めたが、お家騒動によって改易され、代わって東讃地域に水戸徳川家初代藩主・徳川頼房の長男である松平頼重が入封して寛永一九(一六四二)年に高松藩が成立する。初代藩主・頼重は自らの隠居所として生駒氏が営んだ栗林の地を選んで整備に着手し、第二代藩主・頼常は藩の失業対策として造園に取り組んだ。この時、領内の珍木奇石を持ち運んだ者には賞が与えられたといい、この時代に園の体裁が整えられる。第三代藩主・頼豊は建物を増築し在藩中ここに居住するなど大いに利用したが、第四代藩主・頼桓《よりたけ》の時代には建物が一部取り除かれたという。

高松藩中興の祖として知られる第五代藩主・頼恭《よりたか》は園内の大改修を延享二（一七四五）年三月に完成させ、儒学者に命じて園内の六十景を選んで名前を付けさせた。この時定められた六十景が園景の要所として現在まで引き継がれており、ここに栗林荘の築造が完成したとされている。園内は大きくふたつに区分され、北半部は区画されてそのなかに檜御殿が建ち、南半部には変化に富んだ庭園が広がっていた。博物学に関心を持っていた頼恭は幕府の吹上御殿にあった薬草園に倣って栗林荘に薬園を営むが、その管理にあたった藩士のひとりが平賀源内である。頼恭による整備以後も代々の藩主によって幕末まで維持される。園の原型は生駒氏の時代まで遡るが、いわゆる「大名庭園」としての栗林荘は、高松松平家によって成立し、維持されてきたものであった。

なお、現在は美しい松林で知られるが栗林荘の名は文字どおり栗の木に由来する。生駒氏の時代に備荒のためにこの地に栗を植えたことに始まったといわれ、松平家の時代においても園の北部あたりには栗林が広がっていた。これを第一〇代藩主・頼胤が鴨狩の邪魔になるという理由で三本を残して伐採したといわれている。高度経済成長期に残る栗の木も枯れてしまったが（一本は一九六〇年春に再び芽吹いたらしい）、その後県によって三〇本の栗の木が北門の東方に植えられた(2)。

第三節　栗林荘の歩き方——江戸時代の鑑賞ガイドブック「栗林荘記」

六十景の見どころを備えた栗林荘であるが、具体的にはどのように鑑賞されたのだろうか。その一端を教えて

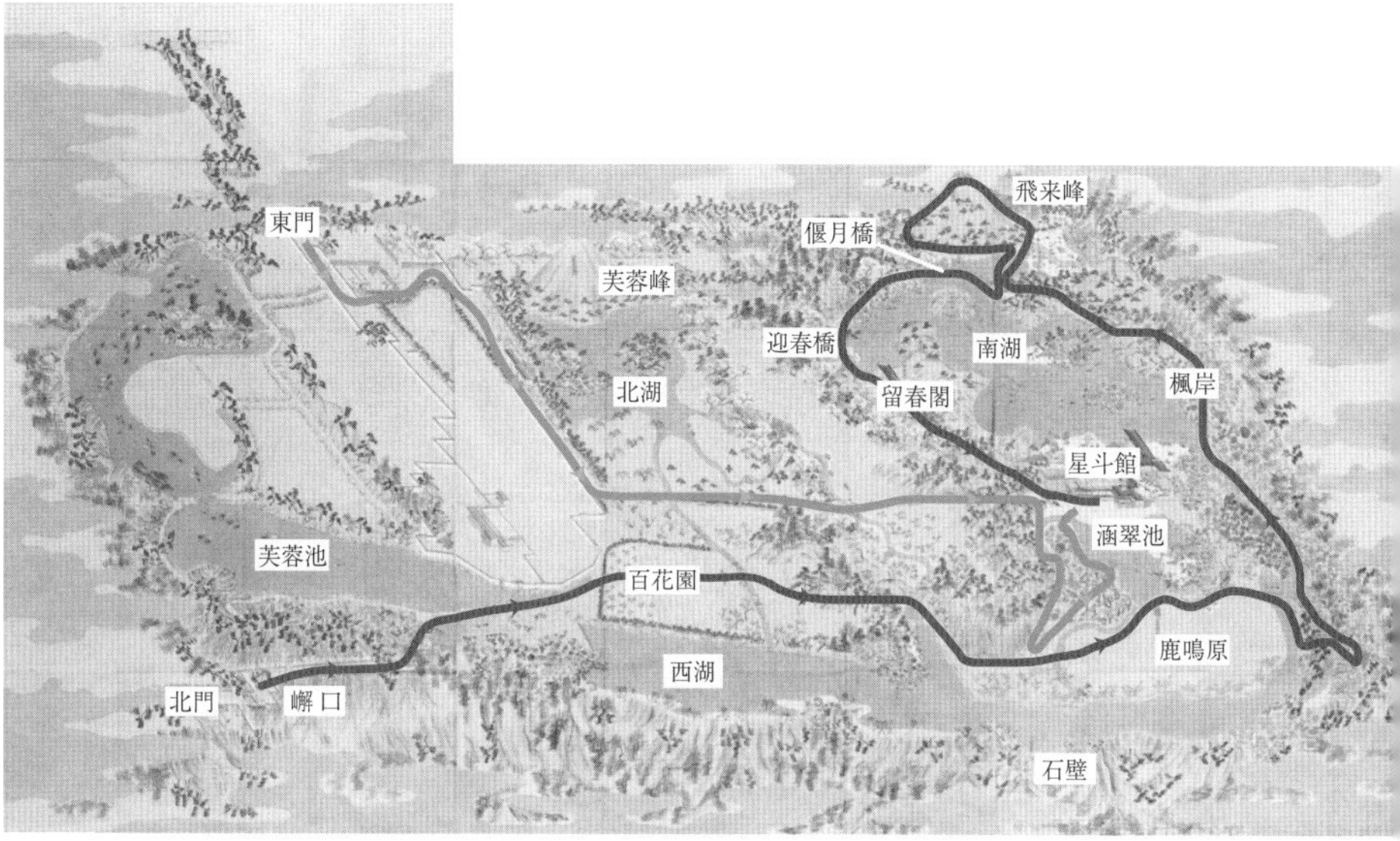

図4-1　「栗林荘記」に示された回遊経路と主な名所

くれるのが、中村文輔がまとめた「栗林荘記」である。(3)文輔は頼恭に仕えた儒学者で、庭園の修理と命名が完了したのちに、園内の様子を記録することを命じられ、これをまとめた。「栗林荘記」は湖池や植物、建物や橋など、園内のさまざまな名所を記録するだけではなく、園内を回遊するかのように順路立てて園景を描写する点が特徴である。御厨義道はこれを「江戸時代版「栗林荘公式ガイドブック」」として紹介し、その特徴を分析している。(4)

「栗林荘記」が紹介する回遊経路はふたつあり、それぞれ北門と東門を起点とするが、いずれも星斗館《せいとかん》を終点とする(図4-1)。星斗館というのは掬月楼《きくげつろう》(現在の掬月亭。大茶屋とも呼ばれた)を含む建物群で、亭が北斗七星のように連なることからこう呼ばれた。なかでも掬月楼は南湖に突き出るように建つ特徴的な姿が描写されるとともに、室内からの眺めは園内で最高のものと評された。「栗林荘記」には季節や時間帯の描写もみられ、春夏秋冬の見所や楽しみ方を知ることができる。

こうして紹介される風景のなかで御厨が注目するのが、園内最高峰である飛来峰《ひらいほう》からの眺めである。「栗林荘記」が紹介する北門からの回遊経路においては、南湖をぐるりと回る途中に飛来峰に登る。そこから園内を見下ろすと飛来峰にいたるまでに見てきた名所を見下ろすことができるわけだが、「栗林荘記」では、東側（すなわち園の外）をみれば麦畑の広がる風景を見渡せると紹介しているという。御厨によれば、栗林荘を題材とした他の詩文においても同様に飛来峰から望む東側の風景が取りあげられているそうである。江戸時代においては園外の眺望もまた栗林荘が備える重要な見所とみなされていた点は興味深い。

第二章　近代の栗林公園

第一節　明治初期の栗林公園

(1)　栗林公園の開設

◆めまぐるしい行政区分の変化

栗林荘は、明治維新を経て、一八七五（明治八）年三月に名東県《みょうどう》によって公園として一般に開放される。名東県というのは当時この地を管轄した県で、県庁を徳島に置いて阿波・淡路・讃岐の地域を管轄していた。現在、栗林公園を管轄するのは香川県であるが、明治前半期は旧高松藩を含む地域の行政区分が紆余曲折したため、公園設立前後には公園に関していくつもの県が登場する。まずはこのあたりの事情を整理しておこう。

明治二（一八六九）年の版籍奉還後も高松藩は引き続き旧藩主・松平頼聰《よりとし》が知藩事として治政にあたっていたが、明治四（一八七一）年七月の廃藩置県によって高松藩は高松県となり、知藩事を辞した頼聰に代わって大参事・大久保頼均が県政を取り仕切った。同年一一月には高松県と隣接する丸亀県をあわせて讃岐を管轄する香川県（第一次）となる。その後、一八七三（明治六）年二月に阿波・淡路を管轄していた名東県に併合されるが、一八七五（明治八）年九月に名東県から讃岐が分離して再び香川県（第二次）が設置される。しかしながらこれも長く続かず、翌年八月に今度は愛媛県に併合される。その後、再び讃岐が独立して現在につながる香川県（第三次）が設置されるのは、愛媛県となってから一二年三カ月後の一八八八(明治二一)年一二月のことである。

数度の合併は明治政府が近代化政策を推進する県勢基盤創出のために行政単位の広域化を図ったことがその背景にあったと指摘されている(5)。その最中に広域化に反して独立がなされたことについては、とりわけ名東県からの独立の際には阿波や淡路との地域性の違いが理由とされた。また、高松藩は維新の動乱期に幕府軍につき朝敵とみなされた時期があったことなどから、冷遇されたとの指摘もある。栗林公園の黎明は、このような県庁の移転をともなう行政区分の慌ただしい変化のなかでの出来事であった。

◆公園設置の太政官布達

さて、こうしたなかで栗林荘の地はどのような変遷を辿ったのであろうか(6)。版籍奉還によって栗林荘の地は高松城などとともに官有となり高松藩の管理するところとなる。間もなく園内の建物のいくつかは民間に払い下げられ(弁天は鷲田村民に、日暮亭は栗林村民に、檜御殿は円座村に売却された)、あるいは樹石が盗難に遭うなどして失われ、池の一部を埋め立てて馬場や稲田とするなどしたため、とりわけ北庭は大きく姿を変えた。並行してそれまでとは大きく異なる利用の模索がみられ、掬月亭が小学校として仮使用され、県が蚕糸工場設置のために園地払い下げを上申するなど(7)、近代化の受け皿としてもみなされた。

一八七三(明治六)年一月に高外除地《たかがいよけち》(非課税地)への公園設置に関する太政官布達が出された。布達当時は香川県(第一次)の時期であるが、布達に応じて公園の設置が上申されたのは名東県となった後の翌一八七四年五月のことである。栗林荘の利用計画は、香川県時代における蚕糸工場設置から、太政官布達を経て公園開設へとその内容を変えた。明治末年に編まれた『香川県史』によれば、公園開設の理由は「栗林園ハ旧藩主松平氏累代ノ別荘ニシテ和石ノ位置人心ヲ娯楽セシムヘキヲ以テ之ヲ公園トナサン」というものである(8)。

ただし上申後、すぐに公園開設が認められたのではなかった。名東県が設定した公園の範囲に高外除地ではない土地が含まれることが問題となり、内務省は太政官布達の内容と矛盾するとして公園とすることを棄却、士族授産のために払い下げたうえで「私有遊観所」としてはどうかと差戻された。しかし、園内に数多くの巨石があることや池の水が近隣村の灌漑用水となっていることなどを理由に再度の上申がなされ、内務省もついにこれを認めたのであった。晴れて公園の設置が認められると、名東県はあらためて公園範囲と維持方法を定め、一八七五(明治八)年三月一六日にこれを開設する。公園設置に尽力したのは当時の高松支庁長で長州出身の久保秀景であった。

公園の維持管理については、開設に合わせてまとめられた条項からその内容をうかがい知ることができる(9)(この条項は成規を定めるまでの処置とされた)。その方法のひとつは、園内に植物を栽培したり利用者の休憩所や商売のための仮小屋を建てたりするために園地を貸付けることである。借地料を徴して公園の維持費用に充てるほか、園内での商売を午後五時までとして閉業後に借地周囲などの清掃を借地人に義務づけることで、園内の清潔を維持しようとした。もうひとつの方法は、有志者に園内の空き地に梅や桃などの果樹を栽培させ、あるいは園内の風致を乱す竹藪を伐採させることで、収穫された果実や伐採した竹木を販売して得られた収入を園内取締番の給与に充てるとした。実際に、名東県は三名の公園取締番を置いている。しかし、公園開設から半年あまりで名東県から香川県が分離、さらに一年足らずにして愛媛県へと合併される。草創期、公園の管理体制は不安定であった。

◆栗林公園碑の建立

そのようななか、一八八〇(明治一三)年の栗林公園碑建立は大きな出来事であった(10)。現在、北門から入ってすぐの位置に建つこの公園碑は、当初は東門を入った正面に建てられていた。建碑は公園開設に尽力した久保秀景の首唱によるものである。高松藩出身の儒学者・山田梅村による撰文は公園開設前後の一八七五(明治八)年三月に終えていたが、県治の変化に翻弄されてかなかなか実現にはいたらず、愛媛県時代の一八七七(明治一〇)年に

図4－2　栗林公園碑の運搬の様子

制作に着手、翌年一一月に碑が完成し、一八八〇年三月にようやく竣工した。碑文は撰文・揮毫ともに山田梅村であるが、篆額は三条実美が揮毫した。制作は太田与平である。碑文には公園設置の趣旨とともに、園の沿革、景観などが詳述され、荒廃を乗り越えて公園となったことを記念するという建碑の理由が記されている。

数年がかりで実現した栗林公園碑の竣工を、高松の人々は熱烈に歓迎した。その様子は藤田勝重と田中正大が紹介している「搬碑之図」からうかがえる（図4-2）。巨大な公園碑を運ぶ様子を描いたこの絵は、山田梅村が地元の画家に描かせたものである。大勢が綱で引く碑の上には日の丸とともに「三条公篆額碑」の文字が掲げられている。周囲には旗を振り、声をかける見物人も描かれている。公園の由緒を示す碑の完成を、市民は喜んで見守ったことだろう。公園碑の完成は、公園それ自体の完成を目にみえる形で示すものとして受け取られたのかもしれない。

◆不安定な維持管理

しかしながら、当時の県庁から遠く離れ、県庁の目が届きにくい栗林公園の管理は十分ではなく、一八八四（明治一七）年頃に地元の有志者らによって組織された「甘棠社《かんとうしゃ》」なる団体が園の維持管理に当たるようになる[11]。時期は不明だが、その後、公園の管理は園地を抱える香川郡へと移ったらしい。香川郡の管理は一八八九（明治二二）年度いっぱいで、一八九〇年四月一日から香川県が所管することとなった[12]。こうした事情は、一九〇九（明治四二）年に発行された『香川県史』が「愛媛県合併中、有志ノ設立スル甘棠社又ハ香川郡役所ニ保護及維持ヲ

図4－3　明治20年代の栗林公園

嘱託セシコトアリ」と記述する内容にも合致する。[13] 一八八八（明治二一）年に香川県が復活したことで、ようやく県庁のお膝元での長期管理に移ったのである。

さて、それでは有志による甘棠社が管理に当たらなければならなかった当時、栗林公園はどのような様子だったのだろうか。甘棠社の設立の背景などを伝える記事では次のように記されている。

高松栗林公園は元旧藩主松平家の別業にて其の当時は輪奐美を極め頗る清潔なりしが、維新後は一時学校にも充て数多の樹木も伐採し建物も取り除ける等にて大に旧観を損し只公園の名あるのみにて、庭園は荒れ屋宇は破壊し池水の掃除は勿論樹木にも手を入れざれば其の不潔言ふべからず。左れば折角の公園も寂寥として絶へて遊客の至る無く今斯くて年を経なば全たく狐狸の巣窟とや成果てんと、去る十七年の比なりし当地の有志者は大に憂慮し何卒して風致を旧観に修め永く維持保存せんものとて甘棠社といふものも出来、以后大に修繕を加へたるに当地の人々も心有る者は甚く喜悦び、将来追々に手を入れ旧藩主が別業たりし当時の形状に復さんものと思ひ居る者もあり(14)

一八八四(明治一七)年といえば、水戸の儒学者・青山鉄槍が栗林公園を訪れて園内の様子を「半ば廃して茂草となるのみ」と記した年である(15)(とはいえ青山は栗林公園の山水の造園を高く評価している)。こうした荒廃の状況から風致を復すべく甘棠社による修繕が進められたことで、園内の状況はいくらか改善されたものと思われる。ただし、それも完全ではなく(あるいは長期的な維持は叶わず)、一八八八(明治二一)年に造園家の小沢圭次郎が現地を訪れた際には「荒蕪頽廃の状は、実に言語を絶したり」と嘆く状況であった。こうした当時の証言を踏まえると、明治二〇年前後の栗林公園は山水の庭園の骨格は維持しながらも、園樹の手入れや雑草の処理といった管理は不十分であり、伸び放題の園樹や雑草が目につく状態にあったものと思われる。

一八九〇(明治二三)年の香川県への移管は、こうした状況を改善しようとするものであっただろう。一八八八年に行政区域と組織が安定をみた香川県は、ようやく栗林公園の実際的な維持管理に着手できる体制を整えたのである。

(2) 明治二〇年代の公園利用

◆憩いの場・イベント広場

公園管理が香川県へと移った一八九〇(明治二三)年の春は、移管にともなう注目からか、栗林公園の様子を報じる新聞記事が相次いだ。荒廃したと報じられはするものの春先には園内の花木が美しい花をつけ、玉蘭や桃・桜などの開花状況が報じられた。四月中旬には早くも新緑に包まれた園内に遊ぶ人々の様子が伝えられている。

図4-4　栗林公園で楽しむ人々
開園当初の様子を描いたものとされる。『玉藻略史』(1939年)に載るが制作年は不明。

県への移管から間もないある日曜日には、次に紹介するように、栗林公園は特に盛況だったという。

遊散の客は数少なからず、遥かに認むる大茶屋内洋装の紳士五六輩車座となりて骨牌《かるた》を闘いすれば、此方の池中小舟に棹して自ら壮遊を気取れる書生ある等。其他園内所々に毛氈を布き割籠を開き酒筒を傾けつゝあるは、老幼男女数ふるに暇あらざりし。中にも二十年前後の束髪黒羽織の一群、或は舟に棹し或は芝生に足差延て最と快楽に囁き合へるは是なん這回本県師範学校女子部に仮入学を許されたる女学生の心祝と知れたり(16)。

ここからは栗林公園が市民の憩いの場としてさまざまに利用されていた様子がうかがえる。記事中の「大茶屋」とは掬月亭のことであろう。亭内で洋装の紳士がカルタ遊びを楽しむ一方で、池には舟遊びに興じる書生や女学生、園内各所には毛氈を広げて飲食に興じる老若男女の姿があった。毛氈を広げて飲食を楽しむ姿は公園開設間もない頃を描いたといわれる絵(図4-4)の内容と重なるものであり、開園以来、こうした利用は続いていたのだろう。この日が行楽日和であったことを差し引いても、開花情報がしばしば報じられることも鑑みれば、明治二〇年代の栗林公園は、花見・散策・宴会・舟遊びといった利用が一般的に行われていたと考えられる。

栗林公園が市民の宴席の場として利用される例はこれ以前にも確認できる。たとえば、一八八七(明治二〇)年には『自由新聞』の主筆を務めた栗原亮一を送別する大懇親会を地元有志が栗林公園で開いているし[17]、翌年には四海同胞霊智学会長だったヘンリー・S・オルコットを迎えての大懇親会[18]、貧民支援を行う讃岐慈善社の開業式[19]、さらに一八九〇年には阿讃鉄道会社の発起人総会などが栗林公園を会場として開催された[20]。一八九九(明治三二)年には板垣退助もここで懇親会を開いている。栗林公園は憩いの場であると同時にイベント会場であり、高松市民のハレの日の場でもあった。

◆招魂祭

この頃のイベント的利用のなかでとりわけ興味深い事例を紹介しておきたい。一八九五(明治二八)年一月一四日に執り行われた福家安定中佐の招魂祭である[21]。高松出身の福家は日清戦争に陸軍第二軍参謀として従軍し、戦地・花園口で病床に倒れた[22]。福家が病を隠しながら任に当たっていたこと、また病床の身にありながら現地の病院で療養していた読売新聞通信員を介抱したことなどから、その功績とあわせて訃報が朝日新聞で繰り返し報じられた。報道を受けてか、郷里高松の有志が福家の招魂祭を栗林公園で企画し、金比羅宮をはじめ中学校生徒などの総代が参加するほど大々的に執り行われた。なお、香川県の招魂社は一八七七(明治一〇)年に丸亀に置かれており、一八九九(明治三二)年からは第一一師団が置かれた善通寺で招魂祭が行われた。

招魂祭のなかで注目すべきは南庭全体を舞台として行われた栗林村有志による余興である。「新趣向」の余興とされたこれは「日清交戦の造物」を見せる一種の演劇で、南庭の山池を戦地の風景に見立て、敵将の降参までを見せる大掛かりなものだった。劇中では、蘇鉄の丘(鳳尾峰)前の小島が旅順口、飛来峰の辺りが奉天府に見立てられ、両軍の旗を掲げた兵士役が園内に散らばって戦の様子を演じた。現在においては想像もできない庭園利用の一例であるが、こうした利用は栗林公園の林泉の景観があってはじめて成立するものである。とはいえ、「見立て」によってつくられた造園が、さらなる「見立て」に利用されたことで、藩政期とはまったく異なる風景を作り出したという点は極めて興味深い。

明治二〇年代、藩政期にあった公園内のいくつかの邸舎は失われてはいたが、南庭の美しい造園と、園内各所の花木は健在であり、公園として広く市民に親しまれる存在であった。その利用は実に自由なものであり、市民はピクニックをするかのように園内各所での飲食や船遊びを楽しんだ。老若男女が自由に遊ぶそのあり方が、藩政期の利用とは大きく異なるものであろう。そしてまた、藩主が客をもてなす場でもあった庭園は、市民の応接室として各種の宴会や懇親会に用いられていくのである。

(3) 維持管理への要望

荒廃したといわれながらも、豊かな造園と花木によって老若男女に余暇の場として利用された栗林公園であったが、香川県に管理が移って管理の状況が劇的に変わったかというと、そうではない。

たとえば、一八九〇(明治二三)年四月二〇日の「心無き業」と題する記事である[23]。記事によると、この頃、栗林公園の北門(貝の口)内側にある竹藪が無断で切り開かれ、「田畑にでも成さんづ《ママ》容子なるが最も心無き業ならずや」との投書が新聞社に寄せられたという。これに先立つ三月二〇日には、園内の竹藪内で二尺有余の刀が発見されており[24]、何者かが無断で伐採していた事実が知れ渡ったのであろう。竹藪伐採についての投書はその後も続き、再び記事として報じられるが、この時には公園管理の歴史を説いたうえで「明年は旧藩主にも先君の五十年忌に当たらるゝを以て墓参の為に来県さるゝの噂もあれば今より一層手入したらんにはと望む人大き程」であると市民の声を紹介し、「北庭に在る竹藪を伐採し畑地になすやの風説あり実に沙汰の限りと云ふべし」と、こうした園内の無思慮な改変の噂にたいして厳しい意見が寄せられた。無断伐採された北門内の竹藪がその後どうなったのかは不明だが、この事件を通じて栗林公園の適切な管理と保護を訴える声が地元からあがっていたことは重要である。

◆後楽園との対比

一八九二(明治二五)年には岡山後楽園を訪問したとある人物の「講釈」として掲載された後楽園と栗林公園を比較する記事にも、公園の維持管理に対する意見が示されている(25)。講釈主は「愛郷心の自惚ある故ならんか」としながら「高松の公園の方が幾倍か立優れり」と栗林公園の造園を評価するのだが、それに続けられたのは後楽園の行き届いた管理への賞賛と羨望の声であった。記事は、後楽園が世間に「南海山陽に冠たり」と評価されているのは「なぜか馬鹿らしきまで掃除の行届ける」ためであり、園内に「塵一ツ草一ツなし」という状態が維持されているからであると分析する。そして管理方法や維持経費について調べていくうちに、それが県の予算に加えて有志者の義援金が一部を負っていることを知り、「岡山県民が年々多少の支出を為して斯く綺麗に斯く清潔に保存するの美術心は実に優美に実に高尚なり」と、岡山県民の後楽園に対する態度を賞賛する。一方で栗林公園については「其形状如何荒れに荒れたる様、桑田麦作の殺風景、草生々の不届、人力車出入の無風流、香川県人の美術心と云へる高尚優美の思想は抑《そもそ》も此程度にありやと」嘆く有り様で、「余は実に之を管理者の心に問ひ保存者の心に問はん」と訴えたのであった。

この記事が興味深いのは、単に園内の荒廃だけでなく、管理や利用の方法を問題とした点である。その比較対象とされたのが、一八八四(明治一七)年に公園として開放された岡山後楽園であったことも見逃せない。後楽園には造園の美に加えて、それを維持管理する体制が備わっており、このことが同園の価値を上げていることを知る。栗林公園では竹藪の無断伐採が新聞を賑わしている頃に、同じく旧藩主の庭園で県の所管する公園となった後楽園が県民の協力のもとで万全に維持管理されていた様子は、栗林公園を愛する講釈主に大きな衝撃を与えたにちがいない。

栗林公園にとっての明治二〇年代は、公園の利用が一般市民に浸透していく一方で、それを維持していくうえでのさまざまな問題が顕在化してきた時期であった。管理者側の体制が整わないことによる手入れ不足と園内の荒廃は開園以来の問題であったが、この頃になって、利用者側の問題という指摘が見られるようになる。「公園」という新しい時代の公共の空間をどのように維持するのかは、管理する側、利用する側の双方にとって手探りであった。ただそれを放置するばかりではなく、公園を管理・保護し、良い状態を維持することを望む声があがるようになる。行政上の落ち着きを取り戻したこともあり、こうした問題に対する抜本的な対策を受け入れる機運が徐々に官民の間に醸成されてきたのだろう。こうした時代的な空気のなか、栗林公園は次の一〇年を迎えるにあたり、大きく変化することとなる。

第二節　博物館建設と公園改修――明治三〇年代初頭の公園整備

(1)　讃岐の迎賓館

現在、栗林公園の中心には香川県商工奨励館が建っている(図4-5)。江戸時代、この辺りに園の主殿として檜御殿が建っていたが、明治維新を経て公園として公開されるにいたる過程で取り壊され、長らく空き地となって

図4－5　現在の香川県商工奨励館

いた。一八九八（明治三一）年、この場所に香川県博物館が建てられる。商工奨励館はこの博物館を引き継ぐものである。戦時中に一部を焼失するが支援者の手ですぐに復興されるなどして、一〇〇年以上もの間、香川県の文化・芸術・産業を栗林公園の中心で支え続けてきた。二〇一五（平成二七）年には建物改修と同時にリニューアルし、カフェやイベントスペースが整備された。「讃岐の迎賓館」として、新たな活用が始まっている[26]。

　栗林公園を意識した和風の外観を持つ商工奨励館の建築は、帝室技芸員・第九代伊藤平左衛門（一八二九～一九一三）の設計として知られる[27]。その一方で、造園史の分野においては、同時期に栗林公園の改修に関与した小沢圭次郎（一八四二～一九三二）の著作『明治庭園記』[28]の記述により、当初は設計が塩田真（一八三七～一九一七）に依頼されたものだと言及される[29]。これらの関係は、熊野勝祥が示した建設経緯の概略からある程度説明できる。

　熊野は、博物館内に設置された図書室の設立経緯を追う過程で、博物館が勧業資金によって栗林公園内に建設されたこと、塩田真の意見により和風となったこと、伊藤平左衛門によって本格的な設計がなされたことを明らかにした[30]。しかしながら、これらの先行研究では、なぜ設計者として彼らの名があがったのか、具体的に彼らのどのような関与を経て建設が進められたのかは不確かであった。そもそもなぜ栗林公園に博物館が建てられたのか。こうした点を含めて、明治以後の栗林公園を扱った研究[31]において、この博物館の建設については十分な検討が行われてこなかったのである。同様に、この時期に実施された紫雲山の園地編入を含む園内整備についても明らかにされてこなかった。

本節では、こうした謎を解き明かすために、博物館の設置決議から竣工にいたるまでの経緯を改めて検討する。

(2) 勧業知事と博物館

香川県に物品陳列を主体とした勧業施設を設置しようとする動きは明治二〇年代末から確認できる。一八九五(明治二八)年には高松市内の商業者のなかから博物館設置の計画が持ち上がったという[32]。これを受けてか、翌年七月には、知事が会長を務める香川県勧業会において、物産陳列場の設立者に対する資金補助が議決されている[33]。制度を利用して物産陳列場が設立されたかは不明だが、勧業のための陳列施設を求めるこうした機運を背景として、一八九六(明治二九)年一二月三日に博物館を栗林公園内に設置することが香川県議会に建議され、即日、議決された[34]。建議自体は地元の有力議員から出されたが、その陰には勧業資金[35]で博物館を設置するよう熱心に主張する知事の働きかけがあったといわれる[36]。なお、博物館の新設が決議された翌日、保留されていた新公園設置と栗林公園拡張の議が県議会を通過しているが[37]、後述するようにこれにも知事が深く関与した。

博物館の建設と公園の拡張を推進したこの知事とは、同じ一八九六年四月に香川県知事に任命され、同年五月に赴任したばかりの徳久恒範[38]のことである(図4-6)。赴任間もない頃に「県知事にして充分に仕事し得らるゝものは先づ勧業教育等なり」と語った徳久は[39]、迅速に勧業施策を進めていくのだが、その功績から徳久はのちに「勧業知事」と称されるようになる。日清戦争後のこの時期は、香川では多くの企業が勃興したことから「香川県の産業革命期」とされているが[40]、在任中に博物館や工業学校の設置を指揮した徳久は、まさに香川県の産業革命を行政の立場から支えた人物であった。

徳久が離任時にまとめた『県政引渡演説書』に事跡として数え上げられているように、徳久にとって博物館の設置は最重要事業のひとつであり、「世ノ進運ニ伴ヒ、各種ノ物産ヲ陳列シ諸衆ノ観覧ニ供シ、以テ農商工業ノ発達ヲ企図スル」ものであった。博物館の設置決議が同年一二月であるから、徳久は五月の高松到着後すぐさま陳列施設の設置に取り組み、半年足らずで博物館としての実現に向けての道筋を整えたことになる。(41) 博物館設置の議案にも徳久は強く働きかけており、公園整備と博物館の設置は徳久の肝いりの事業であった。それゆえに、具体的な博物館の建設も徳久の強力なリーダーシップによって進められていくこととなる。

図4-6　徳久恒範

(3) 博物館建設に対する識者の見解

明治維新以後、栗林公園に対しての識者の評価は表立っては見られなかったが、園内に博物館をどのように建てるべきかという問題に直面したことが、公園そのものについての評価を求める機会となった。

博物館の建設は栗林公園の姿を大きく変化させ得るものであったから、栗林公園をどのように評価するのかは重要事項であった。しかしながら、当時の高松に「公園」や「博物館」の知識は十分ではなく、地元の人々は東京の専門家――東京美術学校長を務める岡倉覚三(天心)、明治期の博覧会行政に深く関わる塩田真、園芸界の重鎮である小沢圭次郎――にそれを託したのである。こうして得られた識者の見解は、地元新聞に詳細に紹介され、地元の関心を集めた。そして実際に、徳久知事が牽引する博物館建設は識者たちの見解を大いに参照して進められていくこととなる。

◆岡倉覚三の見解

栗林公園に建設する博物館について初めて言及したのは、東京美術学校長・岡倉覚三であった。岡倉の見解が示されたのは博物館設置が決議された翌月(一八九七〈明治三〇〉年一月)のことで、香川在住の書家・黒木欽堂《きんどう》(欣堂)に案内されて栗林公園を訪れた時のことである。[42] 岡倉は当時、宮内省帝国博物館理事、内務省古社寺保存会委員も務めており、帝国博物館の松尾(片野)四郎、内務省属の関保之助、画家の下村観山の三名(いずれも岡倉の教え子である)を連れた四国巡遊の旅の途中、旧知の黒木を高松に訪ねたのであった。

岡倉は栗林公園を「園芸美術上全国有数の良庭園」として紫雲山一帯の借景を含めた造園の妙を讃えるとともに、建設が予定される博物館の建築について自身の見解を述べる[43](コラム4参照)。曰く、旧藩主が作り上げた「日本風の名園」に、後代の「取りても着かぬ煉瓦造り或はペンキ塗」を加えることは許されない。しかし、新築される建築が「神代風」や「奈良時代風」となることを望むわけでもない。庭園設立以来の歴史に鑑み、「園林それ自身が保有せる品位風格を毀損せざらんことを務め」、「格好適当の建築」を建てるべきである。その精神さえ誤らなければ、建築の構造や材料は問題ではない、というものである。

こうした見解は、黒木によって『香川新報』に寄稿され広く現地で読まれたものと思われる。ただし、あくまで岡倉の栗林公園訪問は偶然に行われた非公式の見解であったため、実際の事業推進における直接的に影響を与えたとはいいづらい。

◆塩田真の見解

偶然の訪問となった岡倉とは異なり、徳久知事から正式に招待を受けて高松を訪問したのが塩田真と小沢圭次郎であった。塩田は農商務省貿易品陳列館の初代館長を務めた人物で、来高の当時は農商務省書記官として内外の博覧会に広く携わっていた。その塩田が、旧友である徳久知事に招聘されて造園家の小沢とともに高松に到着するのは、岡倉の高松訪問から三カ月後、一八九七(明治三〇)年四月のことで、神戸で開催された第六回関西府県連合共進会に合わせてのことであった。

そもそも、徳久知事が塩田に声をかけたのは設置決議直後の一八九七年一月早々のことで、徳久は塩田に「本県に博物館設置及び栗林公園修繕その他の件に付き」高松に来てほしいと伝えたという[44]。政府高官である塩田の来県は地元新聞に取りあげられる。来県の目的は「栗林公園内に三十年度に博物場《ママ》設置に就き、家屋を洋風にす可きか和風にす可きか、位置は何処に選ぶ可きか等、結局、博物場《ママ》建築設計の為に来る」と報じられた[45]。

しかし博物館建築の「設計」が目的とはいえ、塩田は建築や庭園の技術者ではなく、設計図を描くといった具体的な設計業務を期待されたわけではないだろう。塩田には博覧会や工芸の専門家としての見地から、香川県にふさわしい博物館のあり方、栗林公園に相応しい博物館建築のあり方を提示することが求められていたと考えられる。だからこそ公園全体を計画するために塩田は旧友である小沢圭次郎に声をかけた。これは小沢が園芸家として著名であることはもちろん、すでに一八八八(明治二一)年に栗林公園を訪れた経験があったためであろう。小沢は自身の高松訪問が「旧友塩田真君の慫慂《しょうよう》に依」るもので、「公園の修理を計画せん事を、圭次郎に分嘱せられた」とのちに書き記している[46]。

塩田と小沢は、四月一五日の午前に高松に到着、午後には雨天にも関わらず栗林公園に足を運んだ。この時ふたりは園内を「残る隈なく巡観[47]」し、博物館の建設位置を検討する[48]。翌日、商工会議所において塩田の談話会が開かれた。岡倉が一月に見解を示したことに言及することから始まったこの談話会において、塩田は博物館の建設と栗林公園の改修に関して自らの考えを述べた[49]。

ただし、栗林公園については後述する小沢の見解に共通する部分が多く、小沢からの影響を多分に受けたものであった。ふたりは翌一七日に再び栗林公園を訪れて博物館の設計をまとめると、一八日から西讃地方を巡回した。これは、博物館建設、栗林公園拡張と合わせて議決された、西讃地方に新公園を設置する計画にともなうものである。

塩田は二三日に高松を後にするが[50]、小沢はそのまま留まり、二八日に「栗林公園改修意見書」を徳久に提出した。[51]「讃州栗林園は、天下の名苑なり」という文句に始まるこの意見書にうかがえるように小沢は栗林公園を高く評価しており、「古来の名苑を改修補理せん事は、深慮熟慮して以て、法案を定め推究追索して、而して画策を講せざる可からず」という態度で、庭園の歴史を考慮しながら公園としての体裁を整える提案を行った[52](この意見書については第(5)項で詳述する)。

◆塩田の改修方針

それでは、栗林公園を視察したうえで塩田が地元の人々に示した博物館の建築と公園改修の方針はどのようなものであったのだろうか。彼の残した談話から探ってみたい。塩田がまず言及したのは公園全体についてである。庭園専門家である小沢の見解に即して栗林公園の歴史を高く評価して旧態の保護を説く一方で、「園遊する上に於も友人等と肩を並べ品評しつゝ、歩行せんは却々に楽みあり」として園路を拡幅するといった公園としての整備充実を唱えた[53]。塩田は同じく博物館の建築について述べるのだが、その内容は公園整備の提案と深く関連して談話中に断片的に登場する。以下に博物館の建築に関わる発言を抜き出してみよう。

博物館は北庭と称する現今の桑園地に南向に置く考えにて、館の近傍には鬱蒼たる樹林を造れは夏は以て涼を取り、又酒をも呑む可く婦女子も来て遊ひ得らるゝ様に為さは可ならん乎。夫れ人は一年中働き詰に働かるゝものに非ず。労働にも程度あれば時に出てゝ遊ふこともなかる可からさること学理上動かさるものなり[54]。

博物館に付ては近傍に花なとを植へ飲酒に適する様に為すを可ならん。今桜抔《など》を所々に植へあるは実に不可なり。今日は樹少なるを以て左迄《さまで》目立すと雖とも茲三五年を経過し成長せは只一木の為めに風致を損すること必然なれは、之等不要否有害無益の物を抜き取り一所に植へること必要なりと信す。小沢も其辺に就ては孰れ意見ある可く修築の方法に就ては書き残して往く可し。何分高松人士は此辺のことは不熱心なるか如し[55]。

博物館は前にも一言せし如く現今の桑園中に設け、前に現在の道路を押へ裏に鴨付場を押へる計画にて、二階作りと為さは可ならんと思ふか、下にては翠色滴らん計《ばか》りの松林を見ること出来さるも二階より公園内の風景見へる様の構造とす。尤も下より公園の見へさる代りには紅葉林桜林等を作り、又其間には四季適合の草花を作り、宛《あたか》も角田の如くせは婦女子飲酒家は茲所に於て飲み且つ遊ひ只公園内は風致をのみ見に行くこと丶せは宜しかる可しと信す。(56)

これらの言葉からは、塩田が博物館の建築を公園との関係のなかで捉えていることが明らかだろう。ここで提案された建設地と階数、そして周囲を眺める事ができる二階部分の構造は、実現した建築に認められる特徴と同様である。公園整備との関連で注目すべきは、博物館の周囲に草花を集中的に植えて老若男女が楽しめる場所とすることを提案する点である。これは単に新築する博物館周囲を整えるというだけではなく、公園全体の風致保護を意図した。ふたつめの引用中で園内に散在する桜を一カ所に集めることが提案されているが、これによって利用者の飲食の場を限定して他の場所と分離し、園内の他所を「風致をのみ見に行く」場所として保護しようとしたのである。先の引用にあるように、小沢も同様の考えを持っていた。

◆利用マナー改善のために

塩田らがこう考えた背景には、公園に荒廃をもたらしていた利用の実態がある。塩田によれば、当時の栗林公園は「今日公園の掃除は相当に行き届き居る如しと雖も、其中に所嫌はず竹の皮或は折詰の破壊したるを打捨てある等は随分見苦しき」状態にあったといい、これは「日本にては兎角酒を呑まされば遊べさるかの習慣あり、之れか為めに立派なる公園を汚す」ことが原因だという。(57) 日本人は遊びのなかで酒宴を開き、花を求めて公園のあちこちで飲食を楽しむが、彼らがゴミを放置して帰るため園内が汚れてしまうのである。

これに対して「外国にても飲酒することなしと云ふには非さるも外国には飲酒の場所を定めあるを以て其場所

以外に於ては飲酒せさるを以て至る所清潔なり」と海外事情を紹介し、欧米の公園が清潔なのは規則によって飲酒の場所が定められているためであると説く。[58] 塩田は外国の例に倣い、博物館の周囲を花見の場として整えることで園内の利用方法を規定し、公園全体の風致を維持することを提案したのである。単純に禁則を定めるのではなく、施設や環境の整備でそれを成し遂げようとした点は注目に値する。

博物館の建築についての塩田の談話は以上の内容にとどまるが、塩田の帰京後、同年七月に続報が伝えられている。それは「本年度に於て栗林公園内に設立す可き筈なる博物場の設計は塩田農商務書記官の意見日本風と云ふにありしを以て弥《いよい》よ日本風の建築を為さん」というものである。[59] 塩田が「日本風」とした根拠は明らかにされていないが、保護を唱える園内の歴史的な環境との関係から導かれたものと思われる。

さて、これまで博物館建築に関する塩田の見解をみてきたが、これらを改めてまとめると次のようになる。

①博物館は北庭の桑園地（園路と鴨付場の間）に南向きに配置する

②博物館の周囲には樹林（紅葉や桜）・花園を造り、飲食を楽しめるように整える

③できれば二階建てとし、二階からは公園内の風景を眺められる構造とする

④日本風の建築とする

公園との関係が強調された数点の提案だが、建築の方針を規定するには十分である。実現した博物館の建築を見れば、ほとんどが塩田の見解に基づいていることがわかるだろう。博物館の周辺については、開館後に同地を訪れた小沢がその時の様子を「博物館は、公園北部なる麦畦の地に落成して、開館後なり、館の周辺は、適宜に樹を植え、石を点じて稍や観る可き景趣を生じたり」[60] と記しているように、多少の整備はなされたようである（塩田が提案したように桜などの花樹が補植されたのかはわからない）。

(4) 博物館の設計と建設

塩田の見解を大いに踏まえて完成する博物館であるが、具体的な設計と建設はどのようにすすめられたのだろうか。

◆葬られた中山喜多治案

岡倉の来県時に黒木が伝えたように、一八九七(明治三〇)年一月の時点で「用地並に工事上の計画等」が存在していた。これはおそらく、博物館設置決議の直後から県内部で進められた設計を指すと思われる。博物館の建設経緯を報じた新聞記事によれば、「建築することとなるや中山属をして其設計為さしめたるか、本工事は土木課に属せずして農商課即ち今の第五課に属するを以て設計に就ては第五課員尽力する所あり。中山氏も大切の設計なれはとて思考に思考を重ね設計を為したり」という。(61) ここに登場する中山とは、内務部第二課(元の土木課)土木係属の中山喜多治である。(62) 博物館の建設決定直後から中山は設計に取りかかったが、施設の性格からか建築を管轄する土木課ではなく、産業を管轄する農商課が主導した。それでも博物館という特殊な建築であるからこそ、中山は「大切の設計」として「思考に思考を重ね」て設計を進めた。三月上旬にも、「目下、当局者は専ら設計中」であることが報じられている。(63)

しかしながら、間もなく中山の設計は中断を余儀なくされる。その時の状況は次のように報じられている。

知事は、昨春(一八九七年の春――引用者注)所用あり上京せしを以て、暫時の間此の問題(博物館の設計――引用者注)は隠居の姿となりし処、中山氏より五課員に彼の工事は如何になさるるやと問ひ合わせたるに、知事に於いて何等かの考案あるを以て、帰庁まで見合わす可き旨の電報もありたれば、帰庁さるる迄は何事をも為す能わずとのことにて、其儘となりたり。(64)

この時点において中山の設計がどのようなもので、どこまで進んでいたのかは不明だが、徳久知事の東京出張の都合で保留とされた。徳久知事には東京から電報を打ってまで中山の設計を反故にしたい理由があった。それこそが、のちに設計を任される伊藤平左衛門の存在である。

◆伊藤平左衛門による建築設計(65)

中山が設計を進める一方で徳久知事は塩田に助言を求め、四月に具体的な提案を得る。塩田らの助言を受けた徳久は、帝室技芸員の伊藤兵左衛門に設計を依頼することを思いつく。伊藤は国内外の博覧会に建築模型などをたびたび出品し(66)、また、一八九五(明治二八)年に京都で開催された第四回内国勧業博覧会後に主会場であった工業館を京都博覧協会の博覧会館として移築する工事にまさに携わっており(工期は一八九六年一二月から翌年三月)(67)、当時の博覧会関係者とは面識があった。徳久が伊藤に依頼した背景には塩田の紹介があったと思われるが、伊藤は一八九六(明治二九)年に金刀比羅神社奥宮本社幣殿などの設計を行うなど、香川県と繋がりを持っていたことも無関係ではないだろう(68)。いずれにせよ、徳久が帝室技芸員である伊藤の実力を高く評価しての設計依頼であったと思われる。

徳久は間もなく東京に出向き、そこで伊藤に面会して博物館の設計と工事について口約を取り付けたのであった。徳久が中山の設計に中断を指示したのも、この上京中のことだと考えられる。かくして、建設決議直後からすすめられていた中山の設計案は廃案となったのである。

徳久は伊藤が描いた図面を携えて香川に戻る。時期的に考えて草案に近いものと思われるが、帝室技芸員の設計図を得たことで徳久は気を良くしていたらしく、帰庁するやいなや設計中止を言い渡していた中山に対して「ドーダ、此の図面は驚く計り立派に克く出来タロー」と、図面を広げて見せたという(中山の心中は察するに余りある)。しかしながら、図面を見た中山によれば、伊藤の設計は、「列品館(平屋建部分——引用者注)の窓小にして然も壁と窓と入り交り居れり。之れにては列品館は暗かる可く、又廻廊には窓なく、宛然《えんぜん》暗室の如きものを造る

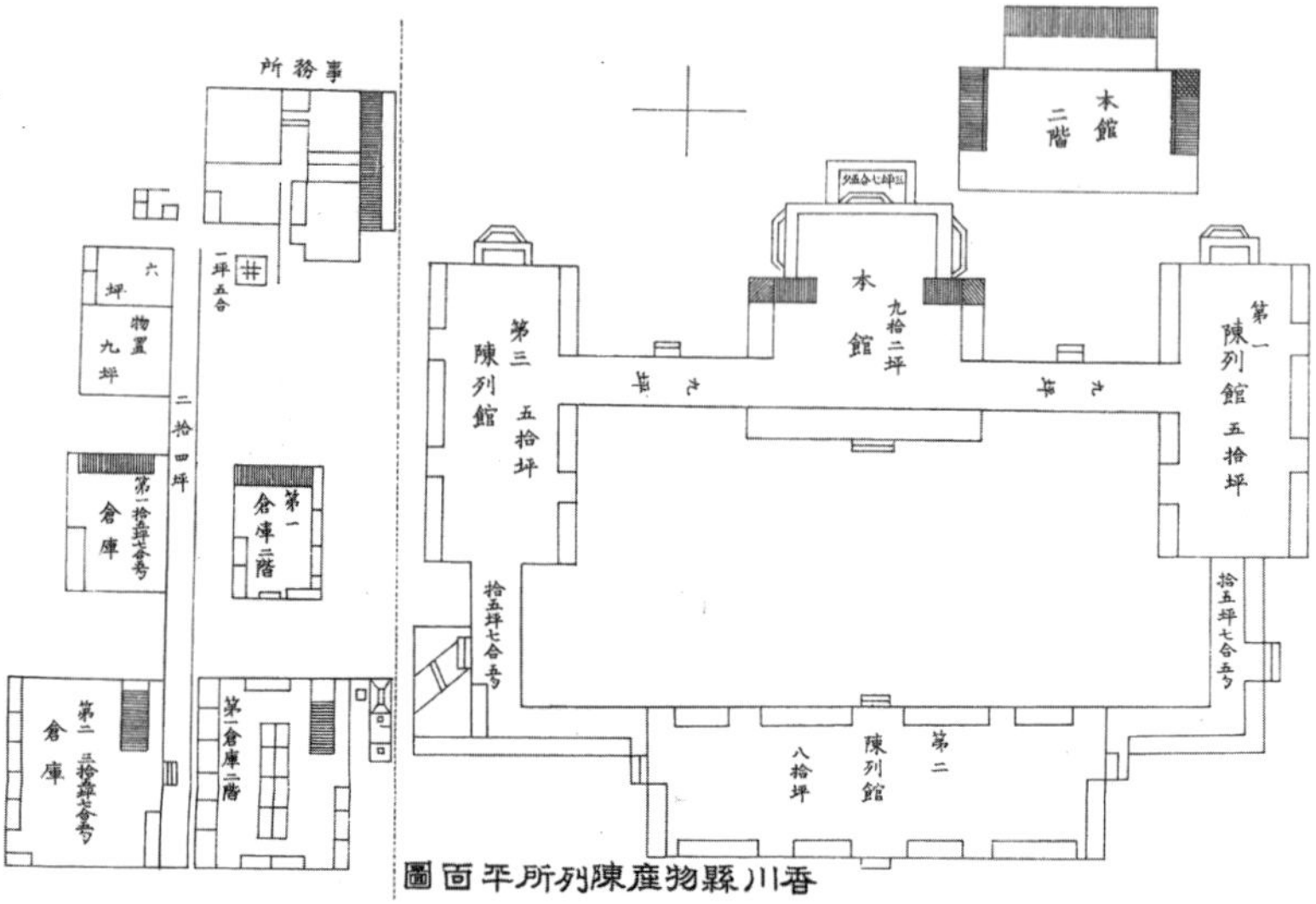

図4-7　香川県博物館(のちの香川県物産陳列所)平面図

にや」というものであり、「帝室技芸員たる伊藤氏の物せられしとも思はれず」というようなものであったという。さらに、この図面には仕様書が存在しなかった。このように、徳久が持ち帰った図面は不完全なものではあったが、のちの図面修正の様子から、基本的な構成は実現案と同様であると考えられる。なお、一般に向けて博物館の設計が伊藤に委嘱されることが報じられたのは七月のことである(69)。

その後、伊藤が子息とともに来県し、実際の工事を下請けすることとなる琴平町の綾九郎兵衛と図面の訂正を行った。これによって、「窓は総窓とし廻廊にも窓を設け」たという。とはいえこうした訂正は原図に貼紙で行われる程度のものであったといい、大幅な変更がなされたわけではなかったようだ。

その後、伊藤の設計図は徳久の監督の元で一応の完成をみる。徳久は設計案を県の委員会に通すために農商課へ図面の検査を指示した。農商課はそれを土木課に依頼し、結局、図面は中山に回覧される。しかしながら、中山は先述の図面不完全と仕様書不備を理由に取り合わなかった。検査がなされぬままに設計案は第五課（農商課）から委員会の諮問にかけられるのだが、そうとは知らない徳久は図面の検査結果を問われ第二課（土木課）長に説明を命じるが、課長は当該設計案を一度もみたことがないと答えたため、徳久は大きな恥をかいたという。委員会は仕切り直しとなり、改めて第五課（農商課）から第二課（土木課）に調査が依頼されると中山が担当を命じられるが変わらず取り合わないため、結局は同課技手の柳下友太郎の手で調査され、次の常置委員会でようやく承認されることになる（図4-7参照）。

最終的に調査を担当した柳下友太郎は、皇宮造営事務局図工を経て、博物館の建設が決定する前後に富山県技手から転任してきた人物である。柳下は富山時代に富山県物産陳列場の設計と工事監督を担当しているが(70)、その時期に富山県知事を務めていたのは他ならぬ徳久であった。こうした点を鑑みると、中山のたび重なる反発を受けた徳久が、伊藤の設計案を前に進めるため気心の知れた柳下を呼び寄せたのかもしれない。なお、柳下は一八九八（明治三一）年に県会議事堂の設計を行い(71)、博物館竣工間際に呉海軍工廠技手に転出、のちに海軍省技師となる(72)。

伊藤の設計にこだわる徳久の様子はこうも伝えられている。先述したように伊藤の図面には仕様書がなかったが、それを追求された徳久は「天下の名工伊藤程の者に是しきの工事を請負せたりとて不都合のある可き筈なし。然れば仕様書など六ケ布《むずかしき》もの（ママ）は不必要なり」と答え、「徳久氏は深くも伊藤氏を信しられたるか如し」だったという。

◆着工から竣工まで(73)

設計図面が委員会を通過すると、徳久との口約通り工事請負者として伊藤が特命で指名された。しかしながら、伊藤の来県はわずかに二回のみで、実質的には下請の綾が工事を進めた。県の工事監督者は柳下と雇《やとい》の森が務め(74)、一八九八（明治三一）年三月上旬頃には地盤工事が完了し、建築工事に取りかかる(75)。

材料の供給にも徳久が自ら手配に動いた。必要な木材を伊藤に提供するために、徳久は山田郡長と香川郡長を呼び寄せて所管内の官林から樹木払い下げを交渉するように指示を出している。官林では足場の良い場所にあった良材が伐採された直後であったため、現地で立木を検分した中山からは良材の確保は困難との報告があったが、徳久知事は耳を貸さなかった。用材の伐採・運搬を引き受ける者が定まらずその作業は難行したが、それでもなんとか木材と人手を確保して工事に供された。結果として博物館の大部分には県が用意した木材が使用されたが、本館部分の人目に触れやすい箇所には伊藤が所有していた檜と椹《さわら》が使用されたという。当初は本館のすべてに伊藤が提供する檜を使用するとされていたが、実際には部分的な使用にとどまったため、「元々仕様書不完全の工事なれば此辺の取締は無茶苦茶なり」と非難されている。

県が手配する屋根瓦の供給元も計画変更された。当初は市内の製瓦業者から寄付的に集める予定であったが、思うようにいかなかったため結局は監獄署で焼くこととなった。計画の変更は材料にとどまらない。実際に工事が始まると、徳久は現場にたびたび足を運び、「氏は臨監毎に種々思付を以て設計を変更」したため、工事の進捗が妨げられたという。

木材供給の遅れやたび重なる設計変更などによって、当初は一八九八(明治三一)年四月に竣工が予定された工事は大幅に遅れることとなる。そもそも木材の目処が立ったのが同年七月のことで、そこから作業員を増員して急ピッチで工事が行われた[76]。その甲斐あって一一月頃には建築工事がほとんど完成するにいたるのだが、しかしながら、ここで伊藤と大工の間に生じた賃金不払いが原因で大工らが作業をボイコットし、竣工は翌年に持ち越される[77]。結局、博物館が竣工するのは一八九九(明治三二)年二月下旬のことであった[78]。その後、陳列棚の備え付けなどを進めて内部を整え、博物館は同年三月三一日にようやく開館した。

これまで博物館の建設過程を追ってきたが、そこに見えてきたのは設計から竣工にいたるまで一貫する徳久知事の熱心な関与である。赴任して間もなく博物館の建設を決めた徳久はすぐに旧友・塩田に助言を求め、さらに伊藤に設計を依頼する。伊藤の設計を受け取ると、それまで進めていた県内部の設計を反故にして、設計や仕様書の不備に対する職員の指摘を意に介すことなく実現に奔走し、信頼ある技術者を呼び寄せ、材料を確保し、工事の現場にも足繁く通った。

もちろん記念碑的な公共建築であるから知事が関心を持って取り組むことに不思議な点はないのだが、徳久の没頭の様子をみると、知事としての領分を越えた限りなく私的な嗜好に基づくものであったようにも思われる（これについては追って検討する）。徳久の肝いりで完成した博物館は、のちに「栗林公園に風致を添へている日本式の館で極めて無難な建物である」[79]といった評価を受けている。

（5）博物館建設にともなう公園改修

◆栗林公園に対する小沢圭次郎の見解

博物館の建設と並行して公園内の整備も進められた。これは博物館建築の付随工事にとどまるものではなく、公園全体に及ぶものであった。栗林公園の開設後初めての大規模な整備事業である。

先に述べたように、公園の改修は博物館の建設と合わせて議決されており、香川県知事・徳久恒範から塩田真にまとめて助言が求められた。塩田は公園改修の部分については小沢圭次郎に任せることにして、小沢を連れて高松を訪れたのである。

小沢は栗林公園を巡覧し、古老に園の盛衰について聞き取りし、県が用意した文政七（一八二四）年の古図（「栗林分間図」〈栗林公園観光事務所蔵〉のことと思われる）を手に、樹木や建物など園の旧態を確認しながら現況を確かめた。これを通じて、改修すべき箇所、復旧すべき景物、新設すべき経路を定めた「栗林公園改修方案」を作成し、頭書と合わせて「栗林公園改修意見書」として一八九七(明治三〇)年四月二八日付で徳久知事に提出した[80]。小沢が示した方案は間もなくその大要が『香川新報』でも報じられている[81]。

小沢は改修方案のなかで、「栗林公園は、旧藩侯別野の多年荒廃に帰せしものを、其のまゝに公園と改称したるに過ぎざるを以て、苟《いやしく》も経路、橋梁等に改修を加へざれば、即ち衆人共楽の公園たるに適当すること能はず」と記す。小沢の改修の意図は、「庭園」として造られたこの場所を「公園」として使えるものにすることであった。本来であれば造園は大石の配置や大樹の植樹など大掛かりな箇所から手をつけるのが定石としながらも、それでは費用がかかりすぎるために漸次的措置として手をつけやすい箇所から改修を行うことを提案し、改修が必要な箇所とその方法を理由とともに示した。改修の要点は改良・補修・復旧の三点であり、経路を拡張し、樹木を増植し、一方で旧態を復元することも提案された。加えて、「取締に就ては専ら土地の人情習慣に基づきたる方法を設くべし」と、利用方法の規定にも言及した[82]。

小沢は実際に着手可能な範囲に留めた漸次的な改修方案を示す一方で、水没する巨石を立て直し、山に植樹し、建物を修復するなどといった大規模な改修によって栗林公園の保護を図る「栗林公園保護案」を、改修意見書の二カ月後、一八九七(明治三〇)年六月二九日付でまとめている[83]。この保護案も徳久知事の依嘱によるもので、香川県に提出された。このなかで小沢はより具体的に栗林公園の造園を評価し、その「有数の一大名苑」が荒廃することを嘆き保護を訴えるのである。香川県は翌年、「同県高松の栗林公園を保護せんとして、全国に檄したる」としてこの論説を読売新聞に発表した[84](ただし掲載された論説は著者名が伏され、さらに一部が改変されていたため小沢は憤慨し、のちに自ら全文を公表した)。

ちなみに、保護案のなかで語られる小沢の栗林公園に対する評価は極めて高い。山水の構成美は岡山後楽園・京都桂離宮・熊本水前寺成趣園《じょうじゅえん》を凌駕し、奇石の美は広島縮景園・京都の諸禁苑・京都東本願寺渉成園《しょうせいえん》、東京の吹上禁苑・浜離宮苑・小石川後楽園を超えると述べる。桂離宮との対比においては、小堀遠州侯の傑作と称したる」桂離宮の水局構造といえども、栗林公園の「下風に立たざるを得ず」といい切っている（禁苑に対するこうした言説を香川県庁が畏れ多いと判断し新聞掲載時に削除したらしい）。

栗林公園を高く評価する小沢は、それゆえに、水戸常磐公園（偕楽園）・金沢兼六公園・岡山後楽公園が一般に日本三公園と呼ばれることを批判し、とりわけ常磐公園を評価しない小沢は、同園が「兼六、後楽の二園と並称すべき園趣を具有したる所ならんや、畢竟日本三公園の題目は一笑をも値せざる俗評価」と切り捨てる。小沢は水戸の老学者・青山鉄槍（明治一〇年代に全国の庭園を訪問した）が、園池仮山の景は高松、園の宏壮さは岡山と評したことに言及し、栗林公園が宏壮さで岡山に譲るのは鉄槍が造園の素人であるからだとし、さらには鉄槍が訪れた時期は、後楽園は天覧を受けたことで整備が行き届いていた一方で、栗林公園は管理が行き届かない状態であったためであると擁護する。小沢はそれほど栗林公園を高く評価していた。

こうした小沢の評価はのちに栗林公園を紹介するさまざまな場面で引用され、後世に多大な影響を与えることとなる。時に栗林公園が「日本三大公園」のひとつとして紹介されることがあるが、その背景には庭園として高く評価される栗林公園の素質と、それを声高に評価した識者の存在があった。

◆公園の内外の改修

さて、それでは小沢が提出した改修方案を基に、実際にどのような改修が行われたのだろうか。また、博物館の設置と合わせて決議された紫雲山の公園編入は公園整備にどのように関わったのだろうか。小沢が自著に掲載した改修方案には提案の具体的な部分が省かれているため詳細が判然としない。そこで、改修案と合わせて小沢が作成した「香川県高松市栗林公園全図」（図4-8）と、庭園に関する新聞報道を照らし合わせながら確認していこう。

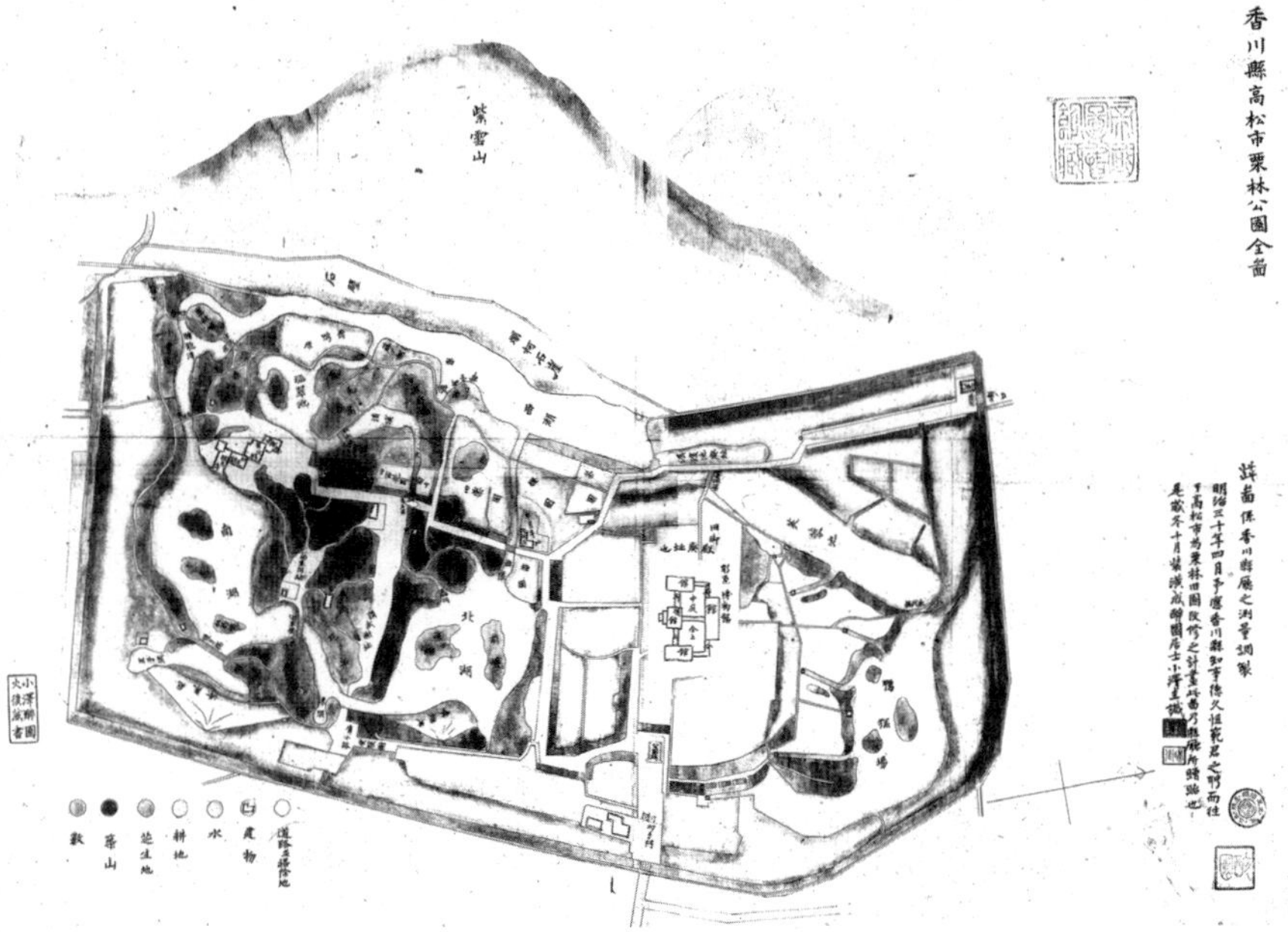

図4－8　「香川県高松市栗林公園全図」

園内中央に「新築博物館」として建物が描かれているが、この部分は絵図上に貼り紙で付されたものである。公園の絵図が完成した後に追記されたものと思われる。

①園内の利用規制と露店建設

博物館の建築に関する塩田の見解にあったように、当時は来園者の多くが園内で所構わず飲食をすることが問題となっていた。小沢の改修もその点の改良が重点のひとつとなり、「従来園遊者の多く集りて飲酒場とせしケ所及び小児等の無暗に遊戯して踏荒したる所等へは夫々竹垣を設けて猥りに侵入せさる様」にすることを目指した[85]。これにより、一八九八(明治三一)年四月一四日をもって「梅林橋外、鹿鳴原、紫雲山の三箇所外にては行厨を開き飲食を禁する事」が決まる[86]。「梅林橋外」というのは北庭を指し、これは塩田が博物館の周囲を飲食可能な場所として整備すると語ったことと矛盾しない。

　これによって南庭では従来のように自由に飲食ができなくなるわけだが、これまでは園景を肴に園内各地で酒宴を開くという利用が一般的であったため、その楽しみ方の維持も図られた。具体的には、「鹿鳴原、大堰川畔の広場、小松原裏の広場等には掘立て檜木葺にて一寸雅致ある露店風の物を建築しつゝあり」(87)と報じられているように、園内各地への露店の建設である。「香川県高松市栗林公園全図」には掬月亭や新築される博物館に加えて、小さな建物が散在するように描き込まれている。当時の報道にも「園芸家小沢圭次郎氏の保護意見に基き園内就中《なかんずく》梅林橋内芝生にては飲食せしめざることとし其代りとして掬月亭営業者に命じ鹿鳴原、留春閣其他へ雅致ある掘立小屋を設けせしめたる処」(88)とあり、複数箇所において実際に建築が進められていたことがうかがえる。「留春閣」というのは、小沢の絵図で北湖と南湖の間に架かる迎春橋のたもとにある「留春閣跡」に描かれている建物であろう。かつて存在した亭の跡を建設地に選んでいる点は、園の風景を復旧しようとする小沢の態度を示すものといえるだろう。

ただし、先に引用した記事の内容と小沢の絵図の内容は必ずしも一致しない。たとえば、記事には「鹿鳴原」と「大堰川畔の広場」に小屋を建設中とあるが(前者は一九九六年に焼失した会仙亭、後者は一八九八年に竣工し現在も残る日暮亭を指すと思われる)、絵図の当該地に建物は描かれていない。絵図が描かれたのちに、実際に合わせて調整がなされたのだろう。必ずしも旧態に復することが優先されなかったのは、当時の園内の状態と明治の公園としての利用を考慮してのものであったと推測する。

②紫雲山の整備

紫雲山は一八九七(明治三〇)年一二月に栗林公園に隣接する山の東斜面の約一一万六六〇〇坪が公園区域に編入された。これは徳久知事が政府から許可を得たものである。これを受けて、博物館建設や園内整備に並行して、紫雲山の公園としての整備も進められていった。

翌年三月には新聞に整備方針が報じられ、紫雲山に園内から散策路をつなぎ、斜面には桜が植樹されることとなったとわかる[89]。紫雲山への通路は「玉蘭の在る所より西に当る小嶋より架橋、登山することとしたるが、道路は三尺幅にして羊腸して絶頂に達する延長十二町となりしを以て勾配は極めて緩なりと云ふ」ものであった[90]。この「玉蘭の在る所」とは、南庭南西隅の八つ橋付近のことと思われる[91]。ここから曲がりくねって緩やかに山頂へと続く散策路が拓かれた。小沢が描いた図には紫雲山にいたる道は描かれていないが、のちに手掛ける香川・琴引公園では散策路を計画しており[92]、紫雲山の道にも小沢が関与した可能性は十分にあり得る。

藤田勝重は、大正時代に栗林公園の絵図や案内本を発行した岩佐辰蔵が、「徳久知事が本園を特に大切にし、度々草鞋がけで紫雲山を歩かれた姿は今も忘れられぬ」と繰り返し語っていたと書き記している[93]。徳久は自らが公園に組み込んだ紫雲山を歩き、眼下の栗林公園の中央に建設が進む博物館の完成を今や遅しと眺めたことだろう。

③貝ノ口（北門）門前道路の整備

公園内を対象とする小沢の公園改修案とは直接関係しないが、博物館建設にともなう公園整備を機に栗林公園にいたる道路整備がなされたことも重要な点である。

一八九八（明治三一）年春、栗林公園貝ノ口（北門）から二番町にいたる破損した道路一三カ所と石橋一七カ所の修繕が行われた[94]。請負の入札は市役所で行われていることから、道路整備については高松市が担ったものと思われる。契約の翌月には道路の地均しが完了し、石橋修繕が開始されており、工事は順調に進められたようだ[95]。

一八九七（明治三〇）年に開業した高松駅から市街中心部を通って栗林公園へといたるこの道路整備は、県外からの公園利用者を意識したものであった。一方で、道路整備を前にして次のような記事も報じられる。

栗林公園の裏門を往来するもの多からんには市内の裏通りのみにて他県人に対して市の商況を見せしむるの便欠くの所あればとて、可成本通りを往来せしむるの策を施さんとの儀あり[96]。

公園碑が東門に置かれていた当時、栗林公園の「裏門」とはおそらく北門のことで、駅や港との関係から栗林公園を訪れる者は北門を利用することが多く、城下の常盤橋から一直線に伸びる表通りにも人通りを増やすための策を施し、栗林公園東門にいたる沿道を活気づかせたいということである。

この時からすでに栗林公園に県外の人々が訪問すること、すなわち観光としての利用を想定し、それを地域経済に波及させるための施策が取られていた。博物館の建設によって掬月亭の借用希望が殺到したことを考えると[97]、こうした道路整備が行われたのも、栗林公園への博物館の建設と公園整備が契機となっていると考えて間違いないだろう。

(6) 知事「好み」の公園整備

ここまで、明治三〇年代初頭の栗林公園における博物館の建設と公園整備について見てきた。一連の事業の関連と意義を明らかにするためにあえて細かく経緯を追いかけてきたわけだが、そこから見えてきたのは、博物館の設置から栗林公園の整備・拡張にいたるまで一貫する知事・徳久恒範の強い関与である。実際的な指導・設計にあたった塩田や伊藤、小沢の仕事はもちろんであるが、それ以上に、短期間に博物館の建設から公園の整備、さらには将来的な公園保護の指針を得るまでをやり遂げた徳久の功績は、現在の栗林公園の実質的な基礎となるものであり、高く評価すべきものである。ただ、その関与のあり方は時に公務の枠を超えて、極めて私的な感情で進められた節が多く見られる。

博物館の設置と栗林公園の整備・拡張は時を同じくして計画されたわけだが、いずれもその発端となったのは徳久であった。さらに徳久はその実現のために自らの人脈を駆使して旧友・塩田に助言を受け、塩田を通じて小沢や伊藤といった各界の重鎮の協力を得た。伊藤の設計を実現させようとする徳久の言動には公務を超えた執着が見られるし、小沢から公園改修案を受けてなお公園保護のための提案を依頼したことにも関心の強さがうかがえる。博物館建築の設計や公園の環境にまで事細かに関与するその姿は、かつての藩主がそうしたように、まるで自身の「好み」に従った理想の「庭園」を作り上げようとするかのようである。誤解を恐れずにいえば、明治の時代に出現した「藩主」徳久恒範の「大名庭園」の誕生である。

しかしながら、なぜ徳久はこれほどまでに博物館と栗林公園に没頭したのだろうか。その理由は徳久自身が語っていないため確証はないが、ここでは可能性のひとつとして金沢・兼六園との関係を指摘しておきたい。

◆兼六園の残像

徳久は明治中頃から大正期にかけて各地の公職を歴任し、赴任地の多くで同郷（佐賀藩出身）の納富介次郎と工業学校を作り上げ、香川でも「勧業知事」として知られたことは先に述べたとおりである。その経歴のなかで最も長く在籍したのが、一八八三（明治一六）年一一月から一八九〇（明治二三）年一〇月頃まで書記官（初期においては少書記官）として在籍した石川県で[98]、主に第二部（土木・兵事・学務・監獄・衛生・会計等を管轄）の部長を務めた[99]。

本書第二部で本康が述べたように、石川県は一八七五（明治八）年に兼六園を公園として開放するのだが、開放以前から園内では博覧会が開催され、また博覧会に使用した成巽閣などを拠点として、全国に先駆けて常設の博物館を開設する。この博物館は、行幸啓や連合共進会の会場としても利用され勧業施設として紆余曲折しながらも、明治・大正期を通じて園内の重要施設であり続けた。徳久が石川県に赴任していたのは、行幸に備えて整えられた博物館が石川県勧業博物館へと改称して事業を拡大し、まさに兼六園の基幹施設として絵図に描かれた頃であった[100]。一八八七（明治二〇）年に納富介次郎を校長として金沢区の工業学校が開校（一八八九年に県に移管）する際に仮校舎として使用したのもこの勧業博物館である。県の担当部長として徳久はこうした事業に関わり、恐らくは兼六園と博物館を頻繁に訪れていただろう。徳久のなかには、博物館と一体となった兼六園の姿が「大名庭園」の原風景としてあったのではなかったか。

石川県を離れた徳久は、栃木県書記官、兵庫県書記官を経て一八九二(明治二五)年八月に富山県知事に就任する。それを待ちわびていたかのように、同年一〇月に富山市長・富山市議会から博物場設立の建議が県知事宛に提出され、市から建設地と資金の提供を受け、県は富山県物産陳列場の建設を決めた[101]。この建築の設計と工事監督を担当したのが、のちに香川県博物館の設計調整と工事監督を務める柳下友太郎である。

この時代、地方産業の振興はどの地域においても最重要課題のひとつであり、富山県知事を経て香川県へと赴任したとき、徳久が勧業政策の重要施策として博物館の設置を考えたことは極めて自然な流れであろう。しかしながら、富山赴任時とは違い、そこにはかつて栄華を誇った「大名庭園」があり、殺伐とした御殿跡地が広がっていた。これを目にした時、徳久は金沢の光景を思い出し、博物館と一体となった新しい時代の「大名庭園」として栗林公園を自らの手で作り上げようと決意したのではないだろうか。こう考える時、徳久の半ば傍若無人な熱意も、理解できるような気がする。

しかし歴史は残酷なものである。徳久は一連の整備事業の最中に熊本県知事へと転任することが決まり、博物館の完成を見ることなく香川県を去ることとなる。徳久が香川県知事を辞したのは博物館のための木材に目処が経って間もない一八九八(明治三一)年七月末のことであった。紫雲山では散策路の整備が進み、そこから変わりゆく栗林公園の姿を眺めていただろう。その視線の先には立ちあがらんとする博物館があったはずだ。

この博物館はその後、香川県物産陳列所、香川県商品陳列所、商工奨励館と改称して現在にいたる[102]。その間、産業指導や県内物産の紹介の舞台となり、国内外の優良品の紹介や県内の土産物を紹介するなど各種の展覧会を開催する。一九四〇(昭和一五)年からはそれまで三越で開催されていた香川県美術展会の会場として使用されるなど[103]、産業指導、物産紹介、観光振興、文化活動の場としてさまざまに利用された。さらに、一九〇二(明治三五）年には栗林公園取締人等の管理が博物館に嘱託され、その後も一九四七（昭和二二）年に栗林公園事務所が設置されるまで、この施設が園内の管理者として機能していくこととなる。[104]

第三節　名所としての宣伝――関西府県連合共進会と旅行ガイドブック

（1）第八回関西府県連合共進会にともなう集客

一八九九（明治三二）年の博物館建設にともなう公園整備で面目を一新した栗林公園であったが、四国という地理的な制約もあって、県外から足を運ぶ者は多くはなかった。その栗林公園が全国的な知名度を得る大きな契機となったのが、一九〇二（明治三五）年に香川県の主催で開催された第八回関西府県連合共進会である。[105]

連合共進会とは一種の博覧会であり、内国勧業博覧会の地方版のようなものである。内国勧業博覧会より規模は小さいが、複数県が「連合」して開催されるため、地方にとっては最大規模の都市イベントであった。会期中には参加府県から膨大な数の生産品が一堂に集められ、製品分類ごとにその優劣が競われた。

関西府県連合共進会には、「関西」と冠するものの、関西以外からも東海・北陸・中国・四国の各県を中心に参加があり、一八八三（明治一六）年に大阪府の主催で開催された第一回を皮切りに、数年おきに規模を拡大しながら開催され、愛知県主催の第一〇回（一九一〇年）まで続いた。ちなみに、第五回（一八九四年）は石川県の主催で兼六園内の石川県勧業博物館を主会場として開催され、これに合わせて木造二階建て洋風の新本館が建設されるなど館内施設が一新されている。

香川県が関西府県連合共進会を主催しようとする動きは一八九九（明治三二）年七月に遡る。[106]県内の調整を経て連合各府県との協議の末に一九〇二年に第八回を香川県で開催することが決したのは一九〇〇年四月のことであった。[107] 会場となったのは高松城(玉藻城)址で、当時は旧藩主・松平頼聰が所有していた同地を連合共進会開催のために無償で借り受けて使用した。連合共進会の施設は、内堀と外堀の間、西の丸(現在の高松築港駅付近)から桜馬場にかけての一帯に仮設され、陳列館四棟のほか、式典を行う奏楽堂、噴水、売店・飲食店や休憩所などを仮設建築で設えて整備した。こうして準備された連合共進会は一九〇二年四月一一日に開会式を迎え、五月三〇日に閉会するまで、五〇日間の会期を全うする。

連合共進会の会期中の来観者は三〇万四〇六五人に達し、過去最大を記録した。このなかにはもちろん香川県民も含まれているが、県外からの来観者もいた。県外の政府・地方行政府の官公庁関係者、議員、師団関係者、新聞社等には優待券が配布され、出品人のための特別入場券が発行されるなどの優遇措置がとられたほか、出品人・参観人に対して官設鉄道はもちろん私設鉄道・汽船が運賃割引を実施(多くが二割引)していたことで、相当数の県外者がこの期間に高松を訪れたと思われる。

栗林公園でも連合共進会に合わせた各種の催しが開催された。博物館では、連合共進会の開会日に合わせて新古美術展覧会を開催し、六〇〇点余りを陳列した。[108] 五月には実業大会の園遊会、[109] 全国醬油業大会の宴会、[110] 関西連合教育大会の園遊会[111]など、共進会に合わせて開かれた各種団体会合の宴会場としても大いに活用された。共進会を機に多くの来訪者を得たことは栗林公園の知名度を上げることに繋がったであろう。

なお、連合共進会そのものに対しては、出品物に対する失望などが重なり、必ずしも良い評価ばかりを得たわけではなかったようである。[112]

(2) 旅行ガイドブックによる紹介

共進会期間中に栗林公園を訪れた人々は、集会や宴会など仕事に関連する用事ばかりではなく、観光目的で足

図4－9　『讃岐案内』表紙

を運んだ者も多く含まれていたと想像できる。こうした観光目的の訪問者を導いたのは、この時期に相次いで発行された旅行ガイドブックであった。連合共進会の開幕に前後して旅行ガイドブックと呼べる書籍がいくつか出版されているのだが、注目したいのは香川県内務部第四課がまとめた『讃岐案内』（一九〇二年四月発行）である。

『讃岐案内』の編纂は、同書冒頭に「本書は第八回関西府県連合共進会の開催に際し本県現在の状勢を紹介せんか為め之を編纂す」と記されているように、共進会を機会に来県する県外者に対して県を紹介することが目的とされた(113)。その内容は単なる県勢の統計的紹介に留まらず、「本書は讃岐国勢の現在を示すを以て主とするも、聊《いささか》其発達変遷の歴史をも考へ且つ国内探勝の便に供せんか為めに社寺名勝古跡の重《おも》なるものは其概略を記載せり」とあるように、県内観光に資するために社寺・名勝・古跡なども紹介するものだった。香川県は、共進会に合わせて県外から多くの人々がやってくる好機を逃すまいと、自ら旅行ガイドブックを著して県の紹介に努めたのである。

その中身は県の刊行物という性格を反映してか、いたって真面目な内容で図版の掲載はなく、すべてが文章による解説である。まず県の概要を地理・交通・産業・風景によって示す「総説」に始まり、近世以来の変遷を記す「沿革」、実業関係施設を紹介する「実業」のあと、郡市の紹介が続く。実業関係がピックアップされているのは、共進会関係者への配慮であろう。各地域の章では管轄内の公共施設や社寺、史跡・名勝などが紹介された。

◆栗林公園の描かれ方

このような同書において、栗林公園は総説と香川郡解説の二カ所で紹介されている。総説では、「讃国の地たる南方一帯山を負ひ北は海浜に面するを以て」に続いて風景を紹介し、「流峙の嘱眺頗る明媚なり」としたうえで「国内の勝景遊観に足るもの最も多し。今其一二を挙けん」として紹介された一三カ所のうちのひとつとして取りあげられた。ここに栗林公園が当時から香川県を代表する観光地とみなされていたこと、それを県自らが宣伝していたことを確認できる。ちなみに、総説での紹介は次の通りである。

栗林公園　香川郡栗林村に在り十五万余坪の大庭園にして六大水局と十三大山坡とより成り真山を仮山に縫ひ、遠景を近景に補ひ、東洋園芸の美を極めたる園なり。(114)

栗林公園が位置する香川郡の章においては六頁にわたって紹介され、内容も詳細なものとなった。(115) ここでは公園の沿革が示され、栗林公園碑記までもが全文掲載されているのだが、特に注目すべきはここに小沢圭次郎による公園評価が「小沢圭次郎氏評論」として掲載されていることである。その内容は小沢が一八九七(明治三〇)年に当時の知事・徳久恒範の依頼で記した「栗林公園保護論」からの抜粋である。興味深いことに、『讃岐案内』に掲載された小沢の評論には、先述の新聞掲載時に無断削除された部分――すなわち、桂離宮はじめ東西の禁苑についての言及――がそのままに掲載されている。数年を経て、当時から日本三公園として知られた兼六園・後楽園・偕楽園はもとより、国中のあらゆる庭園に対して栗林公園が優れるという小沢の見解が、満を持して宣伝されたのである。小沢の評論中には具体的な山水や巨石、建物の解説も含まれており、『讃岐案内』を片手に「東洋園芸の美を極めた」栗林公園を歩く者も多かったのではなかろうか。

栗林公園は他の旅行ガイドブックでも大々的に紹介された。たとえば、『讃岐名勝旅行独案内《ひとりあんない》』(一九〇二年四月発行)は、巻頭に「栗林公園地」と題して公園内各所の写真を掲載し、本文中においても七頁にわたって公園の由来や木石の解説をしている。そこでは「我日本の公園中尤も秀抜なることは独り園芸家の認むる所たるのみにあらず世人一般に之を公許する所にして讃州の地に遊ぶ者は先ず第一に観賞を為す習なり。蓋し東洋建築術の巧妙壮麗は其粋を日光廟に集め、日本園芸法の精華は栗林公園に尽すといふも敢て過言にあらざるを信ず」と、ここでも日本一であると強く謳われている。文中に登場する園芸家とは小沢のことであろうか。

もっとも、こうした評価は一般に共有され得るものであった。「日本園芸法の精華」を尽くした栗林公園は、香川県を訪れる人々にとって筆頭の観光地とみなされた。公園の解説中に博物館への言及もあり、「宏壮な建築物」「其構造宮殿の風を模せり」「帝室技芸員伊藤平左衛門の設計」などと建築についても紹介がなされている。館内の様子についても「高松市内富豪所蔵の珍器佳品及び土地の農工芸家が出品せる夥多の物を陳列せり」と伝えている。

初めて香川県を訪れる人々にとって、こうした旅行ガイドブックは大きな情報源になったであろう。連合共進会の開催は会場となった高松城址に多くの訪問者を呼び寄せたが、その影響を周囲にまで波及させる役割を旅行ガイドブックが担ったのである。県が発行したものについては、いわば公式なお墨付きとして、強い影響力を持ったと思われる。名所を選りすぐって紹介する行為には、栗林公園をはじめ名所を県の観光事業に利用しようとする強い意図がうかがえる。この意味において、『讃岐案内』には香川県における観光政策の萌芽を認めることができよう。

◆皇族の訪問

連合共進会開催の翌年(一九〇三年)、皇太子(のちの大正天皇)が高松を行啓し、栗林公園内の星斗館(掬月亭)を御旅館として使用する。この時、皇太子は知事からの記念植樹の稟請を受けて、掬月亭の南、涵翠池《かんすい》近くに一本の松を植樹する(行啓を迎えるにあたって門前道路の拡幅と掬月亭の修理が行われている)[116]。さらに一九一四(大正三)年に皇太子(のちの昭和天皇)が淳宮と高松宮とともに栗林公園および物産陳列所(博物館から改称)を行啓した際には、同じく知事の稟請を受けて同所の西の芝生中にそれぞれ一本の松を植樹した。これらは「御手植えの松」として丁寧に管理され、観光案内や陳列所の刊行物のなかでも積極的に紹介された(117)。

なお、一九〇三年の行啓時に皇太子から公園維持基金として下賜された一〇〇円を基にして、香川県は特別経済として公園の維持基金を積み立てる(118)。その後、一九〇七(明治四〇)年には栗林公園庶務規程が制定され、翌年には栗林公園保勝委員規程を設けて公園の重大な施設整備のために審議体制を整えるなど、皇族の訪問は栗林公園にも有形無形の影響を残した。

(3) 讃岐周遊における栗林公園

県内随一の名所として紹介された栗林公園に、連合共進会期間中に県外の人々はどのように訪れたのであろうか。以下に紹介するのは、香川の名所のひとつである琴平参詣について報じた記事である。

> 昨今参詣者中最も多きは関東より北陸に掛けての講中に候。日々隊を為して来賓する者幾千なるを知らず。今該地方信者の為め登山順路の概略を紹介せんに、神戸多度津港間は昼夜数回の汽船あれば僅かに九時間余にして多度津港に着し、夫より直に讃岐鉄道に乗じ三十二分にて琴平町に達するを得べし(119)。

記事はここから山内の案内に入るのだが、整理して記せば、大鳥居―本社―奥院―宮殿―備前屋・虎屋・笑月楼等の旅館と続き、共進会に合わせて一の鳥居内に新築された「琴平広告堂」(参詣者の休憩所であるが、自由通信社仲介で各種広告を掲出する)へといたる。旅案内はさらに続き、汽車に戻って琴平から金倉寺《こんぞうじ》・善通寺を経て丸亀にいたり、次のように続く。

> 丸亀市に遊び指頭近く屋島・壇の浦の古戦場を眺めつゝ、高松市に至り日本三大公園の一なる栗林公園に杖を曳き、更に目下開会中なる関西二府十六県連合共進会を一覧し、夫より直に夜行にて神戸に帰着するの便船も有之候。

神戸を出た船が着く多度津から鉄道で琴平に行き、参詣後に再び鉄道に乗って高松に向かい、そこで栗林公園を訪ねた後に高松城址の連合共進会を巡って高松から船で神戸に戻る。さまざまな観光地を結ぶ讃岐鉄道沿線にあってやはり栗林公園は訪問すべき名所であった（「日本三大公園の一」とされている点に注目したい）。

こうした周遊は讃岐鉄道の丸亀—高松間が開業した一八九七（明治三〇）年以後には可能であり、鉄道路線と名勝がガイドブックに掲載されるようにもなる（図4-10）。実際にどれだけの人々が観光に訪れたかを確かめることはできないが、しかしながら、連合共進会のイベントとしての集客力とそれに付随する鉄道の運賃割引は、琴平参詣者に高松まで足を延ばさせる効果を持ち、それまで以上に訪問者を増やしたことだろう。

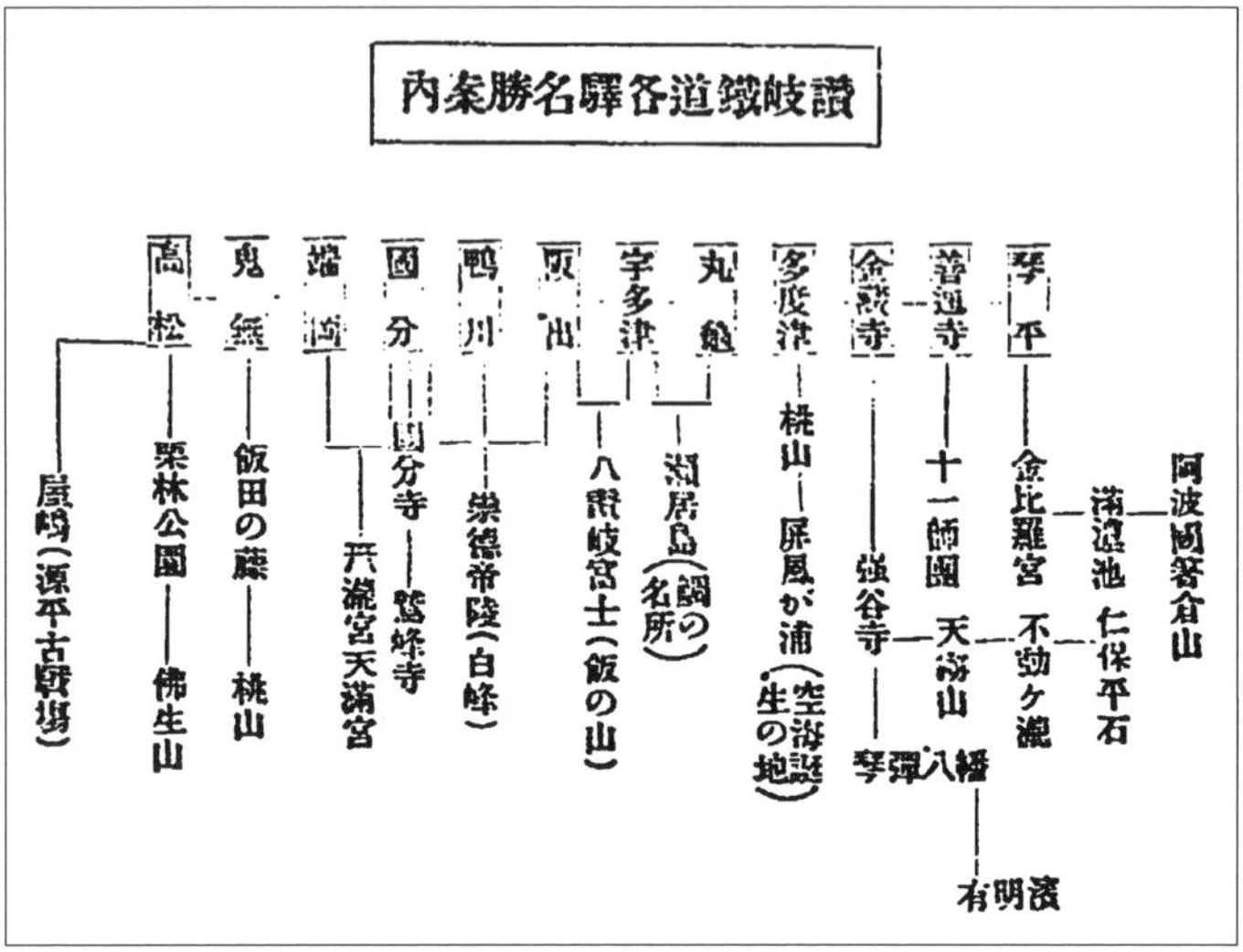

図4-10　讃岐鉄道沿線の名勝案内（1902年）

以上にみてきたように、明治三〇年代初頭の整備を経た栗林公園は、一九〇二（明治三五）年の第八回関西府県連合共進会をきっかけに多くの人々が実際に訪れたことで、香川県内随一の観光名所として全国的に認知されていくこととなる。共進会訪問者を栗林公園に誘ったのは、公園内を会場とした展覧会や会合の開催だけではなく、この機を逃すまいと県自らが発行もした旅行ガイドブックによる宣伝であった。

旅行ガイドブックでは往々にして日本一の名園として紹介されたが、これには先の小沢圭次郎の見解が大きく影響している。もちろん、小沢の見解に疑義を唱える余地がないほどに、実際に現地を訪れた人々は満足を得ることができたのだろう。それは栗林公園が備える造園の美とともに、それを損なうことのないように整備した徳久の施策の成果であった。こうして旅行ガイドブックによる宣伝や実際に訪れた人々の経験を通じて、栗林公園は日本三公園に引けを取らない名園としての名声を高め、時に「日本三大公園の一」として、全国的に知られていくこととなるのである。

第四節　北庭改修――大正初年の公園整備

(1)　手付かずの北庭

栗林公園は二度の大規模整備を経験していることは本章の冒頭に述べた通りだが、二度目の整備は明治から大正に移り変わる頃に実施された北庭を中心とした大改修である。連合共進会以来名所として広く宣伝された栗林公園だったが、言及されるのは近世以来の優れた庭園として高い評価を受ける南庭の範囲内ばかりであった。檜御殿跡の広大な広場を中心とする北庭は、明治三〇年代初頭の改修で博物館が建設された際にいくらかの整備がなされたものの、全体としては未だ手付かずといえる状態であった。こうした状況を県当局も良しとはせず、明治三〇年代のうちに北庭の改修を模索するようになる。

県の北庭改修が議会で話題になるのは一九〇六(明治三九)年のことで、公園費に多額の「旅費」が計上されたことに現れる。この旅費は北庭改修のために技師を招くためと説明された(120)。この時には、公園管理そのものの費用不足や「高松にも造園師はいる」という理由から疑問視する声もあった。一九〇七(明治四〇)年一一月の通常県会において「公園がようやく世人に利用されるようになったので本多(静六)博士の意見を聞きながら栗林公園北庭の整備をすることにしている」と時の知事・小野田元熙が語っているように(121)、着実に実施に向けた議論が進められ、いよいよ一九〇九(明治四二)年に具体的な改修内容の設計に着手する。

◆初期の報道にみる改修方針

ここで、具体的な設計に着手するにいたった当時の北庭の状況と改修方針を当時の新聞報道にみてみよう。

高松藩祖松平頼重公の設計に起て四代頼恭公に至り完成せしめたる我当栗林公園は十六万坪余の広大なる面積を有し、山水の美を包有し、観る人をして嘆賞惜く能はさらしめたるが、星移り年替はりて漸次荒廃に帰せんとせしを県経営として以来着々補修の実を挙げ稍《やや》旧観に近づき、去る卅五年本県に開かれし第八回関西府県連合共進会が更に遠近に紹介するの機会となり、爾来設備に遺憾なく今や天下の名公園として屈指さるゝに至れり。然るに園内北部の樹林は之と猟鴨場にて之を北庭と称して面積三千余坪なるも、茲には未だ充分の加工行はれざれば、随つて樹竹鬱蒼として雑草密生し昼尚暗き所あり、漸次荒廃に帰せんとす。是に県当局者は之に大々的施設を為さん事とし、宮内省内苑寮頭福羽逸人氏の紹介にて同僚技師市川之雄氏来高設計する事に決し、氏は来る九月十日来高の予定なるが、扨《さて》此北庭は市川技師の手に依り如何なる施設を為すやは知るを得ざるも、聞く所に依れば同庭三千坪の面積を修築して一大欧風家屋を建造し、南手物産陳列場(ママ)の和風建物と相対照して茲に和洋合趣の大建築物を設け全公園の完美を期せんとせるもの、如く、完成後は博するに至らんと。又源平の古戦場として天下に名を馳たる八島(屋)山にも多少の設備を加ふべく市川技師を煩らはす由。斯くして明治五十年の大博覧会に対する施設に数えんとすと(122)。

連合共進会開催を経て「天下の名公園」として広く知られるようになったものの、北庭は木々が鬱蒼と茂り昼であっても暗い場所があるほどに荒廃の様相を呈していたという。この解決のために、県当局は宮内省内苑寮の福羽逸人の紹介で市川之雄にその改修設計を託したのであり、設計のために市川を高松に招くのであった。

興味深いのは噂として報じられている改修の内容である。それは、北庭の南側に位置する和風外観の物産陳列所（旧・博物館）の北側に「一大欧風家屋」を建設し、合わせて「和洋合趣の大建築物」とするという壮大な計画である。市川はこの頃までに、宮内省技師・片山東熊の設計による赤坂離宮や伊勢の神宮徴古館などの庭園設計を行っており、それゆえにこうした噂が流れたのかもしれない。その真偽は不明であるが、いずれにせよ、市川の設計に「全公園の完美」が期待されたことは間違いない。明治三〇年初めの小沢圭次郎の時と同様に、栗林公園の設計を機に県内の別の公園整備を進めようとしている点も注目すべきだろう。

◆市川之雄の招聘

先の報道にあるように、市川は一九〇九（明治四二）年九月に香川県を訪問して栗林公園を視察する。高松滞在中の市川の動向は連日新聞で報じられており、注目度の高さがうかがえる。栗林公園には数度訪問し、同行していた写真家・小川一真が園内各所の撮影を行った[123]。高松を離れるに先立って、市川は栗林公園をはじめ県内の景勝地視察の成果を語っているが、そのなかで現地視察を踏まえて栗林公園の改修方針を次のように示している。

梅林橋（赤橋）以前最早何等改修の余地なく泉石の配置悉く神に入れりといふべく将来剪裁宜しきを得て所謂保守的注意を要すべきものである。（中略）北庭修築に付ては今は何等計画を案じ居らざるも蓮池と紫雲山とを対比して今少しく改修して規模を大にしたき考へなるが、要するに公園といへば所謂遊園地にて老幼婦女に適して其娯楽観賞の施設なかる可からず。只此所入る可からず、此所通行すべからずでは公園の趣旨にあらずして人の庭園に異ならず。斯は公園の趣旨に反するを以て公園たる以上は少なくとも老幼婦女の遊楽に適する丈けの設備なかる可からず[124]。

「梅林橋以前」すなわち南庭は改修の余地なく将来的な保護を唱える一方で、北庭は改修して人々が自由に遊ぶことのできる「公園」——市川の言葉を借りれば「老幼婦女」の「遊園地」——として整備すべきである、これが現地を訪問して示された市川の最初の改修方針であった。

市川はさらに続けて「二十世紀の園芸は成可く自然を利用して風景を作るといふが主眼にて、欧米各国にても此趣旨より天然の美を求めて之に人工の飾を装ふと云ふ事に努めている」と欧米における公園設計の潮流を説き、「北庭も此主旨より設計を立てねばならぬ」と、その方法を北庭改修にも反映すべきとする態度を示す。ただし、既存施設との関係や一般的な娯楽との兼ね合い、そして何よりも「栗林公園は全国に比肩すべきもの無く実に天下の絶景である」として、「其修築設計も容易の事ではなかろふ」と、既存景観の尊重と実用との調整の難しさを語り、具体的な修築設計は帰京後に着手すると締めくくった。

事前に報じられたような洋風建築の整備などはまったく含まれないが、計画の最初の段階から、市川の一連の発言からは、欧米的な「公園」として手を加えようとする姿勢が見られる。これは「公園」としての利用を受け入れる必要を説きながらも、全体として「庭園」としての維持を強調した小沢圭次郎の時とは大きく異なる。

(2) ふたつの改修設計案

◆市川之雄案

東京に戻った市川は改修設計案を二カ月半ほどで仕上げ、一九〇九(明治四二)年一〇月に「栗林公園北区改修概略説明」として概略図(図4-11)とともに香川県知事宛に提出する。「栗林公園北区改修概略説明」の前書には、欧米の自然公園云々は除かれたものの、視察直後に語ったのとほぼ同じ心構えが示され、「例へ荒廃区の改修なりと雖も慎重の考慮を以て主景地勢の照応を利用応準に鑑み専ら現下林泉の補綴するの程度に於て設計」という

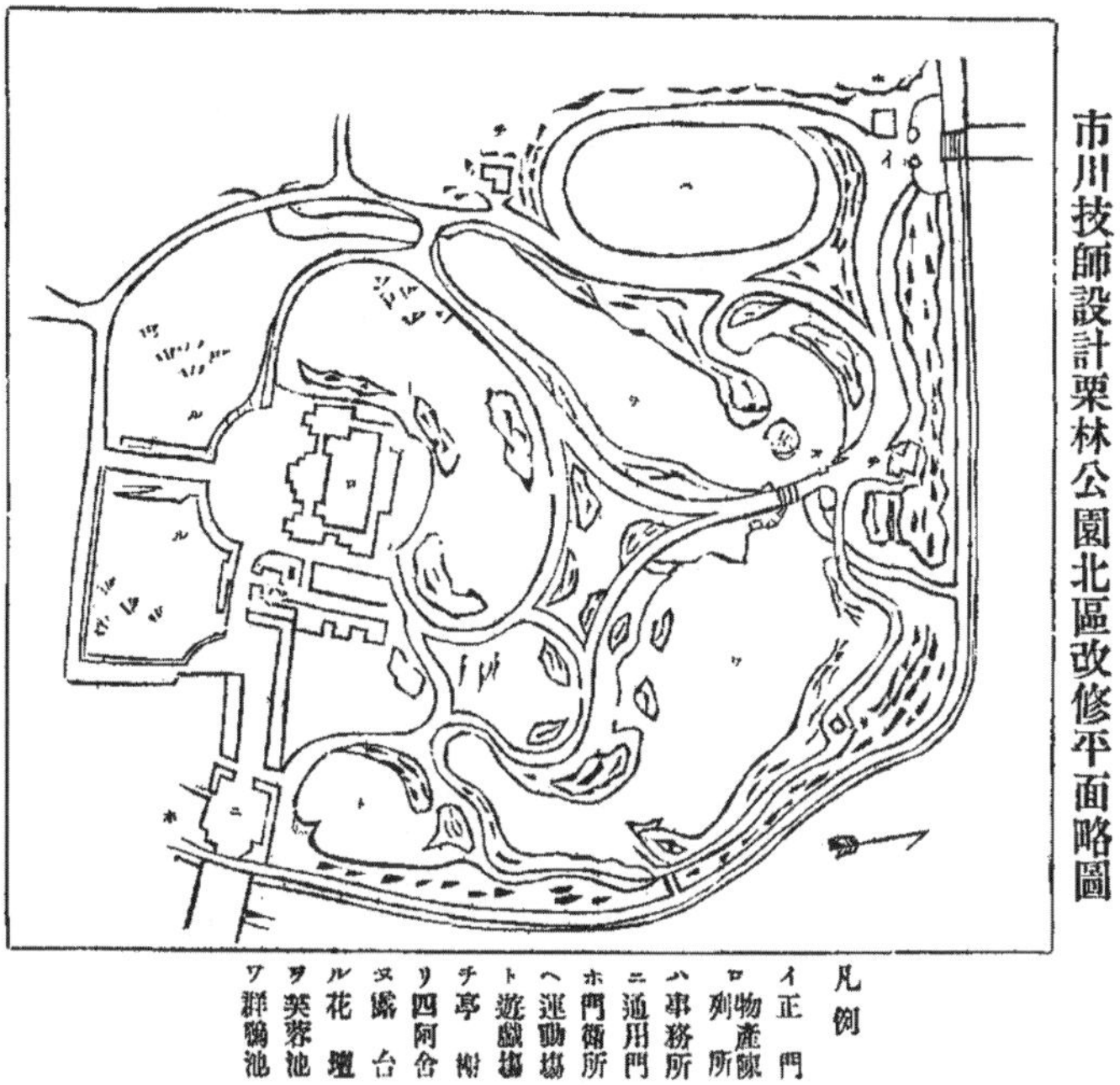

図4-11　市川之雄による改修設計案

ように、現状の景観を基礎として設計がなされた[125]。その前提として「栗林公園の名は海内に宣伝せられ従来日本の名園として世に嘖々たる彼の水戸の常磐、金沢の兼六、岡山の後楽の三公園を凌駕せんとするの勢を有せるもの」とする市川の認識がある。

とはいえ「公園」としての整備については意識的で、「今日に在て公園を開設せる以上は時代の需要を充たすに足るへき施設なかる可からずや言を待たさる所」であり、公園が老若男女の遊園となるためには「単に風景の美を以て公園の能事了れりとするか如きは誤りも甚だし」いとする[126]。それゆえに、「基より美的景趣は公園の主体にして衛生的設備と利便の按配宜しきを得て逍遥に宜しく遊戯に可に運動競技に適すべく或は操縦乗車の練習等神心（マヽ）の逸楽中不知不識の間に智育体育の裨補たるへきの施設たるへく、又園内の大道路は自由に車馬を許し歩行に難むものに便ならしむる等公園の要ある所以なり」と語るように、衛生や運動といった近代的公園の性格を北庭に取り込み、「智育体育」の補助施設として栗林公園を生まれ変わらせようとしたのであった。

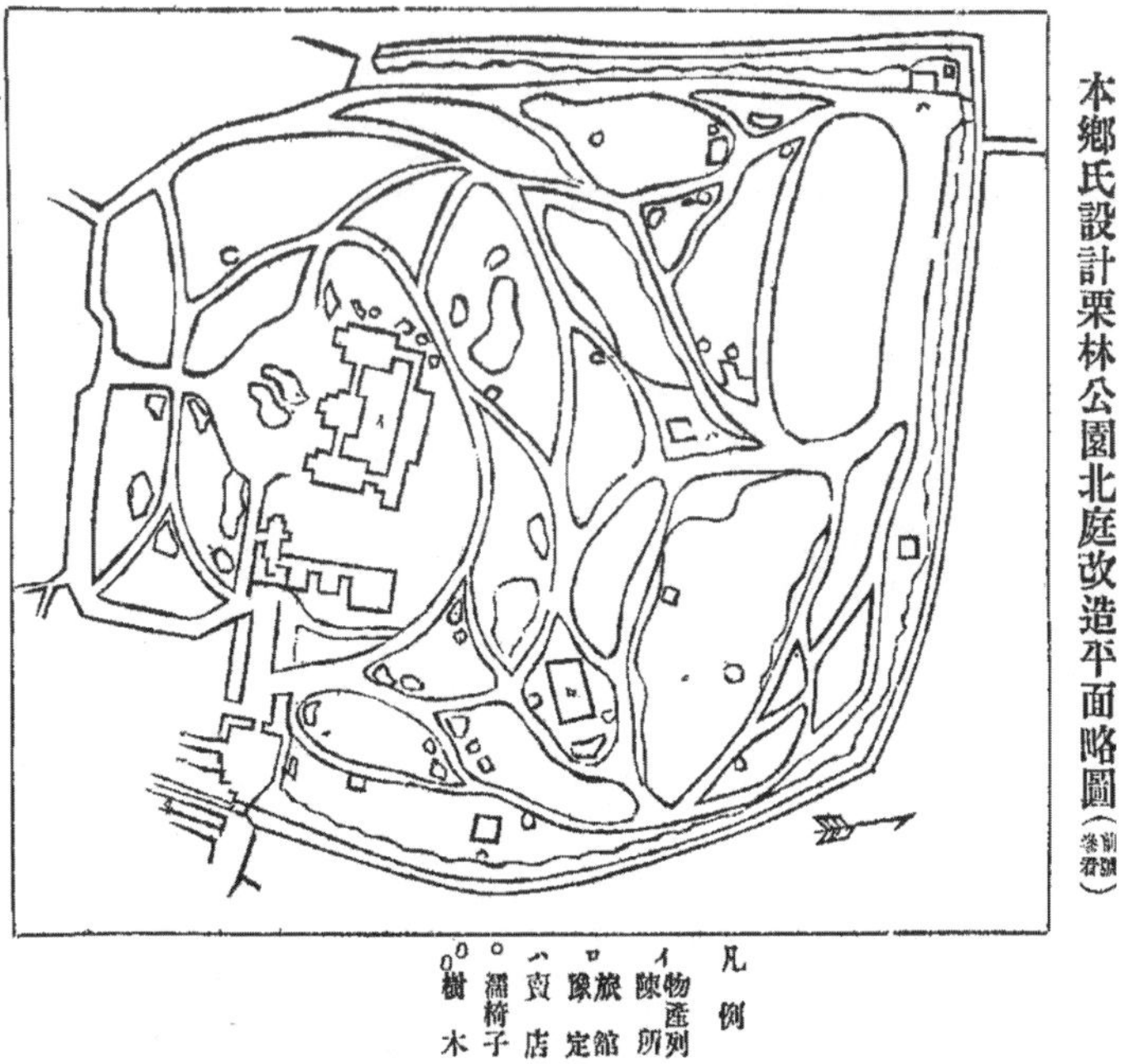

図4-12　本郷高徳による改造設計案

◆本郷高徳案

市川の設計案は提出間もない一九〇九（明治四二）年一一月一〇日から数日にわたって『香川新報』に掲載され、香川県下に広く紹介されたのだが、実は同時期に紹介されたもうひとつの改修設計案が存在する。その設計者は本多静六の教え子であり東京帝国大学農科大学助手を務めていた本郷高徳で、『香川新報』には本郷の改修設計案をまとめた「栗林公園北庭改造説明概要」が、市川の設計案に続いて図面（図4-12）とともに連載された。本郷が栗林公園の設計に関与したことは本人も語るところであるが[127]、どういった経緯で本郷がこの設計を残したのかは不明である。しかし、表4-1に示したように、市川案と本郷案には基本的な部分で共通する点が多く（具体的には、物産陳列所と既存の池を活用した全体配置、曲線を基調とした車路・通路の計画、運動場・遊技場の新設など）、紹介の時期からも、同じ基本計画（要望）に従って設計されたものと思われる。ただ本郷案は園路がやや複雑であり、群鴨池《ぐんおうち》付近に「旅館」の新築（図面中央下、「ロ」）が計画に含まれているなど（改修報道時の洋風建築建設の噂に関連するものかもしれない）そもそも異なる部分もある。また、本郷は具体的な樹種まで細かく指示しているのも特徴的である。

（3）実際の改修

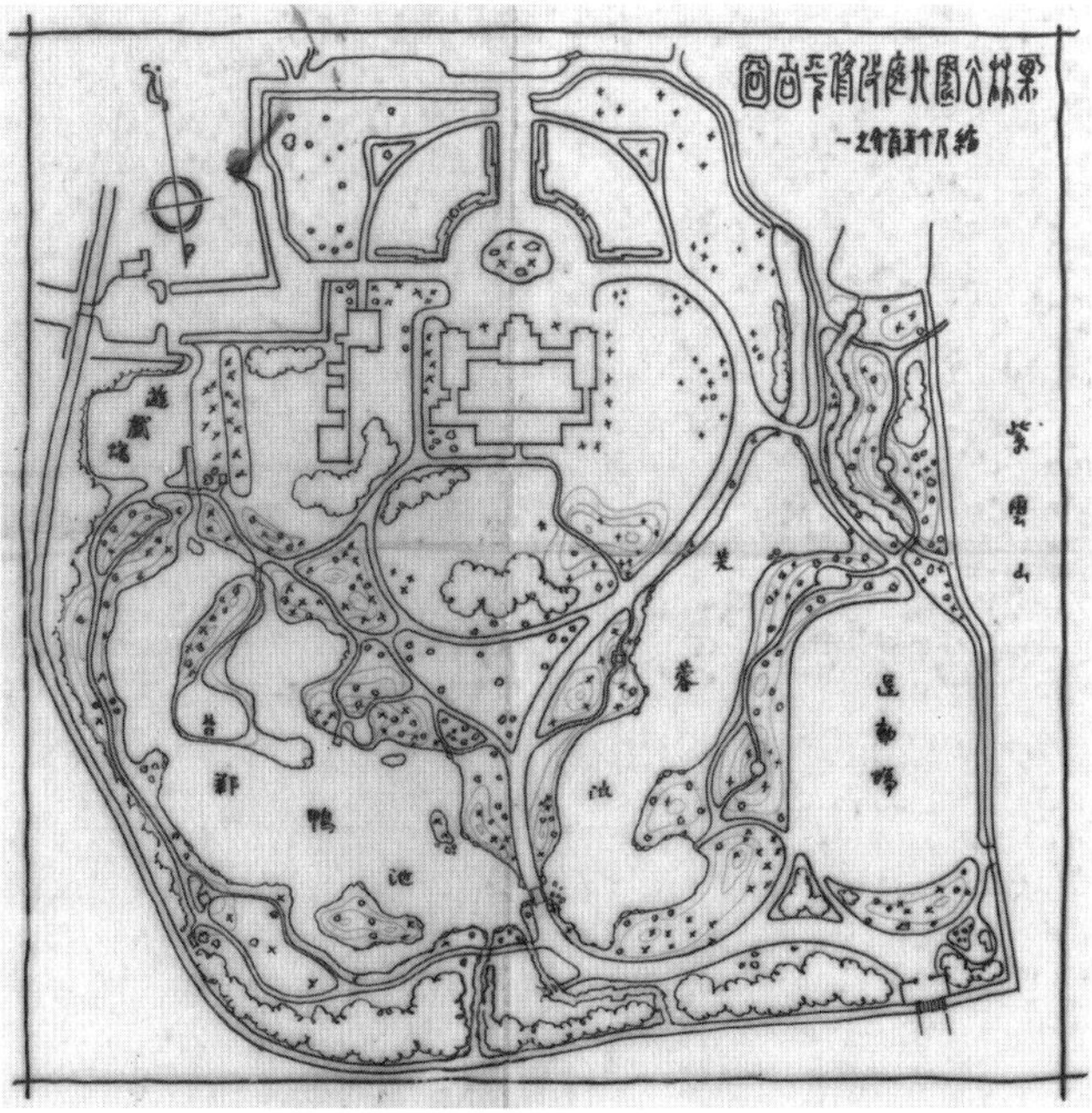

図4-13 栗林公園北庭改修平面図（竣工時）
図4-11、12とは方位が時計回りに90°回転している。

設計案が新聞掲載されるほど注目を集めた北庭改修は、年が明けた一九一〇（明治四三）年に県会で決議され、一九一一（明治四四）年度・一九一二（同四五）年度の二カ年継続事業として実施された[128]。事業の名誉顧問には福羽逸人（一九一〇年三月一日嘱託）が就任し、設計監督の市川之雄（同四月七日嘱託）を筆頭に組織された栗林公園改修事務局が実務に当たった。工事は一九一一年四月に着工し、予定どおり丸二カ年の工期を経て一九一三（大正二）年三月末に竣工する（図4-13）。

実際の改修内容は基本的には市川案がそのまま実現したとみてよいが、いくつかの点で修正も加えられた。以下、実際の改修

表4－1　北庭改修設計案の概要

		市川之雄案	実施案における変更点など	本郷高徳案
『香川新報』掲載記事		「栗林公園北区改修概略説明」明治42年11月10～13日（図=14日）	「栗林公園北庭改修顛末」大正2年4月1～3，5，6，8日（図=1日）	「栗林公園北庭改造説明概要」明治42年11月14日（図=16日）
門	北門	停車場や港方面から来る者が多く利用しており、園内へのアプローチが優れている。また、付近に停車場設置が決まり、市区改正の動きもあることから、こちらを正門とする見込みをもって改築する。県特産の花崗岩を使用して欧風に築造。	公園碑を北門内突き当りの丘上に移設し、石門と相対した壮観を添える。北門の設計には椎原兵市が関与。	「裏門」は洋式に改め、幅3間とする。門外の橋は幅3間とする（正門の移転については言及なし）。
	東門	繁華街からは迂回する位置にあり、門内の光景はあまり賞賛の価値を持たない。		「表門」は在来のままとし、門外の橋は幅3間とする。
園路	形状・構造	車馬道（車道）と通路（歩道）の二種とする。いずれも直線的ではなく、地勢や景観に適した「カーブ式」とし、遠路そのものが園趣の基準となるようにする。車馬道・通路ともに排水を考慮した構造とする。		車道と歩道の二種とする。曲線道路の接合部は路線の調和上最も重要であるため特に注意を払う。排水に注意した構造とし、すべて砂利敷き。木柵・鉄鎖、波垣等は設けないことを基本とし、必要な箇所には風致を害さない程度にとどめる。主要な道路分岐点、出入り口等に街灯を設置。芙蓉池に幅1間の橋を架ける。
	車馬道	幅員3間（=18尺）。正門（北門）を入り左に折れて永代橋を渡り、芙蓉池にそって物産陳列館の前に出て通用門（東門）に達する計画。	車馬道に架かる橋は石橋とし、材料にはかつて市内にあった常磐橋・八雲橋などの石材を購入して使用。	幅員3間（=18尺）。市街道路と同様に堅固な構造とする。
	通路	幅員6尺ないし9尺。	幅員は9尺・6尺・4尺。	幅員6尺および3尺。車道ほどではないが急な修繕が必要にならない構造とする。
	陳列所前庭	この前庭に限って車馬が集合できるような大きな空地とし、矩形の花壇等を設けて整然と方形をなす箱松との調和を図る。	390坪の広場に馬車回を設ける。広場両側は箱松との間は平坦な芝生敷とし、芝生沿いにそれぞれ長さ35間の花壇を築く。	陳列所前車馬回の形状を改める。
		陳列所は園外移転の議論も	東屋4棟、橋梁9カ所、便	宏大な建築の旅館を設けて

建築物	あるが、公衆観覧上最も有益な場所にあるので現在のまま保留する。北庭改修設計の主閣と想定するため、もし撤去するとなれば代わりに公会堂や亭舎などの園の主館となり得るものを同じ場所に置くべきである。その意匠は和洋を問わないが、洋風の場合は背が高すぎない田舎風が適する。その他の園内建築物は清楚閑雅を旨として予定地以外にみだりに建てない。群鴨池北境の丘上など眺望の良い場所や樹木の陰に四阿・露台・腰掛などを設置し、休憩の便に供する。	所3カ所を新設。建築設計は木子幸三郎が担当し、市川や椎原も関与した。	外国人や貴賓の宿泊に備える(料理店を併設)。休憩所には共同腰掛けを設ける。茶店は風致を失わない場所を選んで3カ所設置。各茶店は風致を損じない建物とし、井戸を設けて来園者が自由に使えるようにする。便所を樹木に隠れるように3カ所設け、その他はみだりに増設させない。
運動場・遊技場	運動遊技場は公園に不可欠であるが、風景を損なうことのないよう、菜畝・草地となっている場所に空地を確保する。正門(北門)内に一台空地を確保し、競技会に多くの観覧者が集まった場合は紫雲山の山腹を観覧場に充てる。場内は風致上は芝生とするほうがよいが、運動場が芝生だと園内の至る所が踏み荒らされる可能性があるため砂地とする。遊技場は東門近くの空地に設ける。体育に役立つ遊具を置くほか、テニスコートを設ける。	既存地形・樹木の関係で運動場が設計通りに建設ができなかったため、紫雲山麓に隣接する民有地を購入して公園地に編入、紫雲山麓の一部を切り下げるなどして用地を確保した。遊技場にはテニスコートではなく器械体操用遊具と相撲場を設置。	運動場は全面を芝生とする。周囲に排水を設け雨天後もすぐに乾くような設備とする。南部分は昇り傾斜をつける。
池	芙蓉池と群鴨池を分ける永代橋付近の風景は北庭一。樹木を切り池泉を埋めて運動場を設けるようなことは風景破壊であり殺風景となるため避ける。	群鴨池・芙蓉池を浚渫し、群鴨池北側に土盛りして植樹した。池中に2つの中島を造成。	芙蓉池の西側は埋立て、東側(群鴨池)はおおよそ旧形のまま残す。西側の埋め立てには群鴨池の浚渫土砂を利用。池の周囲は石垣を用いずに緩勾配の芝生地とし、水中は石巻で護岸する。
	本園は風景式であるので、良樹はもちろん、大小の雑	在来のものを利用し、さらに紫雲山の黒松・樫・ウバ	園周の植込は従来の竹・下等樹木のかわりに樫・椎な

樹木	木もできるだけ利用し(位置が悪いものは移植)。敢えて大樹を植えることはせずに、年月とともに自然風景を形成する程度にとどめる。そのため完成後の手入れでも樹姿を強制するようなことはしてはならない。運動場の周囲には大小の風致樹を配植して、場内が外から見えないようにする。	メガシを移植。加えて要所に鑑賞樹を新たに配植。とくに運動場横の斜面には新宿から持ち込んだ吉野桜を30株植える。芝は香川郡上笠居地内木津川、同郡一宮村から採取、不足分は民間より購入した。	どの常緑濶葉樹を密植し、間に桜・楓・サルスベリ・椿・サザンカ等の鑑賞樹を植える。低木としてヤツデ・アオキ・ツツジ・サツキ等を点在させる。運動場の周囲にはシダレヤナギ・センダン・アオギリなどを列植する。潺湲池西・北部一帯と芙蓉池周囲は、ツツジ・キリシマを多く植え、間にイブキ・ソナレ・ネザサなどを配植する。潺湲池後方には竹を取り除き常緑樹を存置する。芙蓉池周囲などは風致を妨げない限り樹木を存置すること。陳列所の西側・北側に各種樹木をなるべく内外国産の樹木を集めて配植する。前庭には各種樹木を植え、間にツツジ・キリシマ・ジンチョウゲ・ササなどを配すが、従来の松並木は園路設計に差し支えない限り存知する。芙蓉池東部(群鴨池)の北岸は池畔の他は各種針葉樹を植えてなるべく幽邃の状態をつくる。表門北部にはサクラまたはモモのような賞花木を植える。建物・園路以外はすべて芝生地とする。
庭石	南庭が巨岩珍石に富んでいるので北庭は要所の配石にとどめ、湖に突出いた部分の一角や橋梁付近など水域の狭い箇所に配置する。数種の石を混ぜて置くのは不自然なので、区域ごとになるべく同質の庭石を使用する。	香川郡宮脇村の官有林から160個程の安山石の払い下げを受けたほか、県社石清尾八幡神社が所有する風致保安林内の安山岩露出部から1万850方尺を譲り受けて配石。	言及なし

注：実際の設計については椎原兵市『現代庭園図説』(現代庭園図説刊行会、1924年)を合わせて参照した。

内容を部分ごとに特徴から紹介しよう（表4-1参照）。

◆園路

設計図からまずうかがえるのは、北門（図4-13右下）から東門（同左上）にS字を描く車路をはじめ北庭全体に計画された園路網である。とりわけ直線と円弧による幾何学的な陳列所前庭は特徴的である。計画案の時点では市川はこの前庭を馬車の集合場所とするため広場としていたが、広場中心に植込を配し円環状の馬車回しとなった。円弧部分の通路はより細かいものが加わっている。市川は当初から陳列所の位置に立つ建物（市川は将来的に陳列所が建て替わることも想定に入れていた）を「園内の中心的建築物」と位置づけていたが、陳列所に中心軸を据える左右対称の造形の拡大によって、その意図がより明確に表れることとなった。

図4-14　永代橋

◆橋

北庭改修による園路の整備は、とくに車路の設置に関係して橋の架け替えを促した。最も重要なのは園内最大の永代橋（図4-14）で、高松市内町の出雲神社前にあった八雲橋を買い入れてその一部をこれに充てた（欄干は新たに設計された）[129]。車路に位置する永代橋には強度が求められたためであろう。八雲橋は一九〇〇（明治三三）年頃の高松城の外堀埋め立てにともなって撤去されたとされるが、この間の経緯は不明である[130]。八雲橋の石材は群鴨池の多聞島毘沙門天祠に架かる石橋にも使用された。

車路に接続する門前の橋も改修された。東門には内町にあった常盤橋の一部を移して使用し、それまで東門にあった橋（石梁）は、そもそも芙蓉池にかかっていたものを維新時に移したものであったため旧態に復された。一方で、北門前の橋には在来の石橋に常盤橋の橋板を補って橋幅を増した。この橋は宮内省技手の椎原兵市が設計した[131]。

高松の歴史ある橋を再利用して、北門から東門までを結ぶ車路に、十分な幅と強度を備えた橋が整備された。内町から移されたふたつの橋はそのまま使用されたわけではなく、必要に応じて分割され、場所に合わせて設計された欄干と組み合わせられた。他にも、遊技場脇の旧鴨引堀と潺湲《せんかん》池に架けた一枚橋は栗林村の県道にあった橋を移したものである。栗林公園には高松の橋の歴史が詰まっている。

◆表門

市川は東門脇にあった公園碑を北門脇に移し、北門を表門（正門）として扱った。この処置は正門の位置を旧状に復すためといわれているが、市川の真意は公園の魅力を最大限に体験できるようなアプローチの創造にあった[132]。市川は、大通りから紫雲山を常に正面にとらえ、門内が「隠宅別野」にも見える東門の風景より、紫雲山を右に見ながら北門をくぐり、山腹の老松に招かれながら進んだ先に水面が広がるという風景が優れていると考えていた。さらには、東門は市内最大の大通りからいたるが停車場や港から公園を訪れる人々には北門からのほうが便利であるという理由も手伝って北門を表門に定め、表門としての格を備えた門への改修を唱えたのであった。

◆運動場・遊技場

運動場と遊技場は栗林公園にまったく新しい利用をもたらす近代的な公園設備で、北門奥に運動場が、東門奥に遊技場が整備された。市川の当初案では器械体操用遊具とテニスコートを設けるとしていたが、旋回塔一基、ブランコ二基、吊り輪一基、鉄棒一基、木馬一基といった器械体操用遊具とともに実際に整備されたのは相撲場であった。計画を実施計画に移す際に、実際の運用を考慮して変更されたのであろう。そこからは当時の市民にとって日常的だった競技の実態がうかがえる。

以上に見たように、市川の手による北庭改修は栗林公園に新しい風景を作り出した。なかでも見せ場となったのは陳列所前庭の幾何学的な構成であるが、これによって北庭が「西洋庭園」として造られたといい得るかというと決してそうではない。たしかに中心的な建築物に中心軸を定めて展開する対称性は西洋庭園の特徴であるが、こうした部分はあくまで全体の一部だからである。かといってその他の部分に石組みや築山を「見立て」る伝統的な造園がなされたわけでもなく、ここで市川が試みたのは在来の風景が池や山を活用して風景をつくる「二十世紀の園芸」であった。市川は「二十世紀の園芸」を実現するなかで、運動や散策の場としての公園に対する時代的要請や、既存の建築物や南庭との調和を目指したのである。なお、北庭改修に合わせて、園内の敷地を有償貸与して売店や貸席の営業を許可したため、いくつかの茶屋が新設され、南庭では散策や庭園鑑賞を楽しむための施設拡充も進められた。

(4) 宮内省技師たちの共演

名園としてすでに広く知られた回遊式庭園の南庭といかに調和を保つかは市川にとって大きな課題であっただろう。それゆえに市川は北庭改修のなかでも旧態の保存復旧にも取り組みながら全体の回遊性を確保し、新たな造作においては和風を基調とした整備を行っている。このことが顕著に現れているのが四阿《あずまや》をはじめとする建築物であった。

北庭改修においては四阿四棟・橋梁九カ所・便所三カ所の新築がなされ、北門では小豆島から運んだ大阪城築城の残材といわれる巨石を用いての正門への改修が行われた。市川は新たに建設する園内の亭は清楚閑雅を旨とするとしていたが、近世と近代の調和という難題に応えたのが市川の同僚である宮内省技師たちであった。

◆四棟の四阿

改修設計の全体を市川が統括するなかで、「建築物の多くは木子内匠寮の設計に係り[133]」と報告されたように宮内省内匠寮技師・木子幸三郎が多くの建築物の設計を行い、四阿の一部と北門前の橋には市川の下で宮内省内苑寮技手・椎原兵市が関与した[134]。市川とその同僚である宮内省技師たちが宮廷建築で培った腕を振い、四棟の四阿は次のように構造や形式がそれぞれに異なる特徴をもつものとなった（図4-15）。

瞰鷗閣《かんおう》　「鴨場元大覗《おおのぞき》の位置に建設せる石造にして水禽の遊泳を愛観するに適する[135]」。かつての大覗小屋の礎石を利用して建設。

香風亭　「鋳銅造にして芙蓉池に臨み梅林に面せる丘上に位するを以て春夏花香の馥郁の裏に遊憩す」。

枕流亭《ちんりゅう》　「傘造にして前後渓流に枕《のぞ》める丘上に存在して東方は遠く国境の連山を望み、東北に屋島及海上の一部を眺望し得るの位置を占め」る。

紫明亭　「群鴨池の北原地崖上に建設せる長方形丸太造にして池を隔てゝ紫雲山に対し所謂山紫水明の勝境に位す」。

図4-15　北庭改修で新設された4棟の四阿
左上から時計廻りに瞰鷗閣、香風亭、枕流亭、紫明亭。

なかでも石造の瞰鷗閣、鋳銅造の香風亭、傘形の枕流亭は、造園工事の現場を指揮した庭師・豊田弥平（弥兵衛とも。長年にわたって宮内省や宮家に出入りしていた庭師で、市川による選任で北庭改修に参加した）にとっても特別

図4-16　香風亭の鋳造擬木に刻まれた刻印

節に「明治四十五年夏」と刻まれ、「東京／雪聲鋳」の落款が刻印されている。

だったようで、竣工直後に新聞記者を連れて園内を案内した際にも個別に言及している[136]。

瞰鴨閣は群鴨池に突き出るように建つ四阿で、木々が茂る一角を壁面とするほかは解放され、池に向かって広い眺望を備える。豊田が「園中の美観」と評したこの四阿は、入母屋赤瓦葺の屋根を支える花崗岩の柱壁の表情と、池側に張り出すように廻らされた腰掛けの背が高欄のように外観に表れて景趣を添える。園の歴史を踏まえ、環境に溶け込みながら自ら新しい風景を作り出す美しいデザインは、和洋の建築に卓越した才能を発揮した木子の仕事であろう[137]。

香風亭は一見すると何の変哲もない数寄屋風の四阿であるが、実はここに使われている柱が只者ではない。自然木に見える柱と桁は鋳銅製の擬木なのである[138](現在は二本の柱を残して木材に置き換えられている)。しかも、これを鋳造したのは、上野の西郷隆盛像や横浜の井伊直弼像、皇居外苑の楠木正成像などを鋳造した明治鋳造界の大家・岡崎雪聲《せっせい》で、実際に柱の節の部分には「明治四十五年夏」と刻まれ「東京／雪聲鋳」と刻印されている(図4-16)。いってみれば、自然木の「銅像」である。

香風亭の設計に関与した椎原はこの素材を「擬天然木型鋳造製」と図面に書き記している。椎原によれば、これは天然木から鋳型を作成したもので(原木は椎原が山野を歩いて採取したらしい)、精巧さゆえに天然木と見間違える者が多く、「赤坂離宮の橋欄、武庫離宮傘形亭の柱と共に姉妹的大作である」という。この特殊な材料は赤坂離宮の庭園で初めて用いられたらしく、豊田によれば「此の四堂の自然木型銅製の柱は先年東京青山なる東宮御所の橋に用いられたのが初まりで、今は東京でもだんだん見るようになつた」というが、岡崎雪聲が自ら鋳造したものはそう多くはないだろう。

◆須磨離宮との連続性

須磨離宮公園（旧武庫離宮）では、近年、鋳銅擬木の支柱だけが残っていた傘亭が修復されたが、その際には唯一の類例として香風亭が参照された。武庫離宮の庭苑造営は福羽逸人の下で市川之雄が工事監督を務めたもので、庭苑工事は一九一三（大正二）年一月に着工し翌一四年一二月に竣工する。[139] 現場の施工は同じく豊田弥平が担った。すなわち、基本的には栗林公園北庭改修と同様の体制であり、北庭改修の竣工の目処がたったころに武庫離宮の工事が開始された。両者の連続性は具体的な造営物にもうかがえる。武庫離宮の傘亭は、栗林公園の枕流亭の形状との類似も踏まえると（大きさは傘亭がはるかに大きいが）、同時期に進められていた香風亭の鋳銅擬木と枕流亭の傘の形状が合わさったものと見ることができよう。この他、武庫離宮に香川県産石材を用いた石組みなど、西柱が指摘するように多くの共通点がみられる。こうした意味において、「銅像」に支えられる香風亭は、宮廷の建築・庭園を語るうえでも極めて貴重な遺産なのである。

以上にみてきたように、栗林公園の北庭改修には、名誉顧問に就いた福羽逸人と設計監督の市川之雄を筆頭に、技師の木子幸三郎や椎原兵市、離宮にも使われる特殊な「木材」を提供した岡崎雪聲、須磨離宮にも関わる庭師の豊田弥平といった、宮内省関係者が多く関与した。その関与の程度も監修といった程度のものではなく、たとえば鋳銅擬木の原木探しから行ったように、各人が相当な注力で向き合ったものであった。宮内省技師たちの共演によって完成した北庭改修は、いわば同時期に神戸で進められた武庫離宮と対をなすようなものであったともいえる。

三公園に数えられる公園は明治時代の行幸啓によって「格」を得たが、栗林公園は天皇の空間を司る宮内省技師たちの技術によってその地位を確たるものにした。北庭改修によって生み出された風景は、その設計の思想と和洋折中の造形、設備なども含めて、その存在そのものがまったくの「近代」なのである。

図4-17　北庭改修後の栗林公園
東門の南に動物園がみえる。のちにこれに隣接して円形が連なる花壇が設けられた。本図もこれに合わせて修正が加えられ、版が重ねられた。

（5）「近世」の南庭と「近代」の北庭

◆北庭の竣工

一九一三（大正二）年四月一日、北庭改修の竣工式が園内の香川県物産陳列所の前庭で挙行された[140]。竣工式に合わせて北門には国旗を交叉して掲げ、東門には緑門を、陳列所前には万国旗を配し、それぞれイルミネーションで飾った。北庭の一般開放は竣工式後に予定されていたが、南庭には生まれ変わった北庭を一目みようと多くの市民が式の前から集まった。工事だけでも丸二年を要した大事業の完成は、高松の人々にとって待ちに待ったものだったのだろう。門前にはたくさんの露天が開き、この日から公園の夜間開園が開始したこともあって、「開放後一時間も経つか経ぬ頃よりは東門又は北門より流れ込む人々は引きも切れぬの有様にて夜中にかけては二三万も出でたるなるべし」という大繁盛であった[141]。夜間開園のために園内には四国水力の電灯が大小二六カ所設置され、それが点灯された様子は「春雷の紫雲山麓に忽ち一大不夜城を現出し美観云ふ計り」であったといわれる。(142)

竣工式に市川は欠席するが、式典では市川が著した竣工報告書が代読された。報告書のなかで市川は工事の概要を綴ったあと、「南庭景趣の稍人工的なるを此北庭の天然的風光と相俟て相伴らす且運動娯楽の用地もあれは公園の名声完ぺきに庶幾《ちか》からんか」と締めくくり、藩政期の造園技術の粋が残る南庭に、手付かずに残されていた池や樹木を活用し、さらに近代的な運動施設を備える北庭が揃ったことで、「公園」の名声は「完ぺき」に近いものになったと自賛したのであった(143)(図4-17)。

北庭と南庭を相互補完するものとして捉え、これによって栗林公園が「公園」として完成したという見方はなにも市川に限ったものではない。たとえば、当時の香川県知事・鹿子木小五郎は竣工式において「南園の山紫水明に対し北庭の幽邃《ゆうすい》瀟洒を加え又新たに遊戯場運動場をも小規模乍《なが》ら設備した栗林公園は実に日本三公園の上に出づると云ふも差支えない」と語り、「県内人は素より県外人も是より多く来遊するならん」と観光客増に対する期待も述べる。(144)『香川新報』も竣工式当日の巻頭記事において、美しさで知られるものの日比谷公園にみられる西洋的公園の性格を欠いていた栗林公園は「北庭改修後の公園は其欠点を補所頗る大」であり、これによって栗林公園の名声はますます高くなるとして北庭改修を歓迎した。(145)栗林公園が名勝に指定された後の一九二五(大正一四)年においても、観光案内において「南庭は人工美を加味し景象《けいしょう》幽邃泉石の雅趣に富み、北庭は自然園となし澹艶の風趣南庭と相照応して天下の名園と称す」と、南北が相まった風景への賞賛がみられる。(146)

また昭和の初めに十二景を選んだ赤松景福は北庭改修を「群鴨池を拡張し、永代橋を架し、香風亭紫明亭枕流亭を建て、従来荒れたりし所をも修理して南園北園を合わせて観るべく成し」たと評している。(147)「南園は北園より精密にして名勝多し」とする赤松が北庭から十二景に選んだのは永代橋と群鴨池のふたつにとどまるが、十二景に次ぐ景外諸勝として選んだ九つは、ほとんどは北庭改修で生まれた景であった（百石松・芙蓉沼《ママ》・香風亭・潺湲池・紫明亭・公園碑・正門袖石）。南庭と北庭が合わさることで、栗林公園は北庭を含めて多様な見どころを備えた。古来より高い評価を得てきた南庭に並び称されたのは、北庭に関わった宮内省技師たちによる優れた造園・建築が、それに劣らないものであったからに他ならない。

◆スポーツ施設としての利用

北庭に設けられた運動施設は、新たな利用を生み出した。遊技場の運動遊具と相撲場は開放初日から大人気で、「昼の内から少年や若者も少しも減らず、二ケ所の角力場にては着服の子供達が盛に取つて居る。ブランコや鉄棒や回旋塔も盛んに使用されて夜の更けるのも知らざるもの、如く大盛《おおはず》み」であった(148)。

運動場は高松における少年野球のメッカにもなったようだ。大正九年には全国中等学校野球優勝大会の予選がここで行われたといい(149)、一九二二（大正一一）年頃にのちの文部大臣・荒木貞夫が栗林公園に立ち寄った際には園内で野球の試合が行われている風景を目の当たりにしている(150)。昭和初期には「栗林公園グラウンド」を会場として、常盤倶楽部主催・香川新報社後援の「県下少年野球大会」が例年開催され(151)、一九三四（昭和九）年には香川県体育協会によって県下初の陸上競技大会が開催される(152)。北庭改修に付随する新しい設備の導入によって、これまでとはまったく異なる「運動」のための利用が始まったのである。

こうした南北の整備を踏まえて、知事は竣工式で県外からの訪問者増への期待を語ったが、それはこれまでの南庭の庭園美のみによるものではなかっただろう。栗林公園は、宮内省技師らによる優れた空間設計と運動設備の利用によって、市川が意図した通りに、造園の美しさにとどまらない「智育体育」を養う「完ぺき」な「公園」として新しいスタートを切ったのである。

第五節　観光のネットワーク──市内交通の発展と史蹟名勝・国立公園

(1)　正門移転による両門前の変化

北庭改修による公園の「完成」は、周囲の都市整備にも影響を与えた。その範囲は、門前の商店街の形成から、公共交通機関の整備まで多岐にわたる。

改修を期に北門が正門となったことで、その門前に新しい商店がいくつも開業した[153]。これまで北門付近は紙漉工場があったが、停車場からの最短経路にあたることもあって沿道には観光客を意識した店舗の出店が計画され、北庭竣工前から土産物屋、酒屋、飲食店等が開店準備をしている様子が報じられている。門前には二階建ての飲食店が、山手には別荘が新築された。こうした賑わいによって地価も高騰したらしい。

一方、大通りに近い東門は以前から人家が立ち並ぶ場所であったが、北庭改修後に新しくビアホールが開業し、芸妓本検番出張所ができるなどした[154]。この検番はおそらく南庭における諸亭での宴席を取り扱ったのだろう。北庭竣工式の日は門前の通りに露天や見世物が集い、「一帯の夜況も宛《さな》がら東京辺の縁日の趣もあつて却々《なかなか》に賑ふて居た」という。

北庭改修にともない、ふたつの門前の風景は大きく変化した。とりわけ北門の周辺は、正門へといたる道路が公園への訪問客を想定した門前町のような賑わいを獲得していく点は注目すべきことである。竣工式当日の『香川新報』は、「県の繁栄、高松の繁栄は、此公園と干係する所大なる」と説いているが[155]、実際に栗林公園の賑わいに期待して高松の町は変化し、公園整備もこれまで以上に広範な領域との関係から考えられていくようになる。

(2)　栗林公園周辺の三つの駅

「県の繁栄」に大きく関係するとされた栗林公園は、北庭改修を経てますます積極的に高松の名所として紹介されるようになる。京都で大正天皇即位の御大典が開かれた一九一五(大正四)年には、「高松繁栄策の一方法として客を曳くべく」、高松市当局は園内の写真をポスター大に引き伸ばして大阪・神戸・門司・別府などの主要駅や汽船乗場に待合室掲出用として送付した(156)。これは「全国各地より京都に至る者は必ず待合所にて公園写真の眼に入るは必然」であるため、高松を紹介するうえでの最善策として考案されたものであった。

駅や乗船場などが観光客の目に触れる場所として意識されたこの頃、高松では鉄道の開業が相次いでいた。観光客誘致の宣伝窓口となった鉄道や汽船などの交通機関は、高松の市内交通の発展によって、観光客を栗林公園へと運ぶ重要な役割を果たすこととなる。

◆市内鉄道網の充実

高松には一八九七(明治三〇)年二月に讃岐鉄道の丸亀―高松間が開業していたが(一九〇六年に国有化、一九一〇年に停車場位置変更)、市内に駅を置く私鉄の開通は、一九〇八(明治四一)年の高松港改修竣工とそれに続く宇高連絡線の就航による高松港の発展を待たねばならない。しかし、一九一一(明治四四)年に今橋(一九三三年に出晴《ではれ》〈現・瓦町駅付近〉まで延伸)―志度《しど》間の東讃電気軌道(現・ことでん志度線)が開通すると、堰を切ったように市内を通る路線が相次いで開業し、昭和の初めには現在の鉄道網の基礎となる路線網が完成した。その形成の過程をまとめると図4-18、表4-2のようになる。

高松市内を通って各方面へ伸びる鉄道網において、栗林公園の周囲には三つの駅が置かれた。これらのうち公園前駅と栗林公園駅は敷設事業の起点となっており、鉄道網形成において栗林公園の存在が直接的に大きな影響力を持ったことがうかがえる。

公園前駅を擁する四国水力電気は、築港前から公園前を経由して出晴にいたり、さらに屋島を経て志度に伸び

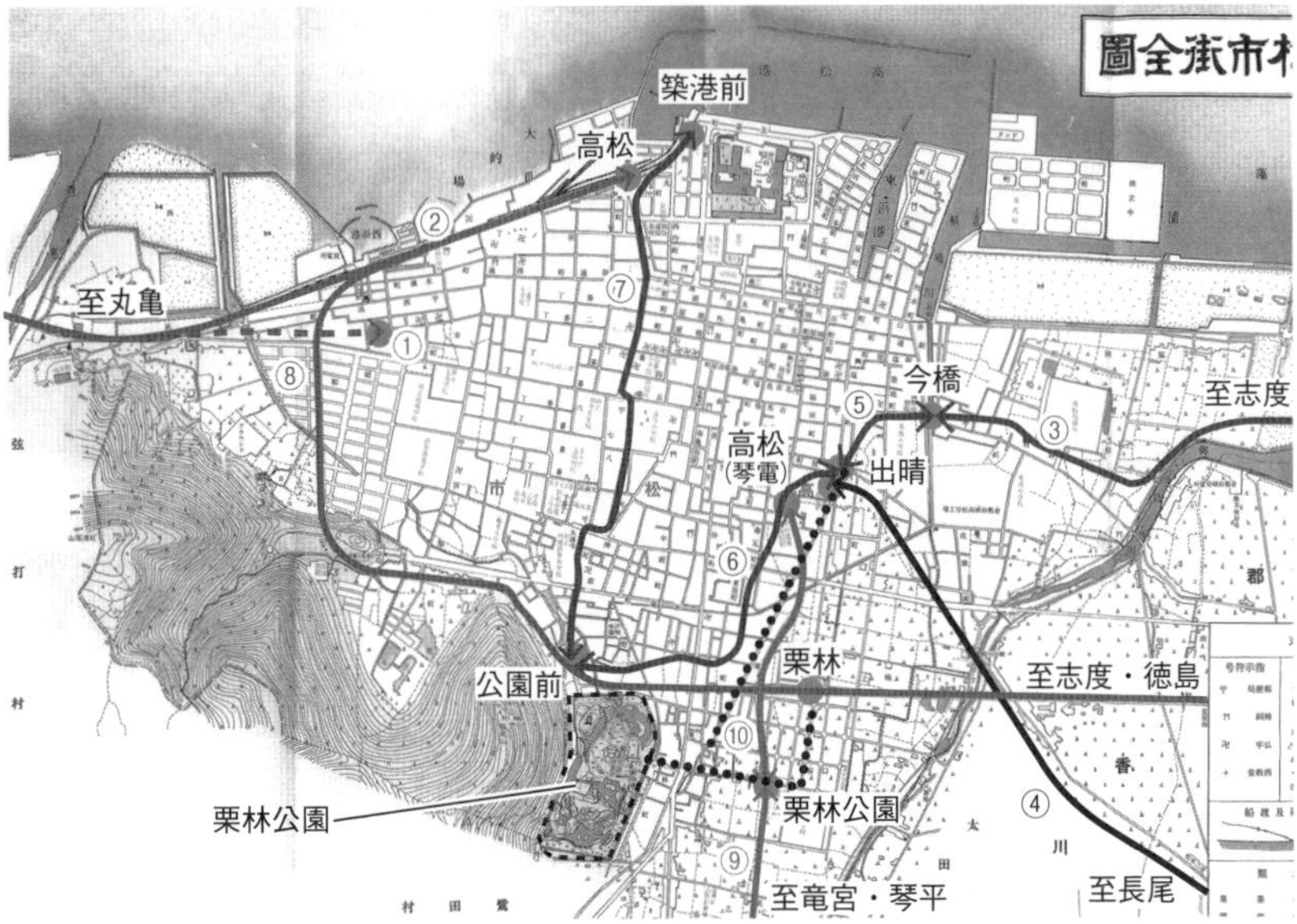

図4-18　明治・大正期における高松の鉄道整備(番号は表4-2に対応)
図中の点線は新設道路。

る路線を経営した(⑦-⑥-⑤-③)。この路線は「屋島遊覧電車」と呼ばれ、市民の足であるとともに観光に利用されることとなる。なお、出晴駅が開業して間もなく、出晴駅から栗林公園東門付近に向けて一直線の新道(栗林線新道)が開かれる[157]。この道路は郊外開発の足がかりとして期待されたものだが、栗林公園に新しい人の流れを呼び込むことにもなっただろう。

築港前駅と公園前駅を結ぶ路線(市内線と呼ばれた)は路面電車であり、土産店や飲食店が立ち並ぶ北門付近の公園前駅と高松駅を結ぶ道路は電車通りとなった(⑦)。高松の玄関口と栗林公園を結ぶ市内線は、公園や物産陳列所の利用者の便を大幅に向上させた。市内線敷設以前の物産陳列所の交通案内には、「(香川県物産陳列所は)香川県栗林公園内ニアリ。高松港又ハ高松停車場ヲ距ルコト約十八町、若シ前記二者ヨリ人力車ヲ駆レハ約二時間ニシテ公園及物産陳列所ヲ観ルヲ得ヘシ。近ク電鉄布設ノ計画アリ。開通ノ暁ニハ五分間前後

表4-2　高松における鉄道網の発達

	開通年	名称	区間
①	1897年	讃岐鉄道 (1904年 山陽鉄道に移管、1906年 国有化)	丸亀-高松 開通 (現・ＪＲ予讃線)
②	1910年	国有鉄道	高松駅移転 (現・ＪＲ高松駅)
③	1911年	東讃電気軌道 (1916年 四国水力電気に合併、1942年 讃岐電鉄に引継)	今橋-志度 開通 (現・ことでん志度線)
④	1912年	高松電気軌道 (のちの高松琴平電気鉄道長尾線)	出晴-長尾 開通 (現・ことでん長尾線)
⑤	1913年	東讃電気軌道 (1916年 四国水力電気に合併、1942年 讃岐電鉄に引継)	出晴-今橋 開通(③の延伸) (現・ことでん志度線)
⑥	1915年	東讃電気軌道 (1916年 四国水力電気に合併、1942年 讃岐電鉄に引継)	公園前-出晴 開通(出晴で③と接続)
⑦	1917年	四国水力電気 (1942年 讃岐電鉄に引継)	築港前-公園前 開通(公園前で⑤と接続)
⑧	1925年	国有鉄道(省線)高徳線	高松-栗林-志度-徳島 開通 (現・ＪＲ高徳線)
⑨	1926年	琴平電鉄 (1943年 高松琴平電気鉄道琴平線に移管)	滝宮-栗林公園 開通 (現・ことでん琴平線)
⑩	1927年	琴平電鉄 (1943年 高松琴平電気鉄道琴平線に移管)	琴平-滝宮-栗林公園-高松(=瓦町)開通 (⑨の両端延長) (現・ことでん琴平線)
*	1986年	ＪＲ高徳線	栗林公園北口駅開業(旧公園前駅跡付近)

注１：東讃電気軌道の路面電車区間は築港前-公園前-出晴は1929年に全線複線化完了。
２：1943年に私鉄三社が合併して高松琴平電気鉄道が発足。讃岐電鉄＝志度線・市内線、琴平電鉄＝琴平線、高松電気軌道＝長尾線となる。
３：森貴知『琴電100年のあゆみ』(JTBパブリッシング、2012年)参照。図４-18も同じ。

ノ道程タリ」と記されており、観光客の足が人力車から電車に変わることによる移動時間短縮への期待がうかがえる[158](実際には高松駅—公園前駅間は一五分程要したようだ[159])。

省線高徳線の栗林駅開業時には、栗林公園東門から駅にいたる道路が新たに整備されており、やはり栗林公園と無関係ではない(のちに栗林公園駅がこの道路との交差点に開業した)。栗林駅開業を報じる新聞記事でも「天下の名所を背負つた栗林駅は一風変わつた入母屋式、名勝相伴ふ位置にある」と大きく報じられ、観光客の利用への期待が語られている[160]。その表れか、同じ紙面には「栗林駅付近 名所と古蹟」として栗林公園が紹介されもした[161]。

なお、市内線は戦災を受けて廃止され、その代替路線として高松築港から高松城内堀を通って瓦町駅に通じる路線(現・ことでん琴平線・長尾線の一部。通称、築港線)が開通して現在にいたっている。これによって栗林公園北門の公園前駅も失われたが、国鉄高徳線(現・JR高徳線)の栗林公園北口駅が一九八六(昭和六一)年に開業し、現在も栗林公園周辺には三つの駅が並存している。

◆繁栄の肝

大正初めの北庭改修は栗林公園の周辺の整備を促し、観光地としての栗林公園の存在感は都市整備の際の要件のひとつとなったと思われる。とりわけ鉄道や道路整備においては、栗林公園がその事業の基点となる例が複数あり(路線全体としては中間地点となるにもかかわらず工区の区切りに定められ、栗林公園周辺駅を含む区間が先行開業される例もある)、栗林公園とつながることが都市交通の整備において重要視された様子がうかがえる。北庭改修の頃に栗林公園は高松市あるいは香川県の繁栄の肝であると繰り返し叫ばれたが、その後の交通網の整備によって物理的にもその要所となった。

鉄道網の発展によって観光地間の移動も便利になり、朝に高松港に到着、高松駅から省線で琴平に向かい金毘羅宮に参拝して再び高松駅に戻り、市内線に乗り換えて栗林公園前で下車、栗林公園を楽しんだ後に再び栗林公園前駅から屋島遊覧電車で屋島に向かうという高松を起点とした一日遊覧も可能となる。(162)四方に通じる鉄道網によって交通の要所や屋島・志度・琴平・善光寺といった観光地と直接結ばれることで、栗林公園は讃岐周遊観光における中心的存在に位置づけられていったのである。

(3)「名勝」指定と国立公園運動

◆名勝指定

栗林公園それ自体の観光地としての人気を決定的に後押ししたのは、史蹟名勝天然紀念物保存法に基づく一九二二(大正一一)年の名勝への指定であろう。そして名勝の指定に際して行われた評価によって、藩政期からの庭園の姿を伝える南庭が、文化財として押し出されていくこととなる。

指定に先立ってまとめられた香川県史蹟名勝天然紀念物調査会による報告では、明治以後の改修によって旧態を改めた部分もあるとしながらも、「公園中の南半は大なる変化を見ることなく純粋の日本式園趣を保存して築設当時の面影を偲ばしむるに充分」とする評価をする。(163)南北の庭園に対する評価の乖離は報告中で繰り返し述べられ、藩政期には居宅が置かれ、明治以後に多くの近代的施設がつくられた北庭が「本園中にても大なる造園的技術の見るべきもの無し」とされる一方で、「南庭は大なる変化なく当時の面目を大体に於て保存せるは頗る喜ぶべき事と言はざる可からず」とされ、「北庭の様式を拡張して南庭に及ぼす如きことあらんか本園の生命は茲に終りたる」と結論づけられるほどである。

名勝指定の直後に栗林公園についての小論を発表した田村剛も、理由はやや異なるが北庭に造園的の価値を認めず、南庭の歴史的な造園を解説するばかりである。(164)先に確認したように名勝指定後も北庭と南庭を合わせて評価する声もあるが、文化財としての「名勝」とは、すなわち歴史的な文化財としての南庭に担保されて成立すると認識されていたといってよいだろう。いずれにせよ、名勝となった栗林公園は讃岐周遊観光においていっそう存在感を強くし、観光ガイドブックにおいても国指定の名勝であることがうたわれるようになる。[165]

◆瀬戸内海国立公園との連動

一方で、大正中頃からささやかれ始めた国立公園の設置は、一九二七（昭和二）年の国立公園協会設立、一九三〇（昭和五）年の国立公園調査会設置、一九三一（昭和六）年の国立公園法制定など、昭和を迎えていよいよ現実的な議論が交わされるようになる。一九三四（昭和九）年に最初の国立公園のひとつとして指定される瀬戸内海の島々は、当初からその有力な候補と目され、香川県でも指定に向けたさまざまな宣伝活動が早くから展開された。この活動のなかで、栗林公園は高松を代表する名勝としてさらに紹介されていく。

たとえば、一九二九（昭和四）年に鉄道省が香川県の風景を宣伝するために映画を作成した際には、タイトルこそ「屋島と琴平」であったが、内容は屋島・琴平に加えて、宇高連絡線からの景色と栗林公園内の風景を収めた四部構成で作成されている。[166]この映画はそもそも国立公園候補地に焦点を当てて屋島と小豆島が撮影地に予定されたが、都合により琴平に変更されたのだという。

さらに正式指定が現実的となった一九三三（昭和八）年七月には、「国立公園正式指定の宣伝序曲」として香川県公園課が県下の名勝二一カ所（赤松景福が選んだ二一＋九の景であろうか。本章三九六〜三九七頁参照）の絵葉書三〇〇〇部と遊覧案内書八〇〇〇部を作成し各方面に配布した。[167]国立公園は、その必要条件として「世界の観光客を誘致するの魅力を有する」ことが選定方針に示されたように、観光の視点がそもそも組み込まれていた。[168]また、風景の雄大さなどに加えて、神社仏閣や史跡などの豊富さ、既設の公園施設の有効利用などが副次条件とされ、それゆえに従来の名勝と組み合わせた宣伝がなされたのであろう。その点で、すでに「名勝」に指定されていた栗林公園は、瀬戸内海国立公園にとっても重要な存在であった。一九三一（昭和六）年に栗林公園の地が石清尾《いわせお》八幡宮の境内などと合わせて都市計画法における風致地区に指定され、無秩序な宅地開発や山林破壊からの保護策がとられたのも、こうした動きに連動するものであったといえるだろう。(169)

観光地としての注目は、栗林公園の管理にも影響を及ぼした。公園課が二一名勝の絵葉書を発行した一九三三年七月、時を同じくして高松では観光に関わる官民の重鎮が集まって旅客優待座談会が開催され、「観光都市としての発展に関する意見交換」が行われる。(170)「観光宣伝も今が一奮発すべき時期」であるという意見が出されるほど観光は重要な課題であり、観光客優待の問題点が議論された。

このなかで、栗林公園も話題にあがり、「公園の案内が不徹底」であるとか、「玄関道路」である「桟橋公園間道路の悪いこと」といった点が問題として指摘された。これに対して公園側の立場から発言したのが商品陳列所所長の西村平間で、「公園の案内説明はよく徹底させるやう、目下説明要旨を作つてゐる」こと、「団体客に対する専門の案内人を置かうと思つて計画」していることが述べられた。(171)説明要旨は車夫などに配布して栗林公園の案内を徹底することを意図したものである。(172)商品陳列所自体についても「監視員の行届いた説明」によって見学者へのサービス向上の方針が示されている。

このように、瀬戸内海国立公園の設置にむけて広域な観光ネットワークが構築されていくなかで、「名勝」としての確固たる評価を得ている栗林公園はその中核として期待されながら、観光の論理によって公園の運営が左右されていくのであった。

第六節　公園内施設の多様化

（1）栗林公園動物園とプール

名勝となった栗林公園は文化財として保護の対象となるが、名勝指定後においても園内の施設整備は行われている。新しい施設の受け皿となったのは東門周辺と北門周辺で、いずれも藩政期には目立った造園がみられなかった場所である。

◆設置の経緯

栗林公園の北庭改修前後、香川県は園内の東門南側に「動物園」を設置した（図4-19）。一九〇七（明治四〇）年頃に設置されたとされており、[173]一九一四（大正三）年に発行された絵図「栗林公園真景」（図4-17）には「動物園」と書かれた数棟の動物小屋が立つ区域を確認できる（その後、動物園の南側には円形花壇がいくつも設けられた）。ここは以前の絵図で「耕地」や「苗園」などと記されてきた場所で、北庭改修の範囲には含まれていない。北庭改修に前後して、博物館が香川県物産陳列所に改称され（一九〇六年）、同所の規則（一九〇九年）・規定（一九一三年）の制定がされるなど、園内施設の見直しも進められた。[174]こうした変更と連動して整備されたものと思われる。

「動物園」といっても小規模なもので、公園から独立したものではなく、公園の付属施設として無料開放されるものだった。[175]しかしながら、やがて動物管理の費用負担が問題となり、昭和に入った頃には売却が検討されるにいたる。県当局が「矢野動物園」（おそらくは香川を拠点とした見世物小屋・矢野巡回動物園のこと）に打診するも果たさず処分に困っていたところ、名乗りをあげたのが香川松太郎であった。香川は高松出身の事業家で、香川県庁・北海道庁に勤めたのち実業界に移って網商会を設立し経営したが、体調を崩して一九一九（大正八）年に高松に戻って療養していた。間もなくして健康を回復するや社会事業による貢献を志してその方策を思案していたと

図4-19　栗林公園動物園の入口

ころ、動物園の売却問題を耳にしたのであった。香川は動物園を社会教育施設として将来性ある事業と考えて自ら県当局に交渉する。その結果、香川への動物園施設の貸付が一九二九(昭和四)年八月に知事から認可された(176)。

なお、認可に先立って参事会で可決された内容は、香川が「現在の動物園と花畑一千八百八十四坪を来る七月一日から昭和九年六月三十一日まで無料で県より借受」け、「大人十銭小人五銭で一般に見せる」というものであった(177)。香川の記録によれば貸与時の動物はツル三羽、サル一頭、シカ二頭、クジャク二羽などで、観覧料や建築物の内容は県と協議すること、新設施設は自費で建設し、「普通一通り」の動物を飼育することなどが条件であったという。

県の認可を得た香川は早速園内に獣舎を整備し、栗林公園動物園として一九三〇(昭和五)年の正月から開園した(178)。これは上野・名古屋・大阪・京都・神戸に続く本邦六番目の動物園であった。開園時には、ライオン、豹、雲豹《うんぴょう》、熊、猿など(以上、猛獣舎)、丹頂、鶴、蒙古鶴など(以上、水禽舎)、鳳凰《(ママ)》、白孔雀、カンガルー、ヤマアラシなど(以上、大禽舎)、各種小鳥、百数十の小禽など(以上、小禽舎)、各種淡水魚(以上、水族館)が飼育され、さらに回転滑り台や回転木馬などの遊具も備えられた。香川は「いまに日本一の動物園に仕上げてみせる」と意気込み、開館後にもマングース、ラクダ、ワニなど新しい動物を次々と加える(179)。入園者は開園初日に約六〇〇〇人を数え、彼岸中日に約三五〇〇名、開園初年三月時点で普段は平均で一五〇〇名が訪れていた(180)。

動物園は施設面でも充実が図られた。開園した一九三〇年には七〇坪の児童用プールが設置され(181)、一九三三(昭和八)年には隣接して五〇メートルプールが新設された(図4-20)。五〇メートルプールは日本水泳連盟の公認を受けたもので、栗林公園動物園主催の水泳記録会のほか[182]、明治神宮水上競技大会予選や県内水上競技選手権大会などの会場として使用された[183]。第四節で触れた運動場と同様に、このプールは県下のスポーツ振興に大いに利用されるものであった。

このように動物園として、プールとしてそれぞれに充実をみせたのは、「今後の動物園は人と動物の和合による接近で、娯楽本位のものにせねばならぬ」という香川松太郎の方針によるものであろう[184]。その成果もあって、「モダン弥次喜多道中記」との位置づけで一九三五(昭和一〇)年に発行された旅行ガイドブック『讃岐の旅』(中国民報高松支局)には、栗林公園の紹介頁で動物園とプールが大きく紹介されている。

図4-20　栗林公園プール
多角形の児童用プールの奥に50mプールが伸びている。

◆園内施設との関係

栗林公園動物園とそのプールは、栗林公園内にありながらも区画されて別に経営されたものであり、その利用には特別に入場料が必要であった。しかし、動物園が企画するイベントには他の園内施設が協力し、一体となって企画を実施したことがうかがえる。

そのひとつは動物園の主催で開園初年から夏休み期間に開催された写生画展覧会である。中学生以下を対象に、動物園内の動物・植物・人物・建物等を描いた絵を募集して展覧会を開催した[185]。出品作品は審査が行われて優秀作品に賞品が贈呈されたが、第一回の筆頭審査員は図案家でもある商品陳列所所長の三野雅一であり、同所の商工技手も県下の学校教員に並んで審査員に名を連ねている。審査会場となったのは商品陳列所の二階であった[186]。同じ園内施設であると同時に、当時の商品陳列所は各種の図案調整とその指導を行う図案係が置かれた専門機関であったことから、審査が依頼されたのだろう。

公認五〇メートルプールでは、公式の競技大会ばかりでなく市民参加の水泳大会も開催された。なかでも一九三五(昭和一〇)年から香川新報社の主催で開催された「県下サラリーマン水泳競技大会」はおもしろい。その名にあるように純粋な競技大会ではなく「本大会は固苦しい競技会等とは異なり言はゞ炎熱下に勤務するサラリーマン諸氏の一日の慰安を目的」とするものであった[187]。大会の一カ月前あたりから参加者募集が新聞紙上で呼びかけられ、参加登録した者は大会前にプールでの無料練習が可能となった。

第一回大会は、大々的な宣伝の甲斐もあって会社・官庁・工場などから一〇〇名を超える参加があった(商品陳列所からも一名が参加している)[188]。掬月亭の提供による西瓜争奪戦の余興もあって観客も多く集まった[189]。ちなみに、唯一の団体戦である二〇〇メートルリレーを制したのは高松郵便局である。大会は大いに盛り上がり、「大会場に揚る歓声は紫雲山下にこだましていよいよ血湧き肉躍る勇壮な戦は白熱して行く、かくて栗林公園は終日未曾有の賑ひを呈した」という[190]。

◆栗林公園保勝会の設立

栗林公園動物園のこうした活動を見ていくと、栗林公園の庭園部分と完全に別の存在とはいい難いものがある。動物園はそもそもは県が設置したものであり、動物園内の施設に関しては県と協議することとされたことから、香川松太郎によるこうした運営も県の方針に反するものではなかったと思われる。むしろ、北庭改修において運動場や遊技場を設置した理由を鑑みれば、その延長線上にあるものといえるだろう。そして各施設は別々に利用されるだけではなく、一体として利用されることも少なくなかった。

当時はまだ珍しかった動物園は内外の人を呼び、プールも地元の人々の運動の場として利用され、栗林公園の利用者増加に寄与した。一方で、栗林公園の観光地としての集客は動物園の営業にも大きく影響を及ぼした。それゆえに、庭園内の施設が動物園の活動に参加するばかりではなく、動物園を経営する香川は園内で事業を行う業者に呼びかけて財団法人栗林公園保勝会を設立し、公園の維持管理にも努めた。(191) 財団設立の資金は園内業者がそれぞれ出資するとされたが、実際には香川がひとりで全額を出資し、それを根拠として保勝会の活動は香川の意向が全面的に反映される体制が整えられたという。

保勝会の事業は、公園樹木の補植(主に桜と梅)や池に泳ぐ鯉の補充、外客誘致宣伝・案内、群鴨池へのボートの配置(ウォーターシュートも企画されたが実現はしなかった)などである。保勝会の活動には動物園施設も利用され、公園に泳ぐ鯉は動物園のプールで養殖された。稲田で育てた稚魚を秋から春にかけてプールで育て、春に西湖に移し、さらに翌年に南湖に移すという体長に合わせた飼育が毎年繰り返されており、動物園のプールはこの飼育プロセスのなかに組み込まれていた。

終戦の前年に密輸船の貨物収容所として使用されていた商工奨励館の東館・北館が火災で焼失した際には、早くも翌日に保勝会の手で再建することを知事に上申して許可され(再建に必要な木材は公園山林の風致上差支えない部分の木材を伐採して充当するとされていた)、保勝会の出資と一般の寄付によって一〇カ月ほどで再建を果たしている。

このように、栗林公園動物園とそのプールは、経営者である香川の保勝会の活動と相まって栗林公園全体の運営にも深く関与した。両者は別々の施設として運営されたものであるが、相互に支え合う関係にあったことがうかがえる。栗林公園動物園ではとくに夏場に地元の人々を対象としたさまざまなイベントが開催されたが、これは商品陳列所が観光客の多い春・秋を意識して展覧会を企画したことと、時期的にも互いに補完されるものであったといえるだろう。

(2) 松平頼寿像

◆設置の経緯

一九三四(昭和九)年一二月一五日、北門を入ってすぐの運動場の一角に松平頼寿《よりなが》の銅像が除幕された。松平頼寿は江戸時代最後の高松藩主(第一一代)であり松平伯爵家の初代当主となる松平頼聰の八男で、頼聰を継いで松平伯爵家当主となった人物である。一九三三(昭和八)年から貴族院副議長を、三七年からは貴族院議長を務めたことでも知られる。明治の初めに公園となって以来、栗林公園には旧藩主を顕彰する存在はみられなかったため、この旧藩主の銅像は極めて興味深い。なお、詳しくは後述するが、今の園内にある胸像は二代目の銅像である。

大名庭園内における旧藩主の銅像は、金沢兼六園の前田慶寧像(加越能維新勤王家表彰標、現存せず)や水戸偕楽園における水戸光圀像建設計画(実現せず、第三部参照)がある。いずれもその死後に計画されたものであるのだが、松平頼寿像は銅像となる本人が存命中に計画され、竣工したという点でややその意味合いを異にする。

松平頼寿像の計画が具体化したのは一九二五(大正一四)年一二月のことで、高松市の表誠館(県教育会施設、のち県立図書館)において開催された松平伯爵銅像建設発起人会において銅像建設趣意書と寄付金募集の方案が議決されたことによる。[192] 発起人会には石原留吉(高松市長)、品治隆(高松市議会議長)、鎌田勝太郎(坂出の実業家。郷土博物館などを運営する鎌田共済会を設立。のちに銅像建設会代表を務める)ら地元有力者が名を連ねており、高松をあげての大計画であったことがうかがえる。銅像建設については過去にも頼寿本人に繰り返し打診していたが、時勢を鑑みての辞退が続き、頼寿が銀婚式を迎えるこの年にようやく「黙認」を得たのだという。計画の決定から竣工にいたるまで九年の歳月がかかったのも、昭和初めに農村争議を心配して頼寿が寄付募集の見合わせを求めたからで、[193] 実際に銅像の制作に着手できたのは頼寿が還暦を迎えた一九三一(昭和六)年のことである。[194]

銅像建設を企画する理由は、頼寿の温厚な人柄と「尊皇報国済民を以て心とし、利世済民の道を勧められ特に我讃の休威消長を以て殆ど身の故となし、旦暮励精苟も讃民の福利を増進し、地方の文化を促成する凡百の事業は一として公の保護奨励を被らさるものなく、其恩義の深く人心に入り風化の洽《ひろ》く闔境《こうきょう》に及へるは衆目の斉しく瞻仰《たんぎょう》せる厳然の事実なれは敢えて一々するの煩を要せさるへし(195)」という事績を讃えるものであり、「公の一大銅像を建設し以て郷人をして日夕颯爽たる英姿を仰かしめ、後昆《こうこん》をして長へに赫灼《かくしゃく》たる偉悠々偲はしめんとす」るものであった。すなわち、頼寿の香川県に対する数々の支援とそれを惜しまない頼寿の人格への頌徳の証として銅像を建設しようというのである。

実際に頼寿は帝都教育委員会や大日本水難救助会会長といった全国組織の要職に就くほか、一九〇八(明治四一)年に香川県教育会会長に就いて以来、表誠館の建設、図書館の充実、香川県育英会の設立、教育振興会等の設立など、教育事業を中心に香川県の多くの事業を支えた。それゆえに、竣工式当日の新聞の祝賀広告には県知事や市長や産業界とともに、多くの教育関係者(県市の学務部長、県内各地の教育部会、小・中・高等学校長など)の名が並んだ(196)。

◆銅像の設計

銅像の建設地は栗林公園の運動場の一角であるが、計画立案時点では建設場所について言及はされていない。建設地決定の経緯はよくわからないが、除幕式に際して時の知事が「その建設地たるや往昔松平家の庭園たりし所でその由緒浅からざるのみならず、こゝに清遊を試みる幾多の人士がこの勝地に於いて閣下の風□を望見するを得て欽仰敬慕の念切なるものあり」と語っているように(197)、松平家の庭園を基にする栗林公園が多くの人々の集う地であることが建設地選択に影響を与えたと思われる。建設の記録には「建設地栗林公園は松平家と特別の縁故あるにより特に其筋の認許を受けし」とあり、少なくとも松平家の地縁は建設地選定の重要な根拠となったようだ(198)。こうした地縁は除幕式の様子を報じた新聞記事においても「藩祖の霊も照覧するこゝ栗林公園の盛観」というように強調されている[199]。

園内における具体的な敷地選定には、のちに国立公園の政策を主導する田村剛が関係している可能性がある。というのも、田村の旧蔵資料(環境省生物多様性センター保管「田村剛文庫」)にこの敷地計画に関する図面(田村の印が押されている)が含まれているからである(小野芳朗氏のご教授による)。銅像建設の記録には、「日本式庭園と銅像とは調和し難きもの故其道大家の意見を徴して南北両湖の付近を避け最適当なる此の場所を選定した」とあり[200]、敷地選定に庭園・公園の専門家の助言があったことは間違いない。史蹟名勝天然紀念物の選定に関わりを持った田村は栗林公園についての小論を書いており、瀬戸内の国立公園の選定のため香川を訪れていた。したがって、田村が、この時期に「其道大家」として相談を持ちかけられたとしても不思議ではない。行政官であった田村が自ら図面を引いたとは考えにくいが、彼のネットワークを通じてしかるべき計画がなされたのだろう。

選定された敷地に具体的な台座の設計を行ったのは、建築界におけるモダニズムの旗手の一人と目され、ドイツ留学から帰国して間もない新進の建築家・山口蚊象(文象)である。山口が描いたと思われる設計図面も先述の田村文庫に含まれている。装飾を省いた幾何学的な形態の台座は、当時の先端のデザインであった。

頼寿の銅像はその台座の上に載る。洋装立ち姿の銅像は、原型をフランスで彫刻を学んだ地元出身の彫刻家・藤川勇造が担当した。台座の設計図には立像が描かれており、この台座が立像を前提として設計されていることがうかがえる。ちなみに、立像の高さは九尺五寸、台座の高さ一四尺三寸五分(設計時は一一尺一寸)、基礎の高さ三尺で、運動場からの全高は二六尺八寸五分(約八メートル)であった。

除幕式には松平頼寿はじめ松平家一同も参加し、園内は多くの来賓と参列者で賑わいを見せた[201](図4-21)。式典で学生児童が歌った「頌徳歌」や、高松検番の芸者総出の余興も華やかさを添えたが、銅像の除幕前年に頼寿が貴族院副議長に就任したことは、銅像建立をいっそう盛り上げたように思われる。

図4-21　松平頼寿像
(〈左〉除幕式に出席した松平頼寿とその家族、〈右〉銅像全身)

頼寿が貴族院副議長に就任したという知らせに「郷八十万県民の心からは期せずして万歳の声が湧き出し」、それを記念する大祝賀会が高松で開催され、旧藩主の「国家的要位」への就任は「他県に比肩なきこの盛事」であり「錦の秋に魁《さきが》けた我が讃岐の誇り」として大々的に報じられた[202]。頼寿自身は維新後の生まれであり、公園の前身である栗林荘とつながりを持たないが、有形無形に香川県の近代化を支えた事業と国の中枢で重役を果たす姿が、誇り高き旧藩主として香川県の人々から尊敬を集めたのである。

こうして大々的な歓迎のなかで建設された松平頼寿象であったが、本人の存命中にもかかわらず、完成から一〇年に満たないうちに撤去されてしまった。戦時における金属供出の対象となったためであり、一九四三(昭和一八)年六月一三日、栗林公園では頼寿像の壮行会が行われた[203]。八年半前の除幕式と同様に、銅像の前には県知事や教育関係者、学校生徒・児童が参列し万歳の声が上がったが、頼寿像が出征の赤襷を掛けている点が違っていた。ただし、銅像の撤去後も台座や基壇などの周辺設備はそのまま残された。これは銅像の供出に賛同する条件としてかつての建設委員会が将来的な復旧を希望し、それを県が受け入れたからであった[204]。

終戦後、「松平伯胸像建設発起人会」が結成され、小倉右一郎の制作による胸像がかつての立像の台座に安置され、一九五〇（昭和二五）年五月に除幕された。現在の栗林公園で見られるのはこれである。戦災によって市街の八割近くを焼失した高松は、[205]一九四六（昭和二一）年にようやく戦災復興都市計画が開始されたばかりであった。そのようなかで、戦災を免れた栗林公園に頼寿像の再建が行われたことは、当時の人々にとって、香川の近代化を見守り多大な貢献を果たした頼寿と栗林公園の存在が、大切なより所のひとつであったことを物語る。建立時とは銅像自体は姿を変えたが、込められた思いは変わっていない。その後、運動場が芝生化されるなどの変化はあったが、頼寿像は現在も同じ場所に立ち続けている。

(3)　栗林公園の戦後

◆高松美術館と讃岐民芸館

銅像の供出や失火による建物焼失などがあったものの栗林公園は大きな戦禍を免れた。しかし高松市街は空襲で大部分が焦土となり、その被害は高松港から栗林公園の緑が直接見えるほどであったといわれる。それでも復興へと歩み始めた高松市は、その足掛かりとするために市制六〇周年事業として博覧会の開催を企画し、一九四九（昭和二四）年に観光高松大博覧会を開催する。栗林公園はその会場のひとつとして使用された。[206]

栗林公園が会場となったのは、博覧会の会場として整備する建物のひとつを閉会後に「美術館」として使用するためであった。[207]戦後、高松では工芸や美術の活動が活発化しており、美術館建設の気運が盛り上がりをみせていた。こうした気運が博覧会を契機とした都市施設整備と重なり、博覧会場の建設地は閉会後の美術館としての利用を前提に検討された結果、利便性から中央公園の位置も候補にあがったが、環境の良さが評価されて栗林公園が選ばれたのであった。栗林公園は名勝に指定されていたため、史蹟名勝天然紀念物保護委員会から現状変更は認めないと意見が出されたが、「県有財産である公園の使用は知事の権限であるとする知事の説得によって、委員会か現状変更の許可をとりつけたのであった。[208] 美術館の建設には県下の小中学校を含めて多くの募金が寄せられ、香川県美術会員は募金とともに作品を寄贈した。復興を機に市民の手で実現への道が開かれたこの美術館は、戦後初めての公立美術館となる。

博覧会の閉会後、美術館として使用するための改装がなされたのち、高松美術館は一九四九年一一月に開館する。これは坂倉準三の設計で知られる神奈川県立近代美術館(一九五一年開館)より早い。美術館の建築は直線的な構成の純白でモダンな建築で、山口文象が設計したものである(図4-22)。当局に設計者として山口を紹介したのは、山口の友人で、地元出身の画家・猪熊弦一郎である。前述のように、山口は戦前に園内の松平頼寿像の台座を設計しているから、栗林公園での仕事は二度目であった。

図4-22　高松美術館
玄関前での開館式の様子

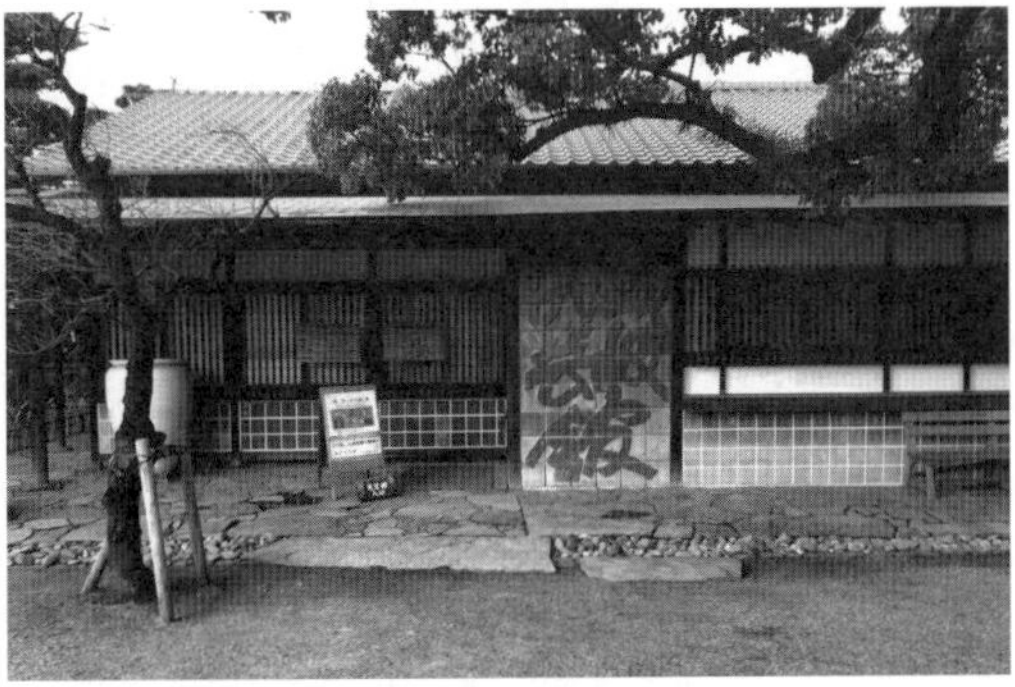

図4-23　讃岐民芸館

高松美術館は香川県美術展(美術館で開催される以前は商工奨励館が会場だった)をはじめ、展覧会や講習会などを通じて高松の文化活動の拠点として機能した。なお、高松美術館の計画は高松美術館建設委員会が推進したが、運営の管轄は未定であった。県営にするという依頼もなされたが実らず、結果として高松市に移管された。これによって、県が管理する栗林公園には、民間が運営する動物園に続いて、別の組織が運営する施設が誕生することとなる。

美術館の西側には商工奨励館の事務所や倉庫が立ち並んでいたが、この場所に一九六五（昭和四〇）年から讃岐民芸館が段階的に整備されていった[209]（図4-23）。商工奨励館の職員として招聘されていた和田邦坊（初代館長となる）らが収集した工芸品を基に設立されたこの民芸館の建築を手がけたのは、のちに瀬戸内海歴史民俗資料館で建築学会賞を受賞する香川県建築課の山本忠司である。山本は博物館と同時に建てられた倉庫を改修し、新しい命を吹き込んだ（中庭は中根金作の作庭）。明治に建てられた伊藤平左衛門の博物館（現・商工奨励館）以来、優れた建築に恵まれてきたことも、栗林公園の特筆すべき点であろう。

◆再び「大名庭園」へ

北庭改修以後も絶えず新しい施設を受け入れてきた栗林公園であったが、平成を迎える頃からそれまでとは異なる変化をみせ始める。戦後最初の公立美術館である高松美術館は老朽化を理由に建替移転が決まり、一九八八（昭和六三）年に市街中心部の現在地に高松市美術館が竣工して美術館機能が転出すると、栗林公園内の建物は間もなく取り壊され、栗林荘時代の鴨場が復元整備された。

日本初の民営動物園であった栗林公園動物園は、戦後に博物館法に基づいて博物館登録された日本初の民営動物園となり、ゴリラの繁殖成功やナマケモノの連続出産記録など動物園として数々の記録を樹立したことで知られたが[210]、入場者の減少や飼育環境の悪化、匂いや鳴き声などの周辺への影響などを理由に二〇〇四（平成一六）年九月末日をもって閉園する。他施設への動物の移譲のための期間を経て二〇〇五年に地所が県へと返却され、跡地は観光客利用のための駐車場を中心とした再整備計画が進められ、二〇〇六年に県営栗林公園東門駐車場が完成している。

この他にも、大正期の北庭改修の際に園内に設置された四阿や茶屋も、老朽化したり火災で焼失したりしたものは修復されることなく撤去され、跡地は栗林荘の時代の姿を目指した整備がなされている。昭和末年以後におけるこのような改修は、一九八三(昭和五八)年に決定された園内整備の基本方針に基づくものである。識者らによる「栗林公園原型調査」を土台とするその基本方針では、施設が老朽化、焼失、移転する際には作庭当時(江戸時代)の姿に復元するとされたのである。[211] 動物園跡地は江戸時代においては藪畑であったため、駐車場はあくまで暫定的な利用と捉え、駐車場への出入り口の位置はかつて萩御門があった位置に合わせて一カ所だけ設けることで歴史的な説得力を確保することも提案されていた[212](実際には二カ所の出入り口が設けられている)。

こうした改修方針の転換は、井原縁が指摘するように[213]、行政当局が栗林公園の文化財としての価値保存を重視する姿勢とともに、戦災復興都市計画にともなって高松市内に運動や散策のための公園が設置されたことなどが影響していると思われる。この傾向をいっそう強めたのが文化財保護法に基づく一九五三(昭和二八)年の「特別名勝」指定であり、一九五六(昭和三一)年の都市公園法による特殊公園(歴史公園)への指定に合わせて始まった入園料の徴収は、栗林公園が文化財として鑑賞の対象であることを決定づけた。公園として一般に開設されて以来、市民の散策の場として親しまれ、大正期の北庭改修後は運動公園としても利用された栗林公園は、自由に出入りできる日常の「公園」から文化財としての「庭園」となり、利用から鑑賞へとその運営上の位置づけを変えていったのである。

結章

栗林公園の歴史は豊臣秀吉の時代にこの地を治めた生駒家が築いた栗林荘に遡り、室町時代の手法を残すそれを継いだ高松松平家による代々の造園によって、現在の南庭にみられるような景趣に富んだ庭園が完成する。

飛来峰から眺める偃月橋、南湖に映る掬月亭、梅林橋を先に見据える北湖、鶴亀松、旧日暮亭、花しょうぶ園——これらは栗林公園の公式ウェブサイトのトップページで紹介される園内の風景であるが、ここに紹介されるものの多くは南庭の風景である（北庭から取りあげられている鶴亀松は江戸時代からあるもので、花しょうぶ園は特別名勝に指定されたのちに整備されたもの）。とりわけ偃月橋と掬月亭は旅行ガイドブックにも頻繁に取りあげられる人気のある名所で、三名園を超えるとされた苑池樹石の配置を備えた江戸時代の造園を今に伝えるこうした風景が、内外から多くの観光客を惹きつけている。

◆公園としてのあゆみ

しかし、これまで見てきたように現在の栗林公園がかつての栗林荘そのままの姿であるかといえばそうではなく、栗林公園という名称を含めて、明治以後につくられた部分が少なくない。

栗林荘の地は一八七五（明治八）年三月に太政官布達に基づく公園として名東県によって開放される。徳川家に近い松平家が治めた高松は明治初年に県庁の移転をともなう行政区分の慌ただしい変化が繰り返され、治政が安定しないなかでの出来事だった。公園開設後も間もなく高松は愛媛県の管轄となり、現在につながる香川県が成立するまでの一二年間、栗林公園は県庁の目の届きにくい「地方」の一施設であり、公園の維持管理に県の積極的な関与は見られない。旧藩主の存在感も碑文に記される程度に限られ、廃藩置県後も旧藩主の関係者が生活を続けていた他の三園に比べると決して大きくはない。公園内の亭舎の一部は払い下げられるなどして撤去され、園内は管理不行き届きのため造園家・小沢圭次郎に「荒蕪頽廃の状は、実に言語を絶したり」と苦言を呈されるような状態になっていた。

なかば放任されていた栗林公園の地を「公園」たらしめたのは、明治二〇年代末に香川県知事となった徳久恒範であった。徳久は荒涼とした北庭の中心に博物館を建設し、公園の背景となる紫雲山を公園地に編入して一体的な整備を行う。一連の事業に徳久は相当な熱意を持って挑み、自らその実現に手を尽くした。徳久「好み」で進められたこの時の公園整備の様子は、かつての大名による庭園整備を彷彿とさせる。その背景には徳久のかつての勤務地・金沢で博物館と一体になった兼六園の風景があったように思われる。

◆北庭改修の意義

勧業を目的とした博物館の設置は栗林公園の北庭に新しい利用を創出したが、これを空間的に全体の中心へと位置づけたのは大正の初めに行われた大規模な北庭改修事業であった。宮内省技師・市川之雄による近代的な庭園設計は博物館(当時は物産陳列所)の建築を基点とし、公園全体の回遊性を確保しながら南庭とは異なる魅力を持った空間をもたらした。とりわけ運動場や遊技場などの体育施設が盛り込まれたことで、栗林公園は伝統的な庭園と近代的な遊園地の要素を兼ね備えた「智育体育」の場となり、これによって「公園」の名声は「完ぺき」なものとなる。

北庭における二度の大規模な改修は公園に新たな利用をもたらすものであったが、南庭の庭園を損なうものではなく、むしろ南庭を補完するものとして歓迎された。もちろん、橋梁には城下に架かっていた橋の古材を用いるなどして高松の歴史を汲み、宮内省技師らが宮廷さながらに取り組んだ北庭改修が、南庭に劣らない魅力を有したからこその結果である。

とはいえ、南庭と北庭の補完的関係は利用されていくなかで、栗林公園にさまざまな対立をもたらした。たとえば、鑑賞と実用、観光と日常利用である。大正期の北庭改修後は両者が良い共存関係にあったが、昭和に入る頃にはそれぞれの要素が拡大し、とりわけ南庭を主とする文化財的評価とそれを期待する観光の立場が、北庭のそれを許容することが難しくなる。やがて、北庭の近代的な諸施設は「不体裁」であるため園外に移して南庭の「和式風景」に相応するように修治すべきとする声も上がる。(214)その背景には名勝指定はもちろん、鉄道交通の発達や国立公園運動の盛り上がりと一致したとした観光需要の高まりがあり、一方では動物園の施設拡充と運動場やプールにおける競技会場としての利用の増加があった。

それでも戦前においては運動場などの施設が撤去されることはなく、他の大名庭園にはみられない多様な使われ方が続いたのは、そうした利用を期待する地元市民の存在が大きかったのではないかと思われる。北庭の「公園」としての空間と利用の性格の浸透は、公園の由緒を示す「栗林公園碑」の碑銘とともに、「栗林公園」の名を現在まで伝える要因となっただろう。

◆大名庭園回帰と近代の記憶

特別名勝への指定以後、栗林公園は藩政期の庭園への回帰が進められてきた。大名庭園を作り上げた藩政期が重要なのはいうまでもないが、しかし、大名庭園を今につないできた近代という時代の蓄積も同様に重要である。このことは本書で取りあげたすべての大名庭園に当てはまることであるが、明治・大正と二度の大規模な改修を経験した栗林公園にとって、現在の公園に空間的にも直接の影響を残している点で、近代の記憶はとりわけ無視できない。

博物館として建てられた商工奨励館も竣工から一二〇年を超え、二〇一三（平成二五）年には北庭改修一〇〇周年を迎えた。八雲橋の古材を転用した永代橋や常盤橋の古材を使用した東門・北門前の橋などの橋梁、宮内省技師が腕を振るった瞰鴨閣・香風亭などの四阿は、大正期における庭園設計のあり方を具体的に形に示している。球児が白球を追いかけた運動場は芝生に姿を変えたが、大きな台座に載る松平頼寿の胸像は昭和の激動を静かに伝える。北庭に残るこれらもまた、栗林公園の歴史を語るうえで極めて重要な風景なのである。

（1）近世以前の栗林公園については多くの先行研究があり、本書は「大名庭園」の近代における展開を主題とするため、近世以前については以下に示す研究から要点をまとめるにとどめる。藤田勝重『西嶋八兵衛と栗林公園』（美巧社、一九六二年）、同『栗林公園』（学苑社、一九七四年）、吉永義信「栗林公園史考」（『東京家政学院大学紀要』四号、一九六四年）四三～五一頁、赤松景福『栗林公園誌』（赤松景福、一九三二年）。

（2）注（1）藤田勝重『栗林公園』、九六～九七頁。

（3）中村文輔「栗林荘記」延享二（一七四五）年三月（『香川県史』第一五巻、一九八五年、所収）。

（4）御厨義道「栗林荘に学ぶ――高松藩儒中村文輔「栗林荘記」を読む」（『知られざるサムライ・アート　大名庭園展』広島県立美術館、二〇〇九年、七〇～七一頁）。

（5）宮田忠彦・和田仁「明治維新と讃岐国」（『香川県史』第五巻、香川県、一九八七年）第一章。

（6）明治以後の栗林公園を扱った主な研究に以下のものがある。田中正大『日本の公園』（鹿島出版会、一九七四年）、真鍋篤行「明治・大正期の栗林公園の北庭改修について」（『高高史学』編集委員会編『高高史学』三号、香川県立高松高等学校、二〇〇一年、五四～六九頁）、野村美紀「地域レポート　再発見・栗林公園の歴史」（香川経済研究所編・発行『調査月報』二五三、二〇〇八年、二～九頁）、井原縁「文化遺産の継承と地域社会――栗林「公園」の継承を事例として（前編）」（奈良県立大学編・発行『研究季報』一九巻二号、二〇〇八年、二九～四二頁）。

(7) 注(6)田中正大『日本の公園』一三九頁。
(8)『香川県史』第三篇下(香川県、一九一〇年)一七二頁。
(9) 同前、一七五～一七六頁。
(10) とくに注記なき場合、建碑の経緯については注(1)藤田勝重『栗林公園』、四五～五五頁による。
(11)「栗林公園」『香川新報』明治二三年五月三日、一面。本記事中では「甘棠舎」と表記されている。
(12)「栗林公園」『香川新報』明治二三年四月一日、一面。
(13) 注(8)『香川県史』第三篇下、一七六頁。
(14) 注(11)参照。
(15) 小沢圭次郎「明治庭園記」(池田謙蔵ほか『明治園芸史』日本園芸研究会、一九一五年)二三四頁。
(16)「栗林公園」『香川新報』明治二三年四月一五日、三面。
(17)「讃岐有志者送別会」『朝日新聞』明治二〇年一〇月四日、一面。
(18)「高松通信」『朝日新聞』明治二一年三月二二日、四面。
(19)「高松通信」『朝日新聞』明治二一年四月一八日、一面。
(20)「阿讃鉄道発起人総会」『朝日新聞』明治二三年二月一一日、四面。
(21)「福家中佐の招魂祭」『読売新聞』明治二八年一月一八日、三面。
(22)「福家砲兵中佐の葬儀」『読売新聞』明治二七年一二月一四日、五面。この記事では高知藩出身と報じられたが、のちの報道中で高松藩出身の誤報であったと訂正された。
(23)「心無き業」『香川新報』明治二三年四月三〇日、一面。
(24)「竹藪中に刀」『香川新報』明治二三年三月二〇日、三面。
(25)「岡山公園と栗林」『香川新報』明治二五年五月二四日、二面、同二六日、一面(二回連載)。
(26) ガーデンカフェ栗林ウェブページ、http://ritsurincafe.com/(二〇一七年一二月閲覧)。
(27) 上野時生『香川の明治建築』(香川県建築設計管理協会、一九八三年)、日本建築学会編『総覧 日本の建築』第八巻(新建築社、一九九八年)、香川県教育委員会編・発行『香川県の近代化遺産』(二〇〇五年)など。

(28) 小沢圭次郎『明治庭園記』(神田喜四郎編『明治園芸史』日本園芸研究会、一九一五年)
(29) 井原縁「栗林公園にみる文化遺産の公園化とその変容に関する史的研究」(日本造園学会編・発行『ランドスケープ研究』六八―五、二〇〇五年、三八九~三九四頁)。
(30) 熊野勝祥『香川県図書館史』(香川県図書館学会、二〇〇〇年)四〇~四七頁。
(31) 注(6)参照。
(32)「博物館工事遅延に就て」『香川新報』明治三一年七月二四日、一面。
(33)「物産陳列場設立者ニ対シ補助ノ件」(香川県庁『香川県勧業会決議録』香川県庁、一八九六年)。「天産人工ヲ問ハズ、広ク物品ヲ一場ニ羅列シテ衆庶ノ観覧ニ供スル」場を設ける際には、その建築費の一部と、運営費の三分の一を県が毎年補助することを定めた。ただし、運用例があったかは不明。
(34) 香川県議会史編さん委員会編『香川県会史』中巻(香川県議会事務局、二〇〇五年)五七五頁。
(35) 注(8)『香川県史』第三篇下、一八二頁。勧業資金とは、大蔵省より香川県へ委託されていた勧業用の財源が一八九〇(明治二三)年勅令第六六号によって県に移されたものである。以来、県議会での決議に従い、一万二〇〇〇円余の全額が蓄積され、消費されぬままでいた。史料には「明治二十三年勅令六十号」とあるが、その内容から、同年勅令第六六号(「府県委託金ヲ地方税経済ニ移ス」)の誤記であると判断した。勅令第六〇号は「陸軍獣医部現役士官補充条例」。
(36)「博物館工事遅延に就て」『香川新報』明治三一年七月一四日、二面。
(37) 香川県議会史編さん委員会編『香川県会史』中巻(香川県議会事務局、二〇〇五年)五七七頁。
(38) 徳久恒範(一八四五~一九一〇)佐賀藩出身。佐賀藩小参事から兵部省、熊本県警部長などを経験。石川、栃木、兵庫の各県書記官を経て、富山、香川、広島の各県知事を歴任。その後、貴族院議員となり、錦鶏間祗候を拝命。晩年は、東洋製糖会社社長や、赤十字社理事を務めるなど、実業界で活躍した。知事時代、同郷の納富介次郎とともに、各地で工芸学校を設立している。
(39)「徳久知事の談話」『香川新報』一八九六年一一月二八日、一面。
(40)『香川県史』第五巻(香川県、一九八七年)五四四頁。
(41) 注(39)参照。

(42) 黒木欣堂「東京美術学校岡倉覚三氏の来高に就きて同氏との談話中に得し所を諸君に紹介す」『香川新報』明治三〇年一月一〇日、一面。

(43) 黒木欣堂「東京美術学校岡倉覚三氏の来高に就きて同氏との談話中に得し所を諸君に紹介す(続)」『香川新報』明治三〇年一月一三日、一面。

(44) 「塩田氏談話大意」『香川新報』明治三〇年四月一八日、一面。

(45) 「博物場の設計」『香川新報』明治三〇年三月三一日、三面。

(46) 注(15)小沢圭次郎「明治庭園記」二二六頁。

(47) 「塩田農商務書記官談話(続)」『香川新報』明治三〇年四月二〇日、三面。

(48) 「書記官来県」『香川新報』明治三〇年四月一六日、三面。

(49) 塩田の談話は博物館のみならず勧業政策全般に及ぶもので、その内容は『香川新報』に分割掲載された。「塩田氏談話大意」(明治三〇年四月一八日、四面)、「塩田農商務書記官談話(続)」(同年四月二〇日、三面)、「塩田書記官談話大意(続)」(同年四月二五日、三面)、「塩田書記官談話大意(続)」(同年四月二七日、三面)、「塩田書記官談話大意(続)」(同年四月二八日、三面)、「塩田書記官談話大意(続)」(同年四月二九日、三面)、「塩田書記官談話大意(続)」(同年五月一日、三面)。公園については前半部分で語られている(四月二九日掲載分まで)。なお、ここで語られた塩田の公園観は小沢の著した「公園論」(『日本園芸会雑誌』四七～五一号、一八九三～九四年)に、改修の内容は同じく「栗林公園改修方針」(『香川新報』明治三〇年五月二日、三面)に類する。

(50) 「書記官出発」『香川新報』明治三〇年四月二五日、三面。

(51) 「栗林公園改修意見書」(注15「明治庭園記」)。

(52) 「栗林公園改修意見書」(注15「明治庭園記」)。

(53) 「塩田書記官談話大意(続)」『香川新報』明治三〇年四月二五日、三面。

(54) 「塩田書記官談話大意(続)」『香川新報』明治三〇年四月二七日、三面。

(55) 同前。

(56) 「塩田書記官談話大意(続)」『香川新報』明治三〇年四月二八日、三面。

(57) 注(54)参照。
(58) 同前。
(59) 「博物場の設計」『香川新報』明治三〇年七月二八日、三面。
(60) 注(15)小沢圭次郎「明治庭園記」二二七頁。
(61) 「博物館工事遅延に就て」『香川新報』明治三一年七月二四日、一面。
(62) 香川県知事官房編『香川県職員録』明治三十年調(香川県知事官房、一八九七年)六頁。
(63) 「博物場の設計」『香川新報』明治三〇年三月五日、三面。
(64) 「博物館工事遅延に就て」『香川新報』明治三一年七月二四日、一面。
(65) とくに注記なき場合、本節の記述は「博物館工事遅延に就て」(『香川新報』明治三〇年七月二四日、一面)による。
(66) たとえば、第三回内国勧業博覧会の美術部門(第二部)に「三層造高貴殿雛形」を出品して受賞し、審査報告にはそれまでの業績を含めて紹介され、「年已七十ヲ過ギ、関東ノ匠工其右ニ出ツル者ナシ」と讃えられている(『第三回内国勧業博覧会審査報告』第二部、第三回内国勧業博覧会事務局、一八九一年)。この博覧会において塩田は博覧会事務局出品課事務嘱託と工業部門(第一部)審査官を務めている(『第三回内国勧業博覧会事務報告』、第三回内国勧業博覧会事務局、一八九一年)。
(67) 工業館の譲渡を受けた京都博覧協会は、岡崎公園内の一角にこれを移築・改修して常設博覧会場として活用することに決し、伊藤平左衛門にその移築工事を委託した。工事は一八九七年三月に竣工した(『京都博覧協会五十年記要』京都博覧協会、一九二〇年)。
(68) 「新任帝室技芸員略伝(四) 建築家伊藤平左衛門(承前)」『読売新聞』明治二九年七月七日、三面。
(69) 「博物場の設計」『香川新報』明治三〇年七月二八日、三面。
(70) 『富山県物産陳列場報告』(富山県物産陳列場、一八九六年)。
(71) 「議事堂新築」『香川新報』明治三一年一一月二日、三面。
(72) 内閣官報局『職員録』乙(一八九六年~九七年)。
(73) とくに注記なき場合、本項の記述は「香川県博物館建築工事に就て(続)」(『香川新報』明治三一年七月二六日、一面)

による。
(74)「博物館工事の事」『香川新報』明治三一年七月二八日、一面。
(75)「博物館工事」『香川新報』明治三一年三月九日、三面。
(76)「博物館工事の事」『香川新報』明治三一年七月二八日、一面。
(77)「博物館工事のゴタゴタ」『香川新報』明治三一年一二月八日、三面。
(78)「博物館と出品」『香川新報』明治三二年二月二六日、三面。
(79)素塔「讃岐と其土木建築(三)」(『建築世界』六巻二号、一九一二年)六五頁。
(80)注(15)小沢圭次郎「明治庭園記」二二六〜二二八頁。
(81)「栗林公園改修方針」『香川新報』明治三〇年五月二日、三面。
(82)同前。
(83)注(15)参照。
(84)「栗林公園保護論」『読売新聞』明治三一年五月一九・二〇日、一面。
(85)「公園の取締」『香川新報』明治三一年四月九日、三面。
(86)「公園禁令」『香川新報』明治三一年四月一四日、三面。
(87)注(85)参照。
(88)「公園内店出に就て」『香川新報』明治三二年四月一六日、三面。なお、南庭での飲食制限が厳しすぎるとして、のちに鹿鳴原での飲食が許可された。このことで、新たな出店者が不利益を受けたとして、県当局と揉めることとなった。
(89)「公園拡張」『香川新報』明治三一年三月一七日、三面。
(90)「公園の新道」『香川新報』明治三一年三月二五日、三面。
(91)注(1)赤松景福『栗林公園誌』四三頁。
(92)小沢圭次郎「香川琴引公園の設景」(『日本園芸会雑誌』第九二号、一八〜四〇頁)。
(93)注(1)藤田勝重『栗林公園』三三頁。
(94)「道路修繕工事」『香川新報』明治三一年三月二九日、三面。

(95)「道路修繕工事」『香川新報』明治三一年四月二八日、三面。
(96)「栗林公園」『香川新報』明治三一年二月二四日、三面。
(97)「大茶屋貸附に就て」『香川新報』明治二九年一二月一六日、三面。
(98)「富山県知事徳久恒範」(大岡力『地方長官人物評』長島為一郎、一八九二年)一二一～一二二頁。
(99)内閣官報局『職員録』乙(一八八六年～九〇年)。
(100)三宅拓也『近代日本〈陳列所〉研究』(思文閣出版、二〇一五年)。
(101)注(70)『富山県物産陳列場報告』三～八頁。および、注(100)三宅拓也『近代日本〈陳列所〉研究』。
(102)注(100)三宅拓也『近代日本〈陳列所〉研究』参照。
(103)『香川県史』第六巻(香川県、一九八八年)四二七～四二八頁。
(104)中西勉『造園史』(私家版、二〇〇四年)一三〇～一三一頁。
(105)注(1)赤松景福『栗林公園誌』一七頁。
(106)注(40)『香川県史』第五巻、四〇九頁。
(107)『第八回関西府県聯合共進会事務報告書』(香川県、一九〇三年)。以下、第八回関西府県連合共進会についてはこの資料による。
(108)「新古美術展覧会」『大阪朝日新聞』明治三五年四月一二日、一面。
(109)「園遊会」『大阪朝日新聞』明治三五年五月四日、一面。
(110)「全国醬油業大会」『東京朝日新聞』明治三五年五月一一日、三面。
(111)「関西聯合教育大会」『東京朝日新聞』明治三五年五月二六日、一面。
(112)注(40)『香川県史』第五巻、四一六頁。
(113)香川県内務部第四課『讃岐案内』開益堂、一九〇二年、凡例一～二頁。
(114)同前、四頁。
(115)同前、一五三～一五九頁。
(116)注(8)『香川県史』第三篇下、一七七～一七八頁。

(117) 和田喜一『香川県案内』(香川新報社、一九二四年)九七頁。
(118) 注(8)『香川県史』第三篇下、一七七〜一七八頁。
(119) 「琴平たより」『東京朝日新聞』明治三五年五月二四日、七面。
(120) 『香川県会史』上巻(香川県議会事務局、一九九九年)一一三四〜一一三五頁。
(121) 同前、一二九九頁。
(122) 「栗林公園北庭修築計画」『香川新報』明治四二年八月二〇日、五面。
(123) 「市川技師と栗林公園」『香川新報』明治四二年九月一五日、二面。
(124) 市川技師談「讃岐景勝地談」『香川新報』明治四二年九月一八日、五面。
(125) 市川之雄「栗林公園北区改修概略説明」『香川新報』明治四二年一一月一〇日、五面。本史料中の表題は「栗林公園北区説明改修略概」となっているが内容と翌日以後に続く連載記事の表題を鑑みると明らかに誤植であり、ここでは翌日以後とあわせた表記とした。
(126) 市川之雄「栗林公園北区改修概略説明(二)」『香川新報』明治四二年一一月一一日、一面。
(127) 本郷高徳『吾が七十年』(『神園』一号、明治神宮国際神道文化研究所、二〇〇八年、翻刻所収)。
(128) 「栗林公園北庭改修顛末」『香川新報』大正二年四月一・二・三・五・六日(五回連載)。以下、とくに注記なき場合、改修内容については本史料による。
(129) 「栗林公園北庭改修顛末(四)」『香川新報』大正二年四月五日、三面。以下、橋の材料については本記事による。
(130) 八雲橋は明治三〇年代に姿を消して以来長らく不明とされてきたが、百年以上の時を経て欄干の親柱一本が地中から発見され、これを用いて一九九八年に高松市兵庫町の道路中央分離帯上にモニュメントが設置された。モニュメントは発見された一本の親柱を除いて新たに作られたものであるが、橋桁は再現されていない。
(131) 椎原兵市『現代庭園図説』(現代庭園図説刊行会、一九二四年)三二頁。
(132) 市川之雄「栗林公園北区改修概略説明(三)」『香川新報』明治四二年一一月一二日、一面。
(133) 「栗林公園北庭竣工式」『香川新報』大正二年四月二日、二面、および『職員録』明治四五年(甲)(印刷局、一九一二年)七六頁。なお、東京都立中央図書館木子文庫には、栗林公園改修への協力に対する香川県知事から木子幸三郎宛の感謝状が残されている。

(134) 注(131)椎原兵市『現代庭園図説』。当時、木子と椎原が宮内省に在籍していたことは、注(133)『職員録』明治四五年(甲)に確認できる。

(135) 市川之雄「栗林公園北庭竣工式事務報告」(注133「栗林公園北庭竣工式」所収)。続く四阿の説明も本資料による。

(136) 豊田弥平談「天下一品の公園」『香川新報』大正二年四月一日、七面。

(137) 藤岡洋保「木子幸三郎の経歴と作品について」(『日本建築学会学術講演』F、都市計画、建築経済・住宅問題、建築歴史・意匠、一九八九年、七六三～七六四頁)。藤岡は、近代における日本建築の大家である木子清敬を父に持ち、「宮廷建築家」と呼ばれる片山東熊の下で東宮御所の設計に携わった木子幸三郎を、当時の建築界において「和」と「洋」の最高峰を学んだ日本近代建築史上特異な建築家と位置づけている。なお、本論文には木子の作品一覧が掲載されているが、そこに栗林公園に関するものは現れていない。

(138) 注(131)椎原兵市『現代庭園図説』二五八～二五九頁。以下、香風亭の擬木については本資料による。

(139) 西桂「武庫離宮の庭苑遺構についての考察――「庭苑修造工事録」を中心に」(『日本庭園学会誌』二四号、二〇一一年)一三～二四頁。

(140) 「昨日の公園」『香川新報』大正二年四月二日、七面。

(141) 同前。

(142) 「紫雲山麓の不夜城」『香川新報』大正二年三月三〇日、二頁。

(143) 注(135)参照。

(144) 注(133)「栗林公園北庭竣工式」。

(145) 「公園竣工」『香川新報』大正二年四月一日、一面。

(146) 森一紅『最新讃岐遊覧案内』(讃岐遊覧案内編纂所、一九二五年)四頁。

(147) 注(1)赤松景福『栗林公園誌』一七頁。北庭改修以後の近代化進展に危機感を抱き、運動場や動物園といった施設の園外移転を提案している。

(148) 「南郊の不夜城」『香川新報』大正二年四月五日、三面。

(149) 羽野茂雄『一歩一景』(栗林公園にぎわいづくり委員会、二〇一五年)二三頁。
(150)「産め〝日本式野球〟」『東京朝日新聞』昭和一三年九月九日、一一面。
(151)「第七回県下少年野球大会」『香川新報』昭和四年八月一〇日、一面。および、「第八回県下少年野球大会」『香川新報』昭和五年八月一一日、一面。
(152) 注(103)『香川県史』第六巻、四一九頁。
(153)「正門外の出店準備」『香川新報』大正二年四月一日、七面。
(154) 注(148)参照。
(155) 注(145)参照。
(156)「栗林公園写真発送」『香川新報』大正四年一一月七日、二面。
(157)「栗林線新道開通式状況」『香川新報』大正三年三月一〇日、三面。
(158)『香川県物産陳列所報告』大正五年(香川県物産陳列所、一九一七年)三頁。
(159) 和田喜一編『香川県案内』(香川新報社、一九二四年)九七頁。
(160)「一風変わった入母屋式」『香川新報』大正四年一二月二一日(栗林駅開業記念号)一面。
(161)「栗林駅付近　名所と古蹟」『香川新報』大正四年一二月二一日(栗林駅開業記念号)一面。
(162) 注(146)森一紅『最新讃岐遊覧案内』一四〜一五頁。なお、同書には著者発案・公園事務所考案の園内案内「栗林公園めぐり」が掲載されており、北門から入って北門―物産陳列所―南庭―東門と一巡する推奨コース(所要時間二時間)が示されている。
(163) 香川県史蹟名勝天然紀念物調査会編『史蹟名勝天然紀念物調査報告』第一(香川県、一九二二年)一〜一〇頁。
(164) 田村剛「栗林公園」(『教育画報』一三巻六号、一九二二年)二一三〜二一六頁。田村は、北庭部分は藩政期において御殿などの実用に用いられるばかりでそもそも造園上の見所はなかったという前提に立ち、それがさらに改変されているものだから、主として南庭を取りあげるとしている。
(165) 注(146)森一紅『最新讃岐遊覧案内』四頁。
(166) 村尾薫「讃岐風景を撮影して」『香川新報』昭和四年一二月一五・一六・一七日。

(167)「名勝絵ハガキと遊覧案内書八千部」『香川新報』昭和八年七月九日、一面。
(168)伊藤武彦『国立公園法解説』(国立公園協会、一九三一年)六九〜七二頁。
(169)「高松都市計画風致地区決定ノ件」一九三一年五月一五日(『公文雑纂・昭和六年・第三十六巻・都市計画二』国立公文書館所蔵史料、纂〇一九五四一〇〇)。
(170)「旅客優待座談会」『香川新報』昭和八年七月一六・一七日。
(171)同前。
(172)「栗林公園に案内者を置く」『香川新報』昭和八年七月一六日、一面。
(173)高松市立栗林公民館・栗林郷土誌編集委員会『栗林郷土誌』(栗林地区、一九九六年)二八四頁。
(174)『香川県物産陳列所報告』大正三年(香川県物産陳列所、一九一五年)一〜三頁。
(175)香川松太郎『寄てから帰るまで』(讃岐孔版社、一九六六年)四一〜四三頁。以下、とくに注記なき場合、香川県動物園については本資料による。
(176)「栗林公園の動物園」『香川新報』昭和四年八月二六日、二面。
(177)「栗林公園内に一大動物園が出来る」『香川新報』昭和四年六月六日、五面。
(178)「栗林公園の新動物園」『香川新報』昭和四年一二月二九日、二面。
(179)「駱駝がお仲間入り」『香川新報』昭和五年四月五日、五面。
(180)「動物園一日の入場者一千五百名」『香川新報』昭和五年三月二四日、三面。
(181)「栗林動物園のプール開き」『香川新報』昭和五年六月八日、五面。
(182)「水泳記録会を栗林プールで開催」『香川新報』昭和八年七月一九日、三面。
(183)「明治神宮水上予選と県内選手権大会」『香川新報』昭和八年八月二日、三面。
(184)『讃岐の旅』(中国民報社高松支局、一九三五年)八〜九頁。
(185)「写生画の展覧会」『香川新報』昭和五年七月二日、二面。
(186)「写生画審査会」『香川新報』昭和五年六月一三日、二面。
(187)「サラリーマン水泳大会に旋風的興味渦巻く」『香川新報』昭和一〇年七月二七日、三面。

(188)「空前の水泳大争覇」『香川新報』昭和一〇年八月九日、三面。
(189)「本社主催県下サラリーマン水泳大会終る」『香川新報』昭和一〇年八月一三日、三面。
(190)「灼熱的水上の大争覇」『香川新報』昭和一〇年八月一二日、二面。
(191)注(175)香川松太郎『寄てから帰るまで』四三～四四頁。
(192)「経費三万円余を投じ愈建設を可決した松平伯爵の銅像」『香川新報』大正一四年一二月二二日、五面。
(193)岡内清太郎談「仁慈の光り寿像は微笑む」『香川新報』昭和九年一二月一五日、一面。
(194)「松平頼寿伯の寿像盛大な除幕式」『香川新報』昭和九年一二月一六日、二面。
(195)「銅像建設主意書」一九二五年一二月二〇日発表(「経費三万円余を投じ愈建設を可決した松平伯爵の銅像」『香川新報』大正一四年一二月二二日、五面)。
(196)「祝松平伯爵閣下寿像除幕式」『香川新報』昭和九年一二月一五日、一・二・四面。
(197)木下義介「松平伯寿像除幕式に当りて」『香川新報』昭和九年一二月一五日、二面。
(198)「寿像概要」『香川新報』昭和九年一二月一五日、一面。以下、とくに注記なき場合、銅像の概要は本記事による
(199)「松平頼寿伯の寿像盛大な除幕式」『香川新報』昭和九年一二月一六日、二面。
(200)「寿像概要」『香川新報』昭和九年一二月一五日、一面。
(201)「大賑ひの栗林公園」『香川新報』昭和九年一二月一六日、二面。
(202)「松平伯爵貴院副議長栄任祝賀会」『香川新報』昭和八年一〇月九日、一面。
(203)「松平伯銅像征く」『香川新報』昭和一八年六月一五日、二面。
(204)松平公益会『松平頼寿伝』(松平公益会、一九六四年)五三七～五三八頁。
(205)注(103)『香川県史』第六巻、七六八～七六九頁。
(206)『観光高松大博覧会誌』(高松市役所、一九五一年)。
(207)『三十八年史』(高松市立美術館、一九八八年)一六～二〇頁。および明石望一「高松の美術館」(『高松市史』Ⅲ巻、高松市、一九六九年)五一九～五二六頁。以下、とくに注記なき場合、本項についてはこの史料による。
(208)注(207)『高松市史』Ⅲ巻、五二二頁。

(209) 注(104)中西勉『造園史』一六一・四四三頁。
(210)「なぜ栗林公園に動物園が」『朝日新聞』朝刊(香川版)、平成一〇年九月一五日。
(211) 注(104)中西勉『造園史』一八九頁。
(212) 同前。
(213) 注(6)参照。
(214) 注(1)赤松景福『栗林公園誌』、五九頁。

＊コラム4

岡倉覚三がみた栗林公園

明治に入り、栗林公園を訪れて批評を残した初めての識者は、おそらく岡倉覚三（天心）であろう。岡倉が栗林公園について述べたのは、園内に博物館を設置することが決議された翌月の一八九七（明治三〇）年一月のことであり、香川在住の書家・黒木欽堂《きんどう》（欣堂）に案内されて栗林公園を訪れた時のことである。(1)岡倉は当時、宮内省帝国博物館理事、内務省古社寺保存会委員も務めており、帝国博物館の松尾（片野）四郎、内務省属の関保之助、画家の下村観山の三名（いずれも岡倉の教え子である）を連れた四国巡遊の旅の途中で、旧知の黒木を訪ねたのであった。

当初、岡倉一行は高松を通過する予定であったが、それを聞いた黒木は「一行が我が高松を徒過せんとするを恨み一日の滞在を強要」し、高松に残る古書画と栗林公園の勝景を岡倉に紹介した。岡倉は黒木が急遽集めさせた古書画を観覧したのち、栗林公園を訪れて園内を熟視して歩き、次のように感想を述べた。

栗林公園の園芸美術上大価値あるは真山（紫雲山一帯）を取りて仮山に接続せしめ遠山（屋島及安原神風山一帯）を控して近山に関連せしめしにあり。其の園内は一樹一石の奇は論する迄も無けれど林叢池沼の奥如たり邃如たり行きて窮るが如くして忽《たちま》ち又曠如たり。雪月風花景の佳ならざる無く、特に現存せる建物の屋低く廡《ひさし》深きにも拘はらず何れの軒窓より望むにも座して山光を挹《ゆう》し水影を掬《きく》すべきに至りては良工苦心一賞三歎の外《ほか》無きなり。今栗林公園は園芸美術上全国有数の良庭園なり。や頽廃の余なりといふと雖、尚且其の観るべきこと此の如し。其の盛時は観果して如何なりしならん(2)。

岡倉は栗林公園を「園芸美術上全国有数の良庭園」とし、紫雲山一帯の借景を含めた造園の妙を讃えている。とりわけ建物と造園との関係に言及している点は興味深い。園内の建物はいずれも高さを抑え深い庇を持つが、どの亭内からも風景が楽しめるように絶妙に工夫が凝らされているとして絶賛するのである。

このような岡倉の賞賛を聞いた黒木は、続いて公園の改修と博物館建設の計画の存在を紹介し意見を求めた。黒木は「氏(岡倉——引用者注)に語るに、香川県博物場(ママ)の建築に付き道路に伝ふる所の説に拠り、其の用地並に工事上の計画等を以てせし」と博物館の新設計画について岡倉に紹介した。それを聞いた岡倉は次のように見解を述べた。

博物館及図書館の建築及館内陳列の方法に至りてはその研究の先輩たる欧米諸国に於て目今正《まさ》に一のサイアンス(科学)として最も完全に最も便利なる工案を研究しつゝあるなり。其の方法の種々なること実に科学として研究するに価値あるものなり。吾(岡倉氏)は乏しきを博物館に承けてより亦《また》実に此の科学の研修に怠らさるの徒なり。而《しか》も我が二三の同志が最も研究して已まざる所の者は如何にして欧洲の建築の堅牢なる質を骨として而して我が国風の建築の高雅(サブライム)優美(ビユウテイ)なる形を皮とし肉とすべきかといふに在り。この研究の結果は帝国博物館内にも美術学校内にも存在せり。今この栗林公園を観るに純然たる本邦発達の園芸の美術を応用せる名勝なり。而して聞くが如くんば旧高松藩主が巨多の歳月と巨多の費用とをこの間に投して仕上げたる此の日本風の名園の間へ如何に後れたる時代の建て添えなればとて取りても着かぬ煉瓦造り或はペンキ塗をこの山光水影の間に挿むことを許すべけんや。是の故に吾はこの勝景を保善せんとする諸君に忠告せんとす。曰くこの園の勝景を保善せんとせば須らく此の園の三百年前に設けられし以来の歴史を鑑みて一館一閣を起し一樹一石を植えんにも必この園林それ自身が保有せる品位風格を毀損せざらんことを務めさるべからず。吾は必新に設けらるべき建築の神代風ならんことを望むに非ず、又奈良時代風ならんことを希ふにも非ざれど、此れ栗林の園芸美術に汗痕斑点を留めざらんことを希ふが故に前言の如くこの園が如何なる時代に開創せられ如何なる亭樹台閣が興廃存失せしかといふことに注意して故を温ぬるは新を知らんが為めにし格好適当の建築のこの名勝の間に起らんことを望まずんばあらず。苟《いやしく》も能くこの神《しん》を誤らずんば其の構造の材料に至りては石材固《もと》より可なり。煉瓦鉄鋼を用ふる亦善からずや(3)。

前半に示される博物館建築に対する分析は、東京美術学校長と兼務して帝国博物館理事を務めていた岡倉だからこその見解といえるだろう。博物館が欧米の制度によるものであることを前提としながら、建築の骨子は欧米の方法によりつつも日本独自の優美さを備えた表現をいかに獲得するかという点をその課題として提示している。岡倉がその成果としてあげた帝国博物館（一八八一年竣工、J・コンドル設計、煉瓦造）と東京美術学校（同校の本館はそもそも教育博物館として建設されたもの。一八七七年竣工、設計者不明、木造）の建築は、いずれも西洋の建築技術で建てられた日本における最初期の博物館建築である。

岡倉は博物館建築の課題を踏まえたうえで栗林公園に建設すべき博物館の建築について続ける。曰く、旧藩主が作り上げた「日本風の名園」に、後代の「取りても着かぬ煉瓦造り或はペンキ塗」を加えることは許されない。しかし、新築される建築が「神代風」や「奈良時代風」となることを望むわけでもない。庭園設立以来の歴史に鑑み、「園林それ自身が保有せる品位風格を毀損せざらんことを務め」、「格好適当の建築」を建てるべきである。その精神さえ誤らなければ、建築の構造や材料は問題ではない、というのである。

ここで思い出されるのが、奈良公園内に建設された帝国奈良博物館（現・奈良国立博物館なら仏像館）の建築をめぐる風致問題である(4)。帝国奈良博物館は宮内省内匠寮技師・片山東熊の設計によって一八九四（明治二七)年に竣工したネオ・バロック様式の西洋建築であるが、地元からはその建設に先立ち、「西洋風に倣はんよりは日本流にせん方然るべし」として日本風の意匠を求める上申がなされていた(5)。この上申を受けた人物こそ、博物館理事として同館建設の用務で奈良を訪

図4-24　帝国奈良博物館(現・奈良国立博物館　なら仏像館)

れていた岡倉であった。

結局、帝国奈良博物館には西洋の建築意匠が採用される。しかし地元からは歓迎されなかったようで、同時期に計画された奈良県庁舎の新築に際しては、「似而非《えせ》西洋建築に嫌厭」する地元から「本邦建築の優点を探るべし」という要望が出され（設計者である長野宇平治は「可及的日本風ノ趣味アル建築」としてそれまでの洋風建築とも擬洋風建築とも異なる和洋折衷の建築を作り出した）、その後も園内には和風の外観意匠をもつ建築が建てられ続けていくこととなる。栗林公園に博物館を建設すると聞いて、岡倉の頭には奈良のこうした事情が頭をよぎったのかもしれない。

先の栗林公園に関する岡倉の談話で注目すべきは、帝国博物館や東京美術学校の建築に、西洋建築を土台として「我が国風の建築の高雅優美」を求めた成果を見出している点である。おそらく岡倉は、「日本風」か「西洋風」かという選択が本質ではない、ということを述べたかったのだろう。ややもすると現代においても「日本風」か「西洋風」かの表層の議論に陥って

しまいがちな歴史的環境におけるこの種の問題に対して、岡倉はその核心を突いたのである。

（1）黒木欣堂「東京美術学校長岡倉覚三氏の来高に就きて同氏との談話中に得し所を諸君に紹介す」『香川新報』明治三〇年一月一〇日、一面。

（2）黒木欣堂「東京美術学校長岡倉覚三氏の来高に就きて同氏との談話中に得し所を諸君に紹介す（続）」『香川新報』明治三〇年一月一三日、一面。

（3）黒木欣堂「東京美術学校長岡倉覚三氏の来高に就きて同氏との談話中に得し所を諸君に紹介す（続）」（『香川新報』明治三〇年一月一四日、一面）。

（4）帝国奈良博物館の建築意匠をめぐる地元の動向については、清瀬みさを「旧奈良県庁舎建設と古都のゲニウス・ロキ」（『人文学』一九三号、二〇一四年、一～三七頁）が詳しい。

（5）「奈良博物館の建築方」『大阪朝日新聞』明治二四年一月六日、一面。

おわりに

本康宏史

◆「三名園」という枠組み

本書では、近世期の作庭を起源とする「大名庭園」が、近代を通じてどのように地域的な変貌を遂げたかについて、事例的な分析を試みた。そのことはまた、近代の都市公園をめぐる制度(政策)的、社会(文化)的背景を読み解く作業でもあった。

その際、岡山後楽園・金沢兼六園・水戸偕楽園(および高松栗林公園)を取りあげた理由は、「三名園」という枠組みそのものがそうであったように、一種の作為にほかならない。とはいえ、「三名園」が選定され定着していった経緯を考えれば、それなりの意味合いをもつことも明らかであるし、本書がめざした「都市公園」としての「大名庭園」の記憶と実態を語る際に、この枠組みは極めて有効なのではないかとも思われる。

もちろん、いわゆる「大名庭園の代表」として、岡山、金沢、水戸の三つの庭園を取りあげること自体にはかなり無理がある。たとえば、江戸城下の各藩上・下屋敷や幕閣好みの「名園」は対象に入っていない。また、「大名庭園」のなかでも規模や景観に優れていると目される鹿児島仙巌園や熊本水前寺公園もはずれている。さらに、大名庭園類似の藩主家菩提寺等に残る庭園、たとえば、松島瑞巌寺周辺の庭園などは対象とならない(ちなみに、今日「特別名勝」に指定されている二二カ所の庭園のうち、近世の大名庭園は、「兼六園」「小石川後楽園」「六義園」「旧浜離宮庭園」「岡山後楽園」「栗林公園」の六つ。その指定理由は、「管理と保護事業が手厚く行われ、よく旧規を残す本庭園は、大名庭園のうちでも特に優れている」である）。

つまり、本書でこの三都市の公園（庭園）を取りあげたのは、まさに近代都市史における公園（庭園）の位置づけや役割を、事例分析的に考察する格好の素材であると、筆者らが認識したからに他ならない。そして幸いにも、それぞれの近代都市空間における、その地の「大名庭園」の展開や物語、すなわち「表象としての大名庭園」の有り様を描くために、これらの公園（庭園）は、それぞれ豊富な文献や図版資料を残しており、また多様な言説を蓄積してきたのである。

◆栗林公園のポジション

その際、「栗林公園」を対象に加えたのは、「三名園」という前提自体を異化するとともに、近代における「大名庭園」の展開を総体として考察するための「補助線」的な役割を期待したからに他ならない。すなわち、「三名園」という言説を、オルタナティブな視点からとらえなおす視座の契機になるのではないか、と考えた。

たとえば、三宅によれば、栗林公園は「近代に造園家・庭園設計者による大規模な改修が実際に行われた大名庭園」でもあるという点で、本書で取りあげる公園のなかで「唯一の存在」である。もちろん、他の三園においても専門家の関与はみられるが、それらは批評レベルの「間接的なもの」にとどまっており、「自ら描いた設計図によって園の空間に直接的な影響を与えるまでにはいたっていない」のだという（本書三三五頁参照）。このように、栗林公園を「参照項」とすることによって、大名庭園の近代的な変遷に関し、造園家や庭園研究家がいかにかかわったのかという重要な視点が、より明確になるのである。

さらに、栗林公園の整備過程からは、「天覧を契機に整備が進んだ後楽園の在り方に範を得た」ことや「兼六公園の整備の在り方を目の当たりにした経験を生かした」ことが明らかになった。後者について付言すれば、同公園の作庭過程で大きな役割を果たした徳久恒範香川県知事が、かつて書記官として石川県に赴任していたことが注目される。徳久は石川県時代に、「行幸に備えて整えられた園内と博物館が石川県勧業博物館へと改称して事業を拡大した」過程を実際に経験しており、三宅によれば、「博物館と一体となった兼六園の姿が「大名庭園」の原風景としてあったのではなかったか」という。

このように、本書において栗林公園は、それぞれの庭園の比較・ランク付けのみならず、「三公園」相互の具体的な影響関係や「三公園」以外の庭園との緊張関係をも指摘しうる契機となるものといえよう。この間、三名園（と栗林公園）をそれぞれの担当者が叙述したうえで相互に検証した結果、さまざまな知見を、はからずも「共同研究」のような形で提示し得たのではないかと自負している。以下、こうした点をも踏まえ、「四公園」の変遷史を比較しつつ共通項や差異を確認しておきたい。

◆創設者と庭園空間の変遷

金沢の兼六園は、第五代藩主前田綱紀の作庭による「蓮池御庭」が拡大発展して、今日みられる兼六園の形となった。その後、この庭園の後背地の高地部（千歳台）に第一二代斉広が竹澤御殿を建てる。斉広没後、御殿は取り壊され、庭園化することで現在の兼六園の原型ができあがるのである。この経緯をみると、ほぼ同時期に作庭が始まった岡山後楽園とは、そのプロセスがやや異なる。

岡山後楽園は、創始者である池田綱政が「御後園」として元禄二（一六八九）年に利用を開始する。そのデザインコンセプトは、綱政の仏教的世界観を基調とし、彼の「田園趣味」を反映しているという。しかし、その後、歴代藩主の「好み」によりさまざまに利用されていくことになる。

水戸偕楽園は、第九代藩主徳川斉昭によって天保一三（一八四二）年に築かれている。後楽園や兼六園に比べると作庭時期は遅れをとるが、一定の制限はあったにせよ士民の入園が許された点は特筆されよう。

ちなみに、高松栗林公園の起源は、一六世紀後半、当地の豪族・佐藤氏の庭園にあるといわれる。のちに讃岐国を治めた生駒氏の時代に築庭が進められ、寛永八(一六三一)年頃に栗林荘が築かれた。その後、寛永一九(一六四二)年の生駒氏転封によって讃岐国が分割されると、東讃地域には水戸徳川家の松平頼重の入封によって高松藩が成立し、以後、高松松平家によって明治にいたるまで継続的に屋敷の建築と造園が営まれた。その点、庭園の起源としては、(四園のなかでは)栗林公園が一番古いことになる。またその分、築庭主体がつぎつぎと交替している点に特色がある。

◆太政官公園の誕生

日本の公園史は、一八七三(明治六)年、新政府の太政官が各府県宛に発した布告にはじまる。各地の名所・旧跡など「庶民遊覧の地」を近代的な「公園」として指定すべく定めたものである。この布告をうけて、全国各地、とりわけ県庁所在地に多くの公園が誕生した。しかも、それらの多くは旧城下町であったため、城に付随する大名庭園がその読み替えの役割を担ったのである(ただし、都市によっては、寺社敷地が太政官公園に指定されたケースもあり、その場合、旧藩主家が旧大名庭園の所有権を放棄したか否かが、指定対象としての可否ともリンクしていることが指摘されている)。

兼六園では、同布告以前の明治四(一八七一)年二月、「與楽園」の名で一般の入園を許していたが、その後、一八七四(明治七)年五月に指定公園として開放される。名称も「兼六公園」(金沢公園)となる。

偕楽園では、明治四年、廃藩にともなって偕楽園の地は県の管轄するところとなる。すでに園内には徳川光圀と斉昭を祀る祠堂が置かれており、一八七三(明治六)年に常磐神社と改称、翌年には社殿が造営されている。この間に、偕楽園は太政官布告「公園」となり(一八七三年一二月)、のちに「常磐公園」と称されるようになる。

また、栗林公園も版籍奉還により園地は官有となり、太政官布告を受けて、当時の管轄主体の名東県が栗林荘の地を公園に充てている。一八七五(明治八)年「栗林公園」として一般に公開。その後、香川県が設置されるまで県域が二転三転したものの、民間有志が組織した「甘棠社」が協力して公園を維持している。

岡山後楽園が他の三つの庭園と多少異なる歴史を辿るのは、一八七三（明治六）年の太政官布告「公園」とならないことによる。池田家の家族が居住していたことが「公園」から逃れることになった理由とされる。かわって東照宮のあった幣立山周辺が偕楽園として「公園」となった。そこは岡山藩の東照宮が鎮座する空間であり、明治以後旧藩主が藩知事として執行した招魂祭が招魂社社殿となって形を現し、それゆえに太政官公園に指定され、その後護国神社を経て今日まで慰霊空間として継続している。

◆文明開化・勧業・軍事空間

多くの「大名庭園」は、開放＝公園化した後、文明開化や殖産興業の拠点として大きな役割を果たした。また、旧城郭域が軍隊の師団や連隊の駐留基地に転用される場合も少なくなく、隣接する大名庭園が（イベントやモニュメントを通じて）軍事的な表象としても、しばしば位置づけられることになる。

兼六園では、藩主未亡人の隠居所として建てられた巽御殿が、洋学教育の中学東校として使用されたのを皮切りに、鉱山学所や理化学校が園内に設立された。巽御殿（のち成巽閣）では、明治五年・七年・九年と展覧会が引き続き開催され、勧業博物館として常設化する。この博物館は、石川県の殖産興業の情報発信施設として大きな役割を果たし、その図書部は、石川県立図書館の母体となる。また、一八八七（明治二〇）年には産業人材の育成機関として金沢区立工業学校が開校した。

後楽園でも県に移管後、明治年間を通して鶴鳴館などが県会や各種総会の会場となった。しかし、当初は、岡山城を県に明け渡した池田家一族が居住空間として使っていたこともあり、「公園」イメージよりむしろ池田家の残像が濃かったようである。一八八四（明治一七）年の岡山県への有償譲渡後も旧岡山藩士らの結束の場であり（園遊会会場）、そのシンボルとしての旧藩主は資金面でも精神面でも後楽園という空間を存在の拠点とした。この間、太政官公園としての岡山偕楽園が、いくつかの博覧会や招魂祭の会場として使用され、都市公園としての役割を果たすことになる。池田家の残像が後楽園から事実上消滅するのは、明治末期から大正期。一方、金沢兼六園は「公園」として早くに位置づけられたため、後楽園と比べ広場機能は濃厚であったといえよう。

この点、水戸偕楽園や栗林公園でも、兼六園同様「市民の広場」としての位置づけが確立されていく。偕楽園では、一八九五(明治二八)年に管轄が水戸市に移り、集会や運動の場として市民に広く利用された。とりわけ、「梅の名所」として全国的に知名度が上がるに際し、鉄道の開通を一層の契機として、観梅を中心とした観光機能が強調される。この点に偕楽園の一番の特色があろう。栗林公園では、一八九七(明治三〇)年には隣接する紫雲山を公園敷地に組み込み、園の中心部に博物館を新たに建設(一八九九年竣工)するなど公園整備が進む。さらに、北庭改修が一九一三(大正二)年に完成したことで、栗林公園は、回遊式庭園を維持する近世的な南庭と、運動場などのレクリエーション施設を備えた近代的な北庭という二面性を持ち合わせることとなる。

軍事的なイベントもまた近代国家を表象する重要な風景であった。とりわけ、旧大名庭園で繰り広げられる各戦役の戦勝記念祭、慰霊祭、招魂祭、さらに大演習の際の親裁行事などは、民衆の視覚に天皇制軍隊のイメージを印象づける格好の舞台となった。たとえば、兼六園では、明治紀念之標(日本武尊像)に、色濃く天皇イメージが付着する。明治二〇年代からは、この銅像前の広場では招魂祭が毎年開催されるようになり、多くの民衆を動員した日清・日露の戦争イベントも頻繁に催されている。また、水戸偕楽園(常磐公園)は、一九〇七(明治四〇)年の陸軍特別大演習の際には将校や在郷軍人会の園遊会場となっており、栗林公園も明治中頃には郷土部隊の送迎会や懇親会、あるいは戦勝記念祝賀会などの際に市民集会の場として使用されるようになる。

◆天皇行幸と旧藩の記憶

明治以降の大名庭園が、しばしば近代天皇制の定着に一定の役割を果たしたことは、本書でも折々ふれたとおりである。そもそも「三名園」という枠組みそのものが、天皇の眼を通したランク付けというブランディングに他ならない。

兼六園には、西南戦争が終わった翌年の一八七八(明治一一)年一〇月に明治天皇が訪れており、後楽園には、一八八五(明治一八)年八月山陽巡幸のおりに明治天皇が訪れている。その際、この事実が報道で取りあげられ、岡山後楽園の名が全国区になり兼六園とともに行幸のあった公園としてのステイタスを得るのである。ちなみに、この明治前期において明治天皇自身は、観覧というよりは巡幸時の休憩のために立ち寄っているのだが、今日著名な大名庭園には実はほとんど訪れていないことが確認されている。

偕楽園はというと、一八九〇(明治二三)年に水戸に行幸啓した明治天皇・皇后のうち、皇后(昭憲皇太后)が常磐公園に行啓しており、これよりさきの一八七四(明治七)年正月には、好文亭に明治天皇の御真影が掲げられ、天皇を国家元首とする新しい国家体制を知らしめる場としての利用が企画されたという。なお、栗林公園には、一九〇三(明治三六)年には皇太子(のちの大正天皇)が行啓。一九一四(大正三)年に皇太子(のちの昭和天皇)が淳宮(秩父宮雍仁親王)と光宮(高松宮宣仁親王)とともに行啓している。

一方で、近代の大名庭園には、旧藩や旧藩主の記憶が根強く刻印されており、しばしばそのシンボルとなるモニュメント等が公園の一画を占め、藩主を検証するイベントの会場としても活用されていく。兼六園では、第一二代斉広の居館旧竹澤御殿における鎮守社が金沢神社として拡大、創建されるとともに、斉広室の隠居所である巽御殿(成巽閣)が一九〇九(明治四二)年以降前田家の所有に復し、以後金沢における旧藩主家との紐帯の拠点となる。さらに、兼六園内には、昭和初期にいたっても旧藩時代の歴史を回顧するモニュメント、第一四代藩主慶寧の銅像(「勤王紀念標」)が、旧藩士族の主導によって建立されていることも付け加えておきたい。

後楽園でも、一八八〇(明治一三)年には園の一隅に藩祖池田光政を祀る閑谷神社(閑谷学校の東に鎮座)の遥拝所が設けられ、旧岡山藩の藩主と士族にとっての精神的中心として機能していた。

さらに、偕楽園を公園とする計画は、旧藩士らの関心を集めていた義烈両公を祀る神社創建の計画と表裏一体のものとして進められていく。一八七三(明治六)年には偕楽園内の祠堂で神社創建の奉告祭が執り行われた。すなわち、常磐神社の創設の大きな契機となったのが偕楽園の公園化であった一方で、偕楽園の市民への開放もまた常磐神社の創設が無二の機会となったのであるという。いずれも、「藩政期の記憶」を共有する空間として、近代の大名庭園がその役割を果たしたものといえよう。

◆「都市公園」か「文化財」か

大正時代の後期、後楽園・兼六園・偕楽園・栗林公園は、「名勝」として指定されていく。兼六園では、一九二二(大正一一)年三月八日「史蹟名勝天然紀念物保存法」に基づいて、「名勝」に指定され、一九二四年には「兼六園」の旧名に戻る。後楽園も同じく「庭園式公園」と捉えられ、兼六園とまったく同時に「名勝」指定が行われる。栗林公園も同様で、これらの「名勝」指定が、第二次大戦後の「文化財保護法」に基づく「特別名勝」指定の前提となっていることはいうまでもない。

しかし、本書の考察で明らかにされたように、「文化財」指定にいたる経緯は、必ずしも単純なものではなかった。いわば、大名庭園を「文化財」として保存するか、「都市公園」として活用するかという、二つの方向性の交錯が、さまざまな思惑や模索をともないつつ展開されるのである。

そもそも、一八七三年の太政官布告による公園設置ののち、各都市は博覧会や大典の記念公園、あるいは創建神社にともなう神苑などを設置していく。こうした「公園」群のなかには、一九一九(大正八)年に都市計画法が適用されると、「都市計画公園」として編入されていくものもあった。

大正期においては「都市計画法」の公布により公園の管轄主体や方法論が問題となる。奇しくも同年公布の

「史蹟名勝天然紀念物保存法」との関連から、大名庭園の位置づけをめぐって、さまざまなステイク・ホルダーがかかわることになる(内務省地理課・同都市計画課、同衛生局、県、市、学識経験者、地元の保勝・顕彰団体)。いわば、都市計画法と史蹟名勝天然紀念物保存法という二つの法律は、大名庭園が都市計画上の公園なのか、史蹟名勝としての文化財なのか、という庭園の将来を左右する現象を炙り出したものといえよう。

この間、兼六園では日露戦後の不況と混乱で荒廃の一途をたどった園内の景観を、明治三〇~四〇年代の旧藩意識の台頭ともリンクしつつ、修景すべしという機運が高まっていた。本格的な顕彰と価値づけは大正年間に始まるが、注目すべきは、その母体として保勝運動の中核をなした加越能史談会と、原煕、本多静六、田村剛ら園芸学、林学、造園学の権威による積極的なコミットである(しかも、彼らを主導すべき石川県と金沢市の間には、ある種の確執がうかがえる)。

後楽園の場合、その経緯はやや複雑である。というのも、すでに太政官公園として東山公園(岡山偕楽園)があり、これに加えて一九一五(大正四)年に東山公園からの招魂社移転にともない神苑として設置された奥市公園があったからである。これら既存の施設が都市計画法の適用により岡山市の公園計画に組み込まれるなかで、歴史的文化財としての後楽園を保存すべしとの主張が生まれる。すなわち、岡山では、開放された公園か、保存すべき文化財かの議論が大名庭園をめぐってなされたのである。

この時期、「名勝」指定の中心的存在となったのが、のちに国立公園設置で知られる造園学者・田村剛である。一九二一(大正一〇)年一月、田村は後楽園を「江戸時代の典型的大名庭園」と称賛する講演を行う。この背景には岡山県山林課長の存在があるが、ここでは後楽園の公園化を実現したい岡山市都市計画課と、史蹟名勝として保護しようとした岡山県山林課の思惑が交錯していたのであった。

偕楽園でも、一九二〇(大正九)年に県に管理が戻ったのち、やはり本多静六、田村剛などの学者によって顕彰され、一九二二年に「名勝」指定されるにいたる。一九三二(昭和七)年には「偕楽園」の旧称に復している。その後、好文亭が焼失するなど戦災被害を受けたが、戦後、偕楽園は文化財保護法に基づく「史跡及び名勝」に指定されている(指定名称「常磐公園」)。

◆まとめ

近代以降の大名庭園は、本書で詳述したように、近世期の姿かたちからかなりの変貌を遂げている。もちろんそれは、庭園を構成する主要素である植栽の変化ということもあるが、それ以上に、社会的な背景や条件により幾多の用途変更、位置づけの見直しがなされたからに他ならない。そして、その都度その都度の社会的要請に応じた庭園への価値づけが、管理者である県や市、旧藩主家、庭園にかかわる官僚や学者、さらに市民によってなされてきた。

本書では、岡山後楽園・金沢兼六園・水戸偕楽園、そして高松栗林公園を、その社会的な背景を分析する具体例とした。その過程で筆者らは、以下のようなさまざまな切り口(分析テーマ)を確認することができた。

旧藩や旧藩主の顕彰、あるいはそれとの断絶、旧藩の記憶と表象、文明開化の窓口、殖産興業の拠点、天皇行幸、戦勝祈願、戦勝記念イベント、戦没者慰霊の空間、都市計画法、史蹟名勝天然紀念物保存法、文化財保護法、景観の保護、修景の試み、観光、戦時下の変容、空襲と復旧、高度経済成長と観光ブーム……

これらは、本書で取りあげた後楽園・兼六園・偕楽園(と栗林公園)に共通する視点であるとともに、同様の大名庭園にも多かれ少なかれ確認できる問題群でもあろう。とすれば、半ば恣意的な設定である「三名園」の事例研究を超えるためには、たとえば、白河南湖、彦根玄宮園、広島縮景園、熊本水前寺成趣園、鹿児島仙巌園など、各都市を代表する大名庭園の総合的な分析が求められるところである。その際には、何らかの類型的な分析も必要であろうし、各所在地の都市構造のなかでの位置づけも求められよう。以上の考察に際しては、近代の「大名庭園」をめぐる個別的な事例の蓄積が不可欠であるが、これらの課題については今後の展開を期すことにしたい。

最後に、本書の刊行にあたり、岡山後楽園、金沢兼六園、水戸偕楽園、高松栗林公園の関係諸氏にはたいへんお世話になりました。厚くお礼申し上げます。

また、各章の論考は、書下ろしを除き、註記の形で初出情報を適宜明示してあります。関係諸機関に対し、重ねて謝意を申し添えます。

なお、本研究の遂行にあたり、一部、JSPS科研費 JP16H04484（基盤研究（B）大名庭園の近代―風景の「近代化」プロセスの検証）の助成を受けた。

◆著者略歴◆

小 野 芳 朗（おの　よしろう）
1957年生．京都大学大学院工学研究科修士課程修了．博士（工学）．京都工芸繊維大学大学院工芸科学研究科教授．
『〈清潔〉の近代――「衛生唱歌」から「抗菌グッズ」へ』（講談社選書メチエ，1997年），『調と都市――能の物語と近代化』（臨川書店，2010年），『水系都市京都――水インフラと都市拡張』（編著，思文閣出版，2015年）．

本 康 宏 史（もとやす　ひろし）
1957年生．金沢大学大学院社会環境研究科学位取得．博士（文学）．金沢星稜大学経済学部教授．
『石川県の歴史』（共著，山川出版社，2000年），『軍都の慰霊空間――国民統合と戦死者たち』（吉川弘文館，2002年），『からくり師大野弁吉の時代――技術文化と地域社会』（岩田書院，2007年）．

三 宅 拓 也（みやけ　たくや）
1983年生．京都工芸繊維大学大学院工芸科学研究科造形科学専攻博士後期課程修了．博士（学術）．京都工芸繊維大学デザイン・建築学系助教．
『近代日本〈陳列所〉研究』（思文閣出版，2015年），『京都　近代美術工芸のネットワーク』（共著，思文閣出版，2017年），『描かれた都市と建築』（共著，昭和堂，2018年）．

大名庭園《だいみょうていえん》の近代《きんだい》

2018（平成30）年５月31日発行

著　者　小野芳朗・本康宏史・三宅拓也
発行者　田中　大
発行所　株式会社　思文閣出版
〒605-0089 京都市東山区元町355
電話 075-533-6860（代表）

装　幀　小林　元
印　刷
製　本　西濃印刷株式会社

ISBN978-4-7842-1909-4　C3021

索　引

＊採録語句が章・節・項のタイトルに含まれる場合は該当頁をゴシック表記にし、その章・節・項内からは採録を省略した。

＊後楽園、兼六園、偕楽園、栗林公園は、該当の「部」以外からのみ採録した。

【人　名】

か

き

く

け

こ

さ

し

す

せ

そ

た

ち

つ

て

と

【事 項】

さ

し

す

せ

た

ち

て

収録図版一覧

第一部　岡山後楽園

第二部　金沢兼六園

第三部　水戸偕楽園

第四部　高松栗林公園

扉　図　偃月橋と掬月亭((公社)香川県観光協会提供)
扉裏 1　高松栗林公園周辺(国土地理院発行の25000分 1 地形図「高松南部」「高松北部」より作成)
扉裏 2　同上現況平面図(香川県栗林公園観光事務所提供図より作成)
図 4 - 1　「栗林荘記」に示された回遊経路と主な名所(御厨義道「栗林荘に学ぶ——高松藩儒中村文輔著「栗林荘記」を読む」『大名庭園展』広島県立美術館、2009年、原図は「栗林図」香川県立ミュージアム蔵)……337
図 4 - 2　栗林公園碑の運搬の様子(技澄「搬碑之図」1880年、山田九郎氏蔵／田中正大『日本の公園』鹿島出版会、1974年より転載)……342
図 4 - 3　明治20年代の栗林公園(齋藤利三郎「香川県栗林公園真景」三好菊次、1894年)……343
図 4 - 4　栗林公園で楽しむ人々(「栗林公園落成歓楽の図」、三上幸太郎『玉藻略史』更生館書店、1939年)……345
図 4 - 5　現在の香川県商工奨励館(著者撮影)……350
図 4 - 6　徳久恒範(『香川県史』第 5 巻、香川県、1987年)……352
図 4 - 7　香川県博物館(のちの香川県物産陳列所)平面図(『香川県物産陳列所報告』大正三年、香川県物産陳列所、1914年)……360
図 4 - 8　「香川県高松市栗林公園全図」(小沢圭次郎「香川県高松市栗林公園全図」1888年／国立国会図書館蔵)……366
図 4 - 9　『讃岐案内』表紙(国立国会図書館蔵)……374
図 4 -10　讃岐鉄道沿線の名勝案内(長尾折三『高松繁盛史』宮脇開益堂、1902年)……378
図 4 -11　市川之雄による改修設計案(『香川新報』明治42年11月14日)……383
図 4 -12　本郷高徳による改造設計案(『香川新報』明治42年11月16日)……384
図 4 -13　栗林公園北庭改修平面図(竣工時)(京都工芸繊維大学美術工芸資料館蔵AN.4822-2-1-1)……385
図 4 -14　永代橋(絵はがき／著者蔵)……389
図 4 -15　北庭改修で新設された 4 棟の四阿(絵はがき(部分)／著者蔵)……392
図 4 -16　香風亭の鋳造擬木に刻まれた刻印(著者撮影)……393
図 4 -17　北庭改修後の栗林公園(「栗林公園真景」岩佐辰蔵、1914年／著者蔵)……395
図 4 -18　明治・大正期における高松の鉄道整備(「高松市街全図」1937年『新修高松市史』第三巻付録に加筆)……400
図 4 -19　栗林公園動物園の入口(高松市立栗林公民館ほか編『栗林郷土誌』栗林地区地域おこし事業推進委員会、1996年)……407
図 4 -20　栗林公園プール(『香川新報』1935年 8 月 9 日、 3 面)……408
図 4 -21　松平頼寿像((左)除幕式に出席した松平頼寿とその家族(香川県立ミュージアム蔵)、(右)銅像全身(『香川新報』1934年12月16日、 2 面)……414

図4-22　高松美術館(『三十八年史』高松市美術館、1988年)……416
図4-23　讃岐民芸館(著者撮影)……416
図4-24　帝国奈良博物館(現・奈良国立博物館　なら仏像館／『明治大正建築写真聚覧』建築学会、1936年)……438